生态环保类案件
智能审判与态势预警技术

陈晓红 李玉华 寇 纲 胡东滨 李 晗 等／著

科学出版社

北京

内 容 简 介

本书是国家重点研发计划"公共安全风险防控与应急技术装备"重点专项"生态环保类案件智能审判与态势预警技术研究"的核心成果,深入探讨了生态环保类案件审判与态势分析的智能支持技术。特色在于综合运用大数据、人工智能等前沿科技,详细解析了生态环保类案件审理中的复杂问题,并提出了创新性的解决方案。内容涵盖生态环保类案件知识体系构建、案件信息智能处理、证据智能指引、类案智能检索、法条智能推送等,为案件审理提供全面支持。此外,本书还介绍了生态环保类案件态势预警平台与大数据处理支撑平台的建设,以及其在各级法院的实践应用。

本书适合法学、环境科学、信息技术等领域的学者、研究人员、司法工作者及政府管理人员阅读,既提供理论指导,又提供实用的技术支持和解决方案。

图书在版编目(CIP)数据

生态环保类案件智能审判与态势预警技术 / 陈晓红等著. -- 北京：科学出版社, 2025. 3. -- ISBN 978-7-03-080446-4

Ⅰ. D922.680.4-39

中国国家版本馆 CIP 数据核字第 20241KT368 号

责任编辑：徐　倩/责任校对：崔向琳
责任印制：张　伟/封面设计：有道设计

科 学 出 版 社 出版

北京东黄城根北街 16 号
邮政编码：100717
http://www.sciencep.com

北京中科印刷有限公司印刷
科学出版社发行　各地新华书店经销
*
2025 年 3 月第 一 版　开本：720×1000　1/16
2025 年 3 月第一次印刷　印张：22 1/4
字数：450 000

定价：**258.00 元**
(如有印装质量问题,我社负责调换)

前　言

习近平总书记在全国生态环境保护大会上的讲话中指出："用最严格制度最严密法治保护生态环境……要加快制度创新，增加制度供给，完善制度配套，强化制度执行。"①生态环境安全关乎人民群众福祉，关系人民群众的安全感、幸福感和获得感。我国正处于生态环境污染事件高发期，生态环保类案件作为坚决制止和惩处破坏生态环境行为的突破口，是落实生态补偿和生态环境损害赔偿制度的重要抓手。目前，我国大部分法院按照最高人民法院的部署围绕"四智"（即智慧审判、智慧执行、智慧管理、智慧诉服）进行信息化系统开发，但是碎片化现象较严重，系统之间数据共享、硬件和软件兼容以及稳定性等问题依然存在。目前，生态环保类案件甄别困难、数据统计非常困难，依靠人工逐条统计，工作量巨大。在各类生态环保类案件中：民事案件较多，其中公益诉讼案件定损较难；案件涉及专业技术特别多，动植物、水源、土壤等类案件审判需要大量专业技术支持；类案推送的准确性和可参考性有待加强。总之，生态环保类案件存在司法审判裁判结果"类案异判"、案发态势"预警缺位"等现实困境，导致其审判和预警面临空前挑战。在全面推进法治中国、美丽中国和社会治理现代化的重要战略时期，如何借助人工智能、大数据、物联网等新兴技术，通过司法规则代码化、损失评估场景化、责任认定精准化、司法决策建模化辅助案件审判，实现生态环保类案件审判从个案裁判转向系统生成、从局部经验转向整体协同、从平面监测转向立体预警，由"经验环境正义"迈向"可视化环境正义"，从而提升社会效能，是当前亟须攻克的重大难题。

目前，欧美发达国家在智慧司法技术体系上取得了领先地位，尤其是美国，在20世纪90年代就已经在一些州法院使用量刑辅助系统，这些系统基于人工智能技术的原理，在涉及量刑裁判时，为法官提供参考。当前，国外法律智能问答机器人、法律大数据分析与智能预测平台、诉讼材料辅助平台、智能化在线纠纷解决平台等典型应用取得了显著成效，在法律文档智能检索、案件推理规则智能生成、案件特征挖掘、案件结果智能预测和风险评估等方面形成了技术壁垒。面对潜在的专利控制和技术封锁，以及被"卡脖子"的风险，我国司法审判手段亟待取得原创性技术方法突破，必须快速实现自主知识产权技术积累，为实现国家

---

① 《习近平：推动我国生态文明建设迈上新台阶》，https://www.gov.cn/xinwen/2019-01/31/content_5362836.htm，2019年1月31日。

智慧司法体系提供科技支撑和安全保障。

为此，本书开展生态环保类案件智能审判与态势预警技术研究的主要意义在于以下几方面。

1. 是推进我国司法案件审判手段数字化革命的基础

案件多、法官少、执行难，长期困扰各级法院和广大当事人。新一代信息技术的发展是推进法院工作改革和发展的重要因素。改变传统的庭审模式，实现公正与效率，已经成为国内各级检察机关和法院的工作主题，更是社会发展和科技进步的必然趋势。人工智能辅助审判在处理生态环保类案件中，发挥了机器学习替代人类大脑的优势，高度智能化模仿法官辅助办案，因此大大提高了审判效率。面对数字法治及智慧司法建设的新特征、新需求，基于各种生态环保类案件的立案、庭审、判决等法律文书，研发生态环保类案件智能分类技术、案件辅助审判模式匹配与推荐技术，从而实现生态环保类案件的智能辅助审判，是推进我国司法案件审判手段数字化革命的基础。

2. 是完善生态环保法律体系和司法制度的基石

党的十九届四中全会通过的《中共中央关于坚持和完善中国特色社会主义制度 推进国家治理体系和治理能力现代化若干重大问题的决定》明确提出"实行最严格的生态环境保护制度。坚持人与自然和谐共生，坚守尊重自然、顺应自然、保护自然，健全源头预防、过程控制、损害赔偿、责任追究的生态环境保护体系"。未来一段时间是生态环保法律体系的改革期、完善期、发展期，但生态环境保护的根源性、结构性和趋势性压力总体尚未缓解，生态环境保护执法的依据较少，部分环境立法存在空白，一些现有规定相对滞后。从长远来看，必须坚持法治思维，以源头预防、过程控制、损害赔偿、责任追究为目标，不断完善生态环保法律体系。智能化技术在生态环保类案件审判领域不断增多，在污染治理和生态修复方面的技术可达性更强、经济可行性更加合理，环境保护与经济发展更加协调。因此，本书从政策法规层面为智能化技术在环境保护领域的应用提供了法律保障和解决方案。

3. 是提升公共安全风险防控和应急管理能力的保障

智能审判与态势预警在生态环保类案件审判执行工作中的运用，将响应内需与服务群众有机整合，促进办案流程从"零散单一"向"智能系统"转型，实现对生态环境治理问题的定量评估和跟踪研究，最终实现生态环保类案件的态势预警和安全风险智能识别，提高公共安全风险防控和应急管理能力。同时，通过全流程闭环管理、全方位智能服务、智慧工作场景辅助，基层法院越来越多地具备查询和推送关联案件、推送法规条文及类案信息、辅助生成司法文书、裁判结果预测以及智能庭审等功能，显著增强了现行法院的应急管理能力。因此，相关技术的突破与应用是提升公共安全风险防控和应急管理能力的保障。

4. 是突破国际对我国智慧司法技术发展封锁的关键

中美建交以来，美国历届政府对中国都奉行既接触合作又防范遏制的政策，科技领域摩擦时有发生。2018 年至今集中爆发的中美经贸摩擦，美国更是将范围扩大到我国几乎全部高科技产业。尽管美国不断推出各种法案和政策限制中国获得相关技术，但都没有真正阻止我国技术快速发展。通过本书的研究，将法院外部系统（如司法机关、行政机关、环保平台、公益事业平台等）的数据进行知识库关联，实现生态环保类案卷的全面、及时流转，行政案件立案与线上答辩，网上证据材料以及公告等电子化辅助，加强法院内外部数据的互联互通。因此，本书研究成果的应用能够推动我国政府间数据共享，夯实智慧政府的信息来源，促进案件信息的深度利用与挖掘，为智慧社会提供数据基础，对我国突破技术封锁和提升智慧司法技术水平将起到重要作用。

5. 是确保我国公共安全产品及技术领先地位的根本

通过智能审判与态势预警技术的研发，强化生态环保类案件的公正审判，推动重点监管、大数据监管等新型监管方式，将有利于形成全覆盖、零容忍、更透明、重实效、保安全的事中事后监管体系，全面建设集约高效、多元解纷、便民利民、智慧精准、开放互动、交融共享的现代化诉讼服务体系，加快推进跨域立案诉讼服务改革，提升大数据案件辅助审判的系统性、全面性、深刻性、及时性等，以期为审判工作提供更强有力的支持。同时，通过在全国法院开展示范应用，能有效推动智能审判系统在全国各级法院的普及，促进先进经验迅速推广到全国，这样不仅能够有效避免信息化进程中的偏差与弯路，更能够促进全国法院智慧审判水平共同提升，为"智慧审判"的全国协调发展奠定基础，实现生态环保领域"数字法治、智慧司法"的目标。因此，本书的研究对确保我国公共安全产品及技术领先地位将提供有力的保障。

6. 是实现优化案件智能审判与态势预警流程，提升案件处理效率，提高风险管控能力的基本路径

统筹考虑信息采集、信息推送、技术鉴定等方面，研发生态环保类案件的智能审判系统，在立案、审判及案件管理等环节，综合运用智能化技术优化相关数字化处理流程，辅助开展生态环保类案件处理，能够有效提高人民法院司法手段高效化及全案件智能化审判水平。针对各级人民法院生态环保类案件风险管理能力存在的差异，研发态势预警技术，推进各级人民法院进行生态环保类案件态势预警和安全风险智能识别技术示范试点，实时动态监测案件安全风险预警，有利于提高生态环保类案件预警的准确性、及时性，同时推进人民法院风险管理能力现代化。这也是优化案件智能审理流程，提升案件处理效率，提高风险管控能力的基本路径。

本书依托国家重点研发计划"公共安全风险防控与应急技术装备"重点专项

"生态环保类案件智能审判与态势预警技术研究"项目，汇集了项目组的主要研究成果，面向我国生态文明与智慧法治建设的重大战略及现实难题，基于生态环保类案件的裁判文书、电子卷宗、相关法律条文与案例，以及相关社会治理等海量数据资料，从基础理论、关键技术、平台工具、推广应用等方面提供案件智能审判辅助与态势预警的系统解决方案。全书分为六章。

第1章阐述了生态环保类案件在证据认定上遇到的难题，探讨损失评估工作规范，构建责任界定知识体系的规则，并讨论人工智能在审判中的逻辑推理模型，为智能辅助审判提供理论支持和技术指导。

第2章详细总结如何利用智能语义分析技术从生态环保类案件文本中提取关键信息，构建知识图谱。详细阐述实体及关系提取、知识图谱表征学习等技术，为案件智能审判提供结构化的知识支持。

第3章分析生态环保类案件的审理特征和难点，探讨要素提取技术和证据清单式指引技术，提出智能辅助审判技术，包括类案检索和司法判决预测方法，以提高审判效率和准确性。

第4章构建社会治理问题与生态环保类案件态势的关联映射模型，分析案件特征与社会治理难点的关系，研究海量裁判文书特征的深度挖掘技术，为生态环保类案件的态势预警提供技术支持。

第5章详细描述生态环保类案件知识体系管理系统、知识图谱、大数据处理平台的构建，探讨智能审判辅助系统与态势预警集成平台的设计，为实现智慧司法提供技术平台。

第6章通过司法大数据视角，反映我国生态环境建设的成效，分析生态环保类案件智能辅助审判技术在环境资源法庭的应用成效，展示智能辅助审判与态势预警系统的全国推广前景和应用价值。

本书具有以下特点：①综合性的理论与实践分析。本书不仅深入探讨了生态环保类案件审判中的理论基础和法律规范，还结合了人工智能、大数据分析等现代技术手段，对生态环保类案件的证据认定、责任界定、损失评估等关键环节进行了系统性分析和研究。②创新的技术路径与应用示范。通过构建知识图谱、开发智能推理规则、设计案件态势预警系统等创新技术，本书展示了如何将这些技术应用于实际的生态环保类案件审判中，以提高审判效率、准确性和智能化水平，为智慧司法建设提供了实践案例和操作指南。

本书的研究工作得到了多方面的研究基金、计划和机构的资助，包括国家重点研发计划"公共安全风险防控与应急技术装备"重点专项"生态环保类案件智能审判与态势预警技术研究"（2020YFC0832700）、国家自然科学基金基础科学中心项目"数字经济时代的资源环境管理理论与应用"（72088101）、湘江实验室重大项目"基于新一代数智技术集成的智慧社会治理研究"（23XJ01005）等，在此，作者对上述资助计划和相关机构表示衷心的感谢！

　　本书第1章由中国人民公安大学李玉华教授等撰写，第2章由西南财经大学寇纲教授等撰写，第3章由中南大学与湖南工商大学陈晓红院士、胡东滨教授、李芳芳教授等撰写，第4章由中国司法大数据研究院有限公司李晗研究员等撰写，第5章由湖南工商大学陈晓红院士、梁伟教授、曹文治教授等撰写，第6章由湖南工商大学陈晓红院士、刘期湘教授及中国司法大数据研究院有限公司李晗研究员等撰写。同时，在写书过程中，作者在自己已有的成果上参考了诸多同行的研究工作和成果，得到了科学出版社的支持以及项目组老师与研究生的帮助，在此表示诚挚的感谢！

　　由于作者水平所限，书中不足之处难免，恳请广大读者批评指正。

作　者
2024 年 8 月

目　录

第1章　生态环保不同罪名或案由案件
裁判证据认定

2023 年 7 月 17 日至 7 月 18 日，全国生态环境保护大会在北京召开，习近平总书记在会上发表重要讲话，指出："党的十八大以来，我们把生态文明建设作为关系中华民族永续发展的根本大计，开展了一系列开创性工作，决心之大、力度之大、成效之大前所未有，生态文明建设从理论到实践都发生了历史性、转折性、全局性变化，美丽中国建设迈出重大步伐。"①仅 2018 年至 2023 年五年间，我国生态环保领域制定颁行《中华人民共和国黄河保护法》《中华人民共和国生物安全法》等 9 部法律，修正和修订《中华人民共和国野生动物保护法》《中华人民共和国土地管理法》等 14 部法律，我国生态环保法律体系日趋完善。

在刑事司法领域，自 2020 年 12 月《中华人民共和国刑法修正案（十一）》通过后，我国共确立污染环境罪，非法捕捞水产品罪，危害珍贵、濒危野生动物罪，非法占用农用地罪，非法采矿罪，危害国家重点保护植物罪，盗伐林木罪，滥伐林木罪，走私废物罪九项与生态环保直接相关的罪名。在诉讼方式方面，伴随着环境公益诉讼的兴起，环境民事公益诉讼、环境行政公益诉讼、环境刑事附带民事公益诉讼都开始积极拓展在生态环保领域的应用，环境保护组织、检察机关等主动履行社会责任，积极参与生态文明建设过程，收效甚丰。在责任承担形式方面，对于生态环保类案件，目前我国确定了包括停止侵害、排除妨碍、消除危险、修复生态环境、赔偿损失、赔礼道歉等民事责任承担形式，而在刑事诉讼活动中，为确保生态环境得到及时修复，避免犯罪行为对生态环境的不利影响进一步扩大，有关部门往往允许、支持犯罪嫌疑人、被告人优先作出修复生态环境的行为，并且为了鼓励犯罪嫌疑人、被告人作出积极反应，还会以量刑优待作为激励方式。与一般案件相同，生态环保类案件裁判过程中，法庭主要围绕定罪量刑相关问题展开调查，控辩双方也主要就定罪量刑问题进行举证质证。在生态环保类案件审理过程中，需要格外注意的是犯罪嫌疑人、被告人在前期修复生态环境和赔偿损失方面的相关证据的收集与认定，这些事项对于定罪量刑裁判的作出具有不可或缺的作用。从证据种类来看，生态环保类案件相关证据涵盖物证，书证，证人证

---

① 《习近平在全国生态环境保护大会上强调：全面推进美丽中国建设 加快推进人与自然和谐共生的现代化》，https://www.gov.cn/yaowen/liebiao/202307/content_6892793.htm，2023 年 7 月 18 日。

言，被害人陈述，犯罪嫌疑人、被告人供述和辩解，鉴定意见，勘验、检查、辨认、侦查实验等笔录，视听资料和电子数据八类证据。在证据认定过程中，同样需要考量证据的真实性、相关性、合法性，并遵循非法证据排除规则等证据规则。

1.1　生态环保类案件证据认定的难题

生态环保类案件证据认定难问题主要反映在刑事侦查取证难、民事案件当事人举证难、举证责任划分难、司法审判事实认定难等方面。

就刑事侦查取证难问题而言，以污染环境罪为例，环境污染本身就存在取证难的特殊性，办案机关自身现场采样缺乏专业取证手段和技巧，监测数据时效不强，相关资料不全，取证设备落后，难以做到证据充分、确凿。尤其是实践中环境执法部门和刑事侦查部门往往存在程序衔接操作，而两者在操作规范方面的要求存在差异是导致取证困难的重要原因。对此还有研究显示，生态环境刑事附带民事公益诉讼的调查取证标准不统一问题也与取证难问题密切相关。

就民事案件当事人举证难问题而言，有研究人员从实践出发将这一问题归纳为确定侵权主体有难度、证明损失事实难、因果关系认定难三方面障碍。从生态环保类案件自身特点来看，资源开发和环境保护类案件一般都具有发生持续性、隐蔽性和滞后性的特点；环境案件证据往往专业性强、不容易收集，比如认定噪声污染要在一定距离和特定环境中持续测试分贝数小时；污染标准及污染级别确定程序上也存在各地规定不完善、不统一等问题。从民事案件当事人客观情况来看，以原告方为例，原告方由于缺乏关于环境资源损害的举证、质证、鉴定等专业知识技术，往往难以对被告方（特别是大企业）出具的证据材料、鉴定意见提出有效的质证意见，由于财力不足也难以邀请专家出具专业意见。举证难问题也导致司法实践中出现行政诉讼功能异化的问题。

就举证责任划分难问题而言，司法实践与立法之间在环境污染侵权因果关系证明责任问题上形成了明显的矛盾与冲突，立法要求环境污染者就侵权因果关系的不成立承担积极的证明责任，而司法实践却更多地要求受害人就因果关系承担主要的证明责任。

就司法审判事实认定难问题而言，以污染环境罪为例，它主要体现在四个方面：一是追责主体认定难，可划分为单位犯罪认定难、具体责任人认定难两种情况；二是主观"明知"认定难，包括共同犯罪案件中的"明知"认定难、普通员工的"明知"认定难两种情况；三是危害后果认定难，包括环境污染程度认定难、危害后果量化难两种情况；四是因果关系认定难，主要包括污染源认定难、污染区间界定难、污染行为和危害结果显现之间具有时差性三种情况。司法审判事实认定难问题常衍生出审判人员过度依赖鉴定意见的问题。审判人员过度依赖鉴定意见又会引发如下问题：一是涉及环境资源案件的鉴定机构、鉴定资质、鉴定程序混乱，多头鉴定、重复鉴定，鉴定结论相互矛盾，导致当事人不服裁判。二是当多份鉴定意见出现偏差、冲突时，法官面临采信哪份鉴定意见、多大程度上采信、采信理由是否充分的难题。此时，法官要综合考虑鉴定机构和鉴定人的资质级别、专业能力、中立性，鉴定方式的科学性，鉴定时间远近，环境变化等因素，比较分析鉴定意见的证明力大小，这样加大了审理难度。

1.1.1　生态环保类案件证据认定难的实践对策

实践中，在应对行刑衔接问题方面，一方面，有些地方肯定了行政执法中获取材料的证据能力。比如，昆明市中级人民法院针对"行政先行"的环境民事公益诉讼特点，规定环境行政机关在行政执法中取得的调查笔录、询问笔录、监测数据、检验结果可以作为证据使用。另一方面，许多地方探索建立了环境行政与环境司法联动机制，有学者将其归类为点式合作联动机制和递进式整体联动机制。前者目前在实践中运用得较为广泛且经验较为丰富，它主要包括环境保护机关与公安机关的联动，环境保护机关与检察机关的联动，环境保护机关与审判机关的联动，环境保护机关与公安、检察、审判机关之间的大联动。在应对举证责任划分问题方面，仅仅透过现状分析，并未发现能够有效解决这一问题的实践方案。以昆明市中级人民法院为例，该院也只是规定了举证责任的一般分配原则，即环境民事公益诉讼案件的损害事实、损害后果由公益诉讼人承担举证责任，侵权行为与损害后果之间的因果关系由被告承担举证责任，并未做其他更为深入的实践探索。在回应鉴定意见的获取和运用问题方面，目前实践中主要采取的是通过放宽鉴定机构资质要求的方式弥补相关不足。以昆明市中级人民法院为例，在鉴定方面，规定了损害后果的评估报告、因果关系的鉴定结论可以作为证据，同时规定了申请鉴定的责任。在鉴定机构的选择上，规定了对于损害后果的评估、因果关系的鉴定，有法定评估、鉴定机构的，由法定机构评估、鉴定；无法定机构的，可以由司法鉴定机构评估、鉴定；司法鉴定机构无法进行评估、鉴定的，可以由依法成立的科研机构评估、鉴定；科研机构无法评估、鉴定的，可以由专门技术人员评估、鉴定。这样规定解决了环境案件中申请鉴定主体不明、鉴定机构缺位、鉴定结论的证据效力不足等问题。此外，由于环境侵权往往涉及较强的专业技术问题，因此，昆明市中级人民法院还规定了当事人及人民法院有权聘请专门技术人员作为专家辅助人当庭作证，专门技术人员的陈述可以作为证据。类似做法在一些个案处理中也得到体现，比如，在"北京市朝阳区自然之友环境研究所、福建省绿家园环境友好中心诉谢知锦等四人破坏林地民事公益诉讼案"中，法庭通过专家辅助人制度，由专业公司出具评估报告，高校教授提供生态破坏鉴定意见，对涉案林地生态恢复项目所需费用作出初步专业估算。环境司法"三审合一"模式的出现与发展，对于解决这一问题也具有重要意义。此外，在司法实践中，目前大多数省（区、市）已将环境损害司法鉴定评估纳入鉴定的法律援助项目。

1.1.2　生态环保类案件证据特色实证研究

由于在前期研究过程中，课题组对生态环保类案件范围进行了限制，即将生态环保类刑事案件确定为污染环境罪，非法捕捞水产品罪，危害珍贵、濒危野生动物罪，非法占用农用地罪，非法采矿罪，危害国家重点保护植物罪，盗伐林木罪，滥伐林木罪，走私废物罪九类犯罪，而不同类型案件的证据种类、证明对象、裁判逻辑一般存在差异。只有找出各类生态环保类案件证据裁判的共同点和不同点才能够在实质上聚焦不同生态环保类案件的争议焦点以及与之相关的证据问题，进而为生态环保类案件知识体系建设、创建生态环保类案件知识库提供有力支撑。为此，课题组通过检索"中国裁判文书网"，收集到2022年1月1日至2022年11月30日期间审理案件文书样本2194件（污染环境案件样本170件，非法捕捞水产品案件样本320件，危害珍贵、濒危野生动物案件样本111件，非法占用农用地案件样本360件，非法采矿案件样本355件，危害国家重点保护植物案件样本41件，盗伐林木案件样本233件，滥伐林木案件样本562件，走私废物案件样本42件）。经课题组研究总结，生态环保类案件的证据特色主要体现在以下几个方面。

其一，生态环保类案件涉案证据种类分布明显区别于一般案件。首先，在一般刑事案件（如故意杀人、故意伤害、强奸、盗窃等案件）中，被害人陈述对于还原案件事实具有重大意义，但在生态环保类案件中，由于大多数案件并没有特定的自然人或法人作为被害人，罪行侵犯法益多为国家利益、公共利益，因此，鲜有在生态环保类案件裁判文书中出现"被害人陈述"这一种类证据。其次，如前所述，在生态环保类案件审理过程中，极其专业的跨学科问题亟待法官予以解答，因此，对鉴定意见的重视甚至倚赖，是生态环保类案件裁判的又一大特征。在样本案件中，污染环境案件中鉴定意见证据采用率为92.31%，非法捕捞水产品案件中鉴定意见证据采用率为85.90%，危害珍贵、濒危野生动物案件中鉴定意见证据采用率为100%，非法占用农用地案件中鉴定意见证据采用率为100%，非法采矿案件中鉴定意见证据采用率为100%，危害国家重点保护植物案件中鉴定意见证据采用率为100%，盗伐林木案件中鉴定意见证据采用率为100%，滥伐林木案件中鉴定意见证据采用率为100%，走私废物案件中鉴定意见证据采用率为20%。再次，生态环保类案件事实认定依靠对特殊类型书证的运用。一类特殊书证是官方文件，比如，在非法捕捞水产品案件中，经常需要通过研究地方出台的有关禁渔期、禁渔区、禁渔工具等方面的文件，进一步判断当事人行为是否涉嫌违法犯罪。另一类特殊书证是与案件有关的行政文书，比如，在污染环境案件中，常见"责令改正违法决定书"这一类型证据。最后，生态环保类案件多为现场执法活动发现，故在行刑衔接中的证据转换为生态环保类案件裁判所常见，前期行政执法活动相关物证、书证、视听资料等证据对于此类案件事实认定十分重要。

其二，生态环保类案件待证事实特征明显。生态环保类案件待证事实的特殊性集中表现为三点：一是专业性极强。从样本案件来看，一方面，此类犯罪需要确定具体犯罪对象的种属、数量、价值等专业事项，这些与确定犯罪行为的社会危害性大小密切相关。另一方面，此类犯罪大多需要进行损害评估，损害评估不仅涉及犯罪实际造成的损害，也包括未来潜在危害。比如，在危害珍贵、濒危野生动物案件中，有时需要评估犯罪行为对某一地区物种可能产生的潜在消极影响；又如，在污染环境案件中，需要判断污染物存续时间长短以及存续期间对所在地可能产生的不利影响等。二是量刑事实更为复杂。目前，在司法实践中，通常在裁判结果作出前，有关部门会要求犯罪嫌疑人或者犯罪嫌疑人主动申请采取必要措施对生态环境进行紧急修复，这种修复既包括直接修复，如采取放生、增殖放流等措施，也包括间接修复，多为基于专业机构作出的损害评估，由犯罪嫌疑人按要求缴纳损害赔偿金。修复行为是法官判断被告人认罪态度的重要事实基础，对于案件量刑具有一定影响。三是由于生态环保类犯罪的发现具有一定的突击性，犯罪嫌疑人主动交代案件事实、指认共犯对于发现同类犯罪和关联犯罪具有积极意义，由此导致生态环保类案件中多见坦白、自首等量刑情节。当然，犯罪分子反复作案的情况在此类犯罪中也屡见不鲜，累犯等量刑情节也常见于样本文书中。

其三，待证明的程序事项相对较多。一方面，如前所述，行刑衔接频见于生态环保类案件中，相关程序操作的合法性、规范性为控辩审三方高度重视。在样本案件中，多份详细记录具体证据的裁判文书均显示，控方一般需要就执法规范问题进行单独且详细举证。另一方面，法律要求检察机关提起刑事附带民事公益诉讼以其履行完相应公示程序为前提，因此，在此类样本文书中，常见控方以正义网截图等证据就公告程序履行完毕事项进行单独证明。

1.2　生态环保类案件损失评估工作规范

损失评估在办理生态环保类案件过程中具有重要作用。无论是刑事裁判中犯罪的认定与刑罚的裁量，还是民事裁判中民事责任的承担，往往都离不开生态环境损失的认定。虽然当前我国出台了相关法律规范，制定了相关行业标准，但是并没有针对生态环保类案件损失评估的系统性工作规范。为了给生态环保类案件技术系统的完善提供规范支撑，应当进一步明确生态环保类案件损失评估的基本原则、主体和对象、范围、方法及程序。

1.2.1 关于基本概念的厘定

在生态环保类案件损失评估的过程中，会运用到许多专业术语，现对主要用语作出如下界定。

1. 损失损害类

1）环境损害

环境损害（environmental damage）是指因污染环境、破坏生态造成环境空气、地表水、沉积物、土壤、地下水、海水等环境要素和植物、动物、微生物等生物要素的不利改变，以及上述要素构成的生态系统的功能退化和服务减少。

2）期间损害

期间损害（interim damage）是指自生态环境损害发生到恢复至基线期间，生态系统提供服务功能的丧失或减少。

3）永久损害

永久损害（permanent damage）是指受损生态环境及其生态服务功能难以恢复，其向人类或其他生态系统提供服务的能力完全丧失。

2. 修复恢复类

1）污染清除

污染清除（pollution clean-up）是指采用工程和技术手段，将生态环境中的污染物阻断、控制、移除、转移、固定和处置的过程。

2）环境修复

环境修复（environmental remediation）是指污染清除完成后，为进一步降低环境中的污染物浓度，采用工程和管理手段将环境污染导致的人体健康或生态风险降至可接受的风险水平的过程。

3）生态恢复

生态恢复（ecological restoration）是指采取必要、合理的措施将受损生态环境及其服务功能恢复至基线并补偿期间损害的过程，包括环境修复和生态服务功能的恢复。按照恢复目标和阶段不同，生态恢复可分为基本恢复、补偿性恢复和补充性恢复。

（1）基本恢复。基本恢复（primary restoration）是指采取必要、合理的自然或人工措施将受损的生态环境及其服务功能恢复至基线的过程。

（2）补偿性恢复。补偿性恢复（compensatory restoration）是指采取必要、合理的措施补偿生态环境期间损害的过程。

（3）补充性恢复。补充性恢复（complementary restoration）是指使无法完全恢复受损的生态环境及其服务功能基本恢复,或补偿性恢复无法补偿期间损害时,采取额外的、弥补性的措施进一步恢复受损的生态环境及其服务功能并补偿期间损害的过程。

3. 程序方法类

1)生态环境损失鉴定评估

生态环境损失鉴定评估（identification and assessment of environmental damage）是指按照规定的程序和方法,综合运用科学技术和专业知识,调查污染环境、破坏生态行为与生态环境损害情况,分析污染环境或破坏生态行为与生态环境损害间的因果关系,评估污染环境或破坏生态行为所致生态环境损害的范围和程度,确定生态环境恢复至基线并补偿期间损害的恢复措施,量化生态环境损害数额的过程。

2)调查区

调查区（survey area）是指为确定生态环境损害的类型、范围和程度,需要开展勘察、监测、观测、观察、调查、测量的区域,包括污染环境或破坏生态行为的发生区域、可能的影响区域、损害发生区域和对照区域等。

3)评估区

评估区（assessment area）是指经调查发现发生环境质量不利改变、生态服务功能退化等,需要开展生态环境损害识别、分析和确认的区域。

4)基线

基线（baseline）是指污染环境或破坏生态未发生时评估区生态环境及其服务功能的状态。

5)生态功能

生态功能（ecological functions）是指生态系统在维持生命的物质循环和能量转换过程中,为人类与生物提供的各种惠益,通常包括供给服务、调节服务、文化服务和支持功能。

1.2.2 生态环保类案件损失评估的基本原则

1. 合法合规原则

损失评估工作应当依法依规进行。损失评估工作应当严格遵守有关法律法规和技术规范,不得伪造数据和弄虚作假。损失评估机构及其工作人员应当具备相应能力和法定资质。损失评估报告应当符合法律法规和技术规范规定的程序、结构及内容要求。

2. 科学合理原则

损失评估工作应当制订科学合理的实施方案。损失评估工作方案应包含严格措施控制和质量保证，损失评估工作应当严格按照工作方案开展，不得随意改变。

3. 公平客观原则

损失评估工作应当始终坚持公平客观。损失评估主体应当根据评估对象的情况作出客观判断，实事求是地运用专业知识与技能进行评估。

4. 独立中立原则

损失评估工作应当保持绝对的独立中立。损失评估主体应当彻底排除相关利益方的影响，以绝对中立的身份完全独立地进行评估。

1.2.3　生态环保类案件损失评估的主体和对象

在生态环保类案件损失评估的过程中，国家认定的科研院所、高等院校以及公司企业为适格主体，而主要的评估对象应当包括如下方面。

1. 生态环境受到损害至修复完成期间服务功能丧失导致的损失

该损失简称为期间损失，是生态环境受到损害之日起到生态功能恢复到基线水平期间生态系统服务功能的损失量。

2. 生态环境功能永久性损失造成的损失

该损失简称为永久损失，是指受损生态环境难以恢复，其向公众或其他生态系统提供服务的能力完全丧失，应当用价值赔偿对此部分损失进行填补，包括生态环境不能修复与只能部分修复的情形。

3. 生态环境损失调查、鉴定评估等费用

生态环境损失调查、鉴定评估等费用是指在造成生态环境损失发生后，因进行调查、鉴定评估等工作产生的各类费用。对此，应当作扩大解释，包括各级政府与相关单位针对可能或已经发生的突发环境事件而采取的行动和措施所发生的费用、原告合理的律师费以及为诉讼支出的其他合理费用等。

4. 清除污染、修复生态环境费用

清除污染费用是指对污染物进行清除、处理和处置的应急处置措施，包括清除、处理和处置被污染的环境介质与污染物以及回收应急物资等产生的费用。修复生态环境费用是指行为人在自己未能在合理期限内修复时，应当支付的由他人代为修复的费用。

5. 防止损失的发生和扩大所支出的合理费用

防止损失的发生和扩大所支出的合理费用属于应急费用，是指由于具有时间的紧迫性，为了防止损失发生和扩大，不能在司法程序中等待或通过判决行为人采取措施来应对该问题，而产生的各种合理费用。

1.2.4　生态环保类案件损失评估的范围

1. 空间范围

生态环境损害鉴定评估工作空间范围可以综合利用现场调查、环境监测、遥感分析和模型预测等方法，根据污染物迁移扩散范围或破坏生态行为的影响范围确定。

2. 时间范围

生态环境损失评估的时间范围以污染环境或破坏生态行为发生日期为起点，持续到受损生态环境及其生态系统服务恢复至生态环境基线为止。

1.2.5　生态环保类案件损失评估的方法

在评估过程中，首选资源等值分析方法和服务等值分析方法，次选价值等值分析方法，后选环境价值评估方法。具体方法如下。

1. 替代等值分析方法

1）资源等值分析方法

将环境的损益以资源量为单位来表征，通过建立环境污染或生态破坏所致资源损失的折现量和恢复行动所恢复资源的折现量之间的等量关系来确定生态恢复的规模。资源等值分析方法的常用单位包括鱼或鸟的种群数量、水资源量等。

2）服务等值分析方法

将环境的损益以生态系统服务为单位来表征，通过建立环境污染或生态破坏所致生态系统服务损失的折现量与恢复行动所恢复生态系统服务的折现量之间的等量关系来确定生态恢复的规模。服务等值分析方法的常用单位包括生境面积、服务恢复的百分比等。

3）价值等值分析方法

（1）价值-价值法。将恢复行动所产生的环境价值贴现与受损环境的价值贴现建立等量关系，此方法需要将恢复行动所产生的效益与受损环境的价值进行货币化。

（2）价值-成本法。首先估算受损环境的货币价值，进而确定恢复行动的最优规模，恢复行动的总预算为受损环境的货币价值量。

2. 环境价值评估方法

衡量恢复行动所产生的效益与受损环境的价值需要采用环境价值评估方法。环境价值评估方法主要包括直接市场价值法、揭示偏好法、效益转移法以及陈述偏好法等。

1.2.6 生态环保类案件损失评估的程序

1. 工作方案制订

通过收集资料、现场踏勘、座谈走访、文献查阅、遥感影像分析等方式，掌握污染环境或破坏生态行为以及生态环境的基本情况，确定生态环境损害鉴定评估的目的、对象、范围、内容、方法、质量控制和质量保证措施等，编制鉴定评估工作方案。具体步骤包括收集分析资料、现场踏勘以及查阅文献。

2. 损失调查确认

掌握污染环境或破坏生态行为的事实，调查并对比生态环境及其服务功能现状和基线，确定生态环境损害的事实及其类型。具体内容如下。

1）损失调查

（1）污染环境行为的发生时间和地点，污染源分布情况（如数量和位置），特征污染物种类及其排放情况（如排放方式、排放去向、排放频率、排放浓度和总量等）。

（2）破坏生态行为的发生时间、地点、破坏方式、破坏对象、破坏范围以及土地利用或植被覆盖类型改变等情况。

（3）评估区环境空气、地表水、沉积物、土壤、地下水、海水等环境质量现状及基线。

（4）评估区生态系统结构、服务功能类型的现状及基线。

（5）评估区已经开展的污染清除、生态环境恢复措施及其费用。

（6）可能开展替代恢复区域的生态环境损害现状和可恢复性。

2）基线确定

应选择适当的评价指标和方法调查并确定基线。基线的确定方法包括历史数据、对照数据、标准基准以及专项研究。

3）损失确定

对比评估区生态环境及其服务功能现状与基线，必要时开展专项研究，确定评估区生态环境损害的事实和损害类型。生态环境损害的确定应满足以下任一条件。

（1）评估区环境空气、地表水、沉积物、土壤、地下水、海水中特征污染物浓度或相关理化指标超过基线。

（2）评估区环境空气、地表水、沉积物、土壤、地下水、海水中物质的浓度足以导致生物毒性反应。

（3）评估区生物个体发生死亡、病变、行为异常、肿瘤、遗传突变、生理功能失常、畸形。

（4）评估区生物种群特征（如种群密度、性别比例、年龄组成等）、群落特征（如多度、密度、盖度、频度、丰度等）或生态系统特征（如生物多样性）与基线相比发生不利改变。

（5）与基线相比，评估区生态服务功能降低或丧失。

（6）造成生态环境损害的其他情形。

3. 因果关系分析

1）污染环境行为的因果关系分析

污染环境行为与生态环境损害间因果关系分析的内容包括时间顺序分析、污染物同源性分析、迁移路径合理性分析、生物暴露可能性分析、生物损害可能性分析，以及分析自然和其他人为可能的因素的影响，并阐述因果关系分析的不确定性。

2）破坏生态行为的因果关系分析

破坏生态行为与生态环境损害间因果关系分析的内容包括时间顺序分析、损害可能性分析、因果关系链建立以及分析自然和其他人为可能的因素的影响，并阐述因果关系分析的不确定性。

4. 损失实物量化

明确不同生态环境损害类型的量化指标，量化生态环境损害的时空范围和程度；分析恢复受损生态环境的可行性；明确生态环境恢复的目标，制订生态环境恢复备选方案，筛选确定最佳恢复方案。

步骤一：损害范围和程度量化。

（1）确定评估区环境空气、地表水、沉积物、土壤、地下水、海水等环境介质中特征污染物浓度劣于基线的时间、面积、体积或程度等。

（2）确定评估区生物个体发生死亡、疾病、行为异常、肿瘤、遗传突变、生理功能失常或畸形的数量。

（3）确定评估区生物种群特征、群落特征或生态系统特征劣于基线的时间、面积、生物量或程度等。

（4）确定评估区生态服务功能劣于基线的时间、服务量或程度等。

步骤二：可恢复性评价。

步骤三：恢复方案制订。恢复方案制订具体包括确定恢复目标、选择恢复策略、筛选恢复技术、制订备选方案以及比选恢复方案。

5. 损失价值量化

统计实际发生的污染清除费用；估算最佳生态环境恢复方案的实施费用；当生态环境无法恢复或仅部分恢复时，可采用环境价值评估方法，量化生态环境损害价值。

1）价值量化方法选择原则

生态环境损害的价值量化应遵循以下原则。

（1）污染环境或破坏生态行为发生后，为减轻或消除污染或破坏对生态环境的危害而发生的污染清除费用，以实际发生费用为准，并对实际发生费用的必要性和合理性进行判断。

（2）当受损生态环境及其服务功能可恢复或部分恢复时，应制订生态环境恢复方案，采用恢复费用法量化生态环境损害价值。

（3）当受损生态环境及其服务功能不可恢复、只能部分恢复或无法补偿期间损害时，选择适合的其他环境价值评估方法量化未恢复部分的生态环境损害价值。

（4）当污染环境或破坏生态行为事实明确，但损害事实不明确或无法以合理的成本确定生态环境损害范围和程度时，采用虚拟治理成本法量化生态环境损害价值，不再计算期间损害。

2）生态环境恢复费用计算

测算最佳恢复方案的实施费用，包括直接费用和间接费用。其中，直接费用包括生态环境恢复工程主体设备、材料、工程实施等费用，间接费用包括恢复工程监测、工程监理、质量控制、安全防护、二次污染或破坏防治等费用。采用何种恢复费用计算的方法，应以相关成本和费用以恢复方案实施地的实际调查数据为准。具体方法包括费用明细法、指南或手册参考法、承包商报价法以及案例比对法。

3）其他环境价值评估方法

应根据生态环境损害特征、数据可得性、评估时间、实施成本等选择适合的环境价值评估方法量化无法恢复或未恢复部分的生态环境损害价值。对于自然保护区、生态保护红线、重点生态功能区等具有栖息地生境功能的区域，建议采用陈述偏好法进行环境价值评估。

6. 评估报告编制

编制生态环境损害鉴定评估报告（意见）书，同时建立完整的鉴定评估工作档案；鉴定评估机构应根据鉴定委托方的要求，依据相关法律法规的规定，编制司法鉴定意见书或鉴定评估报告书。生态环境恢复效果评估应编制独立的评估报告。

7. 恢复效果评估

恢复效果评估具体包括生态环境恢复方案实施评估、补充性恢复方案实施评估以及其他适宜方案实施评估。

1.3 生态环保类案件责任界定知识体系的构建规则

1.3.1 构建生态环保类案件责任界定知识体系的必要性

1. 生态环保类案件责任的特殊性

环境法律责任不仅像刑法责任等公法责任一样关注人的行为，也像民法责任等私法责任一样关注人的行为对他人的影响，更重要的是环境法律责任还极为关注行为对生态环境的影响及其救济。环境法律责任所寻求的不只是私法意义上的、单一的填平性赔偿，也不仅是公法意义上的惩罚，其所寻求的是真正能够救济环境损害与生态破坏的法律责任方式。正是如此，简单套用传统法律责任规则已不能涵盖或适应当前复杂的环境问题，也无法全面地达到修复生态、保护环境的目的。因此，环境法律责任的界定规则屡屡遇到司法实践难题，原因主要如下。

一是环境问题不仅仅是简单的环境污染问题，还包括生态破坏、生态退化等问题。不同类型的环境问题所引发的法律责任有所不同，例如，在颁布《中华人民共和国民法典》之前，学界有观点认为，环境污染问题引发的环境民事法律责任应以无过错责任为归责原则，而生态破坏问题引发的环境民事法律责任则应采用过错责任为归责原则。

二是不同的环境问题具有不同时长的潜伏期，也有着不同的发作期。例如，由于空气、水等环境要素具有极强的流动性，在这种环境要素之上的环境污染问题的表现往往也是暂时的。众所周知，严重的雾霾来临时似乎让人无法呼吸，但只要来一阵大风，雾霾便可能消散无踪。但雾霾的消散并不代表空气污染问题的完全自愈，更不能说空气污染未对环境造成任何污染或破坏。此时，即便抛开取证问题，如何界定环境法律责任也是个较为令人头疼的问题。在类似的环境司法案例中，很多侵害人或违法人就提出了"被告造成的环境污染问题已经不存在，环境已经得到修复，无法对已经不存在的环境问题再次进行环境修复"之类的抗辩理由，乍听之下似乎有几分道理，其实不然。正是因为空气、水等环境要素具有极强的流动性，这样的环境要素之上的环境问题往往也具有极强的潜伏性，给举证带来了极大的困难，但将视角放在整个环境生态之上，可以发现侵害人或违法人已经对环境造成了污染或破坏，那么如何界定生态环保类案件的法律责任自然是解决这类问题的关键性的一步。在泰州市环保联合会与泰兴锦汇化工有限公司等环境污染侵权赔偿纠纷案①中，最高人民法院点评认为，虽然河流具有一定的自净能力，但是环境容量是有限的，向水体大量倾倒副产酸，必然对河流的水质、水体动植物、河床、河岸以及河流下游的生态环境造成严重破坏。如不及时修复，污染的累积必然会超出环境承载能力，最终造成不可逆转的环境损害。因此，不能以部分水域的水质得到恢复为由免除污染者应当承担的环境修复责任。

三是不同环境要素之间的环境问题有着不同的环境修复方法，这也给环境法律责任的界定带来了实践难点。例如，水生态系统的修复方法主要有增加河枯水流量、实施人工增氧、进行河流专门化处理或修建净水湖、采取生态化工程措施等，土壤污染的生态修复方法主要是利用植物修复技术、动物修复技术、微生物修复技术、理化修复技术等，森林的恢复方法主要有封山育林、林分改造、透光抚育等。环境法律责任应做的不能仅限于"修复生态"这样一句极其概括的要求，也应考虑不同要素之间的环境问题的特殊性，使生态修复更具可操作性，从而将环境法律责任的实现落于实处。

2. 智能审判与生态环保类案件的契合

2016 年 7 月印发的《国家信息化发展战略纲要》和 12 月印发的《"十三五"国家信息化规划》，2017 年 4 月最高人民法院发布的《关于加快建设智慧法院的意见》，2017 年 7 月国务院出台的《新一代人工智能发展规划》以及 2020 年 7 月31 日最高人民法院印发的《关于深化司法责任制综合配套改革的实施意见》等文件中多次提及智能服务在我国的发展。人工智能法律系统一方面旨在让法官从事务性工作中抽离出来，另一方面也尝试在类案推荐、裁判预测、风险预警等方面为法官提供审判辅助。上海和贵州在法院的智能化建设之外还尝试通过人工智能技术实现对公检法三家证据标准的统一规范。

虽然我国颁布的《中华人民共和国环境保护法》《中华人民共和国水污染防治

---

① 《泰州市环保联合会与泰兴锦汇化工有限公司等环境污染侵权赔偿纠纷案》，http://gongbao.court.gov.cn/Details/1e8addcb4b2a5388a76aef09e92b2c.html，2016 年 1 月 31 日。

法》《中华人民共和国大气污染防治法》《中华人民共和国土壤污染防治法》《中华人民共和国民法典》《中华人民共和国刑法》等法律法规中已建立起了一整套的环境法律责任界定规则，但环境法律责任界定面临的司法实践难题仍旧很多。然而，相对不成熟的法律责任界定体系并不代表不适合采用智能审判技术。恰恰相反，环境法律责任界定可能更适合，也更需要智能审判技术的介入。传统刑事法律责任界定除了有体系化的法律法规作为直接依据，法官们往往也有着多年的经验以应对多变的司法实践；而环境法律责任界定问题对于很多法官来说是个新议题，相较于传统法律责任界定而言，环境法律责任界定的规则仅限于成文立法的规定，这就需要智能审判系统的介入，以提供更全面的立法参考与经验总结。

1.3.2　构建生态环保类案件责任界定知识体系的一般性规则

构建生态环保类案件责任界定知识体系是开发智能审判系统、适用智能审判系统的基础之一。不同类型的法律责任自然有具体内容不同的责任界定知识体系，但所有责任界定知识体系的构建需遵循以下一般性规则。

1. 以立法为根基

习近平法治思想强调，坚持建设中国特色社会主义法治体系①。中国特色社会主义法治体系是推进全面依法治国的总抓手，要加快形成完备的法律规范体系、高效的法治实施体系、严密的法治监督体系、有力的法治保障体系，形成完善的党内法规体系。

完备的法律规范体系不仅是中国特色社会主义法治体系的基础，也是法官判案的基本依据。生态环保类案件责任界定知识体系的构建当然要以现行立法为根基，不能有超越、违背现行立法的内容，否则以此知识体系为背景搭建的智能审判系统就无法为法官判案提供便利，甚至会给我国司法实践带来不利因素。必须强调的是，囿于环境法本身的综合性特征，构建生态环保类案件责任界定知识体系时，对现行立法的搜集也要注意做到全面、完整。以危害珍贵、濒危野生动物罪案件为例，其责任界定中既包括《中华人民共和国刑法》及其司法解释，也包括《中华人民共和国野生动物保护法》及其相关实施条例、司法解释等内容，几乎所有的生态环保类案件责任界定都涉及传统的民事、行政、刑事的立法，以及专门的环境立法。

2. 以案例为内涵

2010 年 11 月 26 日，最高人民法院印发的《关于案例指导工作的规定》，标

---

① 参见 https://www.12371.cn/special/xxzd/hxnr/fz/index.shtml，2024 年 3 月 22 日。

志着具有中国特色的案例指导制度正式登场；2011 年 12 月 20 日，最高人民法院发布的第一批指导性案例，意味着案例指导制度从"纸面上的法"变为"行动中的法"。因此，构建生态环保类案件责任界定知识体系时当然也要将指导性案例的核心观点纳入其中。

我们这里所说的"以案例为内涵"不仅仅是将指导性案例纳入生态环保类案件责任界定知识体系之中，还需要借鉴、提炼大量的典型案例与同类案例，尤其是对类案的提炼与应用。构建生态环保类案件责任界定知识体系时，强调对类案的提炼与应用，不仅可以为法官判案提供参照，也体现了法律监督机制的健全。根据《中共中央关于加强新时代检察机关法律监督工作的意见》精神总结得出要求，加强民事检察工作、健全法律监督方式，发挥类案监督在统一法律适用、增强精准监督质效方面的优势。类案监督正是透过一个个具体的案件，通过对这些案件的共性总结，发现共性、普遍性问题，进而提出解决方案，从而达到"办理一案、治理一片"的效果，具有扩散效应。

3. 以学说为补充

如前所述，相较传统部门法来说，环境法是一个新兴的部门法，立法中的生态环保类案件责任界定规则难免也会有漏洞之处，这就需要我们在构建生态环保类案件责任界定知识体系时，加入学界的通说、主要观点等内容，以在现行立法、指导性案例、典型案例、同类案例之外给法官判案提供新的参考。

相较于成熟的立法与指导性案例而言，学说的稳定性虽较弱，但其更新速度较快，能够从某种程度上弥补法律的天然滞后性。环境法本就是一个解决新问题的部门法，自然也需要运用现代化理论来回应现代化建设中面临的新问题，这也是坚持在法治轨道上推进国家治理体系和治理能力现代化的体现。当然，学说仅仅只能作为补充、建议，而不能像现行立法与指导性案例一样作为直接的判案依据。因此，我们在创设智能审判系统、搭建责任界定知识体系时，必须通过标注等方式将学说与现行立法、指导性案例区别开来。

1.3.3　生态环保类案件民事责任界定知识体系的具体构建

生态环保类案件民事责任界定知识体系应主要包括以下内容。

1. 环境民事法律责任的归责原则：无过错责任原则

环境民事法律责任归责原则的历史演进经历了结果责任原则阶段、过错责任原则阶段、过错推定原则阶段和现在确立的无过错责任原则阶段。无过错责任，是指无论行为人有无过错，法律规定应当承担民事责任的，行为人应当对其行为所造成的损害承担民事责任。《中华人民共和国民法典》第一千二百二十九条规定：

"因污染环境、破坏生态造成他人损害的，侵权人应当承担侵权责任。"据此，环境侵权采用的是无过错责任。

2. 环境民事法律责任的构成要件

依据《中华人民共和国民法典》第一千二百二十九条，环境民事法律责任的构成要件有三，即环境侵权行为、环境损害后果、环境侵权行为与环境损害后果之间具有因果关系。

1）环境侵权行为

环境民事法律责任的构成需以行为人实施了污染环境、破坏生态的行为为基本要件。在一般侵权中，侵权行为这一要件往往隐含了该行为具有违法性的内容，但环境侵权中并不要求环境侵权行为具有违法性。一方面，违法行为是严重的过错行为，过错又不限于违法行为，还包括了大量的违反道德规范和社会规范的不正当行为，这就厘清了侵权行为与违法性本就是两个要件。另一方面，环境侵权的原因行为具有价值双重性，如果要求环境侵权行为具有违法性，将导致大量的环境侵权行为逃避应尽的法律责任。

2）环境损害后果

根据《中华人民共和国民法典》《中华人民共和国环境保护法》的相关规定，环境民事法律责任的损害后果包括以下几种类型：第一，财产损害。第二，人身损害。第三，环境享受损害。环境享受损害主要包括妨碍他人依法享受适宜环境的权利或正常生活、降低环境要素的功能与价值而造成的非财产性损害。这是环境侵权与一般侵权不同的一部分，但这一部分在法学理论中仍有争议，环境享受损害是否属于环境损害后果的范围以及环境享受损害的标准等都有待进一步发展与确认。第四，生态环境损害。《最高人民法院关于审理生态环境损害赔偿案件的若干规定（试行）》与《中华人民共和国民法典》第七编"侵权责任"的第七章"环境污染和生态破坏责任"都规定了生态损害赔偿的相关内容。第五，环境风险。一般民事侵权的损害后果都是实际发生的损害后果，环境风险是环境侵权的一个特点，而且《最高人民法院关于审理环境民事公益诉讼案件适用法律若干问题的解释》第一条明确将重大风险引入环境损害后果之中。

3）环境侵权行为与环境损害后果之间具有因果关系

环境侵权行为与环境损害后果之间具有因果关系是指直接的因果关系。然而实践中，要论证环境侵权行为与环境损害后果之间具有因果关系往往极为困难。法学理论中对于因果关系的证明标准历经了因果关系推定理论、优势证据说、疫学因果说等，我国采用的是因果关系举证责任倒置规则，实质上也是一种因果关系推定理论。主要依据包括《中华人民共和国民法典》第一千二百三十条规定以及《最高人民法院关于审理环境侵权责任纠纷案件适用法律若干问题的解释》第

六、七条等。

3. 环境民事法律责任的免责事由

环境民事法律责任的免责事由包括战争、不可抗拒的自然灾害、不可抗力、受害人过错、正当防卫、紧急避险，而不包括行政合法与第三人过错。

1.3.4　生态环保类案件刑事责任界定知识体系的具体构建

生态环保类案件刑事责任界定知识体系的内容主要是犯罪构成要件。犯罪构成问题历来被认为是刑法学理论体系中最核心的内容。数十年来，我国刑法学者对其开展了深入研究，并取得了一些重要成果；在此过程中对源自苏联的"四要件构成体系说"逐步调整和完善，使之最终成为我国刑法界占主导地位的通说性观点。因此，智能审判系统也采用主流的四要件说，具体如下。

1. 主体

环境犯罪的主体包括自然人与法人，其中，自然人主要是从事个体生产经营的自然人，虽说整体来看其造成的环境损害相对较小，但自然人在环境犯罪中占据了不小比重。环境犯罪的自然人也沿用《中华人民共和国刑法》规定的有关法定责任年龄与刑事责任能力的要求。

2. 客体

按照现行《中华人民共和国刑法》的规定，环境犯罪侵犯的客体主要是环境行政管理秩序，但理论界对环境犯罪客体的讨论众说纷纭，有的学者认为环境犯罪侵犯的客体是公民和国家的环境权，也有的学者认为环境犯罪侵犯的客体是人身权、财产权，已达成的共识就是环境犯罪的客体是复杂客体，其所包含的不是，也不应是单一客体。

3. 主观方面

环境犯罪的主观方面与传统刑法中对犯罪主观方面的认识是一致的，包括故意与过失两种主观心态。其中，故意包括直接故意与间接故意；过失包括过于自信的过失与疏忽大意的过失。

4. 客观方面

环境犯罪的客观方面包括犯罪行为、犯罪结果、因果关系等，随着近年来《中华人民共和国刑法》的修改，环境犯罪的客观方面也呈现出从注重后果发展为后果与行为并重的转变，这在污染环境罪、非法采矿罪等中都有所体现。

1.4　人工智能审判的逻辑推理模型及其展开

近年来，"人工智能与司法改革深度融合"在全国范围内迅速开展，中国的"智慧法院"建设也取得了跨越式发展。但当前发展水平下的司法人工智能尚未完全实现人工智能裁判，普遍认为我国的人工智能审判目前处于"弱人工智能阶段"，应当朝向"强人工智能"进行努力，最终可以实现"超人工智能"。

因此，本节将从人工智能审判的困境进行具体分析，重点从逻辑推理角度出发，分析司法职能逻辑推理的概念，对于目前所存在的逻辑推理模式的现状以及理论学说进行阐述，分析不同学说的深层理论以及价值，找出该逻辑推理模式的缺陷和短板，为进一步推动人工司法审判的逻辑推理提供资料。

1.4.1　人工智能审判的困境

1. 数据的处理上存在不足

自然语言存在不可避免的模糊性和一定的语境依赖。语义多变、句式复杂，评价性概念、可争议性词汇等难以准确表达，处理个案时对语言和词汇的精确理解也存在困难，导致遵循相对确定规则的机器学习模型在处理模糊法律术语时存在障碍，庭审中的程序性语言可以通过机器形式化来完成，但针对法庭场景、当事人身份、情绪以及语言的非常规运用等实质性语言，由于机器缺乏灵活性，因此无法掌控也不能真正理解它所产生的形式化语言中的实质性内容。有学者还提出存在着数据杂质，如何抽取司法领域的专业术语的问题，历史裁判文书质量可能受地域差异和新旧法律法规交替的影响，导致司法数据标准不一，从而破坏数据模型的精准度。数据公开并不全面、难以实现证明的具体量化也是人工智能审判所面临的一大困境。

2. 算法的处理上存在缺陷

法律人工智能并未形成一套高效、成熟的算法，"类案推送系统"的算法设计不明晰、不科学，没有与司法实践真正结合，没有立足法律人活动的场景需求，没有体现对法律方法的尊重和运用，导致算法"仅仅在形式上关注最大相关性而无力解释、说明其间的因果逻辑、原因机制"。在输入数据和输出答案之间存在"隐层"或"黑箱"，我们只能获知答案，却无法了解机器"自由心证"的过程。算法往往暗藏歧视，主要存在于两方面：一是大数据本身非中立性；二是算法设计者自身非中立性。人脑完成上述因果推理的心证历程，在人工智能中还难以实现。

3. 对于价值因素缺乏考量

人工智能审判系统犹如一个现行法的严格执行者，但也可能因此陷入概念法学和机械主义。自由心证建立在对法官的信任之上，裁判规律具有零散性与不确定性，并不适宜人工智能的知识积累及应用。并且内心确信必须由法官根据具体案件、具体情势进行具体判断，人工智能不可能代替法官进行内心确信。人工智能审判裁判以数据中的客观规律消除法官的自由裁量空间，但由于现实情境的复杂性、多变性，裁量结果的合法性、正当性无法得到保证。

4. 人工智能系统建设的混乱

法律人对算法了解不多，不了解人工智能技术，不能准确表达自身需求，参与深度不足，而开发人员又普遍不了解法院业务，无法掌握技术应用中的痛点，导致技术与业务无法深度融合。面对全新的信息操作系统与审判方式，审判团队的沟通协作面临巨大障碍。开发应用与实际需求存在偏差。全新的审判平台，必然导致较高的时间成本与学习成本，需要构建专业审判团队适应新型审判平台的出现。同时，当下的审判团队中，缺少关于智能审判平台使用的分工配置，导致系统的使用率仍然处于低位。

5. 人工智能应用的伦理难题

司法作为公平正义的最后一道防线，掌管着人类的生、死、自由、名誉个案中涉及的利益、情感以及最终的裁判结果，会影响到整个社会对司法工作人员的整体印象，以及社会对司法系统的看法。法官在做决定时，极少能顺着一条单一的推理模式作出判断，很可能要反复思考、权衡各种因子及其权重系数来最终得出一个他认为合理的结论。人工智能暂不具备高度的"类人思考"能力，深度学习仍不足以综合解决"事实认定""证据审查""法律适用"等核心问题，也无法真正有效地"类人"裁判。

审判出现司法错误就会产生司法责任的承担问题，如果机器裁判出现了失误，那么谁来承担责任？如何承担责任？如果法官是依靠机器的辅助作出了裁判，那么责任应当如何分配？这些都是需要面对并且作出明确回应的内容。

1.4.2　人工智能审判的逻辑推理模型

人工智能的核心问题是用计算机实现自动推理。智能方法本身作为一种可计算的方法，属于逻辑分析。如果每一个都是真的，系统就得出是真的的结论。如果发现一个错误的前提，规则就会失败。法律推理在性质上就是通过运用各种理由，致力于在法秩序的框架中获得一个规范性共识的论证活动。因此，模拟法律推理能力是人工智能裁判运行的动力，并直接制约着人工智能裁判能否真正实现，这需要人工智能学会"理解"，而非简单"运行"。

逻辑推理的基石是法律概念，核心要素是对法律规范进行判断，不同的法律规范（法律原则和法律规则）都有其特定的逻辑结构，每个完整的法律规范都包含着因果关系和价值判断。司法证明过程包含多种推理形式，但面对众多证据，最关键的莫过于寻找彼此的因果联系，建立符合常识认知的合理事实叙事，即因果推理，是事实求证中组织编排证据、构建事实图景的核心逻辑。

司法裁判不仅需要处理事实、规范与价值之间的关系，还涉及复杂的利益衡量和价值判断，受到外部政治和社会环境的制约。要求法官以最恰当的合法性姿态去平衡各种价值和利益关系并不是一个从规则到结论的简单线性的推论过程，而是随时面临相反挑战，从而存在改变固有结论的可能性。同时也应当贴合人工智能审判的特点发展，不能脱离本质。

基于此，我国众多学者提出了对于逻辑推理的不同模式，目前主要的逻辑推理模式主要有基于规则的推理模型、基于案例的推理模型、可废止推理逻辑模型、证据推理逻辑模型、概率推理逻辑模型等，下文将就各个推理模型的概念、逻辑内涵、理论框架、缺陷以及优化意见进行进一步阐述。

1. 基于规则的推理模型

在法律人工智能领域，基于规则的推理中规则推理建模的本质就是将法条表达为机器可理解的法律知识库，供自动法律推理引擎随时调用。法律人工智能建模的首要工作就是法律知识表示，即将法条和案例知识表示为可计算的法律知识库，为自动法律推理提供基础法律知识库。只要所有前提均真，就必然推导出其结论也为真。

法律适用是逻辑三段论的演绎系统在法律领域的应用，即通过将特定的案件事实归属于某一法律规范作为大前提，而将一定的事实作为小前提，在该事实符合大前提所规定的各项要件特征时，推导出以法律效果为内容的结论。人工智能裁判是模仿人类认知对案件进行逻辑推理，基于客观事实、规范事实及形式逻辑去判断法律规范下的一切具体行为，即将裁判公式化。无论是谁进行裁判均可得出相同结论，按照设定的规则输出和人相同的裁判结论。

许多学者提出了构建"准三段论"式的图谱体系。"准三段论"标签具有相对对应性的横向法律逻辑关系，以对应法律关系构成要件理论，设置兼容标签来融合"大前提≥争议焦点≥小前提"的层次性态势，合并不同层次性选择从而完成图谱的构建。以"自顶向下"的图谱构建为辅助，通过人工审核的方式并借助一定技术手段，从公开采集的数据中整理出较高可信度的知识模式用于构建知识本体库。

规则推理还存在着其他弊端，三段论的有效性是建立在其大小前提都真实的基础上的，但是大小前提并不能保证自身的真实性。如果对大小前提尤其是大前提本身提出疑问或者其本身就存在疑问，那么这种推理就有可能站不住脚，进而导致人们对人工智能审判结果的正当性产生怀疑。

　　2. 基于案例的推理模型

　　案例推理通过深度神经网络自动抽取各类法律文书中的案件信息，构建深度神经网络模型。可根据案由、证据组成情况，运用智能搜索引擎，从海量刑事案件信息资源库中查找最相似的案件进行自动推送，供办案人员参考。帮助法官、律师从存储案例的知识库中发现类似案例，其为用户在"几乎穷尽案例知识库中的所有类似案件"推送"类案"。

　　有学者提出了在更新推理模式时可以参考 CBR（case-based reasoning，基于案例的推理）系统的构建，其可以概括为四个阶段：案例的检索、复用、修正与保存。需要从存储的案例库中找到最相似的案例，然后在当前问题情境下，复用相似案例的解决方案。对于指导性案例与待决案件的相似性判断是适用指导性案例的前提，只有确定相似性，才能参照指导性案例的裁判要点。

　　基于案例的推理模型的缺陷也是明显的，首先是需要人工阅读案件信息，进行标注来完成，这将耗费大量的人工精力，标注人员的专业素质会影响对案件要素的提取以及最终的推送工作。直接套用其他类似案件的裁判来判定新案件，缺乏创造性的价值判断，很容易造成冤假错案和不公正的情形出现。其次由于法律的不断更新以及概念的变更，对系统也需要进行不断的动态维护。因此在实践当中，完全的"同案同判"是不现实的，而且是一种僵化的处理方式，并不符合我国所要求的社会主义核心价值观以及立法目的。

　　除了各个地方以及各个层级的法院构建自身的大数据库之外，学者还提出应当实现促进数据共融。进一步提高在各个地方、各级法院之间的数据共享。实现要素内容与案件事实的衔接，实现案件事实与理论论证的补充化机制构建。在业务融合层面建立跨部门与跨区域的智能化数据信息平台，探索研发打破行业信息壁垒和信息孤岛的软件应用系统，实现大数据跨区域、跨行业、全方位的采集利用，打造互联共享共融的数据司法。

　　3. 可废止推理逻辑模型

　　可废止逻辑作为形式逻辑的根基，是一种非单调推理。这种观点主要是基于法律论证中的可废止性，法律中的可辩驳推理可以分为推定的可辩驳性、过程的可辩驳性和理论的可辩驳性。人类的知识是有限的，这种困境意味着法律推理具有可辩驳性。需要在哪个节点停止是值得商榷的，因此程序上的停止也就具有了可辩驳性，理论的可辩驳性不同于推定的可辩驳性和过程的可辩驳性，它的可辩驳对象是理论前提。选择什么样的理论框架有时会导致不同的审判结果。评价和整理各种法律信息都是在理论的指导下进行的，因此选择何种理论就是一个可辩驳的问题。

可废止推理是一种非单调推理，用它来评估论证时，需要进行论证比较，以判定哪些论证强于其他论证，由此判定哪些论证击败了哪些论证，可辩驳理论对于民主政治的实现有着非常大的影响，协商民主在论证方式上一个重要的特点就是它广泛地使用可辩驳推理，协商的过程就是一个运用可辩驳推理的过程。

4. 证据推理逻辑模型

法律适用并非法律规范与案件事实的独立运行，而是需要它们之间相互协调、彼此合作，只有这样才能得出具有正当性、可接受性的裁判结论。在司法证明过程中，证据并不等同于案件事实，案件事实必须通过证据来证明。据此有学者提出了证据推理的模式逻辑，根据已获得的证据材料和信息建构事实，使其涵摄于法律规范的要件之中，收集、分析、组织以及评估证据和假设性故事的重要组成部分，然后进行法律适用。

所谓证据推理，即是指法律诉讼过程中起、应、审三方以所持有的合法证据作为前提推导出事实主张的推理。通过证据推理查明事实真相，将其作为小前提；依据这个小前提，检索或寻找法律规则（大前提）；最后是法律适用，即从大前提到小前提而得出结论的演绎推理。从这个意义上说，没有第一步准确的事实认定，就不可能有第二步法律检索和第三步正确的法律适用。事实认定是法律推理的起点，这决定了人工智能法律系统首先要突破的难题是事实认定阶段的证据推理。

5. 概率推理逻辑模型

随着新一代机器学习技术的进步，人类社会从此迈入大数据时代。概率推理是指运用结构化的框架与规则，在不确定性情形下对待证命题或假说所持有的信念程度（推论力量）进行逻辑演算，从而作出关于事实推论的理性决策与精确选择过程。该理论学说的支持者认为人工智能并不依赖因果，确切地说，它无法理解因果，它的推理依靠概率。在概率推理过程中，很多时候人们倾向于用精确的数字取代"强"或"弱"等模糊的信念程度表达。

在概率推理中，最重要的是如何解决"合取难题"，这通常出现在民事诉讼中，当原告主张的事实包括两个或两个以上的分支要件时，每个分支要件都必须成立才能使诉讼成功。否则会影响多项证据支持某个事实发生的概率，导致无法追踪贝叶斯网络中所有命题之间的概率关系，进而阻断贝叶斯网络建模复杂案件的实现。

司法人工智能领域普遍适用贝叶斯网络作为技术逻辑基础。它的一个重要特点是利用变量之间的独立性对概率函数进行有效建模。贝叶斯决策能够吸收新信息，并把对新信息的判断转化融入后验概率，实现微观上的决策推进。贝叶斯网络在证据的处理上可以起到至关重要的作用，可以帮助寻找证据之间印证关系最强、最具说服力的证据链，进而得出对事实的整体评价，实现微观上的决策推进，帮助计算论辩模型进而帮助厘清案件事实中证据论证的结构，使得证据指向案件事实的过程更加准确、精细和科学，这对于解决证据的可量化也提供了可行性。

第2章　基于智能语义分析的案件知识图谱构建方法

2.1　基于语义分析的法律要件实体及关系提取技术

本节使用知识图谱（knowledge graph，KG）的相关方法从海量的生态环保类案件文本中提取与案件智能审判相关的信息并进行融合，为后续的案件知识结构化表示、挖掘与建模奠定基础。具体内容包括构建知识图谱时所需的智能领域词汇识别模型、用于从海量法律案件文书中提取知识图谱实体的命名实体识别模型、从海量文书中抽取实体间关系的神经网络关系抽取模型，以及异构知识图谱表征学习的模型。各部分的关系如图 2-1 所示。

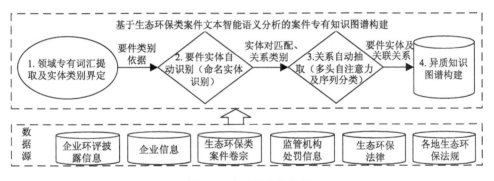

图 2-1　本节的总体框架

2.1.1　生态环保类案件领域词汇识别和提取

本节对生态环保类法律案件各类司法文书中的专家领域词汇、潜在的法律案件要素实体等智能语义信息进行发掘，根据生态环保类法律案件领域知识和法律案件要素实体对实体的类别进行界定。同时基于实现的领域词汇识别模型，构建在线信息系统，支持多种类型法律文书的智能语义分析。

1. 领域词汇识别模型设计

新的领域词汇识别是要素实体识别的基础。现有领域词汇识别模型为基于"互信息"与"左右邻信息熵"的领域词汇自动识别模型，这是一种非监督的模型，识别的准确率有限。本节设计并实现了一种新的领域词汇智能识别模型，识别了共约 12 万个新的领域词汇，筛选了约 2000 个能反映生态环保类法律案件领域特点的词汇，如罪名、犯罪主体、法律条款等作为"核心实体词汇"，并在此基础上归纳了 8 种潜在实体类别。相对于传统的"命名实体识别"所使用的类别，以上新定义的实体类别能够更好地反映出生态环保类法律案件要素的特点，并且具有清晰的语义边界，适合对司法文书进行实体标注。

新设计的监督学习式的领域词汇自动识别模型，通过人工提取词汇的"互信息""左邻信息熵""右邻信息熵""基于已有词库的贝叶斯先验概率""预训练神经网络字向量"等特征，并对先前已识别的少量词汇进行标签标注，然后训练分类器识别领域词汇，如图 2-2 所示。

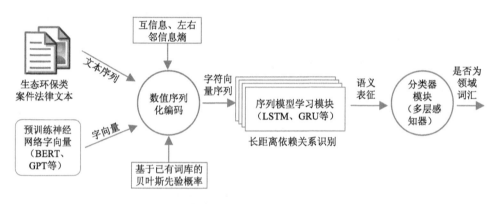

图 2-2　改进的领域词汇识别模型结构图

BERT 为基于变换器的双向编码器表示（bidirectional encoder representations from transformers），GPT 为生成式预训练变换器（generative pre-trained transformer），LSTM 为长短期记忆（long short-term memory），GRU 为门控循环单元（gated recurrent unit）

基于所提出的司法文书数据集和领域词汇识别模型，对所有可能的多个字词组合的互信息、左右邻信息熵、基于已有词库的贝叶斯先验概率等信息进行计算，然后按照以上信息的数值乘积进行排序，筛选前排名前 1000 的所有词汇，作为备选领域词汇（图 2-3）。

为了进一步提高模型的准确度，对备选领域词汇的"正确""错误"进行人工标注，将标注后的数据作为训练数据，进一步训练分类器模型，进行备选领域词汇鉴别（图 2-4）。

```
1  建筑垃圾和生活垃圾,55.054489878219705,2.5872418585842762,2.2801744792775342,0.0927835015463918,1.0
2  垃圾就按照生活垃圾,52.809464864884056,0.6931471805599453,0.6931471805599453,1.0,1.0
3  垃圾中转站转载垃圾,55.94935806015593,0.6365141682948128,0.6365141682948128,1.0,1.0
4  磋商失败或无法磋商,65.53165597564278,0.5623351446188083,0.5623351446188083,1.0,1.0
5  询问笔录等证据予以,45.83292754952049,1.242453324894,0.6365141682948128,0.5,1.0
6  工业垃圾和生活垃圾,50.00291830317203,2.0431918705451206,1.6769877743224173,0.10370370370370737,1.0
7  社会的危害程度予以,44.67105521372694,0.682908104700471,1.15374194270109,0.45714285714285713,1.0
8  玻璃及玻璃制品项目,58.08085652271601,1.3296613488547582,1.5607104090414063,0.6666666666666666,0.2
9  州市环境保护局申请,33.72372446993734,1.9730014063864237,1.8343719702816237,0.35294117647058826,0.35
10 司法鉴定意见书予以,37.95256042566754,1.15374194270109,1.351783994289646,0.21621621621621623,1.0
11 绥中县某乡龙某饭店,50.96549738028706,1.4205719259864571,1.540305825226205,0.16666666666666666,0.16666666666666666
12 恢复原状的民事责任,39.385947493633175,1.0397207708399179,0.5623351446188083,1.0,0.5
13 责任适用无过错责任,43.244197846392545,1.0296530140864573,1.0296530140864573,0.5,0.5
14 滁州汽车直属分公司,50.627426754295236,1.9333401125634726,2.2821278124033637,1.0,0.0511363636363664
15 建筑垃圾及生活垃圾,53.43533073776690,1.4750763110546947,1.5498260458782016,0.09278350515463918,1.0
16 申请公开的政府信息,43.25021606997837,2.069365878468761,2.56765936248973,0.35,0.13978494623655913
17 污染造成的经济损失,41.71190776617423,2.0078289177698387,2.956488662771651,0.2222222222222,0.2
18 责任保险限额内赔偿,43.20661478930915,0.6615632381579821,1.7328679513998633,0.5,0.4
19 赔偿原告的经济损失,44.90071086482097,1.8314615287982299,1.4905374519679881,0.4,0.2
20 污染环境造成的损失,34.89799410770858,2.3797612053893165,2.5987994440068203,0.22222222222222,0.2
21 范围内承担赔偿责任,50.30289523167914,1.8953426049921767,1.8068969389537657,0.1111111111111,0.5
22 营业执照等证据予以,41.53686820101082,2.0431918705451206,0.34883209584203406,0.2972972972973,1.0
23 符合条件的社会组织,47.39313454337702,1.414175464056979,1.3217558399823195,0.333333333333333,0.2903225806451613
24 赔偿损失的民事责任,38.98891453046372,1.1682824501765625,0.9404479865363,0.4,0.5
25 辩护人提出的被告人,35.97373549337189,2.2423021832409837,4.078554879511794,0.22222222222222,0.11428571428571428
26 移动基站的电磁辐射,57.42471832765305,1.0986122886681096,1.0986122886681096,0.12,1.0
27 褐色有异味浑浊液体,65.56184250439501,0.6931471805599453,0.6931471805599453,1.0,0.25
28 替代性修复方式修复,56.68357659518439,0.6365141682948128,0.6365141682948128,0.3333333333333,1.0
29 垃圾填埋场进行填埋,55.324104359440019,0.6931471805599453,0.5623351446188083,1.0,0.23076923076923078
30 赔偿上诉人经济损失,43.28652043293076,1.3321790402101223,1.6094379124341005,0.4,0.2
31 峨眉山市人民检察院,45.96570759907443,1.5498260458782016,1.5498260458782016,1.0,0.09302325581395349
32 焚烧炉焚烧电子垃圾,59.90098258248826,0.6931471805599453,0.6931471805599453,0.25,1.0
33 恢复原状或赔偿损失,50.70719024062715,0.6931471805599453,1.0986122886681096,1.0,0.25
34 州市环境保护局调查,34.90185295284935,2.426984030718371,1.8537950105437058,0.35294117647058826,0.12698412698412698
35 桶装油漆和使用痕迹,58.47601089040845,0.6931471805599453,0.6931471805599453,1.0,0.25
36 污染环境的行为予以,28.197374957207067,1.0549201679861442,1.0549201679861442,0.222222222222,1.0
37 州市生态环境局申请,34.512596156663136,1.277034259466139,1.277034259466139,0.35294117647058826,0.35
38 噪声污染和粉尘污染,44.50753499060512,1.0549201679861442,1.3321790402105213,0.5,0.22222222222222
39 营业执照的经营范围,45.78813605491295,2.0228085294147036,2.253857589601352,0.2972972972973,0.11111111111111
40 耕地于广东省广州市,44.52921232790047,0.6931471805599453,1.2394967485759036,0.5,0.35294117647058826
41 污染造成的损害赔偿,39.50415369702444,1.3862943611198906,1.3862943611198906,0.2222222222222,0.4
42 污染源自动监控系统,45.08502126341,1.5941669991188017,2.1458417525947544,0.222222222222,0.19230769230769232
43 帮忙找地方倾倒垃圾,57.74506105321725,1.0397207708399179,1.0397207708399179,0.10526315789473684,1.0
```

图 2-3　领域词汇模型所提取的特征

	word	x1	x2	x3	x4	x5	label
1	word	x1	x2	x3	x4	x5	label
2	不符合	11.00852	3.639041	3.07328	0.001046	0.333333	right
3	被告人	9.442558	3.104613	3.890221	0.111111	0.114286	right
4	许可证	11.06059	3.217607	3.144112	0.045455	0.004566	right
5	机动车	11.00352	3.32944	2.892904	0.035714	0.031746	right
6	委员会	12.35947	2.213838	3.65371	0.276596	0.027778	right
7	申请人	9.633282	2.943744	3.465418	0.35	0.076923	right
8	水资源	8.692211	3.48848	3.15228	0.005263	0.075758	right
9	废弃物	9.73559	3.893461	3.206347	0.12	0.058824	right
10	农产品	8.515876	3.329913	3.217867	0.016949	0.061728	right
11	重金属	11.44621	2.883709	2.653408	0.014493	0.027972	right
12	天然林	11.88496	2.978508	2.326543	0.029268	0.04918	right
13	实验室	12.33935	2.476354	2.668079	0.046729	0.105263	right
14	进出口	11.01252	2.753703	2.59842	0.058824	0.061176	right
15	重庆市	12.42961	2.418082	2.616679	0.043478	0.055556	right
16	国务院	9.517486	2.63488	3.115086	0.023438	0.029412	right
17	地下水	8.886158	3.16663	2.763947	0.036364	0.016854	right
18	传染病	11.80003	2.958405	2.090101	0.061538	0.058824	right
19	当事人	6.582803	3.170903	3.349474	0.021978	0.08	right
20	进一步	9.875122	2.334285	2.950426	0.019608	0.006663	right
21	所在地	9.346788	3.09196	2.284642	0.017094	0.019231	right
22	污染物	7.933607	3.432803	2.412716	0.222222	0.058824	right
23	放射性	11.28605	3.079389	1.778905	0.027397	0.0625	right
24	的安全	6.258626	3.468474	2.790057	0.052632	0.092486	wrong
25	及其他	9.545184	1.81784	3.484436	0.038462	0.02	wrong
26	负责人	7.812586	2.458732	3.042486	0.096074	0.0625	right

图 2-4　领域词汇特征及对应的标签标注

本节基于以上步骤训练出的领域词汇识别分类器（GRU+MLP[①]），对初步筛选出的约 12 万个待选词汇进行分类，其中被分类为"正确"的有效领域词汇近 2 万个。另外，从识别的近 2 万个领域词汇中人工筛选 2000 个高置信度长领域词汇作为实体，为后续任务奠定基础。基于筛选出的领域词汇，定义了 8 种常见的实体类型，即企业实体、管理部门及相关机构&组织、生态&自然资源、污染物及生态破坏物、设施&资金&项目&服务、工程事件、科技研发、法律&法规&文件。

当前设计的智能语义分析功能模型的数据读入接口不仅能够读取 txt、csv、数据库等文本类文件，还内置了光学字符识别（optical character recognition，OCR）功能，能够读取 PDF 等文件类型中的图片内容文字。理论上，课题模型能够适配市面上常见的绝大多数文件类型。课题当前已支持 24 种类型司法文书内容的智能适配与语义分析，其中包括法律法规类 2 种、裁决仲裁类 5 种、起诉侦查类 3 种、行政处罚及公告类 5 种、企业自评及公告类 6 种、政府工作报告及新闻类 3 种。具体如表 2-1 所示。

表 2-1　知识图谱支持的司法文书类型

序号	司法文书类型	文件类型
1	中华人民共和国环境类法律	txt
2	中华人民共和国环境行政法规	txt
3	生态环保法庭判决文书	csv
4	生态环保法庭裁定文书	txt
5	生态环保法庭调解书	txt
6	生态环保类仲裁机构仲裁文书	txt
7	生态环保类公证机构可执行公证文书	txt
8	生态环保类侦查文书	txt
9	生态环保法庭诉讼文书	csv
10	环境行政许可听证文书	txt
11	环境保护行政处罚文书	txt
12	环境行政复议文书	txt
13	环境纠纷行政调处文书	txt
14	生态环境局环评公告	txt、csv
15	生态环境局处罚公告	txt、csv
16	上市公司 ESG 报告	PDF
17	上市公司财务年报	PDF
18	企业工商注册信息	txt

---

① MLP 为多层感知器（multi-layer perceptron）。

续表

序号	司法文书类型	文件类型
19	上市公司社会责任年报	PDF
20	上市公司清算文书	txt
21	"两高一剩"行业企业环境自评报告	txt
22	中华人民共和国"十四五"规划	txt
23	中华人民共和国国务院政府工作报告	txt
24	生态环境类新闻报告	txt

注：ESG 为环境、社会和公司治理（environmental, social and governance）

基于输入的 24 种类型的司法文书，可以智能提取文本中所包含的生态环保类法律案件领域词汇，从发现的领域词汇中筛选典型的生态环保类要素实体种子词汇并定义实体类别。

2. 领域词汇识别模型的性能评估

基于提取的特征、字向量编码、筛选出的 12 万个待选词汇和人工标注的 5000 个类别标签，本节使用四种分类器，即 k 近邻（k-nearest neighbor，k-NN）、线性支持向量机（linear support vector machine，L-SVM）、GRU+MLP、决策树（C4.5），进行实验，并且使用三折交叉检验对分类器的性能进行评估。相对于其他分类器，GRU+MLP 还将学习字向量之间的序列关系。各分类器的准确率（accuracy）、TPR（true positive rate，真正率）、AUC（area under curve，曲线下面积）、F1 值指标如表 2-2 所示。

表 2-2　领域词汇识别分类器的性能评估

分类器	准确率	TPR	AUC	F1 值
k-NN	85.20%±1.58%	87.81%±1.75%	88.47%±1.59%	77.94%±1.72%
L-SVM	92.65%±1.27%	93.05%±1.72%	94.86%±1.53%	93.48%±1.41%
GRU+MLP	98.09%±0.06%	97.12%±0.05%	98.29%±0.06%	98.03%±0.05%
C4.5	69.73%±1.19%	63.54%±1.33%	80.41%±1.31%	61.76%±1.28%

注：k-NN 的 k 设置为 3，并使用了 K 维树（K-dimensional tree，KD-tree）作为 k-NN 的索引方法；GRU+MLP 中的字向量长度为 100，MLP 包含 2 个隐层，每层有 128 个神经元

如表 2-2 所示，GRU+MLP 的分类性能最好，说明学习了字向量之间的序列关系后，能够大幅提升领域词汇的识别准确率。新的领域词汇识别模型取得明显优于传统技术的领域词汇识别效果。

3. 识别的领域专有词汇总结

本节将识别的领域专有词汇进行汇总，高频词汇及定义的建议实体类型如表2-3所示。

表2-3　识别的高频领域专有关键词及实体类型

建议实体类型	典型关键词（种子词汇）
企业实体	湖州市工业和医疗废物处置中心有限公司、建滔（河北）焦化有限公司、浙江金帆达生化股份有限公司、宝勋精密螺丝（浙江）有限公司、上海印达金属制品有限公司、上海云瀛复合材料有限公司、贵州宏泰化工有限责任公司、重庆雷佳机电设备有限公司、重庆市大足区春泽竹制品加工厂、重庆市同心畜牧有限公司、綦江区扶欢石足页岩砖厂、什邡市人和车业有限公司、成都方鑫冷轧薄板有限公司、成都益正环卫工程有限公司、四川安美科包装制品有限公司、被告单位、被告人、海域使用权人、货物所有人或者代理人、煤矿企业、废弃电器电子产品回收经营者、企业事业单位、企业事业单位和其他生产经营者、城镇污水处理设施维护运营单位、一口田农业科技成都有限公司、冶炼企业、肇事企业、社会福利企业、环境检测有限公司、屠宰场、环保科技有限公司
管理部门及相关机构、组织	县级以上地方人民政府、环境保护行政主管部门、农村集体经济组织、疾病预防控制机构、国务院核安全监管部门、工商行政管理部门、国务院卫生行政部门、太湖流域管理机构、海洋行政主管部门、国务院水行政主管部门、生态环境主管部门、国家级自然保护区、风景名胜区、环境保护主管部门、安全生产监督管理部门、中央军事委员会、野生植物行政主管部门、地方各级人民政府、行政主管部门、医疗废物集中处置单位、饮用水水源保护区、行政区域、海事管理机构、政府财政部门、国务院气象主管机构、城镇排水主管部门、县级以上人民政府、国务院农业主管部门、交通运输主管部门、两省一市人民政府、野生动物行政主管部门、长江流域省级人民政府、国务院建设主管部门、农民专业合作经济组织、卫生行政主管部门、本级人民政府、省级人民政府、风景名胜区管理机构、出入境检验检疫机构、自然保护区管理机构、气象主管机构、地方各级人民代表大会、社会保险基金、国家海洋行政主管部门、生态环境部门、城乡规划主管部门、县级人民政府、海洋主管部门、上级人民政府、区生态环境局、省级以上人民政府、国家海洋主管部门、政府信息公开工作机构、市控制单元、草原行政主管部门、国务院有关部门、人民政府及其有关部门、本级人民代表大会、设区的市级人民政府、最高人民检察院、人民政府、野生动物保护主管部门、人民检察院、农业行政主管部门、主管部门组织、水行政主管部门、人民政府卫生行政部门、国家核安全局、全国人民代表大会代表、国家监察委员会、主管部门、土地使用权人、金融机构、标准化行政主管部门、核电厂核事故应急机构、卫生行政部门、防汛抗旱指挥机构、医疗卫生机构、监督管理部门、自然资源主管部门、渔业行政主管部门、卫生主管部门、人民政府有关部门、医疗机构、国务院科学技术行政部门、人民政府卫生行政主管部门、全国污染源普查领导小组、县级以上地方各级人民政府、国务院煤炭管理部门、主管部门和国务院、县级以上地方人民政府环境卫生行政主管部门、公安机关、人民政府农业主管部门、国务院管理节能工作的部门、县级以上地方人民政府农业主管部门、当地人民政府、国务院自然资源主管部门、环境保护部门、有关人民政府、县级以上地方人民政府卫生行政主管部门、集体经济组织、国务院标准化主管部门、人民政府野生植物行政主管部门、农药登记评审委员会、国务院、监督管理机构、国务院清洁生产综合协调部门、县级以上地方人民政府组织、国务院海洋行政主管部门、中国人民银行、野生动植物主管部门、县级以上人民政府草原行政主管部门、地质矿产主管部门、国务院其他有关部门、县级人民政府安全生产监督管理部门、野生植物行政主管部门或者其授权的机构、规划审批机关、港口行政管理部门、国务院林业主管部门、国务院环境保护行政主管部门、国家濒危物种进出口管理机构、本级人民代表大会常务

续表

建议实体类型	典型关键词（种子词汇）
管理部门及相关机构、组织	委员会、设区的市级以上地方人民政府、国务院野生动物保护主管部门、国务院野生植物行政主管部门、有关自然保护区行政主管部门、所在地县级以上地方人民政府、全国人民代表大会常务委员会、国务院经济综合宏观调控部门、人民政府标准化行政主管部门、行政主管部门和其他有关部门、国务院环境保护主管部门、国务院交通运输主管部门、国务院生态环境主管部门、国务院林业行政主管部门、监督拆船污染的主管部门、国家科学技术奖励委员会、突发事件应急处理指挥部、人民政府水行政主管部门、国务院卫生行政主管部门、国务院渔业行政主管部门、国务院地质矿产主管部门、国务院有关行政主管部门、设区的市级以上人民政府、国务院草原行政主管部门、国务院野生动植物主管部门、全国污染源普查领导小组办公室、国务院核安全监督管理部门、国务院标准化行政主管部门、人民政府生态环境主管部门、政府信息公开工作主管部门、人民政府环境保护主管部门、政府信息公开工作年度报告、人民政府城乡规划主管部门、人民政府渔业行政主管部门、人民政府草原行政主管部门、主管部门或者其他有关部门、国家核事故应急协调委员会、人民政府土地行政主管部门、各级人民政府及其有关部门、流域县级以上地方人民政府、人民政府环境保护行政主管部门、地方人民政府生态环境主管部门、所在地的县级以上地方人民政府、县级以上人民政府林业主管部门、太湖流域县级以上地方人民政府、省级人民政府生态环境主管部门、县级以上地方人民政府有关部门、长江流域县级以上地方人民政府、人民政府野生动物保护主管部门、区生态环境保护综合行政执法支队、两省一市人民政府水行政主管部门、农村集体经济组织或者村民委员会、县级以上人民政府水行政主管部门、环境保护科学研究院
生态、自然资源	国家重点保护野生动物、国家重点保护野生植物、野生动物及其制品、大气环境质量、珍稀濒危野生动植物、可再生能源、生物多样性、地方重点保护野生动物、野生动物及其栖息地、野生动物、生态系统、防沙治沙、长江流域生态环境、野生动物资源、长江流域、长江流域生态、饮用水水源、饮用水水源地、生态环境、饮用水水源保护区、土壤环境质量、农民集体所有的土地、太湖流域、生态安全屏障、人工繁育国家重点保护野生动物、地方级自然保护区、生物多样性保护优先区域、长江流域国土空间、本行政区域内地下水、国家重点保护野生动植物、地下水、国家级风景名胜区、环境质量、濒危野生动植物、森林资源、野生植物资源、风景名胜资源、野生动植物、生态环境质量、矿产资源、陆生野生动物、国家二级重点保护野生动物、土壤环境、水资源、国家和地方重点保护野生动物、中华人民共和国管辖海域、非国家重点保护野生动物、国家大气污染防治重点区域、水土流失重点预防区和重点治理区、自然保护区、重点生态功能区、蔬菜植物、畜牧兽医、池塘虾蟹、珊瑚礁、覆盖率、植物园、种植物、替代燃料、循环经济、厕所革命、环境责任、环境贡献、珍稀动植物、植物多样性、环保原材料、节约型企业、绿色办公、绿色环保材料、生物降解塑料、碳达峰、碳中和
污染物及生态破坏物	固体废物污染、废弃电器电子产品、危险化学品、畜禽养殖废弃物、工业固体废物、危险废物、放射性固体废物、生活垃圾、挥发性有机物、放射性同位素、传染病疫情、医疗废物、放射性废物、固体废物、草甘膦母液、有毒有害物质、水土流失、剧毒化学品、土壤污染、外来入侵物种、传染病、污染危害性货物、污染物排放量、建筑垃圾、大气污染物、放射性物质、铅蓄电池、城镇污水处理设施产生的污泥和处理后的污泥、重点污染物排放、废旧放射源、放射性废物和被放射性污染的物品、废油墨桶、核材料、废弃物、国家重点保护野生动物及其制品、濒危野生动植物及其产品、国家重点保护野生动物或者其产品、填埋垃圾、焚烧垃圾、泡沫垃圾、塑料垃圾、垃圾焚烧、塑料颗粒、桶装液体、剩余垃圾、医疗垃圾、垃圾填埋、掩埋垃圾、垃圾堆积、工业垃圾、垃圾堆放、倾倒垃圾、褐色液体、混合垃圾、噪音污染、运输垃圾、桶装垃圾、垃圾运输、这些垃圾、电子垃圾、垃圾倾倒、虾蟹死亡、城市垃圾、垃圾覆盖、噪声污染、室内噪声、涉案垃圾、垃圾污染、堆放垃圾、塑料碎片、玻璃纤维、焚烧熔炼、桶装废物、堆积垃圾、垃圾废物、废物垃圾、硫酸溶液、

续表

建议实体类型	典型关键词（种子词汇）
污染物及生态破坏物	辐射环境、硫酸液体、饭店噪声、垃圾燃烧、化工垃圾、医学诊断、羔羊死亡、锅炉焚烧、环境噪声、硝酸溶液、蒸汽锅炉、硫酸泄漏、废弃垃圾、镀锌厂房、辐射管理、疾病诊断、诊断报告、垃圾混合、电磁辐射、粉碎塑料、锅炉噪音、环境噪声、渗透污染、项目垃圾、码头垃圾、厕所化粪池、垃圾填埋场、桶装的液体、填埋的垃圾、焚烧的垃圾、玻璃丝袋子、堆积的垃圾、敏感点噪声、填埋场垃圾、焚烧电子垃圾、生活噪声、危险废物焚烧、菌丝死亡、菌包死亡、第二类污染物、最高允许排放浓度、大气污染物排放状况、腥臭味、恶臭味、硫酸盐、硝酸盐、硫酸镍、氨纶丝、化粪池、涂料厂、冶炼油、污染源、辐射源、填埋场、丙烯酸、垃圾袋、垃圾桶、垃圾堆、氯乙烯、聚乙烯、玻璃瓶、胰岛素、罕见病、聚氨酯、糖尿病、病虫害、捡拾垃圾、办公垃圾、企业污染、煤炭企业、催化燃烧、燃料燃烧、施工垃圾、锅炉燃烧、纤维素纤维、危险源、颗粒物排放、粉尘和噪音、噪音等污染、污染物排放、职业病危害、办公生活垃圾
设施、资金、项目、服务	医疗废物集中处置设施、城镇污水处理设施、污水处理设施、污染防治设施、地震灾后恢复重建资金、非道路移动机械、污水集中处理设施、民用核安全设备、环境保护设施、危险化学品运输车辆、放射性物品运输容器、放射性固体废物处置设施、一类放射性物品运输容器、船舶油污损害赔偿基金、城镇污水集中处理设施、废弃电器电子产品处理基金、大气污染物排放自动监测设备、城镇排水与污水处理设施、污染物排放自动监测设备、二类放射性物品运输容器、固体废物污染环境防治设施、银行贷款、项目投资、投资者、环保技术、垃圾焚烧项目、绿色金融服务、供应链金融服务、环境整治志愿服务、环保设施、垃圾处理及污染防治项目、碳中和产业投融资、突发环境事件应急预案、社会数据覆盖、ESG 关键绩效
工程、事件	海岸工程建设项目、突发环境事件、土壤污染状况、船舶污染事故、突发事件、危险化学品事故、基础设施建设、传染病防治工作、社会主义市场经济、辐射事故、突发事件应急、海洋工程、突发事件应急处理工作、矿产资源勘查、科学技术研究、场外核事故应急、海洋工程建设项目、国家核事故应急、地下水取水工程、突发公共卫生事件、气象探测、核设施安全、植物恢复、恢复环境、植被恢复、工程竣工、项目竣工、隧道工程、餐饮服务、恢复生产、工程项目、竣工报告、炼油项目、餐饮项目、旅游服务、汽车服务、服务协议、玻璃加工、畜禽养殖污染综合治理项目、循环使用、垃圾管理、垃圾回收、垃圾发电、垃圾清理、废弃物管理、虾蟹养殖、土地恢复、睡眠障碍、自然恢复、功能恢复、生态恢复、氯乙烯项目、污水池应急防控处置、废弃物处置、垃圾分类回收、危险废物管理、环境因素辨识、污染物排放控制、垃圾渗滤液处理、危险废弃物管理、垃圾无害化处理、水资源管理、污染物协同控制、绿色供应链管理、噪声污染控制、污染环境防治、污染防治设施、垃圾分类专项工作、环境保护信息披露、塑料污染治理、垃圾分类工作、垃圾分类管理、环境及社会风险管理、工业产品绿色设计、工业节能、工业节能减排、供应链环境与社会风险管理
科技研发	绿色发展、农业技术推广、国家科学技术进步奖、国家科学技术奖励、国家科学技术奖、生态文明建设
法律、法规、文件	土地利用总体规划、环境影响评价文件、危险废物经营许可证、建设项目环境影响评价、环境影响评价、允许进出口证明书、风景名胜区规划、核发允许进出口证明书、生活垃圾分类、环境影响报告书、土壤污染风险评估报告、排污许可证、地震灾后恢复重建规划、剧毒化学品购买许可证、海洋功能区划、土壤污染状况调查报告、土壤污染风险管控标准、生态保护红线、污染物排放标准、污染源普查、场外核事故应急计划、环境影响登记表、化学品安全技术说明书、环境影响评价结论、农药经营许可证、危险化学品登记、驯养繁殖许可证、全国污染源普查方案、危险化学品经营许可证、能源效率标识、核事故应急计划、主管部门规定、传染病疫情信息、农药登记证、大气污染物排放标准、全国污染源普查、污染物排放总量控制指标、全国可再生能源开发利用中长期总量目标、地方水污染物排放标准、许可证、危险废物经营、工业产品生产许可证、国有资本经营预算、海域

续表

建议实体类型	典型关键词（种子词汇）
法律、法规、文件	使用权、捕捞许可证、危险化学品事故应急预案、防沙治沙规划、国家放射性物品运输安全标准、无损检验结果报告、化学品安全技术说明书和化学品安全标签、制造许可证、农药生产许可证、国家危险废物名录、行政许可、土地使用权、国家放射性污染防治标准、国有土地使用权、企业信用信息公示系统、地方污染物排放标准、行政许可事项、水土保持方案、总量控制指标、放射性物品运输的核与辐射安全分析报告、环境质量标准、特许猎捕证、乡村建设规划许可证、水环境质量标准、城乡规划、建设用地规划许可证、水污染物排放标准、重点污染物排海总量控制指标、建设项目的环境影响评价文件、全国排污许可证管理信息平台、主要污染物排放总量控制指标、重点大气污染物排放总量控制、城镇排水与污水处理规划、国民经济和社会发展规划、污水排入排水管网许可证、海洋工程环境影响报告书、建设项目环境影响报告书、国家重点保护野生动物名录、建设项目环境影响评价文件、剧毒化学品道路运输通行证、建设项目的环境影响报告书、危险化学品安全使用许可证、废弃电器电子产品处理资格、重点水污染物排放总量控制指标、赔偿责任、拒绝赔偿、框架协议、赃款赃物、程序瑕疵、赔偿申请、社会矫正、经济赔偿、罚款额度、谅解协议、涉案项目、矛盾纠纷、司法鉴定、辩护律师、损失鉴定、赔偿协议、缴纳罚款、恢复性司法、惩罚性赔偿、谅解备忘录、赔偿经济损失、环境公益诉讼、环境污染损害赔偿责任、损失承担连带赔偿责任、生态环境损害赔偿、环境保护验收申请、申请撤回强制执行、缴纳生态环境损害赔偿、刑事附带民事诉讼原告人、环境监测站检测报告、撤诉申请、污染环境罪、判处有期徒刑、承担连带赔偿责任、环境污染责任、辐射环境监督、赔偿生态环境受到损害至恢复、恢复原状期间服务功能的损失、申请行政复议或提起行政诉讼、申请行政复议及提起行政诉讼、涉嫌环境污染犯罪案件、生态环境局提交的证据材料、现场勘验、环境保护监测站监测报告、监测站出具的监测报告、涉嫌环境违法、环境损害赔偿资金专用账户、工程环境影响评价、污染物与损害之间具有关联性承担举证责任、垃圾焚烧项目环境影响报告书行行政许可听证、环境保护局申请强制执行、司法鉴定中心理化检验报告、刑事附带民事公益诉讼、环境监测数据认可的申请、采取集中收集处理措施严格控制、必须符合科学标准及严格严谨操作、生态环境局与被执行人、生态环境保护综合执法、ESG 信息披露框架、环境管理体系认证

注：本实验于 2022 年开展，表格中涉及的企业或政府部门名称均为实验当时的名称，可能存在与当前名称不一致的情况

2.1.2 生态环保类案件复杂要素实体智能识别和提取

针对案件知识图谱构建问题，本节运用自然语言处理技术，设计并开发面向生态类环保司法案情的实体提取模型，即基于双向长短期记忆（bidirectional long short-term memory，BiLSTM）+条件随机场（conditional random field，CRF）结构的命名实体识别（named entity recognition，NER）模型。本节还设计了针对生态环保类案件裁判文书的标注方案，半自动化的标注过程包含了实体信息和其关系，并利用神经网络对系列标注问题进行建模，即从文本数据集中自动识别出命名实体。实体抽取的质量（准确率和召回率）对后续的知识获取效率和质量影响极大，因此是信息抽取中最为基础和关键的部分。

1. 司法案情的实体概念体系

对生态环保类案件的裁判文书进行信息抽取，把涉案事实及与判决有关的法条依据结构化，通过逻辑梳理，构建了知识图谱中对应的实体概念体系。同时，基于实体概念体系，构建了相应的实体关系逻辑体系，如表 2-4 和表 2-5 所示。同时，构建的语义结构如图 2-5 所示。

表 2-4　面向生态环保类案件司法案情的实体概念体系

序号	实体名称	描述	释疑/举例
1	罪名	所有的罪名名称都写入罪名节点	知识图谱以罪名为核心展开，例如，"污染环境罪"
2	犯罪一级对象	罪名对应的犯罪对象	例如，"土地""水体""大气"
3	犯罪二级对象	犯罪一级对象实体下属的二级对象	目前，只有犯罪一级对象实体"土地"对应有犯罪二级对象实体"农用地""建设用地""未利用地"
4	犯罪主体	实施犯罪行为的主体	例如，"自然人""单位"
5	犯罪主观方面	犯罪主观方面是行为人对自己实施的犯罪行为以及犯罪结果的心理态度	例如，"故意""过失"
6	犯罪客观方面_一级实体	犯罪客观方面以客观事实特征为内容	例如，"违反国家规定""排放、倾倒或者处置污染物""严重污染环境"
7	犯罪客观方面_二级实体	某些犯罪客观方面_一级实体（例如，"排放、倾倒或者处置污染物"）下设的二级实体	例如，"污染物"
8	国家规定	国家规定	例如，"环境保护法""大气污染防治法""水污染防治法""其他规定"
9	法条	法律条例	例如，"在饮用水水源一级保护区、自然保护区核心区排放、倾倒、处置有放射性的废物、含传染病病原体的废物、有毒物质的"等法条
10	污染物实体	犯罪客观方面_二级实体"污染物"对应的下级实体	例如，"有放射性的废物""含传染病病原体的废物""有毒物质""其他有害物质"
11	传染病实体	传染病	例如，"鼠疫""霍乱"　传染病级别，例如，"甲类传染病""乙类传染病""丙类传染病"

续表

序号	实体名称	描述	释疑/举例
12	有毒物质实体	污染物实体的下设实体,大类包括"危险废物""《关于持久性有机污染物的斯德哥尔摩公约》附件所列物质""含重金属的污染物""其他具有毒性,可能污染环境的物质"四类有毒物质	具体的有毒物质名称,例如,"感染性废物""艾氏剂"
			有毒物质的第一分类,包括"危险废物""《关于持久性有机污染物的斯德哥尔摩公约》附件所列物质""含重金属的污染物""其他具有毒性,可能污染环境的物质"四类
			有毒物质的第二分类,例如,"危险废物"后的"列入《国家危险废物名录》的废物";一些"有毒物质"无该属性
			有毒物质的第三分类,例如,"危险废物"后的"列入《国家危险废物名录》的废物"的"医疗废物";一些"有毒物质"无该属性
			有毒物质的第四分类,例如,"危险废物"后的"列入《国家危险废物名录》的废物"的"医疗废物"的"卫生";一些"有毒物质"无该属性
13	有放射性的废物实体	有放射性的废物	该类别下暂无具体实体
14	其他有害物质实体	除"有放射性的废物""含传染病病原体的废物""有毒物质"外的其他实体	该类别下暂无具体实体
15	一般情形	处罚方案犯罪情形认定实体	例如,"构成犯罪的"
16	加重情形	处罚方案犯罪情形认定实体	例如,"致使县级以上城区集中式饮用水水源取水中断十二小时以上的"
17	特殊情形	处罚方案犯罪情形认定实体	例如,"向国家确定的重要江河、湖泊水域排放、倾倒、处置有放射性的废物、含传染病病原体的废物、有毒物质,情节特别严重的"
18	处罚方案	具体的处罚方案,从法律法规中提取而得	例如,"处三年以下有期徒刑或者拘役,并处或者单处罚金""处三年以上七年以下有期徒刑,并处罚金""处七年以上有期徒刑,并处罚金"

表 2-5 面向生态环保类案件司法案情的关系逻辑体系

序号	连接节点类型(描述)	关系名称
1	犯罪主体和罪名	犯罪
2	罪名和犯罪主观方面;罪名和犯罪客观方面_一级实体	犯罪事实认定
3	罪名和犯罪一级对象	犯罪对象
4	犯罪客观方面_一级实体和犯罪客观方面_二级实体	行为_排放

续表

序号	连接节点类型（描述）	关系名称
5	犯罪客观方面_一级实体和犯罪客观方面_二级实体	行为_倾倒
6		行为_处置
7	法条和犯罪客观方面_一级实体	依据
8	下设以及展开关系	详情
9	罪名和一般情形；罪名和加重情形；罪名和特殊情形	犯罪情形
10	一般情形和处罚方案；加重情形和处罚方案；特殊情形和处罚方案	处罚

图 2-5 显示了面向生态环保类案件司法案情的知识图谱语义结构。主要的实体有犯罪主体、罪名、犯罪对象和处罚方案等，实体之间的关系主要有犯罪、行为、处罚和详情等。通过构建这样的知识图谱，能够准确提取案件信息并进行案件的推理和预判。①实体关系推理：这涉及根据已知的实体和它们的关系，推断实体之间可能的关系。例如，如果该知识图谱中存在"A 和 B 共犯"和"B 构成污染环境罪"，则可以推断出"A 也可能构成污染环境罪"。②路径推理：路径推理任务旨在发现实体之间的潜在路径，即通过一系列关系连接的实体序列发现实体之间的间接关联。例如，从该知识图谱中找到连接"犯罪主体"和"处罚方案"的路径，可以帮助理解犯罪主体的行为处罚程度。③逻辑推理：逻辑推理任务使用一阶逻辑或高阶逻辑规则来推断新的信息。例如，如果该知识图谱中包含"所有实施污染环境行为的人都将被定刑为污染环境罪"和"张三倾倒放射性物质污染环境"，那么利用逻辑推理可以推断出"张三犯污染环境罪"。④不完整数据的推理：在知识图谱中，通常由于选择偏差或者人为失误，知识图谱中存在不完整的数据。推理任务可以帮助填补缺失的信息，从而提高知识图谱的完整性。例如，如果该知识图谱中包含"感染性废物是一种有毒物质"和"艾氏剂是一种有毒物质"，但没有"铅是一种有毒物质"的三元组，推理可以生成缺失的信息。⑤上下文感知推理：考虑知识图谱中的上下文信息，以进行更准确的推理。例如，根据时间、地点、事件等上下文信息来调整推理过程。⑥不一致性检测：推理任务还可以用于检测知识图谱中的不一致性或冲突。如果知识图谱包含矛盾的信息，推理可以用来发现和报告这些问题。基于面向生态环保类案件司法案情的知识图谱语义结构，从而实现大数据技术赋能法院审判，促进智慧法庭建设。

2. 设计命名实体识别任务标注方案

命名实体识别属于自然语言处理中的序列标注任务，是指从文本中识别出特定命名指向的词，比如人名、地名和组织机构名等。具体而言，输入自然语言序列，并给出对应标签序列。序列标注里标记法很多，包括 BIO（begin, inside, outside,

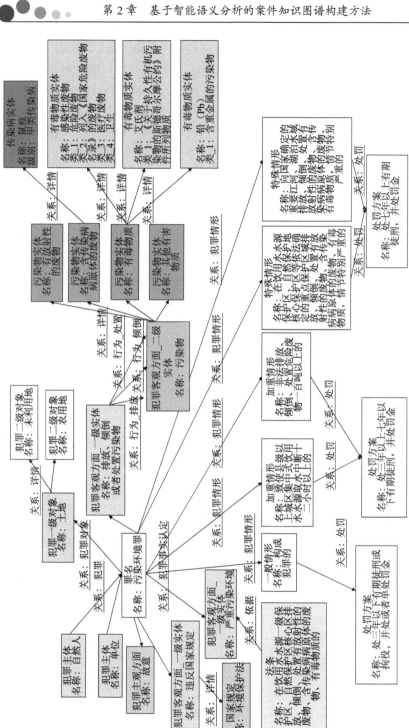

图 2-5　面向生态环保类案件司法案情的知识图谱语义结构

开始、内部、外部)、BIOSE（beginning, inside, outside, single, end，开始、内部、外部、单一、结束)、IOB（inside, outside, beginning，内部、外部、开始)、BILOU（beginning, inside, last, outside, unit，开始、内部、最后、外部、单位)、BMEWO（beginning, middle, end, whole, outside，开始、中间、结束、整个、外部)、BMEWO+（beginning, middle, end, whole, outside, plus，开始、中间、结束、整个、外部、附加）等，最常见的是 BIO 与 BIOSE 这两种。不同的标注方法会对模型效果产生不同的影响。

在 BIO 和 BIOSE 中，beginning 表示某个实体词的开始，inside 表示某个实体词的中间，outside 表示非实体词，single 表示这个实体词仅包含当前这一个字，end 表示某个实体词的结尾。IOB 与 BIO 字母对应的含义相同，其不同点是 IOB 中，标签 B 仅用于两个连续的同类型命名实体的边界区分。BILOU 等价于 BIOSE，last 等同于 end，unit 等同于 single。BMEWO 等价于 BIOSE，middle 等同于 inside，whole 等同于 single。BMEWO+是在命名实体边界外的标注，即"O plus"。

本节设计了基于词标注的方案，应用 BMEO 规则对实体自动识别的训练数据进行标注。其中：B 表示词首，M 表示词中，E 表示词尾，O 表示单字。例如：我/O 爱/O 北/B 京/E 天/B 安/M 门/E。

对拟标注的实体列举，如表 2-6 所示。

表 2-6　拟标注的实体类别

实体类别	编码
罪名	accusation
犯罪一级对象	crime_object_1
犯罪二级对象	crime_object_2
犯罪主体	crime_subject
犯罪主观方面	subjective_aspect
犯罪客观方面_一级实体	objective_aspect_1
犯罪客观方面_二级实体	objective_aspect_2
国家规定	regulation
法条	rule
污染物实体	pollutant
传染病实体	infectious_disease
有毒物质实体	poison
有放射性的废物实体	radioactive_waste
其他有害物质实体	other_pollutant_item
一般情形	ordinary
加重情形	aggravated
特殊情形	special
处罚方案	punishment

具体标注内容举例如下：{objective_aspect_1：排放}{poison：含重金属的污染物}{ordinary：严重超标}，构成{accusation：污染环境罪}。

下面将结合生态环保类案件司法案件，给出具体的标注实例。

（1）基本案情[①]。2013 年 10 月以来，被告人{crime_subject：刘祖清}伙同他人，在未按国家规定办理工商营业执照及环境影响评价审批手续，未建设配套水污染防治等环保设施的情况下，雇用工人从事鞋模加工。其间，产生的废水未经处理，通过连接围堰的管道排至村庄排水渠。经监测，上述加工厂总外排口废水中重金属浓度为{poison：镍}23 200 毫克/升、{poison：铬}8.64 毫克/升、{poison：铜}36 毫克/升、{poison：锌}132 毫克/升，分别超过{regulation：《污水综合排放标准》（GB 8978—1996）}规定的排放标准 23 199 倍、4.76 倍、35 倍、25.4 倍。

（2）裁判结果。福建省晋江市人民法院一审判决、泉州市中级人民法院二审裁定认为：被告人{crime_subject：刘祖清}同他人在鞋模加工时，{objective_aspect_1：违反国家规定}，排放{pollutant：含镍、铬、铜、锌的废水}，超过国家规定的排放标准 23 199 倍、4.76 倍、35 倍、25.4 倍，严重污染环境，其行为已构成{accusation：污染环境罪}。据此，{punishment：以污染环境罪判处被告人刘祖清有期徒刑二年八个月，并处罚金人民币五万元}。

本书将文本中每个实体都用大括号括起来，并标明实体类别。接下来自动化标注软件会将原始数据按照 BMEO 规则变成按字标注的形式，以便模型训练。如下所示：

排/Bobjective_aspect_1　放/Eobjective_aspect_1　含/Bpoison　重/Mpoison　金/Mpoison　属/Mpoison　的/Mpoison　污/Mpoison　染/Mpoison　物/Epoison　严/Bordinary　重/Mordinary　超/Mordinary　标/Eordinary，构/O　成/O　污/Baccusation　染/Maccusation　环/Maccusation　境/Maccusation　罪/Eaccusation

3. BiLSTM+CRF 模型原理

针对生态环保类案件中实体识别任务，首先进行基于 BiLSTM+CRF 结构的命名实体识别任务建模，然后进行实验环境配置，最后用代码实现，在相关数据集上验证模型效果。

BiLSTM+CRF 模型主体由双向长短时记忆网络和条件随机场组成，模型输入是字符特征，输出是每个字符对应的预测标签，如图 2-6 和图 2-7 所示。

[①]《环境污染犯罪典型案例》，https://www.court.gov.cn/zixun/xiangqing/33791.html，2016 年 12 月 26 日。

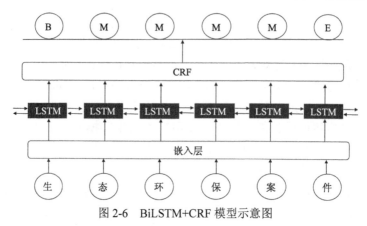

图 2-6　BiLSTM+CRF 模型示意图

```
Enter your input: 2021年12月西南财经大学工商学院团队开发《法律条文知识图谱》
result:
_time:2021年12月
_org_name:西南财经大学工商学院团队
_product_name:《法律条文知识图谱》
```

图 2-7　BiLSTM+CRF 效果举例

模型输入：对于输入的自然语言序列，可通过多种特征工程的方法定义序列字符特征，如词性特征、前后词等，将其输入模型。但在多数情况下，可以直接选择句中每个字符的字嵌入或词嵌入向量，这些向量可以是事先训练好的或是随机初始化的。对于本例，句中的每个单词是一条包含词嵌入和字嵌入的词向量，词嵌入通常是事先训练好的，字嵌入则是随机初始化的。所有的嵌入向量都会随着训练的迭代过程被调整。

BiLSTM 层：BiLSTM 是一种特殊的循环神经网络，由前向 LSTM 和后向 LSTM 结合而成，可以解决 RNN（recurrent neural network，递归神经网络）的长期依赖问题，同时还可以学到更多的上下文语义信息。其关键在于考虑前后上下文信息，且细胞状态在整个链上运行，只有一些少量的线性交互，从而保存长距离的信息流。具体而言，BiLSTM 有三个门来维持和调整细胞状态，包括遗忘门、输入门、输出门。其核心公式如下：

$$\vec{h}_t = g\left(\vec{h}_{t-1}, x_t\right)$$

$$\overleftarrow{h}_t = g\left(\overleftarrow{h}_{t-1}, x_t\right)$$

$$\hat{h}_t = \left[\vec{h}_t, \overleftarrow{h}_t\right]$$

其中，$\vec{h}_t$ 和 $\overleftarrow{h}_t$ 分别为前向 LSTM 和后向 LSTM 对应的输出表示；[,] 为拼接函数。$\vec{h}_t$ 表示输入序列从 x_1 到 x_L 在时间 t 的隐藏状态，$\overleftarrow{h}_t$ 表示输入序列从 x_L 到 x_1 在时

间 t 的隐藏状态，$\hat{h}_t$ 为时刻 t 的输出嵌入，g 函数表示 LSTM 模型，LSTM 模型的具体表达式如下：

$$f_t = \sigma\big(W_f\,[h_{t-1}, x_t] + b_f\big)$$

$$i_t = \sigma\big(W_i\,[h_{t-1}, x_t] + b_i\big)$$

$$\tilde{c}_t = \tanh\big(W_c\,[h_{t-1}, x_t] + b_c\big)$$

$$c_t = f_t \times c_{t-1} + i_t \times \tilde{c}_t$$

$$o_t = \sigma\big(W_o\,[h_{t-1}, x_t] + b_o\big)$$

$$h_t = o_t \times \tanh\big(c_t\big)$$

其中，W_f、W_i、W_c、W_o 为待学习的参数矩阵；b_f、b_i、b_c、b_o 为偏置项；σ 为激活函数。具体来看，遗忘门接收 h_{t-1} 和 x_t，通过公式输出一个在 0 到 1 之间的数值 f_t，该数值会作用于上一个细胞状态 c_{t-1}，1 表示"完全保留"，0 表示"完全忘记"；输入门接收 h_{t-1} 和 x_t，通过公式输出一个在 0 到 1 之间的数值，以控制当前候选状态有多少信息需要保留，至于候选状态 $\tilde{c}_t$，则由 tanh 层创建一个新的候选值向量，然后根据上一个细胞状态 c_{t-1} 和遗忘值 f_t、新的细胞状态 $\tilde{c}_t$ 和输入值 i_t，更新细胞状态；输出门接收 h_{t-1} 和 x_t，输出一个在 0 到 1 之间的数值 o_t，最后决定了当前状态 c_t 有多少信息需要输出。

　　CRF 层：尽管通过 BiLSTM 能够找到每个单词对应的最大标签类别，但事实上，直接选择该步骤中最大概率的标签类别得到的结果并不理想。原因在于，尽管 LSTM 能够通过双向的设置学习到观测序列之间的依赖，但 softmax 层的输出是相互独立的，输出之间不会相互影响。只是在每一步挑选一个最大概率值的标签输出，这样的模型无法学习到输出的标注之间的转移依赖关系（标签的概率转移矩阵）以及序列标注的约束条件，如句子的开头应该是"B-"或"O-"，而不是"I-"等。为此，引入 CRF 层学习序列标注的约束条件，通过转移特征考虑输出 label（标签）之间的顺序性，并且融合上下文局部特征，确保预测结果的有效性，使得序列模型在命名实体识别上的性能能有不错的提升。

　　CRF 层通过可学习的转移矩阵来对最终的预测标签施加一定约束，使得预测标签更加合理有效。约束条件可以是以下几个方面：①每个句子的第一个单词的标签只能以"B-"或者"O-"开头，而不能是"I-"；②"B-label1 I-label2 I-label3 I-…"，在这个模式下，label1、label2、label3……应该是相同的命名实体标签。例如，"B-Person I-Person"是有效的，但是"B-Person I-Organization"是无效的。③"O I-label"无效。一个命名实体的第一个标签应该以"B-"而不是"I-"开头，换句话说，有效的模式应该是"O B-label"。

　　当已知观测序列 x 和状态序列 y 后，CRF 计算条件概率公式为

$$P(y|x) = \frac{\exp\{\text{score}(x, y)\}}{\sum\limits_{y} \exp\{\text{score}(x, y)\}}$$

其中，$\text{score}(x, y)$ 为序列的 emission 得分与 transition 得分的总和。emission 得分来自 BiLSTM 层，而 transition 得分来自 Transition 得分矩阵。此外，$\text{score}(x, y)$ 的具体表达式如下所示：

$$\text{score}(x, y) = \text{transition}_{\text{score}} + \text{emission}_{\text{score}} = \sum_{i=1}^{n+1} A_{y_{i-1}, y_i} + \sum_{i=1}^{n+1} P_{y_i, x_i}$$

其中，P_{y_i, x_i} 为标签 tag_{y_i} 条件下观测到 word 为 x_i 的 $\text{emission}_{\text{score}}$，其来自时间 i 处的 BiLSTM 的隐藏状态输出；A_{y_{i-1}, y_i} 为从标签 $\text{tag}_{y_{i-1}}$ 转移到标签 tag_{y_i} 的 $\text{transition}_{\text{score}}$；$\text{transition}_{\text{score}}$ 为转移矩阵中的转移分数，为 BiLSTM+CRF 模型通过训练得到的主要模型参数之一。为了使 Transition 得分矩阵鲁棒性更高，本节将增加另外两个标签，即 START 和 END。START 是指一个句子的开头，而不是第一个单词；END 表示句子的结尾。表 2-7 是一个 Transition 得分矩阵的例子，包括额外添加的 START 和 END 标签。

表 2-7　Transition 得分矩阵

标签	START	B-Person	I-Person	B-Organization	I-Organization	O	END
START	0	0.8	0.007	0.7	0.0008	0.9	0.08
B-Person	0	0.6	0.9	0.2	0.0006	0.6	0.009
I-Person	−1	0.5	0.53	0.55	0.0003	0.85	0.008
B-Organization	0.9	0.5	0.0003	0.26	0.8	0.77	0.006
I-Organization	−0.9	0.45	0.007	0.7	0.65	0.76	0.2
O	0	0.65	0.0007	0.7	0.0008	0.9	0.08
END	0	0	0	0	0	0	0

　　Transition 得分矩阵是 BiLSTM-CRF 模型中待学习的参数矩阵。在开始训练模型之前，可以随机初始化矩阵中的所有 transition 分数。Transition 得分矩阵的随机分数将在模型训练过程中不断更新。CRF 层可以自动学习这些合理约束，不需要人工构建矩阵。随着训练迭代次数的增加，Transition 得分矩阵会逐渐趋于收敛。

　　4. 目标函数

　　CRF 损失函数由真实路径得分和所有可能路径的总得分组成。在所有可能的路径中，真实路径的得分应该是最高的。假设每条可能的路径都有一个分数 P，并且总共有 N 条可能的路径，所有路径的总得分则是 CRF。例如，第 8 条路径是真正的路径，则在所有可能的路径中，得分 P 应该是占比最大的。在训练过程中，BiLSTM-CRF 模型的参数不断更新，以不断增加真实路径的百分比。其目标函数的表达式如下：

$$\text{LossFunction}=\frac{P_{\text{realpath}}}{P_1+P_2+\cdots+P_N}$$

其中，P_{realpath} 为真实路径得分；P_i 为其中第 i 条路径的得分。接下来要解决的问题主要有两个：①如何定义每一条路径的得分；②如何计算所有可能路径的总分。

首先计算每条路径的得分。对于 N 条可能的路径，所有路径的总得分为 $P_{\text{total}}=P_1+P_2+\cdots+P_N=e^{S_1}+e^{S_2}+\cdots+e^{S_N}$，其中 e^{S_i} 为第 i 条路径的得分。在训练过程中，CRF 损失函数只需要计算两个分数：真实路径的分数和所有可能路径的总分数。并且在所有可能路径的分数中，真实路径分数所占比例逐渐增加。我们以真实路径"START B-Person I-Person O B-Organization O END"为例来说明真实路径分数的计算过程。

emission 得分为

$$\text{emission}_{\text{score}} = x_{0,\text{START}} + x_{1,\text{B-Person}} + x_{2,\text{I-Person}}$$
$$+x_{3,\text{O}} + x_{4,\text{B-Organization}} + x_{5,\text{O}} + x_{6,\text{END}}$$

其中，$x_{\text{index,label}}$ 为第 index 个单词被标记为 label 的分数，这些分数是来自之前的 BiLSTM 的输出。对于 $x_{0,\text{START}}$ 和 $x_{6,\text{END}}$，可以将其设置为 0。

transition 得分为

$$\text{transition}_{\text{score}} = t_{\text{START}\to\text{B-Person}} + t_{\text{B-Person}\to\text{I-Person}}$$
$$+t_{\text{I-Person}\to\text{O}} + t_{\text{O}\to\text{B-Organization}} +x_{\text{B-Organization}\to\text{O}} + t_{\text{O}\to\text{END}}$$

其中，$t_{\text{label1}\to\text{label2}}$ 为从 label1 到 label2 的 transition 分数，这些分数实际上是 CRF 层的待学习参数。

其次计算所有可能的路径总得分。最简单的方法是列举所有可能的路径并依次计算对应的分数然后相加。但这种方式非常低效，训练的时间将是难以接受的。为了简化问题，假设序列的长度为 3，则可以分别计算写出长度为 1、2、3 时的得分对数值，如下所示：

$$F(1)=\log\sum_{y_1}\exp\big(p(y_1)+T(\text{START},y_1)\big)$$
$$F(2)=\log\sum_{y_2}\exp\big(F(1)+p(y_2)+T(y_1,y_2)\big)$$
$$F(3)=\log\sum_{y_3}\exp\big(F(2)+p(y_3)+T(y_3,\text{END})\big)$$

可以看到上式中每一步的操作都是类似的，都会储存前面步骤得到的最终结果。因此可以通过归纳法将上面操作总结为"log_sum_exp"三步，例如，$F(1)$：

首先需要计算 exp，对于所有 y_1，计算 $\exp\big(p(y_1)+T(\text{START},y_1)\big)$；其次求和，对上一步得到的 exp 值进行求和；最后求 log，对求和的结果计算 log 对数值。

5. 预测

训练好模型后，预测过程需要用 Viterbi 算法对序列进行解码。在介绍 Viterbi 的公式之前，首先定义一些符号的意义，如下：$i=1,2,\cdots,T$ 表示序列长度，$j=1,2,\cdots,m$ 表示标签种类，$\delta_i(j)$ 表示 i 时刻标签为 j 的最大概率，$\varphi_i(j)$ 表示 i 时刻标签为 j 取得最大概率时前一时刻的标签。然后可以得到 Viterbi 算法的递推公式如下：

$$\varphi_0(j)=0$$

$$\delta_0(j)=\begin{cases}0, & j=\text{START}\\ -1000, & j\neq\text{START}\end{cases}$$

$$\delta_i(j)=\max_{1\leqslant j'\leqslant m}\delta_{i-1}(j')+P_i(j)+T(j',j)$$

$$\varphi_i(j)=\arg\max_{1\leqslant j'\leqslant m}\delta_{i-1}(j')+T(j',j)$$

其次根据 Viterbi 算法计算得到的值，往前查找最合适的序列。在此过程中，可以找到最后时刻最有可能的标签 $y_T^*=\arg\max\limits_{1\leqslant j\leqslant m}\delta_T(j')$，根据 $\varphi_i(j)$ 找到之前时刻的标签 $y_{i-1}^*=\varphi_i\big(y_i^*\big)$。

2.1.3　生态环保类实体间关系的智能抽取方法

本节将企业之间、企业与生态环保类法律要素实体之间的关系识别视为一个披露文本段落的分类问题，分类的标签为要素之间关系的类别。

1. 法律要素实体之间的关系类别定义

基于前期调研结果，本节定义了以下常见的法律要素实体之间的关联关系（表2-8）。

表 2-8　课题定义的法律要素实体之间关联关系类别

编号	关系类型	标识	关系说明
1	企业与企业（i）	COM_COM_i	企业与企业之间的关系，如：投资圈、高管圈、担保圈、供应链等（37种央行定义的金融关系）
2	企业与生态自然资源	COM_RES	企业与生态自然资源关联关系
3	企业与污染物	COM_PUL	企业与污染物关联关系
4	企业与法律（违法）	COM_LAW	企业与法律（违法）关联关系
5	企业与设施资金	COM_FAC	企业与设施资金关联关系
6	企业与科技研发	COM_SCI	企业与科技研发关联关系

续表

编号	关系类型	标识	关系说明
7	管理部门与企业	GOV_COM	管理部门与企业关联关系
8	生态自然资源与法律	RES_LAW	生态自然资源与法律关联关系
9	污染物与法律	PUL_LAW	污染物与法律关联关系
10	主管部门与法律	GOV_LAW	主管部门与法律关联关系
11	主管部门与生态自然资源	GOV_RES	主管部门与生态自然资源关联关系
12	主管部门与污染物	GOV_PUL	主管部门与污染物关联关系

以上要素之间关联关系类别的界定，为后续的关系抽取提供了标签类别依据。

2. 实体之间关系类别的标注方案

本节设计了从生态环保类案件法律文书中提取这些关系和实体的方法。首先根据已经定义的实体类别，将 BMEO 规则应用在生态环保类案件法律文书上，并进一步映射到"主管部门""企业""生态自然资源""污染物""法律""设施资金""科技研发"等七个类别，其次将识别到的实体根据其在句子中的位置组成实体对。进一步将实体对所在的句子抽离组成一条数据，根据已有的实体对类型判断该数据所包含的关系，最终形成训练模型所需的数据集。

例如，生态环保类案件法律文书："朝阳区生态环境局于 2019 年 11 月 8 日对吉运通公司作出朝环境监察罚字〔2019〕695 号《行政处罚决定书》（以下简称《处罚决定书》），主要内容为：2019 年 9 月 20 日，{北京市朝阳区环境保护局（以下简称区环保局）：主管部门}执法人员检查发现{该单位：企业}驾驶员张某某驾驶车牌号为×××的罐车（以下简称罐车），将罐车内装载的{污水：污染物}卸排入{北京市朝阳区黑庄户乡万通路南侧万子营排水沟（以下简称万子营排水沟）：生态自然资源}，后流入{北侧南大沟：生态自然资源}。"从上述法律文书中可以获得标注数据："2019 年 9 月 20 日，北京市朝阳区环境保护局（以下简称区环保局）执法人员检查发现该单位驾驶员张某某驾驶车牌号为×××的罐车（以下简称罐车）[输入实体：北京市朝阳区环境保护局（以下简称区环保局）；该单位，标识：GOV_COM]""该单位驾驶员张某某驾驶车牌号为×××的罐车（以下简称罐车），将罐车内装载的污水卸排入北京市朝阳区黑庄户乡万通路南侧万子营排水沟（以下简称万子营排水沟）[输入实体：该单位；污水，标识：COM_PUL]"。

3. 案件要素实体之间关系的识别模型

本节将要件实体间关系的抽取理解为一个分类问题。前期研究表明，使用传统的循环神经网络（如 GRU 或者 LSTM）从文本中提取关系时面临严重的噪声难题。而近年来兴起的序列化模型中的"注意力机制"能够赋予输入文本序列中不同词汇不同的权重,通过将部分词汇权重置为零可以有效地过滤不相关的信息。基于此,本节提出如图 2-8 所示的关系抽取模型。

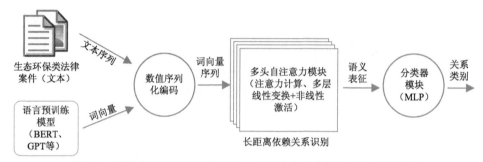

图 2-8　基于序列分类的法律案件知识图谱实体之间关系的抽取模型

首先,将 2.1.2 节中识别的法律要素实体,组合为"两两实体对",在生态环保类法律案件信息中搜索同时包含这些实体对的文本段落,将这些段落的词汇构建为拟进行分类的词汇序列,再借助 BERT 等预训练语言模型,将词汇序列转化为词向量序列。

其次,拟构建一个"多头自注意力模块",用于识别文本中词汇间长距离的依赖关系对类别的影响。自注意力机制是近年来序列化模式挖掘领域的热门研究内容,其最大的优点是能够对序列元素赋权,识别长距离的依赖关系,这对文本段落这种包含大量噪声的数据来说非常适用。然而,自注意力模型的弱点是潜在的注意力矩阵规模庞大,训练一个完善的自注意力模型往往需要海量数据。因此,本节提出一些新的自注意力表达与计算机制,解决注意力矩阵过大和稀疏等方面的问题。

接下来,将详细阐述本节使用的基于注意力机制的 BiLSTM 模型。如图 2-9 所示,该模型包括如下五部分。

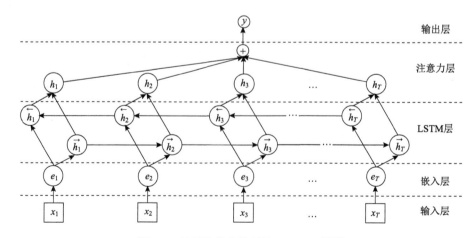

图 2-9　基于注意力机制的 BiLSTM 模型

输入层：句子输入到该模型。

嵌入层：将每个词映射成低维向量。

LSTM 层：利用 BiLSTM 层去获得嵌入层的高维表示特征。

注意力层：产生权重向量，通过与权重向量相乘，将词级特征转为句子级特征。

输出层：将句子级特征通过多层感知机，获得分类结果。

以上模型的原理如下。

词嵌入：给定一个由 T 个单词组成的句子 $S=\{x_1,x_2,\cdots,x_T\}$，每个单词 x_i 都被转换成一个实值向量 e_i。对于 S 中的每个单词，首先查找嵌入矩阵 $W^{\mathrm{wrd}}\in\Re^{d^w\times|V|}$，其中 V 是固定大小的词汇表，d^w 是由用户选择的超参数，表示单词嵌入的大小，矩阵 W^{wrd} 是要学习的参数。利用公式使用矩阵向量积将一个词 x_i 转换为它的词嵌入 e_i：

$$e_i = W^{\mathrm{wrd}}v^i$$

其中，v^i 为大小为 $|V|$ 的向量，当 v^i 在索引 e_i 处时，其值为 1；在其他位置时，其值为 0。因此，输入句子的实值向量为 $\mathrm{emb}_s=\{e_1,e_2,\cdots,e_T\}$。

双向网络：LSTM 单元首先由 Hochreiter（霍赫赖特）和 Schmidhube（施米德胡贝）提出用以克服梯度消失问题。主要思想是引入一种自适应门控机制，决定 LSTM 单元保持先前状态的程度，并记住当前输入数据的特征。通常来说，基于 LSTM 的递归神经网络由四个组件组成：一个输入门 i_t，对应权重矩阵 W_{xi}、W_{hi}、W_{ci}、b_i；一个遗忘门 f_t，对应权重矩阵 W_{xf}、W_{hf}、W_{cf}、b_f；一个输出门 o_t，对应权重矩阵 W_{xo}、W_{ho}、W_{co}、b_o；g_t 为候选记忆单元，c_t 定义为当前时刻的单元状态，h_t 为当前时刻 LSTM 的输出值。于是，输入门、遗忘门、输出门可由以下公式获得

$$i_t = \delta(W_{xi}x_t + W_{hi}h_{t-1} + W_{ci}c_{t-1} + b_i)$$

$$f_t = \delta(W_{xf}x_t + W_{hf}h_{t-1} + W_{cf}c_{t-1} + b_f)$$

$$g_t = \tanh(W_{xg}x_t + W_{hg}h_{t-1} + W_{cg}c_{t-1} + b_g)$$

$$c_t = i_t g_t + f_t c_{t-1}$$

$$o_t = \delta(W_{xo}x_t + W_{ho}h_{t-1} + W_{co}c_{t-1} + b_o)$$

$$h_t = o_t \tanh(c_t)$$

对于序列建模任务，访问未来和过去的上下文是有益的。然而，标准 LSTM 网络按时间顺序处理序列数据，忽略了未来的上下文，因此无法利用未来的上下文信息。而 BiLSTM 网络通过引入两层网络，使得隐藏层之间的连接能够以相反的时间顺序流动，从而同时捕捉到过去和未来的上下文信息。

该网络包含左右序列上下文的两个子网络，分别是前向和后向传递。第 i 个单词的输出如下式所示：

$$h_t = \left[\overrightarrow{h_i} \oplus \overleftarrow{h_i} \right]$$

注意力机制：注意力神经网络最近在智能问答、机器翻译、语音识别、图像字幕等多个任务中取得了成功。本节提出了关系分类任务的注意机制。令 H 由输出向量 $[h_1, h_2, \cdots, h_T]$ 构成，其中 h_i 为 LSTM 层产生的输出，T 是句子长度。句子的表示向量 r 由这些输出向量的加权和计算得到：

$$M = \tanh(H)$$

$$\alpha = \mathrm{softmax}\left(w^T M \right)$$

$$r = H\alpha^T$$

其中，$H \in \Re^{d^w \times T}$，d^w 为词向量的维度；w 为训练的参数向量；w、α、r 的维数分别为 d^w、T、d^w。

利用以上公式，可以获得用于分类的最终句子对表示：

$$h^* = \tanh(r)$$

关系分类：本节使用 softmax 分类器，将隐藏状态 h^* 作为输入，对实体之间的关系进行分类。S 代表句子，$\hat{y}$ 代表预测标签，则有

$$\hat{p}(y \mid S) = \mathrm{softmax}\left(W^{(S)} h^* + b^{(S)} \right)$$

$$\hat{y} = \mathrm{argmax}\, \hat{p}(y \mid S)$$

成本函数是真实类标签的负对数似然：

$$J(\theta) = -\frac{1}{m} \sum_{i=1}^{m} t_i \log(y_i) + \lambda \| \theta \|_F^2$$

其中，$t \in \Re^m$ 为 One-hot 表征（m 为目标类的数量）；$y \in \Re^m$ 为 softmax 对每个类的估计概率；λ 为 L_2 正则化超参数。在实验中，dropout 将与 L_2 正则化相结合以减轻过拟合。

2.1.4　知识图谱构建

基于前述的领域词汇、实体提取和关系抽取结果，本节基于 Neo4j 图数据库构建了生态环保类法律案件专用的知识图谱，如图 2-10 所示，图中左侧显示了数据库中的实体和关系数。

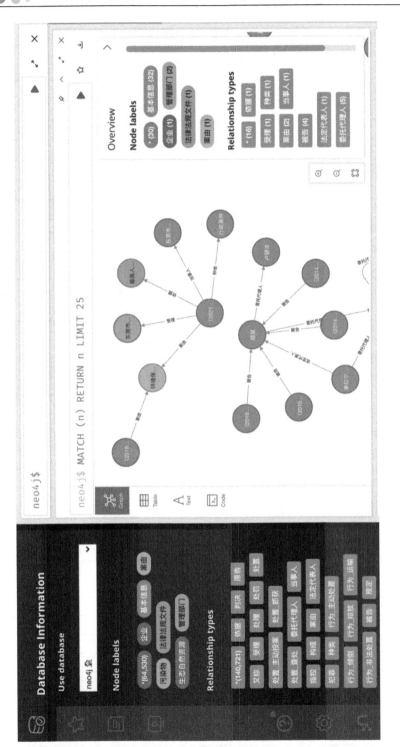

图 2-10　本节构建的 Neo4j 图数据库

关系型数据库中各种类别的实体数量如表 2-9 和表 2-10 所示。

表 2-9　各类型的实体数量表

实体类别	数量/个	备注
企业数	4 744	
个人	1	敏感信息保护，全部为"某某"
基本信息实体数量	56 502	
设施资金	73	
污染物	137	
法律法规文件	437	
生态自然资源	53	
管理部门	2 584	
总计：64 531		

表 2-10　各类型的实体间关系数量表

关系类别	数量/个	备注
依据	18 476	
判决	10 451	
原告	5 139	
又称	1 263	
受理	16 919	
处理	65	
处罚	19	
处置	2	
处置_主动投案	2	
处置_抓获	2	
处置_查处	2	
委托代理人	18 159	
当事人	16 987	
指控	8	
构成	72	
案由	16 888	
法定代表人	3 312	
犯罪	4	
种类	16 894	
行为_主动处置	39	
行为_倾倒	72	
行为_排放	73	

续表

关系类别	数量/个	备注
行为_运输	48	
行为_非法处置	111	
被告	14 698	
规定	1 016	
总计：140 721		

2.2　基于案件语义的知识图谱网络特征分析技术

本章对知识图谱的网络特征进行分析，包括节点度分析（网络平均度，节点的出度、入度）、节点重要性分析（PageRank 算法、中介中心性、紧密中心性）、网络连通子图分析、社区内部紧密程度分析。NetworkX 是用 Python 语言编写的软件包，便于对复杂网络进行创建、操作和学习。利用 NetworkX 可以以标准化和非标准化的数据格式存储网络、生成多种随机网络和经典网络、分析网络结构、建立网络模型、设计新的网络算法、进行网络绘制等。因此，本节基于 NetworkX 包对知识图谱的网络结构进行分析。此外，对于知识图谱网络特征的进一步提取，本节开发了相应的网络表示学习算法，以无监督的方式学习网络节点表示。

2.2.1　网络中心性分析

1. 节点度分析

度（degree）是刻画单个节点属性的最简单而又最重要的概念之一。在图和网络的研究中，简单来说网络中一个节点的度就是它与其他节点的连接数。如果将网络分为有向图和无向图，在无向网络中节点 i 的度 k 定义为与节点直接相连的边的数目。对于没有自环和重边的简单图，节点 i 的度 k 也是与节点 j 直接有边连接的其他节点的数目。因此，网络中所有节点的度的平均值称为网络的平均度（average degree），记为$<k>$。给定节点数为 N 的网络，$A=\left(a_{ij}\right)_{N\times N}$ 为网络的邻接矩阵。节点度的计算公式为

$$k(i)=\sum_{j=1}^{N}a_{ji}=\sum_{j=1}^{N}a_{ij}$$

考虑有向网络，如果节点 i 到节点 j 之间有连边，且由 i 指向 j，则 $a_{ij}=1$，否则为 0。有向网络中节点的度包括出度（out-degree）和入度（in-degree）。节点

i 的出度 k^{out} 是指从节点 i 指向其他节点的边的数目，节点 i 的入度 k^{in} 是指从其他节点指向节点 i 的边的数目。节点的出度和入度也可以通过邻接矩阵直接计算：

$$k^{\text{out}}(i) = \sum_{j=1}^{N} a_{ij}$$

$$k^{\text{in}}(i) = \sum_{j=1}^{N} a_{ji}$$

因此节点平均度的计算公式为

$$\langle k \rangle = \sum_{i}^{N} k(i) \Big/ N$$

在社会网络分析中，常用中心性（centrality）来表示节点的重要性。最直接的度量就是度中心性（degree centrality，DC），即一个节点的度越大就意味着这个节点越重要。在一个包含 N 个节点的网络中，节点最大可能的度值为 $N-1$，通常为便于节点之间的比较，使用归一化后的度值刻画节点的中心性：

$$\text{DC}(i) = \frac{k(i)}{N-1}$$

同样的道理，节点的出度中心性和入度中心性为

$$\text{out\_DC}(i) = \frac{k^{\text{out}}(i)}{N-1}$$

$$\text{in\_DC}(i) = \frac{k^{\text{in}}(i)}{N-1}$$

本节按照度中心性大小进行排序的结果如图 2-11 所示。

图 2-11 中 id 表示知识图谱中的实体名称，由结果可以看出，"刑事案件""污染环境"等实体的度中心性最大，说明整个知识图谱的内容也是围绕着环境污染以及刑事案件展开的。

在有向网络中，尽管单个节点的出度和入度可能并不相同，但是网络的平均出度<k^{out}>和平均入度<k^{in}>却是相同的。这个性质代表了一类复杂系统的一个重要特性：对于系统中每个个体而言不一定成立的性质，却会在整个系统的层面上成立。

网络可视化如图 2-12 所示，其中节点的大小按照度进行排序，由可视化可以看出，网络中的大度节点在整个网络中占比较小，网络没有很明显的社区结构。

id	in_degree_centrality	out_degree_centrality	degree_centrality
3	刑事案件	0.151329	0.000000	0.151329
37	污染环境	0.149568	0.000000	0.149568
55	未知	0.096257	0.000016	0.096273
33	环境保护行政管理 (环保)	0.057839	0.000000	0.057839
1	环境污染责任纠纷	0.055575	0.000000	0.055575
⋮	⋮	⋮	⋮	⋮
40258	孟某、文某	0.000016	0.000000	0.000016
40256	钟小凤、杨杰	0.000016	0.000000	0.000016
40252	王一港	0.000016	0.000000	0.000016
40251	江苏泽龙石英有限公司于本判决生效后二十日…	0.000016	0.000000	0.000016
63590	胡德惠、宜宾市口口物流有限公司、罗正兵、中国太平洋财产保险股份有限公司宜宾中心支公司	0.000016	0.000000	0.000016

图 2-11　按照度中心性排序的结果

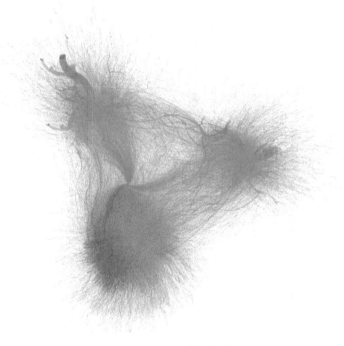

图 2-12　网络可视化

2. PageRank 中心性

PageRank 是谷歌用来衡量页面重要性的算法，是谷歌进行网页排序的关键算法。PageRank 算法的基本想法是：万维网上一个页面的重要性取决于指向它的其他页面的数量和质量。对于一般的有向网络，PageRank 值的计算可以描述如下。

先为每个节点赋予一个初始值，$\mathrm{PR}_i(0)=0$，$i=1,2,\cdots,N$，并且满足 $\sum_{i=1}^{N}\mathrm{PR}_i(0)=1$，基本的 PageRank 校正规则是：把每个节点在第 $k-1$ 步时的 PR 值平分给它所指向的节点。也就是说，如果节点 i 的出度为 k^{out}，那么节点 i 所指向的每一个节点分得的 PR 值为 $\mathrm{PR}_i(k-1)/k^{\mathrm{out}}$。如果一个节点的出度为 0，那么它始终只把 PR 值给自己。每个节点的新的 PR 值校正为它所分得的 PR 值之和，即有

$$\mathrm{PR}_i(k)=\sum_{j=1}^{N}\alpha_{ji}\frac{\mathrm{PR}_i(k-1)}{k_j^{\mathrm{out}}}$$

为了处理孤立节点的问题，上面计算公式做如下改变：

$$PR_i(k) = \alpha \sum_{j=1}^{N} \alpha_{ji} \frac{PR_i(k-1)}{k_j^{out}} + \frac{(1-\alpha)}{N}$$

其中，N 为节点总数；α 一般取值为 0.5。根据上面的公式，可以计算每个节点的 PR 值，在不断迭代趋于平稳的时候，即为最终结果。这个公式蕴含的道理是，假设一旦到达一个出度为 0 的节点，那么就以相同的概率 1/N 随机地访问网络中任一节点。具体来说，以上修正的 PageRank 校正规则（简称 PageRank 校正规则）为：给定一个标度常数 α。首先按照基本的 PageRank 校正规则计算各个节点的 PR 值，然后把每个节点的 PR 值通过比例因子 α 进行缩减。这样，所有节点的 PR 值之和也就缩减为 α，再把 $1-\alpha$ 平均分给每个节点 PR 值，以保持网络总的 PR 值为 1。

输出的结果如图 2-13 所示。

id		page_rank_scores
55	未知	0.174520
3	刑事案件	0.015085
37	污染环境	0.014927
33	环境保护行政管理（环保	0.006051
13	行政案件	0.004855
...	...	...
21527	2014）鼎刑初字第370号	0.000009
21524	2019）粤07刑终441号	0.000009
21523	2019）闽0981行初160号	0.000009
21518	2016）川1129民初1057号	0.000009
0	2016）川1129民初937号	0.000009

图 2-13 按照 PageRank 中心性排序的结果

由结果可以看出，生态环保类案件知识图谱中的实体"刑事案件""污染环境"等是比较重要的节点。

3. 中介中心性

在网络中，中介中心性（或介数中心性）（betweenness centrality，BC）是一种基于最短路径的图中心性度量。对于连通图中的每一对节点，节点之间至少存在一条最短路径，使得该路径所经过的边数（对于无权图）最小。每个节点的中介中心性度量即是通过这个节点的最短路径的数量。

如图 2-14 所示，从度中心性来看，节点 A、B 和 C 都比节点 H 重要。现在假设有信息或物质在节点之间沿着连边流动，对应社会网络上的信息传播、互联网上的数据包发送、交通网络上的车流等。为了便于说明，可以进一步做如下的理想化假设：网络中的每对节点之间每个单位时间都以相同概率交换一个包（这个包可以表示消息、数据包、汽车等），并且假设包总是沿着最短路径传输。如果两个节点之间存在多条最短路径，那么就随机选择一条最短路径。经过一段相当长的时间之后，每对节点之间都传输了很多包。现在我们要问：网络中哪个节点是最繁忙的？也就是说，经过哪个节点的包的数量最多？

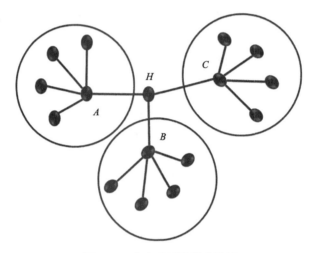

图 2-14　节点重要性说明示例

即使不做具体的计算，凭直觉也可以判断节点 H 是最重要的，因为三个圆圈的节点如果要与其他节点进行连接，都必须通过节点 H。也就是说，H 节点充当着"中介"的角色。换句话说，从每块中的任一节点到其他块中的任一节点的最短路径必然要经过节点 H。因此节点的中介中心性计算公式如下：

$$\mathrm{BC}(i) = \sum_{s,t \in V \setminus \{i\}} \frac{\delta_{st}(i)}{\delta_{st}}$$

其中，δ_{st} 为从节点 s 到节点 t 的最短路径数量，且当 $s = t$ 时，$\delta_{st} = 1$；$\delta_{st}(i)$ 为 s 和 t 之间的这些最短路径通过节点 i 的数量。

一般情况下，归一化为

$$\mathrm{NBC}(i) = \frac{\mathrm{BC}(i)}{(N-1)(N-2)/2}$$

基于本书的案例数据，输出排序后的结果如图 2-15 所示。

id		betweenness_centrality
467	李某	0.000004
1250	王某	0.000003
1022	陈某	0.000002
1668	张某	0.000002
205	朱某	0.000002
...	...	...
23786	2021）粤1971行审316号	0.000000
23787	2018）皖0422刑初334号	0.000000
23788	被告人付海波犯污染环境罪，判处有期徒刑三...	0.000000
23789	2021）粤0785执69号之一	0.000000
63590	胡英贵、宜宾市红顺物流有限公司、罗正兵、中国太平洋财产保险股份有限公司宜宾中心支公司	0.000000

图 2-15　按照中介中心性排序的结果

4. 接近中心性

对于网络中的每一个节点 i，可以计算该节点到网络中所有节点的距离的平均值：

$$d_i = \frac{1}{N}\sum_{j=1}^{N} d_{ij}$$

其中，d_{ij} 为两个节点之间的最短距离；d_i 值的大小在某种程度上反映了节点的重要性，d_i 越小，表明节点与其他节点之间越接近。因此，把 d_i 的倒数称为接近中心性（closeness centrality，CC），具体计算公式如下：

$$\mathrm{CC}(i) = \frac{1}{\sum\limits_j d_{ij}} \bigg/ \left[1/(N-1) \right]$$

接近中心性表示一个节点到其他节点的平均距离的倒数，其中 d_{ij} 为两个节点之间的最短距离，表示连接节点的最短路径上的边的数量。

输出结果如图 2-16 所示。

由结果可以看出，"刑事案件"和"污染环境"等实体到其他节点的距离相对较小，表明大多数案件的主题都是围绕着环境污染的，并且多为刑事案件。

5. 网络连通子图分析

连通图（connected graphs）是指图内任意两个节点之间，总能找到一条路径连接它们，连通子图分析旨在检查整个网络的连通子图，如果只有一个连通子图，即表明整个网络都是连通的。首先通过宽度优先搜索（breadth-first search，BFS）

	id closeness _centrality	
55	未知	0.156522
3	刑事案件	0.151329
37	污染环境	0.149568
33	环境保护行政管理（环保	0.057839
1	环境污染责任纠纷	0.055575
...	...	...
20570	2017）粤2071刑初423号	0.000000
47321	2018）辽1324刑初2号	0.000000
20572	2020）粤1971行审4032号	0.000000
20575	2019）粤05行终50号	0.000000
0	2016）川1129民初937号	0.000000

图 2-16　按照接近中心性排序的结果

遍历，将能够遍历到的节点放入一个集合，然后从没有遍历到的节点再开始一次广度优先遍历。

最后输出结果如图 2-17 所示。

平均度为：3.67
连通子图个数：298
最大连通子图大小：62968

图 2-17　网络连通子图结果

6. 社区内部紧密程度分析

通过 Triangle Counting 算法对网络中的三角形进行计数分析，可以反映网络中的稠密情况，以及社区的紧密程度。

计算公式如下：

$$TC = nn\left(A \bigcap A^2\right)$$

其中，A 为网络的邻接矩阵；nn 为统计 $\left(A \bigcap A^2\right)$ 的非 0 元素，因此 TC 可以表示网络中三角形的数量。根据邻接矩阵中对应的节点，统计包含每个节点的三角形数量，结果如图 2-18 所示。

id		triangles_counting
55	未知	313
670	被告人	154
1537	公安机关	93
940	被告单位	87
5253	污染环境罪	85
...	...	...
21425	被告人张某1犯污染环境罪，判处有期徒刑十...	0
21426	范昌义犯污染环境罪	0
21427	王军杰	0
21428	2017）鲁06民初39号	0
63590	胡英贵、宜宾市红顺物流有限公司、罗正兵、中国太平洋财产保险股份有限公司宜宾中心支公司	0

图 2-18 社区内部紧密程度分析

2.2.2 网络表示学习

1. 基于角色意识随机游走的网络表示学习方法

目前基于随机游走的嵌入方法旨在学习节点的低维向量表示，以保留节点的近邻性或者结构相似性。然而，网络中的结构角色信息（结构相似性）和社区信息（近邻性）对网络节点都很重要，如果仅考虑其中之一的信息对节点的嵌入来说可能是不充分的。为了能够灵活地捕获节点的社区和角色信息，针对现有方法的不足本书提出了一种新的随机游走方法，即角色感知随机游走方法。本书所提出的嵌入方法可用于分析不同类型的网络，即使是非连通网络。而且可以根据不同的下游任务，在节点表示中灵活地保留社区和结构角色信息。

根据定义，两个结构相似的节点表明其属于同一个结构角色。该定义具有广泛的意义，它允许节点可以不是直接连接的（即可以不是一阶邻居），也可以不在同一个社区中，甚至在图中的距离也可以很远甚至无边可达。结构相似性最简单的例子是当仅使用节点的度作为节点特征时，如果两个节点的度相同，则我们可以说它们在结构上是相似的。图 2-19 展示了一个结构角色的简单示例，图中节点1 和节点 8 都属于结构角色 R3，即使它们相距很远且不一定有边可达。直观地说，属于相同角色的节点在嵌入空间应该更加接近。

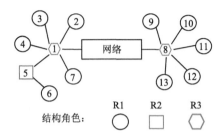

结构角色：　　　　　R1　　　R2　　　R3
　　　　　　　　　　　○　　　□　　　⬡

图 2-19　单层网络中结构角色的简单示例

图 2-19 中仅使用度作为节点特征，因此如果两个节点具有相同的度，则它们属于相同的结构角色。因此，图 2-19 中的节点可以分为三类结构角色，即 R1：{2,3,4,6,7,9,10,11,12,13}；R2：{5}；R3：{1,8}。也就是说，基于角色的嵌入方法旨在将网络映射到一个嵌入空间，在其中属于相同角色的节点彼此接近，而属于不同角色的节点相距较远。虽然结构角色的概念非常适合表示网络节点之间的结构相似性，不过很少有基于社区的嵌入方法可以将角色信息嵌入到节点表示中。这也是当前许多基于角色的方法面临的挑战。同理，目前大多基于角色的嵌入方法也没有充分考虑节点的社区信息。

为了能够灵活地处理单层网络中节点的社区信息和角色信息，本章首先提出了面向单层网络嵌入的角色感知随机游走（role-aware random walk for single-layer network embedding，RARE）方法。RARE 方法使用节点的社区和结构角色信息来保留节点近邻性与结构相似性。首先通过角色感知随机游走方法生成的游走序列可以捕获节点的角色和社区信息。其次获得的游走序列输入到 Skip-gram 模型，从而学习到节点的最终嵌入。此外，通过将 RARE 扩展为 CRARE，将高阶社区成员的采样路径添加到随机游走中，可以使节点表示保留更多的网络结构信息。随后本节在节点多分类、链路预测和网络可视化任务中评估了 RARE 和 CRARE 方法的性能。实验结果表明，在不同领域数据集上，本节所提出的方法在大多数数据集上均优于基准方法。具体模型框架解释如下。

根据惯例，一个单层的网络（图）可以用 $G(V, E)$ 表示，其中 V 表示网络的节点集，E 表示网络的边集。网络嵌入的主要问题是给定网络 G，其目的是为所有节点生成 $F \in R^{|V| \times d}$ 的低维表示，其中 $d \ll |V|$ 是嵌入的维度。本章的一个基本假设是，如果两个节点属于同一社区，那么它们在嵌入空间里应该比非同一社区的节点要更接近。同样，属于相同角色的两个节点在嵌入空间也要更接近。但是针对以上两个条件，会出现一个矛盾的问题：假设当两个节点属于某一社区，但同时属于不同的角色时（或者两个节点属于同一角色，但属于不同社区），其向量

表示是应该接近还是远离？针对该问题，本节设计了两个超参数来控制随机游走的采样策略，其中超参数 r 控制基于社区层面的游走概率，参数 t 控制角色层面的游走概率。

如图 2-20 所示，RARE 主要包含三个部分：①角色发现过程，该部分根据角色发现方法为节点分配结构角色；②角色感知随机游走，该部分为模型核心，主要为网络中每个节点生成节点序列 walk；③用于学习节点表示的 Skip-gram 模型。基于 RARE 方法，CRARE 方法增加了社区检测部分，该模块主要为节点分配社区信息（如图 2-20 中虚线标识的部分）。因此 CRARE 方法增加了一个超参数 m 来控制节点的高阶社区成员的采样。RARE 和 CRARE 方法的伪代码如算法 1 所示。其中，分别用△和□来标记 RARE 和 CRARE 方法，其余没有标记的行则是两者通用的部分。

算法 1 RARE 和 CRARE 算法

---

1. **输入**：网络 $G(V,E)$，游走次数 K，游走最大长度 L，Skip-gram 的窗口大小 W，嵌入维度 d，超参数 r，超参数 t，超参数 m □

2. **输出**：节点嵌入矩阵 $F \in R^{|V| \times d}$

3. Role = RoleDiscover(G)

4. Com = CommunityDetection(G) □

5. Initialize walks to Empty

6. $i=0$

7. **while** ($i< K$):

8. $S=$ Shuffle(V)

9.   **for** all nodes $u \in V$ do

10.   walk= RoleAwareRandomWalk(G,u,L,Role,r,t) △

11.   walk =C-RoleAwareRandomWalk (G,u,L,Role,Com,r,t,m) □

12.   Append walk to walks

13.   **end for**

14. $i+=1$

15. end while

16. $F=$Skip-gram(W,d,walks)

17. return F

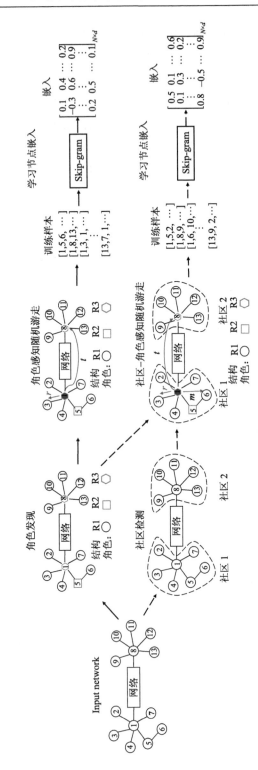

图 2-20　RARE 和 CRARE 方法框架图

上半部分代表 RARE 方法，主要由三个部分组成：①角色发现；②角色感知随机游走；③学习节点嵌入。下半部分表示 CRARE 方法。类似 RARE 方法，主要由四个部分组成：①角色发现；②社区检测；③社区-角色感知随机游走；④学习节点嵌入。Input network 表示输入网络

具体来说，算法 1 中第 3 行执行角色发现过程，并为每个节点分配一个结构角色。具体使用的角色发现方法将在后续详细介绍。第 4 行执行社区发现过程并为每个节点分配社区信息，本章使用 Louvain 算法检测网络 G 的社区信息。第 5~15 行执行随机游走过程，为网络中所有节点生成训练用的游走序列。第 16 行使用 Skip-gram 模型学习节点向量表示。其中，RARE 和 CRARE 方法的核心分别在第 10、11 行的角色感知随机游走方法，其伪代码如算法 2 和算法 3 所示。

算法 2　RoleAwareRandomWalk 算法

1. **输入**：网络 $G(V,E)$，源节点 u，随机游走最大长度 L，节点角色集 Role，超参数 r，超参数 t
2. **输出**：游走序列 walk
3. Initialize walk with node u
4. **while** (len (walk)$< L$):
5. 　　cur = walk [-1]
6. 　　N_{cur}=GetNeighbors(cur,G)+GetRoleMembers(cur,Role)
7. 　　Weights =[]
8. 　　for w in N_{cur} do
9. 　　　　Calculate $P(w|\text{cur})$
10. 　　　　Append $P(w|\text{cur})$ to Weights
11. 　　**end for**
12. 　　w=AliasSample (N_{cur}, Weights)
13. 　　Append w to walk
14. **end while**
15. **return** walk

算法 3　C-RoleAwareRandomWalk 算法

1. **输入**：网络 $G(V,E)$，源节点 u，随机游走最大长度 L，节点角色集 Role，节点社区 com，超参数 r，超参数 t，超参数 m
2. **输出**：游走序列 walk
3. Initialize walk with node u
4. **while** (len (walk)$< L$):
5. 　　cur = walk[-1]
6. 　　N_{cur}=GetNeighbors(cur,G)+GetRoleMembers(cur,Role)+GetCom
　　　　 —munityMembers(cur,Com)

7. 　　　　Weights =[]

8. 　　　　for w in N_{cur} do

9. 　　　　　　Calculate $P(w|cur)$

10. 　　　　　　Append $P(w|cur)$ to Weights

11. 　　　end for

12. 　　w=AliasSample (N_{cur}, Weights)

13. 　Append w to walk

14. end while

15. return walk

1）角色发现

结构角色定义不同的节点集，同一集合内的节点比不同集合内的节点具有更高的结构相似性，即属于同一集合的节点属于同一结构角色。如图 2-19 所示，假设图中仅使用节点的度作为节点特征，那么如果两个节点度相同，则表示它们属于同一结构角色。不过这是最简单的例子。本节主要使用基于模体（motif）计数方法和 Weisfeiler-Lehman（WL）特征提取方法来进行角色发现。基于模体计数的方法使用节点的度和包含节点的三角形数量作为节点特征。WL 方法首先使用排序后的多集标签（multiset-label）重新标记每个节点，然后压缩该标签。通过重复多次标记过程，可以提取每个节点的特征向量。

提取节点特征后，可以通过聚类算法或简单的等价规则来分配角色（即如果两个节点的特征向量相同，则它们属于相同的结构角色）。对于基于模体计数的角色发现方法，角色分配过程可以使用 k-means（k 均值聚类）算法对节点进行聚类，从而得到不同的角色集合。

2）社区检测

使用 Louvain 算法对网络 G 进行社区发现。Louvain 算法是一种基于模块化的社区检测算法，该方法可以发现网络的分层社区结构。其优化目标是最大化网络模块度（modularity）。模块度的物理意义是社区内边的权重之和与随机连接的边的权重之和之间的差异。可以通过以下公式进行计算：

$$Q = \frac{1}{2M} \sum_{ij} \left(A_{ij} - \frac{k_i k_j}{2M} \right) \delta(c_i \cdot c_j)$$

其中，A 为网络的加权邻接矩阵；A_{ij} 为节点 i、j 之间的边权重；M 为网络中所有边的权重之和；c_i 和 c_j 分别为节点 i 和节点 j 的社区；$k_i k_j$ 为节点 i 和 j 的边权重之和；δ 为 delta 函数，其定义为：当 $a=b$ 时，$\delta(a \cdot b)=1$，否则 $\delta(a \cdot b)=0$。

3）角色感知随机游走方法

考虑初始节点为 v、最大游走长度为 L 的随机游走。如果在 t 时刻的节点表示为 v_t，则 $t+1$ 时刻随机游走将以一定的转移概率移动到 v_t 的邻域节点 v_{t+1}。因此，随机游走序列遵循马尔可夫链。不过这种方法的局限性在于，传统的随机游走方法倾向于访问同一社区的节点。因此，学习到的节点表示往往是基于社区的嵌入，从而忽略了重要的结构角色信息。为了克服这个限制，本节提出了角色感知随机游走方法来捕获节点的角色信息和社区信息。

同理，给定随机游走长度 L 和源节点 v，角色感知随机游走采用灵活的采样策略来生成节点序列。同上，设 v_t 表示游走中第 t 个时刻的节点，其生成遵循如下公式：

$$P\left(v_t = u \middle| v_{t-1} = x\right) = \begin{cases} \pi_{xu} / Z, & (x,u) \in E\text{或者} R_x = R_u \\ 0, & \text{其他} \end{cases}$$

其中，π_{xu} 为节点 x 和 u 之间的转移概率；Z 为归一化常数；R 为节点的结构角色。与 Node2Vec 方法类似，本节定义了两个超参数 r 和 t 来控制随机游走策略，如图 2-20 所示。假设转移概率表示为 $\pi_{xu} = \alpha_{rt}(x,u) \cdot w_{xu}$，其中 $\alpha_{rt}(x,u)$ 定义如下：

$$\alpha_{rt}(x,u) = \begin{cases} \dfrac{1}{r}, & (x,u) \in E \\ \dfrac{1}{t}, & R_x = R_u \end{cases}$$

w_{xu} 为边 (x,u) 的权重，对于非加权网络设 $w_{xu} = 1$。通过上面的公式完成转移概率的预处理后（对应算法 2 中的第 9 行），随后 RARE 根据节点间的转移概率执行一个有偏采样来访问下一步的节点。

需要注意的是，本节中节点的邻域是一个广义的概念，它包括节点的一阶邻居节点和角色成员。比如在图 2-19 中，节点 1 的邻域为{2,3,4,5,7}+{8}，且这两部分节点在随机游走中被访问的概率分别由参数 r 和 t 控制。此外，如果节点 1 和 8 直接相连，则节点 1 的邻域变为{2,3,4,5,7,8}+{8}。这意味着节点 1 有两条路径可以到达节点 8，从而使得它们在嵌入空间中的表示更加接近。

直观地说，参数 r 控制一个随机游走访问一个节点的一阶邻居的可能性。如果 $r<1$，则游走在下一步中更有可能对节点的一阶邻居进行采样。这种采样策略鼓励游走序列保留节点更多的社区成员，使得节点的嵌入表示倾向于基于社区的嵌入。相反，如果 r 具有较高的值（$r>1$），则该节点的邻居不太可能在下一步游走中被访问到。

同理，参数 t 控制随机游走对节点角色成员进行采样的可能性。具体来说，如果 $t<1$，则游走更有可能在下一步访问属于同一角色的节点成员。这种采样策略鼓励随机游走在角色层面的探索，确保游走序列保留更多节点的结构角色成员。

因而节点表示倾向于基于角色的嵌入。正如上文所述，两个节点只要是结构相似的，那么它们就归为同一个角色集，这允许它们可以在不同的社区中，甚至可以无边可达。因此，通过参数 t 控制角色层面的游走，也使得所提出的方法可以应用于非连通的网络。

总的来说，上述两个参数允许角色感知随机游走方法捕获结构角色和社区成员（一阶成员），因此节点嵌入可以保留有关节点的角色信息和社区信息。

算法 2 中描述的角色感知随机游走可以捕获节点的直接邻居（将这类邻居节点称为一阶社区成员），但不能对同一社区中的高阶成员进行采样。因此，在算法 3 中引入参数 m 来控制高阶社区成员的采样。公式变为如下形式：

$$P\left(v_t = u | v_{t-1} = x\right) = \begin{cases} \pi_{xu} / Z, & (x,u) \in E\text{或者}R_x = R_u\text{或者}c_x = c_u \\ 0, & \text{其他} \end{cases}$$

其中，c 为节点的社区。于是，$\alpha_{rt}(x,u)$ 变为 $\alpha_{rtm}(x,u)$，其定义如下：

$$\alpha_{rtm}(x,u) = \begin{cases} \dfrac{1}{r}, & (x,u) \in E \\[2mm] \dfrac{1}{t}, & R_x = R_u \\[2mm] \dfrac{1}{m}, & c_x = c_u \end{cases}$$

对应算法 3 中的第 9 行，CRARE 方法通过上面两个公式对节点之间的转移概率进行预处理。通过引入参数 m，CRARE 可以在游走中捕获节点的高阶社区成员，已有的文献已经证明高阶社区成员是有利于学习节点嵌入的。与 RARE 方法类似，在 CRARE 方法中，节点的邻域包括了节点的高阶社区成员，并且高阶社区成员的采样概率通过参数 m 来控制。

通过以上讨论可以发现，当希望保留不同的信息（社区或角色信息）以适应不同的任务时，我们只需要调整控制采样策略的参数即可。例如，可以设置 $t < 1$ 和 $r > 1$（$m > 1$）来适应基于角色的任务，因为这种采样策略鼓励随机游走在角色层面的向外探索，而这通常会学习到基于角色的嵌入。同样，也可以为基于社区的任务设置参数 $t > 1$ 和 $r < 1$（$m < 1$），这种采样策略倾向于学习到基于社区的嵌入。当然，这些超参数的具体数值也可以通过使用一小部分已标记的数据以半监督的方式来学习。

总的来说，本节所提出的角色感知随机游走方法可以捕获节点的结构角色和社区信息。该方法可以看作是一种全局搜索的方法，而传统的随机游走可以被视为局部搜索方法。因为节点的随机游走过程是相互独立的，因此本节提出的方法也可以通过并行化来加速采样过程，从而进一步提高算法效率。当角色发现阶段和随机游走过程完成后，RARE 的时间复杂度与 Skip-gram 模型是相同的。

　　4）Skip-gram 模型

　　Skip-gram 模型是一种学习单词嵌入表示的有效算法，它可以准确地捕获词语之间的语法和语义关系。现有的很多网络嵌入方法在生成节点序列之后均使用 Skip-gram 模型来学习节点的表示。如图 2-21 所示，给定中心词 $v(t)$，Skip-gram 模型预测预定义窗口中的上下文单词。

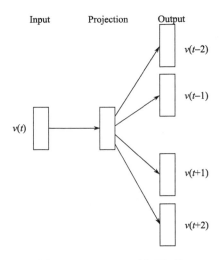

图 2-21　Skip-gram 模型架构

图中窗口大小为 2，中心词为 $v(t)$。Input 表示输入，Projection 表示预测，Output 表示输出

　　给定一个随机游走方法生成的训练序列 $[v_1, v_2, v_3, v_4, \cdots, v_T]$，Skip-gram 模型的目标函数可以表示为

$$\frac{1}{T}\sum_{t=1}^{T}\sum_{-w \leqslant j \leqslant w, j \neq 0} \log P(v_{t+j}|v_t)$$

其中，w 为训练窗口的大小。在条件概率独立的假设下，可以使用 softmax 函数来逼近 $P(v_{t+j}|v_t)$，如下：

$$P(v_{t+j}|v_t) = \frac{1}{1 + \mathrm{e}^{-f(v_t)f(v_{t+j})}}$$

　　5）案例分析

　　上文介绍了 RARE 和 CRARE 方法，并指出它们可以捕获结构相似性（即结构角色信息）和节点邻近性（即社区信息）。本节将使用研究较多的空手道网络（karate-network）作为案例来说明这一事实。具体来说，首先使用 RARE 和 CRARE

方法来学习节点的嵌入，然后使用 *k*-means 方法（此处设 *k*=3）进行聚类。此处使用基于模体计数的角色发现方法，嵌入维度设置为 *d*=16。接下来将网络进行可视化，并根据其聚类集群为每个节点着色，也就是说属于同一集群的节点灰度相同，结果如图 2-22 所示。

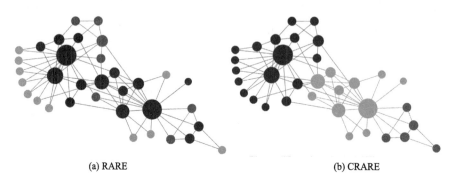

(a) RARE　　　　　　　　　　　　　　　　(b) CRARE

图 2-22　RARE 和 CRARE 方法的可视化结果

其中节点灰度反映了节点的结构角色(a)和社区(b)

图 2-22(a)中呈现了 RARE 方法的可视化结果，其中参数设置为 *r*=4 和 *t*=0.25，此设置确保学习的节点嵌入保留更多的结构角色信息以便展示。可以看到具有相似结构的节点被涂上相同的灰度，如深色节点的结构具有相似性。说明在这种情况下，RARE 方法倾向于学习基于角色的嵌入。

对于图 2-22(b)，CRARE 方法的参数设置为 *r* = 0.25、*t* = 4 和 *m* = 0.25，该设置使得节点的嵌入能够有效地保留社区信息。从图中可以很明显地看到，同一社区中的节点被着色为相同的灰度，表明在此设置下 CRARE 方法倾向于学习基于社区的嵌入。

从以上案例可知，本节所提出的方法可以灵活地处理结构角色信息和社区信息。仅需要调整相应的参数，本节提出的方法就可以为不同的下游任务生成需要的嵌入表示。

2. 基于结构角色的多关系网络表示学习方法

知识图谱通常具有多个不同关系，在不同关系层面可以形成不同的关系网络，即构成了多关系网络。因此为了使上述算法适用于多关系网络（多重网络）分析，本节将该随机游走方法扩展到多重网络的表示学习，并说明角色感知随机游走方法可以实现对节点同层和跨层领域的采样，从而有效地学习多重网络的节点表示。

在多重网络中，节点的角色分布变得更丰富，一个角色集可能包含同层的节点，也可能包含不同层的节点。与图 2-19 类似，多重网络中节点角色的例子如

图 2-23 所示。从图中可以看到，第一层的节点 2 和第三层的节点 3、4 属于相同的结构角色，通过这类不同层但角色相同的节点，我们可以方便地将角色感知随机游走扩展到多重网络。因此本节提出了基于角色感知的多路网络嵌入随机漫步（role-aware random walk for multiplex network embedding，RARME）方法。

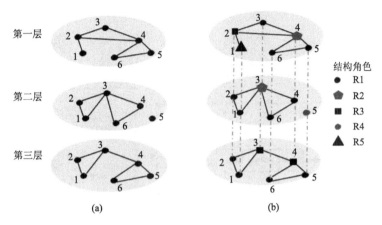

图 2-23　一个三层多重网络中结构角色的简单示例
图中当两个节点具有相同的度时，表示它们属于相同的结构角色

　　RARME 方法的总体框架如图 2-24 所示，与 RARE 方法类似，可以看到 RARME 主要包括三个部分：①角色发现过程，将输入的多重网络的节点划分为结构相似的节点集群；②角色感知随机游走，生成节点序列作为 Skip-gram 模型的训练样本；③Skip-gram 模型，用于学习节点的 d 维向量表示。

　　1）角色发现

　　需要指出的是，本节的角色发现方法与 RARE 方法使用的角色发现方法是一致的，不同的是本节主要针对的是多重网络。因此同一节点在不同层的结构角色可能是不同的，因为它在不同层的结构性质可能不一样。因此，本章在角色发现过程之前将多重网络进行重新编码，使同一个节点在不同的层中有不同的节点 ID。重新编码的多重网络记为 $\mathrm{Gr}(\mathrm{Nr}, \mathrm{Er}, L)$。如图 2-24 所示，第一层的节点 4（角色：R2）、第二层的节点 10（角色：R1）和第三层的节点 16（角色：R3）实际上表示的是多重网络中的同一个体。对于整个多重网络的角色发现，RARME 首先针对每层执行角色发现过程，然后通过角色之间的合并得到整个多重网络的结果。此处使用的角色发现方法与前文是一致的，分别考虑了基于模体计数的方法、基于度的方法以及基于 WL 方法三种方法。

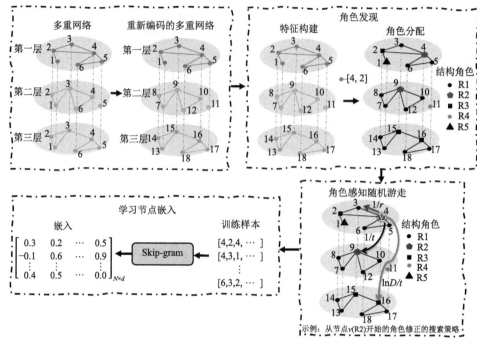

图 2-24　RARME 方法框架

主要包括三部分：①角色发现过程；②角色感知随机游走；③学习节点嵌入

2）多重网络中的角色感知随机游走

如前文所述，随机游走是许多网络嵌入方法的核心。不过多重网络的复杂性对传统的随机游走方法提出了新的挑战。首先，随机游走方法应该能够实现跨层游走，以捕获节点丰富的不同层的结构信息。多重网络不同层的网络结构虽然有所区别，但这种区别并不是互斥的，相反在一定程度上存在互补的结构信息。因此，随机游走方法的跨层游走能够捕获节点在不同层的网络结构信息，为学习嵌入模块提供丰富的训练数据。其次，随机游走应该能够捕获节点在层内和层间的结构角色成员，以便嵌入能够保留节点间的结构相似性。在多重网络中，结构角色信息相较于单一网络更加丰富，且不同层次间的结构角色分布存在显著差异。因此，采用随机游走方法捕获同层及跨层的结构角色信息显得尤为重要。基于此，本节对角色感知随机游走方法进行了扩展，以解决上述两个问题。

在多重网络中，考虑一个最大长度为 L 的随机游走，源节点为 $u \in \mathrm{Nr}$。如果 $i-1$ 时刻随机游走位于 l 层的 u_{i-1} 节点，那么在时刻 i 它将以一定的概率游走到 l' 层节点 u_i。其中，节点 u_i 是节点 u_{i-1} 的同层邻居节点或结构角色成员（同层或不同层）。具体地有

$$\mathbb{P}\left(u_i = x, l_i = l' \mid u_{i-1} = v, l_{i-1} = l\right) = \begin{cases} \dfrac{\pi_{v,x,l,l'}}{Z}, & (v,x) \in \varepsilon_r, \text{或者} R(x) = R(v) \\ 0, & \text{其他} \end{cases}$$

其中，$\pi_{v,x,l,l'}$ 为节点 v 和 x 之间的转移概率；Z 为归一化常数；R 为节点的结构角色。同样，使用两个超参数 r 和 t 来控制角色感知随机游走的采样策略。因此转移概率表示为 $\pi_{v,x,l,l'} = a_{\mathrm{tr}}\left(v,x,l,l'\right) \cdot w_{l,l'}\left(v,x\right)$，其中 $w_{l,l'}\left(v,x\right)$ 表示节点 v 和 x 组成的边 (v,x) 的权重，定义为

$$w_{l,l'}\left(v,x\right) = \begin{cases} w_{l,l'}\left(v,x\right), & l = l' \\ 1, & l \neq l' \end{cases}$$

其中，节点 v 和 x 处于不同层时，设其权重为 1，其内涵是同一节点的跨层连接权重均设为 1。对于非权重网络，其权重设为 $w_{l,l'}\left(v,x\right) = 1$。$a_{\mathrm{tr}}\left(v,x,l,l'\right)$ 的定义为

$$a_{\mathrm{tr}}\left(v,x,l,l'\right) = \begin{cases} \delta_r\left(v,x\right), & l = l', e_{l,l'}\left(v,x\right) \in \varepsilon_r \\ \beta_t\left(v,x\right), & R(v) = R(x), v \neq x \\ \beta_t\left(v,x\right) \times \ln\left(D(v)\right), & l = l', v = x \\ \beta_t\left(v,x\right) \times \ln\left(D(x)\right), & l \neq l', v = x \end{cases}$$

其中，$\delta_r\left(v,x\right)$ 和 $\beta_t\left(v,x\right)$ 定义为

$$\delta_r(v,x) = \frac{1}{r}$$

$$\beta_t(v,x) = \frac{1}{t}$$

其中，$v = x$ 为节点 v 和 x 是同一个体，即位于不同层的同一节点；如图 2-24 中的节点 4 和节点 16。正如公式给出的，超参数 r 控制着邻居节点的游走概率，而参数 t 控制层内和层间结构角色成员的采样；且当 $v = x$ 时，则使用该节点在不同层的度来区分重要性，对其转移概率进行修正。因此，如果 $u_{i-1} = v$，角色感知随机游走在时间 i 游走到节点 v 本身的概率为 $\beta_t\left(v,x\right) \times \ln\left(D(v)\right)$；而游走到其他层对应节点（节点 x）的概率为 $\beta_t\left(v,x\right) \times \ln\left(D(x)\right)$，其中 $D(\cdot)$ 表示节点度，$\ln(\cdot)$ 为自然对数，这里用来避免节点度值过大而引起的偏差。其中如果一个节点的度为零，为了避免无意义的数值运算，此处将其值设为 1。需要注意的是，根据上述公式，此处将同一节点在不同层对应的节点视为特殊的角色成员，因此其游走概率也受参数 t 的控制。

利用上述公式初始化节点间的转移概率后，RARME 方法执行角色感知随机游走算法的过程与上述算法类似。得到随机游走序列后，使用 Skip-gram 模型来

学习节点的嵌入，其中 Skip-gram 模型的介绍详见前文。

2.3　基于深度学习的案件知识图谱表征学习技术

知识图谱嵌入模型在保持图结构的同时，学习特定向量空间中实体和关系的向量表示。所学习的向量表示可以支持后续的机器学习任务，如实体聚类、链接预测、实体消歧，以及其他下游任务，如回答和推荐。

知识图谱表征学习是知识图谱的一个关键研究问题，它为许多知识图谱任务和下游应用铺平了道路。表征学习的目的是将知识图谱中的实体和关系嵌入到低维的连续语义空间中。为了便于演示，先介绍本节中使用的基本符号。首先，我们将 $G=(E,r,s)$ 定义为 KG，其中 $E=\{e1,e2,e|E|\}$ 是一组 $|E|$ 实体，$R=\{r1,r2,r|R|\}$ 是一组 $|R|$ 关系，$S\subseteq E\times R\times E$ 是具有格式 (h,r,t) 的事实三元组的集合。这里 h 和 t 表示头尾实体，r 表示它们之间的关系。例如，(微软,创始人,比尔·盖茨)表示微软和比尔·盖茨之间存在创始人关系。近年来，知识图谱嵌入（knowledge graph embedding，KGE）已成为最受欢迎的研究领域之一，知识图谱中的实体和关系可以通过不同的模型来表示。

2.3.1　知识图谱嵌入框架

通常来说，知识图谱使用三元组 (h,r,t) 来表示知识，其表示(头实体,关系,尾实体)，本节使用 h,r,t 来表征其向量表示。知识图谱嵌入模型的设计一般分为以下三部分。

1. 定义实体和关系的表示形式

第一步即指定实体和关系在连续向量空间中的表示形式。实体通常表示为向量，即向量空间中的确定性点。关系通常作为向量空间中的运算，可以表示为向量、矩阵、张量等。表示学习的关键问题是学习实体和关系的低维分布式嵌入。

目前的主要方法分为点空间［图 2-25（a）］、复杂向量空间［图 2-25（b）］，同时还有高斯空间和流形空间。嵌入空间应符合三个条件，即可微性、计算可能性和评分函数的可定义性。

2. 定义打分函数

打分函数用以衡量三元组 (h,r,t) 的合理性，打分函数值越高，代表三元组的合理性越高，即正确的可能性越大。打分函数是很多知识图谱嵌入模型的核心。

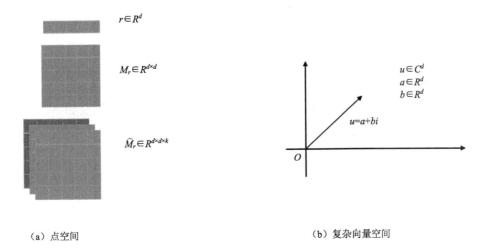

（a）点空间　　　　　　　　　　　　　　　　　（b）复杂向量空间

图 2-25　不同空间的知识表示

有两种典型类型的打分函数，即基于距离的［图 2-26（a）］和基于语义相似性的［图 2-26（b）］函数，来测量事实的合理性。基于距离的打分函数通过计算实体之间的距离来衡量事实的可信度，其中广泛使用具有 $h+r \approx t$ 的关系。基于语义相似性的打分函数通过语义匹配来衡量事实的可信度。它通常采用乘法公式 $h^{\mathrm{T}} M_r \approx t^{\mathrm{T}}$，即在表示空间中，转换靠近尾部的头部实体。

（a）基于距离的打分函数，如TransE算法　　　（b）基于语义相似性的打分函数，如DistMult算法

图 2-26　基于距离和基于语义相似性匹配的打分函数

3. 学习实体和关系的嵌入表示

基于打分函数，在学习实体和关系的嵌入表示时，优化目标是使得知识图谱中已有的三元组得分尽可能比未出现（不合理）的三元组得分要高。表征学习的训练方法包括基于利润的方法和基于逻辑的方法。

基于利润的方法的损失函数可定义为

$$L(\theta) = \sum_{(h,r,t) \in S} \sum_{(h',r,t') \in S'} \max(0, f_r(h,t) + \gamma - f_r(h',t'))$$

其中，θ 为知识表征学习（knowledge representation learning，KRL）的所有参数；$\max(x,y)$ 返回 x 和 y 之间的较高值；S' 为无效三元组的集合。

事实上，现有的知识图谱只包含有效的事实三元组，因此我们需要生成无效的三元组来训练基于利润的方法。研究人员提出通过随机替换有效事实三元组中的实体或关系来生成无效三元组 $(h,r,t) \in S$。因此，无效三元组定义如下：

$$S^- = \bigcup_{(h,r,t) \in S} \{(h',r,t)\} \cup \{(h,r',t)\} \cup \{(h,r,t')\}$$

但是，通过统一替换生成无效三元组可能会导致一些错误。因此在生成无效三元组时，可以根据关系特征为头/尾实体替换分配不同的权重。例如，对于 1 对 n 的关系，上述方法将倾向于替换 1 而不是 n，因此生成假无效三元组的概率将降低。

此外，统一生成方法可能无法生成具有代表性的负三元组。例如，三元组(比尔·盖茨,国籍,美国)可能会生成无效的三元组(比尔·盖茨,国籍,史蒂夫·乔布斯)。事实上，史蒂夫·乔布斯不是一个国家，这样的负三元组不能完全训练知识表示（knowledge representation，KR）模型。因此，可以通过用相同类型的其他实体替换不具代表性实体来生成负三元组。

基于逻辑的方法将以下损失函数定义为目标函数：

$$L(\theta) = \sum_{(h,r,t) \in S} \log(1 + \exp(-g_r(h,t))) + \sum_{(h',r',t') \in S'} \log(1 + \exp(+g_r(h,t)))$$

其中，$g_r(h,t)$ 为事实三重 (h,r,t) 能量，其进一步定义为

$$g_r(h,t) = -f_r(h,t) + b$$

其中，b 为偏正项。

2.3.2　模型介绍

本书基于 PyKEEN 开源包实现知识图谱的嵌入，以下对所涉及的模型进行解释。

1. TransE 模型

受到表示学习在自然语言处理领域成功应用的启发，研究者发现词向量空间存在平移不变现象。基于这一现象，研究者提出了 TransE 模型，将知识库中的关系看作实体间的某种平移向量。对于每个事实三元组 (h,r,t)，TransE 模型将实体和关系表示在同一空间中，把关系向量 r 看作头实体向量 h 和尾实体向量 t 之间的平移即 $h + r \approx t$。比如：对于给定的两个事实(姜文,导演,邪不压正)和(冯小刚,导演,芳华)，除了可以得到：姜文+导演≈邪不压正和冯小刚+导演≈芳华，还可以通过平移不变性得到：邪不压正-姜文≈芳华-冯小刚，即得到两个事实相同的关系的向量表示。我们也可以将 r 看作从 h 到 t 的翻译，因此 TransE 也被称为翻

译模型，对于每一个三元组(h,r,t)，TransE 希望：$h+r\approx t$，因此其评分函数如下所示：

$$f_r\left(h,t\right)=-\left\|h+r-t\right\|_{1/2}$$

其中，$\left\|\cdot\right\|_{1/2}$ 为该打分函数可以使用 l_1 范数或者 l_2 范数。

知识库中的实体关系类型可分为一对一、一对多、多对一、多对多四种类型，而复杂关系主要指的是一对多、多对一、多对多三种关系类型。虽然 TransE 模型的参数较少，计算的复杂度比较低，并且在大规模稀疏知识库上也同样具有较好的性能与可扩展性，但是 TransE 模型不能用在处理复杂关系上，原因如下：以一对多为例，对于给定的事实，以姜文拍的民国三部曲电影为例，即《让子弹飞》、《一步之遥》和《邪不压正》。可以得到三个事实三元组即(姜文,导演,让子弹飞)、(姜文,导演,一步之遥)和(姜文,导演,邪不压正)。按照上面对于 TransE 模型的介绍，可以得到，让子弹飞≈一步之遥≈邪不压正，但实际上这三部电影是不同的实体，应该用不同的向量来表示。多对一和多对多也与此类似。

TransE 模型虽然存在无法处理复杂关系的问题，但是由于其效率高，因此在大规模稀疏数据上具有较好的可拓展性，在实践中也应用广泛。本节基于案例数据，使用 TransE 模型学习了实体和关系的向量表示，其结果如图 2-27 和图 2-28 所示。

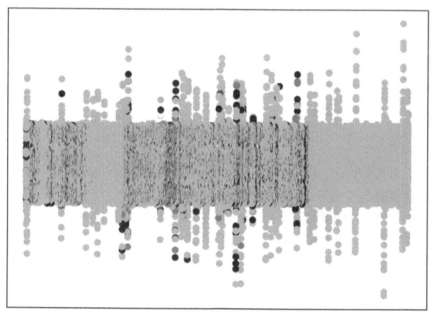

图 2-27　TransE 模型学习的实体嵌入可视化

图中不同灰度的节点表示不同类的实体

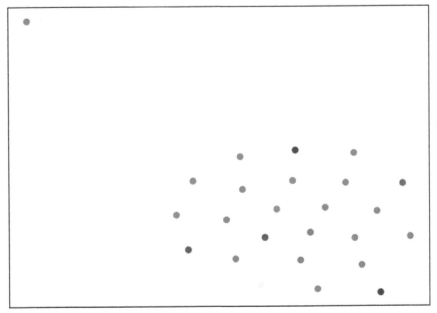

图 2-28　TransE 模型学习的关系嵌入可视化

图中一个点表示一种关系类型

　　由结果（图 2-27）可以看出，使用 TransE 模型学到的实体嵌入不能很好地区分实体类别，不同类实体之间不好进行区分。

　　2. MuRE 模型

　　同样基于欧氏距离，同时将头实体和尾实体的正则化项变为标量偏差，就得到 MuRE 模型的打分函数：

$$f_r\left(h,r,t\right) = -d\left(h,t\right)^2 + b_h + b_t$$

其中，d 为欧几里得距离；b_h 和 b_t 分别为头实体和尾实体的标量偏差。实体表示的可视化如图 2-29 所示。

　　图 2-29 中每种灰度表示一类实体，由图可以看出嵌入向量可以很好地对实体类别进行分类。一般来说，如果不同类实体之间距离较远，而同类实体之间距离比较接近，聚集成团，那么可以认为该模型学习到了质量比较好的向量表示，这为下游任务的实现打好了基础，如实体分类、链接预测等。关系的嵌入向量可视化如图 2-30 所示。

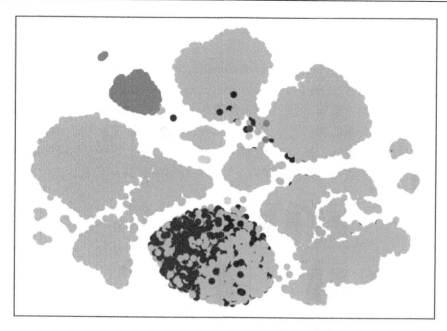

图 2-29　MuRE 模型学习的实体嵌入可视化

灰度相同的点表示其属于同一类别

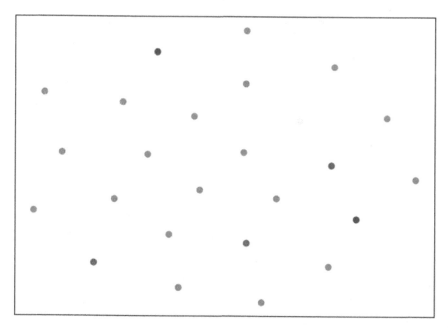

图 2-30　MuRE 模型学习的关系嵌入可视化

图中一个点表示一种关系类型

3. R-GCN 模型

得益于图卷积网络（graph convolutional network，GCN）模型的强大表达能力，关系图卷积网络（relational graph convolutional network，R-GCN）引入了对不同关系进行学习的框架，以处理知识图谱中的多关系型数据。简单来说，R-GCN先对实体的同种关系的邻居进行单独聚合，同时对每一种关系考虑了正反方向，然后加入自身的自连接，作为一种特殊的关系类型。将上述所有不同关系的邻居进行聚合之后，再进行一次总的聚合。其模型框架如图 2-31 所示。

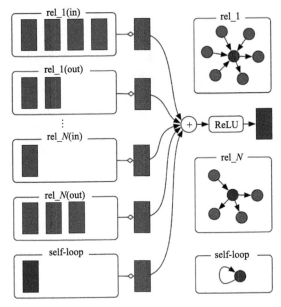

图 2-31 R-GCN 模型框架

self-loop 为自循环

（1）R-GCN 模型对图中的实体进行计算更新其隐层表示。

（2）对每个节点引入了一个特殊的关系类型，即自连接。

（3）深色表示来自邻居节点激活的特征（d 维向量）。

（4）in 和 out 表示入、出两种类型的边（即考虑了边的方向）。

（5）每个节点的更新可以用整个图中的共享参数并行计算。

比如关系类型为 rel_1 的情况，该节点有 4 条入边（in）、2 条出边（out），将入边和出边的向量表示进行聚合；然后，按照相同的方式聚合不同关系类型的向量表示；最后，将所有关系的聚合表示通过激活函数处理，得到最终的隐层表示。

基于统一的消息传递框架：

$$h_i^{(l+1)} = \sigma\left(\sum_{m \in M_i} g_m\left(h_i^{(l)}, h_j^{(l)}\right)\right)$$

其中，$h_i^{(l)} \in \mathbb{R}^{d(l)}$ 为节点 v_i 在 l 层神经网络中的 d 维表示；$\sigma(\cdot)$ 为激活函数；M_i 为传入消息到节点 v_i 的集合，通常选择为其入边的集合；$g_m(\cdot,\cdot)$ 通常选择为类神经网络的函数或者是简单的线性加权。

基于以上神经网络的消息传递框架，R-GCN 定义了以下简单的传播模型来计算一个知识图谱中的实体的前向传递更新规则。

$$h_i^{(l+1)} = \sigma\left(\sum_{r \in R}\sum_{j \in N_i^r} \frac{1}{c_{i,r}} W_r^{(l)} h_j^{(l)} + W_0^{(l)} h_i^{(l)}\right)$$

其中，N_i^r 为节点 i 在关系 r 下的邻居节点集合；$c_{i,r}$ 为归一化常数，可以是可学习的参数，也可以选择 $c_{i,r} = \left|N_i^r\right|$。通过该更新规则，R-GCN 可以对节点的多种不同关系数据进行学习。

使用 R-GCN 模型学习的实体和关系嵌入可视化如图 2-32、图 2-33 所示。由结果可知，实体的嵌入没能很好地对实体类别进行区分，但其嵌入质量相比于简单的 TransE 方法已有所提升。

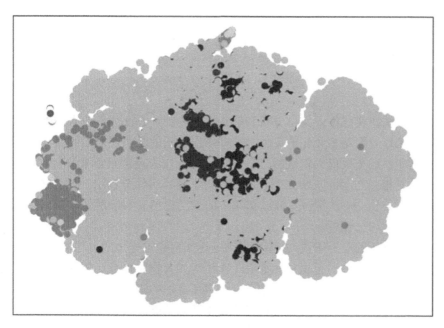

图 2-32　R-GCN 模型学习的实体嵌入可视化

灰度相同的点表示其属于同一类别

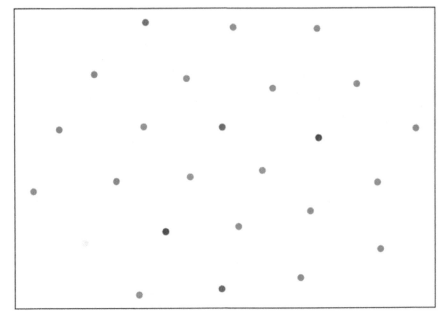

图 2-33　R-GCN 模型学习的关系嵌入可视化

图中一个点表示一种关系类型

2.4　案件实体要素的自动化匹配及关系展示技术

2.4.1　背景

在当代法律实践中，案由分析和解决方案的制定是法律专业人士处理诉讼案件的核心工作。面对多元化的案件类型并作出公正的裁决要求法律实践者不仅依靠经验判断，还需要借助精确的分析方法。这种方法应当能够深入挖掘案件的各种实体及其相互之间的复杂关系。本书致力于阐释实体分析法——一种系统的法律文本分析方法——并探讨其在法律领域的应用价值和实际意义，从而提高法律判决的合理性和公正性。

在案件分析的第一阶段，本节将详细论述如何通过先进的自然语言处理技术，对案由文本中的实体进行识别和抽取。实体（如人物、地点、事件和时间）是构成案件框架的关键要素，它们互相交织组成了案件的基本结构和发展路径。准确识别这些实体是深入分析案件并构建法律论证的基础。这一过程的准确性和全面性对后续的分析至关重要，能够帮助法律从业者揭示案件中的复杂性和多维性，从而制定出更有针对性的解决策略。

随着案件分析的深入，建立实体之间的联系网成为本节讨论的第二个重点。实体间的关系可能是直接的也可能是间接的，它们的相互作用和联系深刻影响着案件的发展方向和最终结果。本节提出了一套详细的方法论来构建和分析这些实体关系网络，使得法律从业者能够全面理解案件的核心问题和背后的逻辑链条。这种深入的网络分析不仅提供了深层次理解案件的途径，还有助于预测案件的走向和判决结果，提高裁决的准确性和公正性。

此外，本节对案由中实体的类别进行了深入的区分，将实体分为通用词和定位词。通用词通常指那些在案件文本中频繁出现但对案件核心理解贡献较小的实体，而定位词则是指在案件中起到关键作用，有助于定位案件核心问题的实体。区分这两类实体，能够使法律从业者更聚焦案件的关键点，避免在无关紧要的细节上耗费过多精力。

进一步地，本节强调了在实体识别过程中，挑选出具有中心作用的目标实体的重要性。这些核心实体在案件中扮演着关键角色，对判决结果有着决定性的影响。通过对这些实体的重要性和频率进行深入分析，法律专业人士能够更精准地把握案件的关键和症结，从而作出更有力的裁决。

最后，本节提出了一种量化实体间关联度的方法——计算目标实体与其他所有实体之间的皮尔逊相关系数。这种量化分析能帮助法律从业者客观评估各实体间的相关性，为案件的综合分析和决策提供数据支持。通过这种量化方法，法律从业者能够洞察到案件中隐蔽的关系和潜在的趋势，为裁决的逻辑和合理性提供坚实的依据。

2.4.2 技术设计与工作流程

用户在界面上输入案由文本后，系统将自动识别案由文本中所包含的实体，并在知识图谱中查询其他高度关联的已知实体、基于表征学习结果推理可能存在关联的未知关系实体，从而实现证据库自动链接，并在系统中推荐这些关联实体所对应的参考审判文书，完成证据链自动汇总，如图 2-34 所示。

1. 功能一：查询高度关联的已知实体

1）输入案由文本

技术的工作流程始于用户在系统界面上输入生态环保类案件的案由文本。案由文本可以包括案件的描述、相关法律条款、关键词或短语。这些文本信息将作为分析的起点，其主要流程如下。

接受用户输入：用户在系统界面上输入生态环保类案件的案由文本。用户可以通过文本框或上传文档的方式提供案由信息。

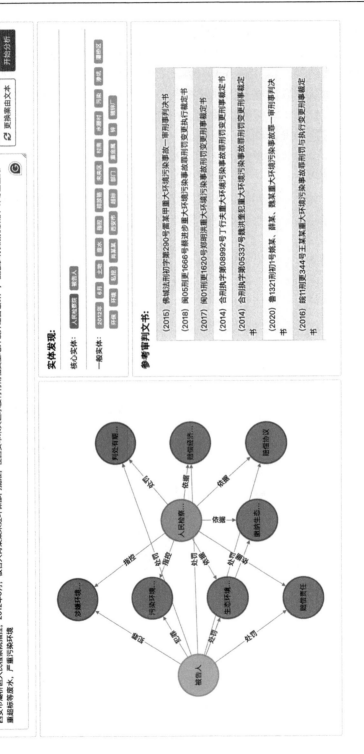

图 2-34　应用示例

案由文本来源于中国裁判文书网的(2016)陕 0111 刑初 144 号被告人肖某某、周某污染环境案一审刑事判决书

文本预处理：接收到文本后，系统进行文本预处理，包括去除停用词（如"的""是"等常见词语）、分词、词性标注等操作，以准备文本进行后续的分析。

2）核心实体抽取

一旦获得案由文本，技术首先执行核心实体抽取的步骤。在这一阶段，系统将使用自然语言处理技术（如实体识别和关系抽取），来自动识别案由文本中的核心实体。这些核心实体通常是与案件相关的主要概念、关键人物、组织、地点等。

例如，如果案由文本提到了"污染物排放限制"，系统可以将"污染物"和"排放限制"识别为核心实体。

3）查询高度关联的已知实体

一旦系统成功识别了核心实体，接下来的步骤是通过知识图谱查询与这些核心实体高度关联的已知实体。知识图谱是一个大型数据库，其中包含了各种实体及它们之间的关系。这一步骤旨在获取与案件相关的法律、先前类似案件、专业领域的专家和其他关键信息。抽取出核心实体后，系统将通过知识图谱查询与这些核心实体高度关联的已知实体。知识图谱是一个庞大的数据库，包含了各种实体和它们之间的关系。系统将执行以下步骤。

实体链接：将核心实体与知识图谱中的相关实体进行链接。这通常涉及文本相似性匹配，以确保正确的实体被检索。

关系查询：确定与所有查询到的核心实体存在相关的特定关系，如"依据""处罚"等。为保证相关度，查询到的实体 source 属性中必须包含抽取到的实体名。

检索相关信息：从知识图谱中检索与这些关系相关的法律法规、以前的案件判决、专业领域的专家和其他关键信息。

举例来说，如果核心实体包括"污染物"，则系统将查询知识图谱以找到与"污染物"相关的法律法规、以前的案件判决和环境保护部门的相关信息。

2. 功能二：推荐可能关联的实体

1）推理未知关系实体

除了查询已知实体，技术还可以基于表征学习结果推理可能关联的未知关系实体。这一步骤涉及使用机器学习算法和自然语言处理技术来分析知识图谱中的关系数据，以预测可能存在的新关系或未知实体。

这一步骤涉及以下操作。

实体抽取：根据输入案由，从知识图谱中抽取核心实体和次要实体。核心实体和次要实体构成实体池。例如，实体池为"人民检察院""被告人""2012 年"

"6月""土地""废水""未央区""污染""渗坑""灞桥区""环保""环境""肖某某""西安市""部门""重金属""锌""镀锌厂"。

案由查询：用户在数据库中进行查询，找出可能相关的案由实体，即满足标签为"案由"且实体名与实体池中任一实体相关的条件。

锁定定位词：实体池中的关键词可能是通用词，例如，"环境""污染"等，导致查询到无关案由，为了进一步地定位相关案由，当查询使用的关键词在知识图谱中出现频率较高，并且超过了预设的阈值时，这些词汇被认定为通用词，并在进一步分析中被排除在外。剩余的词汇则被归类为定位词。通过这一简单而直接的方法，我们成功地实现了对所有实体的分类，为进一步的研究和应用奠定了基础。这种方法的优势在于其操作简便性和易于理解，适用于大规模文本数据的处理。然后，查询根据定位词进一步确定目标实体，从而更有效地理解案件的相关信息，为法律领域的决策和研究提供更有力的依据。

计算皮尔逊相关系数：利用词表征来分析目标实体与实体池中所有其他实体之间的关联程度。通过计算皮尔逊相关系数的大小，我们能够识别出与目标实体最相关的关联实体。随后，基于这些关联实体，我们推荐参考相应的审判文书，以获取更深入和全面的法律信息。首先，我们构建一个实体池，其中包含各种可能相关的法律实体。其次，通过表征计算，特别是利用皮尔逊相关系数，我们对目标实体与实体池中的每个实体之间的关系进行量化分析。通过比较相关系数的大小，我们能够明确识别出与目标实体关联最为紧密的实体。

2）推荐参考审判文书

通过推荐使用这些最相关的关联实体所对应的参考审判文书，系统将在用户界面中列出这些关联实体所对应的参考审判文书。这些文书可以包括之前的生态环保类案件的审判记录、相关的法律解释、专业法学期刊文章以及其他相关文献。这将帮助法官、律师和其他相关专业人员更好地理解案件的法律背景和相关的先前判例，从而更好地决策和审理案件。另外，用户可以浏览和选择相关文书，以帮助他们更好地理解案件的法律背景和相关的先前判例。

整个流程的自动化和智能化可以大大提高生态环保类案件审判的效率和质量，为法律从业者提供有力的决策支持。

2.4.3　智能审判应用示范

用户在界面上输入案由文本后，系统将自动识别案由文本中所包含的实体，并在知识图谱中查询其他高度关联的已知实体、基于表征学习结果推理可能关联的未知关系实体，并在系统中推荐这些关联实体所对应的参考审判文书，如图2-35所示。

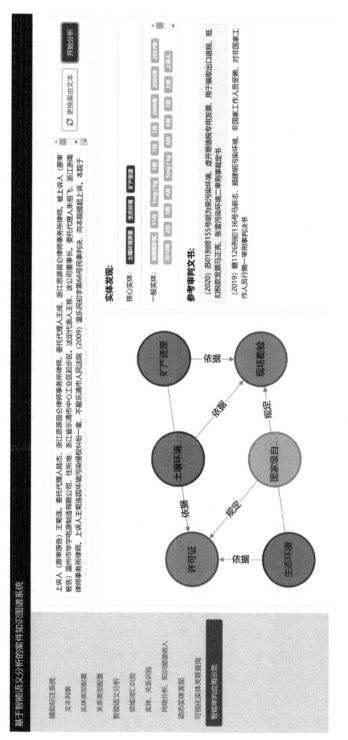

图 2-35　应用测试案例

用户输入"上诉人（原审原告）王菊连。委托代理人陆杰，浙江思源昆仑律师事务所律师。委托代理人王成，浙江思源昆仑律师事务所律师。被上诉人（原审被告）温州市华宇电源制造有限公司，住所地：浙江省乐清市中心工业区起步区。法定代表人王栋，该公司董事长。委托代理人朱祖飞，浙江浙南律师事务所律师。上诉人王菊连因环境污染侵权纠纷一案，不服乐清市人民法院（2009）温乐民初字第 66 号民事判决，向本院提起上诉。本院于 2010 年 6 月 1 日受理后，依法组成合议庭公开开庭进行了审理。本案现已审理终结。原判认定，被告温州市华宇电源制造有限公司于 2000 年 11 月间经工商注册登记，未经环保部门审批，在乐清市乐成镇盛岙村建造厂房，主要生产汽车铅酸蓄电池。由于被告未履行环境影响评估及环保审批，没有建立废气、废水防污染排放设施，2005 年 4 月间，根据村民举报，环保部门对此进行立案，并于同年 6 月 7 日向被告送达责令停止生产、并处罚款的行政处罚决定书。此后，被告将生产设施搬迁出盛岙村。2007 年间，原告王菊连等村民以承包经营的土地受到污染为由，向政府相关部门反映，要求被告对此进行赔偿。2010 年 1 月 6 日，农业部环境监测总站农业生态环境及农产品质量安全司法鉴定中心（以下简称农业部司法鉴定中心）作出《鉴定意见书》，认为涉案地块虽受到被告公司的铅污染，但污染程度未超过土壤环境质量二级标准值，且不能断定涉案地块土壤受到被告公司的镉污染，涉案地块所种植的全部农作物中铅、镉含量均未超标，可放心食用。案经调解无效。原判认为，被告在生产过程中因未建立污染物安全排放设施，其排放物虽然对周边环境造成一定程度的铅污染，但污染程度未超过土壤环境质量二级标准值，且涉案地块所种植的全部农作物中铅、镉含量也未超标。根据环境保护法第四十一条的规定，造成环境污染危害的，应承担排除危害和对直接受损人进行赔偿的法律责任。由于在政府行政部门的干预下，被告已将生产设施搬迁出涉案区域，危害已经得到排除。在涉案地块仍可继续耕种、种植的农作物可放心食用的情形下，应认定直接损害后果并未发生。原告请求恢复原状，要求判令被告将涉案区土壤平均铅含量 36.1mg/kg 的数值，恢复到对照区土壤铅含量平均值 31.5mg/kg 的诉讼主张，缺乏法律依据，依法不予支持。据此，依照《中华人民共和国民法通则》第一百二十四条的规定，判决如下：驳回原告王菊连的诉讼请求。本案受理费 100 元，由原告王菊连负担。宣判后，王菊连不服，提起上诉称，一、原判认定事实的依据不足。因晚稻的生产周期要长于早稻及其他农作物的生产周期，为确保鉴定的客观性，在双方委托鉴定之初，已与鉴定机构商定，要求对晚稻米进行检测。农业部司法鉴定中心未对晚稻米进行检测的情况下，作出的《鉴定意见书》不客观全面。而村民蒋元龙委托国土资源部杭州矿产资源监督检测中心对土壤和晚稻进行了检测，检测结果为铅、镉含量超标。因此，农业部司法鉴定中心作出的《鉴定意见书》不能作为认定案件事实的依据。二、原判适用法律错误。《环境保护法》第四十一条规定的排除危害，并非单指对危害源的排除。原判认定生产设施已搬迁，危害已经得到排除错误。土壤受到铅污染的事实毋庸置疑，可见土壤已经受到危害，被上诉人应当排除该危害，而原判没有明确该危害是否应当排除。综上，请求撤销原判，依法改判，支持上诉人的原审诉讼请求。温州市华宇电源制造有限公司答辩称，一、原判认定事实清楚。土壤铅含量没有超标，农作物不可能受到铅的危害。上诉人以晚稻米未经检测为由，认为检测结果不客观、不全面，违背科学原理。上诉人原审时认可农业部司法鉴定中心作出的《鉴定意见书》，故其没有提出重新鉴定的申请，该《鉴定意见书》应当作为认定案件事实的依据。鉴定的土壤采样对照区类似于自然保护区，铅含量平均值为 31.5mg/kg，略低于涉诉土壤的平均铅含量 36.1mg/kg，但涉诉土壤的铅含量背景值本身就高于对照区，涉诉土壤应当没有受到污染。二、原判适用法律正确。涉诉土壤种植的农产品可以放心食用，没有出现民事责任中的损害后果，被上诉人无须承担恢复土壤原状的民事责任。即使上诉人坚持认为土壤受到污染，但该污染比较轻微，没有超过正常的忍受限度。环境保护法没有规定恢复原状的侵权责任承担方式，上诉人请求恢复土壤原状，没有法律依据。综上，请求驳回上诉，维持原判。二审期间，被上诉人没有向本院提交新的证据。上诉人向本院提交国土资源部杭州矿产资源监督检测中心于 2010 年 3 月 2 日作出的国字（委）检 HJ2010 第 27 号《检测报告》1 份，以证明经蒋元龙委托鉴定，蒋元龙农户的承包地土壤、农产品的铅和镉含量严重超标，涉诉土壤种植的农产品已受污染。经质证，被上诉人认为该《检测报告》不属于二审程序新的证据，且没有检测人员的资质证明，不符合证据的形式要件；土壤和稻谷的样品是否与涉案土壤有关，缺乏证据证明，故检测结果与本案不具有关联性。本院认为，该《检测报告》系蒋元龙单方委托，在被上诉人没有参与的情况下，土壤和稻谷的样品是否与涉案土壤有关，缺乏有效的证据证明，故不予采信。本院审核了当事人向原审法院提供的证据后，认定农业部司法鉴定中心于 2010 年 1 月 6 日作出的（2010）农鉴意字第 100106 号《鉴定意见书》的鉴定意见如下：'1、鉴于温州市华宇电源制造有限公司厂区外围、涉案地块和对照区铅含量的比对分析，涉案地块受到了温州市华宇电源制造有限公司的铅污染，但污染程度未超过土壤环境质量二级标准值；2、鉴于温州市华宇电源制造有限公司厂区外围、涉案地块和对照区镉含量的比对分析，厂区外围、涉案地块和对照区分别有 0 个点、4 个点和 1 个点超过了土壤环境质量二级标准值，不能断定涉案地块土壤镉受到了温州市华宇电源制造有限公司的污染。该区域共 5

个点超标，可能与土壤背景值有关；3、鉴于所采集的全部农产品（注：指早稻米、蔬菜）中铅、镉含量均未超过《食品中污染物限量》标准的情况，涉案地块种植的农产品可放心食用.'对原判认定的其余事实，本院予以确认。本院认为，根据农业部司法鉴定中心作出的《鉴定意见书》中的第 1 点鉴定意见，涉诉土壤已受到被上诉人单位排放的铅污染。被上诉人抗辩土壤未受污染，与事实不符，本院不予采纳。土壤受到铅污染，即表明土壤已经受到损害。一般来说，土壤中铅含量增加，土壤上种植的农作物的铅含量也随之增加。早稻米和蔬菜中的铅含量未超过《食品中污染物限量》标准的鉴定意见，仅说明在污染后的土壤上种植的早稻和蔬菜的铅含量程度，并不表明农作物未受损害。恢复原状作为侵权民事责任的承担方式之一，当事人有权请求恢复原状。但恢复土壤原状比较特殊，应考虑恢复的可行性以及恢复的方式、时间、成本等因素，具有较强的科学性，应当有科学依据予以支持。否则法院难以支持恢复土壤原状的诉讼请求。鉴于当事人原审时未就恢复土壤原状的可行性以及恢复的方式等申请委托评估，故凭原审证据，原判驳回恢复土壤原状的诉讼请求的判决结果，并无明显不当，本院予以维持。据此，依照《中华人民共和国民事诉讼法》第一百五十三条第一款第（一）项的规定，判决如下：驳回上诉，维持原判。二审案件受理费 100 元，由上诉人王菊连负担。本判决为终审判决。"[①]

　　智能审判系统可以准确识别出核心实体为"土壤环境质量""生态环境""矿产资源"，然后通过知识图谱查询与这些核心实体高度关联的已知实体三条，并可视化展示，为用户提供直观的查询方式。

2.4.4　结论

　　实体分析法为法律案件处理提供了一种科学、系统的分析框架。通过识别案件中的关键实体，并构建它们之间的关联网络，法律从业者可以更深入地理解案件的核心问题，为案件的解决提供精准的方案和决策。此方法不仅提升了处理法律案件的效率和准确性，还为实现公正司法提供了坚实的保障。随着这一方法论在法律领域中的不断发展和应用，预期将促进法律实践中更精确、更公正的裁决，为社会治理贡献力量。本书的目标在于推广此方法的应用，以期提升法律界整体的案件处理水平，促进社会法治建设和司法公正的实现。

---

① 来源于中国裁判文书网的王菊连与温州市华宇电源制造有限公司环境污染侵权纠纷二审民事判决书。

第3章 生态环保类案件智能推理规则生成及研判方法

3.1 生态环保类案件审理特征与难点

2014 年修订的《中华人民共和国环境保护法》第二条规定了环境的定义。在此定义下，生态环保类案件的内涵与外延非常丰富，囊括了环境、自然资源、生态系统保护等领域。本书认为生态环保类案件是指，以人类为中心的因对生态环境的利用行为产生纠纷而进入司法领域，被民法、行政法、刑法等法律规范规制的法律事实和客观事实，其体现了以生态环境或自然资源为基底的各类法律关系。

依法审理生态环保类案件，准确研判生态环境资源态势，类型化思维是不可或缺的。只有在生态环保类案件的一般概念下进行类型化再界定才具有可操作性，最高人民法院 2021 年印发的《环境资源案件类型与统计规范（试行）》对生态环保类案件的具体类型作出了详细的规定，而划分生态环保类案件的具体类型应当有实体和程序两条路径。以实体权益类型为划分标准，可以将生态环保类案件划分为环境污染防治、生态保护、资源开发利用、气候变化应对、生态环境治理与服务等五大类型；以部门法诉讼程序为划分标准，可以将生态环保类案件划分为环境行政诉讼案件（又分为一般环境行政诉讼案件和环境行政公益诉讼案件）、环境民事诉讼案件（包括环境民事公益诉讼案件）、环境刑事诉讼案件（又分为污染环境和破坏资源两大类犯罪案件）。在一个案件同时关涉生态环境、自然资源等多重秩序、多种权益的情况下，应根据其所要保护、实现的主要秩序、权益进行类型化审理，实现生态环保的智慧司法。

3.1.1 生态环保类案件司法的理念驱动与法理基础

风险社会背景下，风险的扩散使得人们在各个领域的安全日益受到威胁，而生态环保领域的风险处理与预防不当将会导致生态环境污染、自然资源破坏的持续恶化。生态环保类案件的司法处理不仅发挥着法律特殊预防的功能，例如以刑罚作为手段惩治污染环境的行为，使污染环境行为人承担刑事责任；还发挥着法律一般预防的功能，使生态环境中每个主体都在个案处理中认识到什么行为可为，什么行为不可为。因此，生态环保类案件的司法处理在当前发展与转型的特殊时期，对实现"绿水青山"与"金山银山"和谐共存有着举足轻重的作用，其理念驱动与法理基础作为生态环保类案件智慧司法的两个基本前提，是生态环保范式研究的逻辑起点。

1. 中国式现代化语境下的环保理念驱动

绿色的新发展理念为生态环境保护带来了全局性、转折性和历史性的变化。我国仍然存在生态违法成本低、环境治理能力弱、环境领域法律零散等问题，对生态环境的综合治理难以形成有效的制度合力和规范体系。解决生态环保治理的现实困境就必须坚定地走中国式现代化人与自然和谐共生的绿色发展道路，以生态环保治理现状为依据，纵深研判当前生态环保领域的司法动态，准确把握中国式现代化语境下的生态环保理念，再辅之以数字化的智能技术，为生态环保类案件的审理提供智力支持。换言之，要在生态环保领域中实现公平、正义，就必须做好生态环保类案件的审理工作，而生态环保理念是一个先决要件，这也契合了中国式现代化的环境保护与环境治理的要求。

1）新时代人与自然生命共同体理念

"山水林田湖是一个生命共同体，人的命脉在田，田的命脉在水，水的命脉在山，山的命脉在土，土的命脉在树。"[①]这是习近平总书记关于生态环境的重要论断，也构筑了习近平生态文明思想，其以整体生态自然观为立足点，对人与自然之间的关系进行了全新阐释，得出"人与自然是生命共同体"[②]的科学结论，把人与自然的共同命运作为新的价值主体。新时代人与自然生命共同体理论通过哲学的研究范式对非人类中心主义和人类中心主义进行扬弃，这否定了西方要求人类让步的绿色纯粹自然观与主张脱离制度来缓和矛盾的现代人类中心主义，同时，这不仅肯定了人类本身所具有的独特价值和地位，还明确了解决自然矛盾的唯一出路在于建立科学合理的生态环保制度。新时代人与自然生命共同体理念是中国式现代化语境下环保理念的重要驱动之一，不仅在制度规范层面有所体现，在司法实务层面也有大量的示范。例如，《中华人民共和国刑法修正案（八）》将重大环境污染事故罪修改为污染环境罪，明确了以严重污染环境作为入罪标准，而非此前要求的造成财产重大损失或者人身伤亡标准。这不仅更进一步地保护了生态环境，降低了污染环境犯罪的门槛，体现了国家重视环境领域犯罪的治理，也更加明确地表明立法观念有所转变，即环境犯罪考量因素不再是单纯看是否造成人类利

---

① 《习近平关于全面深化改革若干重大问题的决定的说明》，https://www.gov.cn/ldhd/2013-11/15/content_2528186.htm，2013 年 11 月 15 日。

② 引自 2017 年 10 月 28 日《人民日报》第 1 版的文章：《决胜全面建成小康社会 夺取新时代中国特色社会主义伟大胜利》。

益的损失，而是要充分考虑环境本身的损失，严重侵害环境利益而暂未造成人类利益损失的行为也应当受到法律追责，体现了立法不再局限于绝对的人类利益保护指向。

因此，现代立法层面的制度规范以及司法层面的案件审理都应摒弃纯粹的人类中心思想，严防割裂的、片面的和与人完全无涉的纯粹环境法益观点，以习近平生态文明思想为价值驱动，制定并实施符合自然规律的法律制度，做到生态环保领域的绿色立法、生态环保类案件的智能司法。

2）生态环保环境权利本位思想理念

从环境权利的语义出发，公民理所当然是环境法上的权利主体。但根据当前环境法学者所研究的环境权利清单或"环境权谱系"，环境权利主体有国家、法人、公民三种。国家环境权，是一种委托代管权，国家以宪法为依据，对全体公民的环境权益进行保障。国家与公民在环境领域以宪法为联结纽带从而产生的次生权力，能够更好地对整个国家的环境加以管理和保护，并且它的表现形式不只是权力，还存在着相应的职责，诸如环境的管理、处理、监督、保护、改善等职责。当将环境权作为一种国家公权看待时，一般限定在国家相关部门对生态环境保护的预警、组织、处理等职权行使范围内。此时所言的环境权的权利主体是国家而非公民，但公民可以与国家同时成为生态环境的所有权主体。环境权本质上是指在特定的环境条件下，特定主体对其特有生存环境所享有的一种权利。对于环境权的"享有"而言，从一般语义出发，生态环境资源的"享有"主要表现为对自然环境的居住和环境资源的利用，这两种表现不能够直接体现在国家这一主体之上。由于国家与公民（自然人）的本质区别，作为非自然人的国家无法且无须居住于自然环境，也无须利用环境资源，所以，只有在国家作为生态环境保护义务人的情况下，依据国家特有的法律地位，使生态环境保护的权利被赋予一份强制的法律力量，使公民环境权从应然转变为实然，得到确实的保障，只有这样才能够实现公民"享有"环境权。

环境权的实现存在着"公民—国家—公民"逻辑转换路径，考察美国提出的"环境共有"与"公共信托"理论可以发现，每一位公民都具有在"良好适宜的环境"下生存生活的权利，这是一种应当受到法律强制保护的权利。而上述主要是集中在立法层面的实现，是静态的环境权利思想理念。当下也需要动态的环境权利思想理念，即需要在生态环保类案件司法过程中能动地坚持生态环保环境权利本位思想理念，加持数字时代的智能技术，实现生态环保类案件的智慧司法，促进中国式现代化生态环境的绿色发展。

3）生态环保的刑法预防性司法理念

风险社会理念对环境刑法的影响使刑法观念从惩治为主转变为预防为主。传统理论中消极的一般预防是在生态环境损害后果产生后对个案进行刑罚追责从而震慑其他的一般人，是由特殊预防效果连带产生一般预防的过程，生态环境的不可逆性特点使得其常常被诟病；而积极的一般预防则抛弃需要经过特殊预防的路径，直接寻求对社会的一般人产生教育、指引、震慑效果。换言之，积极的一般预防是在向社会的一般人宣示犯罪会遭受负面影响的价值判断从而促使公民对犯罪产生厌恶感，进而培养公民遵守纪律、自觉守法，从而实现预防犯罪。二者的明显区别在于前者是让公民被动守法，而后者是通过培养公民自觉守法意识和强化法律忠诚的方式预防犯罪。当今环境刑法存在的应然与实然意义不仅限于对刑法领域实施的破坏、污染生态环境资源犯罪行为的治理；更多的是对可能危害生态环境利益的行为进行提前预防，避免该类犯罪行为严重、真实地破坏生态环境，造成不可逆的损害，影响人类的生存环境。因此，在风险社会中，环境刑法采用积极的一般预防方式更能够有针对性地预防频发的环境犯罪。

2. 生态环保类案件司法的法理基础

法理是在法律研究语义下探求一个领域的底层根基，同时也涵盖了哲学理论问题，概言之，法理基础是法律的根本问题。而生态环保类案件的司法领域也是如此。对于"司法"或"审理"，当前的目光更多地集中在实然层面，但应然层面的研究其实更能补充其体系上的缺憾，对于生态环保类案件的能动司法不应仅仅局限于实证研究、技术运用等层面，厘清其法理基础才是对生态环保类案件审理的超体系思辨。因此，本章着重从哲学根据、法益保护、应然需要三个方向对生态环保类案件司法的法理基础进行探讨。

1）生态环保类案件审理的哲学根据

A. 人与自然共命运的生态哲学观

人与自然共命运的生态哲学观相较于人类中心主义生态观等其他哲学观点有其值得被关注的优势。其一，全面、系统地看待生态环保问题。生态环境系统并非一个独立的个体，其由环环相扣、紧密相连的各个生态要素相互联结，形成了生物生存发展的物质基础。当生态系统中的任何一个生态要素遭受损害时都会"蝴蝶效应"式地影响到整个生态系统的循环，而生态系统的完美循环也必须依靠各个生态要素的互相配合。换言之，只有全面、系统地看待生态环保问题，才能够使人类更好地依存生态系统，更有效地开发、利用各种生态系统的资源和要素，实现生态环境的再生产。其二，辩证地看待人与自然之间的关系。人类虽然被称作自然界的主体，但仍归属于大自然，并不高于自然。在人类的发展过程中，可以利用主观能动性和创造性来利用自然、改造自然、发展自然，但不能肆意破坏自然，只有在尊重自然界客观规律的基础之上，才能创造出自然界的物质产品和精神产品。其三，准确把握生态环境与人类幸福指数之间的关系。党的二十大报告指出，我国社会主要矛盾是人民日益增长的美好生活需要和不平衡不充分的发展之间的矛盾①。为此，发展不能只关注简单的温饱问题，而是要对生态环境有更高层次的需求，发展经济社会与保护生态环境并重，进而提高人类的幸福生活指数。

B. 两山论

针对生态环境和发展生产力之间的关系，要坚决贯彻二者齐头并进、相辅相成的观念，既要保持生产力的高度发展，又同时加强生态环境的绿色保护，二者需要两手都要抓，两手都要硬。一般来说，关于"两山论"主要有以下三层解释的含义：第一层含义是"既要绿水青山，又要金山银山"。党的二十大报告指出，中国式现代化是人与自然和谐共生的现代化①。中国人民对于美好生活的向往包含多个方面，其中一个重要方面就是对于美好环境的向往。在考虑生态环境和经济发展之间的关系的时候，我们一定要明确二者之间的矛盾是可以协调的，并且两者是相辅相成的，因此，一定要注重绿水青山和金山银山之间的动态平衡，实现二者的协调发展。第二层含义在于"宁要绿水青山，不要金山银山"。这充分体现了生态文明在我国整个全面社会发展过程中的重要性。环境保护比经济发展更为重要、更为突出。当二者出现矛盾、必须进行取舍的时候，就要从长远利益、全面利益、长足发展等视角予以考虑，宁可放缓经济发展的速度，也不应当以牺牲生态环境为代价。第三层含义在于"绿水青山就是金山银山"。这也是"两山论"最为基础和本质的内容。保护生态环境和实现经济发展二者并不是分离的，在一定条件下进行生态环境保护，也是为经济发展做准备。应当关注的是，二者虽然在一定条件下可以转化，但在此过程中一定要注意把握时机、把握程度，注意量和质的变化。

2）生态环保类案件的法益保护

生态环保类犯罪规定在《中华人民共和国刑法》分则的第六章第六节，而我国目前环境刑法与环境法的主要衔接点为自然资源保护和环境污染事件，体现出了环境刑法的行政从属性。行政从属性是指环境犯罪行为的定罪需要以行政违法为前提，在《中华人民共和国刑法》中多表现为空白罪状。生态环保领域的重要性日益凸显，污染、破坏生态环境的规模、程度和性质远超以往，传统的人类社会的价值理念、行为方式正在消解重构。对此，生态环保类案件的审理也必须作出及时回应。

以刑事法律为例，纵观环境犯罪中生态伦理观的演化，其经历了一个由人类利益向人类与生态共同利益的转变过程。具体而言，涵盖了人本主义观、生态本位观、人类中心主义回归观、生态的人类中心观等观念的有序变迁。最终演化成

---

① 引自 2022 年 10 月 26 日《人民日报》第 1 版的文章：《高举中国特色社会主义伟大旗帜 为全面建设社会主义现代化国家而团结奋斗》。

的生态的人类中心观重新审视了人类同生态环境之间的关系，寻求两者之间的平衡点，这也进一步影响了环境刑法的理念。环境刑法认为，刑法保护环境不是为了保护环境本身，而是为了保护人类，生态环境的保护与人类的生存息息相关，而生态法益也必须是环境刑法在以人为中心的范围内所保护的法益。最终，对法益的要求要落到法律的实施上，也就是对生态环保类案件的审理也要贯彻生态的人类中心观念，以动态的司法面向维护静态的立法面向，更好地保护人类赖以生存的生态环境及自然资源。

3）生态文明之环境正义的应然需要

传统的"环境正义"理论虽然有了一定的发展，但其仍然是在资本主义的语境下，为了维护资本主义利益及维系资本再生产而存在、发展的。例如，"自然权利论"强调所有的生物体、生命都是平等的，将道德关怀扩展至人类之外的各种生态元素，如动物、山川、河流、植物等。单纯地依靠这种方式优化生态环保观念和解决生态环境危机，而不从制度、生产方式和分配方式上进行变革，最终着眼于资产阶级自身利益而非整体社会的福祉，终究不过是资本主义中产阶级的一厢情愿。在这样的视角下，只有部分优势群体得到了关注，而一些特殊的、普通的群体生存问题被无情地忽视了，由此带来了激化阶级之间的矛盾的结果。

"环境正义"理论旨在促使各种自然资源在不同的地区和不同的人群之间进行合理分配、使用，面对各种不公平、不公正现象，使生态治理和生态文明建设落到实处。对于"生态环境治理究竟是谁的责任"的问题，在全球视野的理论高度下，资本主义国家和社会主义国家一直对此争论不休。然而，针对这一问题，习近平总书记提出："建设生态文明关乎人类未来。国际社会应该携手同行，共谋全球生态文明建设之路。"①生态环境治理不是某一个主体的责任，而是全球主体都应当承担的义务。无论是地域之差还是国籍之别，我们都共同生活在一个大自然生态系统中，所以应当放弃推卸责任的想法，树立起"人类命运共同体"的思想。人类赖以生存的生态环境资源是有限度的，如果对生态环保问题松懈，不仅会使得有限的资源急剧减少，还会进一步产生新的生态环境恶化问题，这不仅是对当代人类生存环境的不负责，也是对子孙后代的不负责。

3.1.2 生态环保类案件法律特征及审理要素分析

社会的高速发展与经济的粗放式增长导致各种破坏生态和污染环境现象频发。生态环境资源的利用主体众多、目的各异、权益复杂，使得生态环境资源的

---

① 习近平：《携手构建合作共赢新伙伴，同心打造人类命运共同体》，载于《十八大以来重要文献选编》（中），中央文献出版社 2016 年版，第 697-698 页。

利用行为所涉及的法律关系错综复杂。一个生态环保类案件的发生，不仅涉及民事、行政和刑事诉讼，在诉讼主体、受案机关、诉讼管辖等方面异常复杂，还面临各部门法之间的诉讼衔接以及证据运用等难题。同时伴随着理论层面的关注、环保意识的觉醒以及法律监管力度的不断增强，大量的生态环保类案件涌入司法领域，给法院带来了极大的审理压力，造成司法资源紧缺。生态环保司法是生态环保法律保护的最后一道防线，其现行实际效果并不理想，传统的审判机制与机能难以应对高度专业的生态环保审判的现实需要。由此，亟须针对生态环保类案件的法律特征与审理要素进行深入研究，以提升生态环保的司法效果。

1. 生态环保类案件的法律特征

生态环保类案件的一审案件数量呈上升趋势，反映出社会各界对生态环境、自然资源破坏、损毁行为的容忍度发生了重大转变，各级环保部门以及公安机关打击生态环保领域的违法犯罪行为的力度空前加大。但生态环保类案件本身的特点导致其一审息诉率低于其他类型的案件，其实质是审理质量不高的外在表现。提高生态环保类案件的审理质量须从生态环保类案件的法律特征着手，基于大数据分析以及实际调研，本书认为生态环保类案件除具备诉讼案件的一般共性特征，还存在如下法律特征。

1）形式特征

（1）案件分布集中。①地域分布集中，生态环保类案件虽然会在经济较落后的地区发生，但是更多发生在经济发达的地区，之所以出现这样的地域性差异，一方面与各地经济总量、企业数量、产业类型不同有密切关系，另一方面与不同地区在侦查、办理涉及生态环保类案件的精细程度和司法资源有较大的关系。②行业分布集中，主要涉及化工、石油、电镀行业，这些行业为了减少运营成本而对污染物不加处理或稍加处理后排放到大气、土壤、水体中。③行为手段集中，多为异地倾倒，就地掩埋或暗管排放等。

（2）案件行为主体集中。①行为主体以男性为主，根据大数据的案件类型化分析，在民事环境公益诉讼、行政环境公益诉讼和刑事生态环境类犯罪（如污染环境罪、非法捕捞罪、非法采矿罪）中，案件行为主体为男性的比例远高于女性，这是因为破坏生态环境、攫取自然资源的行为多跟体力相关，男性更易于实施前述行为。②刑事犯罪中，单位犯罪数量较低。一些案件中，单位的主要负责人直接组织或者指使他人实施环境污染、破坏生态的犯罪活动，明显属于单位犯罪行为，应追究单位的刑事责任，但仅就直接实施行为的个人追究了刑事责任，致使单位逃脱刑事处罚。

（3）涉案主体的不确定性。①生态环保类案件的致害主体不确定，与传统案件不同，生态环保类案件的主体往往难以确定，有时单一的污染、破坏行为并不构成生态环境侵权或犯罪，而是由众多污染、破坏行为的共同作用才最终导致案件结果。在不能确定致害主体时，只能将一定范围内可能施加过污染、破坏行为的多个"嫌疑人"确定为共同致害主体，表现出致害主体的多元参与性。②受害人不确定。生态环境的污染、破坏作为一种典型的社会性公害，其时空延展性常常使广域范围内不特定的多数人成为可能的受害者，尤其是在生态环境污染、破坏并未使任何具体个人人身、财产权益受到损害，但造成公共生态环境资源破坏的情况下，生态环保类案件的受害人不仅为当代人，甚至还可能是后代人。

（4）损害后果的难弥补性。生态环保类案件的司法保护往往是在生态环境污染、破坏的危害结果发生之后进行的，而不是在生态环境遭受污染、破坏之前，这是由司法的救济性特点所决定的。生态环境资源一旦遭到破坏，其损害很难通过司法救济及时弥补，既不能像普通民事侵权那样通过人身、财产损害赔偿进行填平，也不能像自然人刑事犯罪那样通过恶害报应进行处罚，而是需要通过漫长的修复性行为来弥补生态环保类案件的损害后果。

2）实质特征

（1）精准的科学技术性。生态环保类案件的科学技术性特征决定了此类案件的司法人员必须具备一定的生态环境科学技术知识，在对此类案件进行司法裁决时往往需要严格按照国家的技术性规范，如国家环境质量标准、国家污染物排放标准、环境监测方法标准、环境标准样品标准和环境基础标准等所确立的科学技术指标，因为这与确定生态环境是否已被污染破坏、利用行为是否合法、涉案证据是否合法息息相关，这也是此类案件依赖于鉴定意见型证据的实质原因。

（2）广泛的社会性和公益性。生态环保类案件量大、面广、所涉人数众多、利益冲突广泛且尖锐，导致其具有非常强的社会性。生态环境作为全人类共同的生存条件，并不能为某一个个人或者某一个国家私有化或独占，具有明显的公益性。生态环境的保护有利于促进社会公共利益和保障基本人权，符合整个社会和全人类的共同愿望和要求。广泛的公众参与到对生态环境的共享共管、共享共建之中，是全体社会成员的共同责任，也是生态环保类案件社会性的体现。

（3）案件的复杂多样性。①诱因的复杂多样性，生态环保类案件中，不管是环境资源纠纷还是环境资源犯罪的发生原因，都具有多层次、多方面的复杂因素。其原因行为既有当事人的违法行为，也有当事人的合法行为；既有重大环境污染事故行为，也有一般污染事故行为；既有排污者行为，也有第三人或者受害者自身过错行为；既有故意或过失的行为，也有无过错责任以及不可抗力事件。总之，生态环保类案件可发生在任何生态环境法律关系主体间，法律关系主体行为方式的多样性决定了引起生态环保类案件原因行为的复杂多样性。②内容的复杂多样性，生态环保类案件的内容既涉及环境污染的责任承担、损害赔偿问题，又包括自然资源权属的确认以及不当开发利用所导致的损害赔偿、补偿问题，既有提出停止侵害、排除妨碍、消除危险、恢复原状等权利要求，又有要求对具体行政行为的合法性进行司法审查的，还有要求环境保护行政机关履行法定职责的。

（4）处理的艰难性。①生态环境问题因果关系的证明艰难，涉及医学、生物学等高科技知识的综合运用，且经常超越现有科技知识的极限，使得人们在此类案件的认定以及责任的承担方面无法作出准确的判断。②生态环保类案件的证据收集、举证艰难，生态环境问题的成因复杂、形成期长，而确认生态环境损害发生原因及其发展过程是一项很困难的工作，往往涉及自然科学的多个领域，对专门的生态环境科学技术知识和生态环境法律政策知识要求很高。③生态环保类案件的处理过程中，会涉及大量环境监测数据的调取、认定及环境标准的甄别等技术工作，需要专业技术人员的参与，相关领域专家的意见对生态环保类案件的解决也会产生较大的影响，这加大了处理的难度。④现有的生态环保立法关于纠纷解决方式的法律规定有局限，偏重纠纷的诉讼解决方式、非诉讼纠纷解决机制在立法方面及其运作方式上都很不完善，并且立法规定的几种解决纠纷的方式之间相互冲突、难以协调，无法自我发展为一个有机体系等，都使得其化解纠纷的能力捉襟见肘。⑤法律职业者的知识有限性，生态环保类案件一般具有专业化强、影响面广、取证困难、类型新颖、决策风险大等特点，因此环境案件的审理对审案法官、涉讼律师的综合素质要求很高。

2. 生态环保类案件的审理要素

根据生态环保类案件的自身特点，立足现状，针对影响生态环保司法的各项因素，必须形成专业化的审判有机体，其由司法理念、审判标准、审判人员、审判机构、审判方式等要素构成。

1）司法理念

生态环境保护领域应当特别强调生态理性，在生态理性的支配之下，对环境司法的功能进行重新定位，形成专业化的司法理念。①生态环境恢复司法理念。当前的生态环境司法相对忽视对环境的修复，以生态环境民事案件为例，大多数案件都能够确认污染、破坏生态环境的行为，但判决结果以惩罚性赔偿或补偿为主，涉及环境修复的仅占少数。而生态环保类案件的审判要体现对生态环境专业性的司法保护，在保障当事人权利的同时，也关注恢复生态环境。②有效预防司法理念。生态环境一旦被破坏，修复将是个漫长的过程，最理想的状态是有效预防环境污染、破坏。通过司法裁判督促行为主体履行预防环境损害的法定义务、引导公众参与环境保护也是预防性司法的工作目标。③公益优先司法理念。原告提起环境侵权诉讼，关注的主要是自身权利，对生态环境保护的关注程度并不高，而环保行政机关的部门利益、执法人员的个体利益与环境公益之间有可能会产生冲突。在生态环保类案件的审判过程中，法院应承担起环境公共利益维护者的责任，始终关注生态环境的保护。

2）审判标准

传统的民事、刑事和行政审判的审判标准难以适应强化生态环境司法保护的现实需要，必须根据此类案件的特点，形成专业化的审判标准。①以有效遏制生态环境犯罪行为为目标确定生态环境刑事案件审判标准。其核心在于充分认识与生态环境保护相关的犯罪行为的社会危害性以及从严惩处的必要性。对于破坏生态、污染环境的犯罪行为，不仅要考虑其所造成的物质损失，还要充分考虑修复生态环境所耗费的人力、物力。只有全面考虑行为所造成的复合性社会危害，才能恰当地定罪量刑，才能充分发挥惩戒功能。②以充分保障生态环境权益恢复生态环境功能为目标，确定环境民事案件审判标准。其核心在于通过科学的证明制度来合理分配诉讼风险。从证明的便利程度看，在现代科技水平下，企事业单位完全有能力证明自己没有污染环境，比较而言，公众证明企事业单位污染了环境则要困难得多。关于损害的认定问题，鉴于生态环境损害具有潜在性、滞后性和长期性，对损害的认定应当适度放宽，损害的范围不仅包括现有的损害，还包括可预期的损害，不仅包括经济损失，还包括环境的损失和精神的损失。③以有效监督履行环境监管职责为目标，合理确定行政案件的审判标准。其核心在于对被诉行政行为进行实质性审查。仅仅审查执法程序而不涉及实体标准，这样的司法审查对环境司法保护没有任何意义。司法不能"自律"到对放弃监管的现象坐视不理。生态环境行政审判必须创造条件进行深度审查，必须能够督促环境保护行政机关从源头上遏制污染。

3）审判人员

专业化的审判要求法官必须具备较高的专业素养和较强的司法能力，要求法官必须了解环境科学的基础知识，掌握环境法专门知识，并具备衡量个体利益与环境公共利益的能力，以及协调经济发展与环境保护之间关系的能力。在审理生态环保类案件过程中，能够充分领悟环境司法的价值追求，透彻理解环境法律的相关制度，正确运用证明规则和法律适用规则，使环境司法能够真正维护环境权利和保障生态环境。

4）审判机构

①专业化的审判机构有助于保障法院依法独立地审理生态环保类案件。生态环保类案件的审判存在许多案外因素，专业化审判能够在机构设置上为法院依法独立地受理、审理环境案件提供保障。②专业化的审判机构有助于形成生态环境司法保护的合力。单个生态环保类案件往往包含民事、行政、刑事中的两类或两类以上的法律关系。此类案件的利益冲突的多元性、诉讼关系的复合性决定了必须建立符合其特点的审判组织及其运行机制。专业化的审判机构，将有助于法院内部立案、民事、刑事、行政、执行等部门协调配合，为司法提供良好的机制保

障。③专业化的审判机构有助于生态环境法律保护体系有效运转。环保行政执法机关、公安机关、检察机关和人民法院都承担着环境保护的职能，但这些职能部门之间缺乏有效的联动互动机制，明显影响了生态环境司法保护的实际效果。如生态环境刑事案件的形成，需要环保行政机关、公安机关和检察机关的协调配合，这三个环节中的任意一个环节出现障碍，法院就见不到案件。专业化的审判机构能够有效促进生态环境法律保护各个职能部门的协调配合，使生态环境法律保护的各个环节都能充分发挥作用。

5）审判方式

①生态环保类案件的审判方式要符合审判的基本规律。生态环保类案件审理的一个突出特点是存在很多技术判断问题。对这些技术问题，法官往往没有能力作出恰当判断。从事此类案件审判的法官应当具备一定的环境科学素养，但环境科学是一门高度专业且涉及门类众多的自然科学，要求法官具备高度专业的环境科学知识是现实的。现有的审判模式难以解决环境案件审理过程中的技术判断问题，因此有必要创新审判方式，使其更为科学、合理。②生态环保类案件的审判方式要有助于公众参与环境保护。专业化并非一味精英化，公众的关注和推动是生态环境保护的动力源泉。从世界各国生态环境资源保护的实践看，公众参与具有补充政府环境执法的重要作用。生态环保类案件的专业化审判，要创造条件让公众能够有效参与环境法律保护。公众的积极参与、公众的认可是环境保护案件专业化审判成功的一个重要标志。

3.1.3 生态环保类案件审理难点分析

党的十八大以来，党中央将生态文明建设纳入"五位一体"总体布局，近十年来，我国生态文明建设取得了重大历史性成就。在司法层面，各地积极设立专门的环境司法机构，推进生态环保类案件"三合一"审理，推动生态环保类案件跨行政区划集中管辖、一体保护新模式建设。中国特色的生态环保类案件专门化审判体系基本建成，但鉴于环境损害的多样性和复杂性，实践审理过程中对于证明损害事实的发生、具体量化环境损害以及确定修复方案等工作仍存在众多障碍。我们应详细梳理生态环保类案件的审理难点，运用大数据、人工智能等技术手段为推进生态环保类案件的类案同判和人机协同提供赋能支持。

1. 生态环保类案件案由归类难

生态环保类刑事案件可定位至刑法分则具体法条进行定罪量刑，其归类较为明晰，可大致分为以下三类：破坏环境资源犯罪；涉生态环境保护的贪污贿赂、渎职犯罪；涉生态环境保护的走私类犯罪。2020 年修正的《民事案件案由规定》亦在侵权责任纠纷下设置了环境污染责任纠纷、生态破坏责任纠纷作为三级案由，并在环境污染责任纠纷之下详细设置了大气污染责任纠纷、水污染责任纠纷、土壤污染责任纠纷等八项四级案由。

然而,实务中大量生态环保类案件仍存在案由归类模糊的现象,尤其集中于生态环保类公益诉讼案件。以裁判文书网发布的生态环保类公益诉讼判决书为统计对象,案件类别上选择民事案件,同时以"公益诉讼"和"环境"作为关键词,我们可以发现:有的案件称"侵权责任纠纷";有的案件称"恢复原状纠纷";有的案件称"环境污染责任纠纷";有的案件则区分详细的环境要素,称之为"水污染责任纠纷""大气污染责任纠纷";有的直接使用"环境民事公益诉讼纠纷"的表述。

生态环保类案件案由归类困难给当事人提起诉讼带来了一系列难题。其一,立案受理难。尽管最高人民法院要求不得以当事人的诉请没有相应案由可以适用为由,裁定不予受理或者驳回起诉,但现实中一直存在把案由当作受案范围的现象,部分法院在受理新类型的环境公益诉讼中仍然设置各种门槛将可能"判不出去"的案件拒之门外。其二,当事人难以提出准确、全面的诉讼请求。例如,在一起公益诉讼案件中原告请求"对受其采矿影响的居民实施搬迁进行异地安置,以消除对当地居民和可能居住其中其他人的生命财产安全威胁",这一诉讼请求由受到实际影响的居民提起私益诉讼比没有利害关系的社会组织提起公益诉讼更为合适。此外,在检察公益诉讼中,也时常出现诉讼请求不全面的情况,例如在安徽的一起案件中,行为人非法占用林地,造成林地的原有植被严重毁坏、生态功能退化,但检察机关并未就森林修复期间的生态服务功能损失主张权利,诉讼请求不足以保护社会公共利益。

生态环保类案件案由归类困难还会影响司法的公正与效率。比如实务中,有的法院将公益诉讼与私益诉讼合并审理,造成事实认定和案件处理的难题。某法院认为在公益诉讼和私益诉讼交叉的情况下可以以公益诉讼的方式一并处理私益的保护,结果被上级法院发回重审。在生态环保类案件的审理过程中,应避免公益与私益交织,使审判效率低下。

2. 环境损害认定的标准不统一

实践中损害环境的情形多种多样,而其赔偿范围并非将所有环境损害行为均归入其中。究竟何种环境影响能够纳入环境损害的范畴并予以修复或者启动赔偿程序,需要先明确环境损害的认定标准。

目前,我国在环境损害的认定标准上并未作出统一规定。一方面,从损害金额来看,污染类案件在评估费、咨询费、赔偿费以及律师费方面产生的费用非常高,一般数十万元到数百万元不等,加上案件受理费、执行费则会更高。由于损害的金额无法衡量各种损害行为对环境或人体健康造成的具体影响,故其只能作为损害认定标准的考量因素而不能直接作为认定标准。另一方面，环境污染造成的环境损害有多大才会被认定为环境损害也未明确，比如有害物质的超标程度以及污染的持续时间、环境损害的影响程度等。此种状况，极大制约了我国生态环境保护事业的发展。

司法实践中，主要通过环境介质以及其他相关要素的生化反应的特征变化来对生态环境损害进行认定，即通过行为发生后与原始状态下的环境状况做比较来对环境损害进行认定，但当前我国环境基线水平的数据存在较大缺口，这种比较缺乏参照规范，导致损害认定的标准难以统一。

3. 环境损害的额度不易量化

科技的快速发展与人们对环境利用的不加节制，导致了环境损害的多样化，同时传统评估手段的缺乏使得损害量化在司法实践中存在较大困难，目前主流做法就是以违法行为的发生为依据倒推损害事实，再借助虚拟治理成本法对损害程度进行衡量。由于欠缺统一标准，出现了司法实践的不一致与量化过程的非精细化发展。

立法取向上，我国主要借鉴欧盟《关于预防和补救环境损害的环境责任指令》与美国的《石油污染法》以及美国国家海洋和大气管理局（National Oceanic and Atmospheric Administration，NOAA）的损害评价体系的经验做法，制定了《环境损害鉴定评估推荐方法》作为实践指引，将可赔偿的修复性措施分为基本修复、赔偿性修复、补充性修复措施。在对基本修复与赔偿性修复措施的成本进行评估时，直接计算所采用措施的支出费用即可计算基本修复的成本。而计算补充性修复措施的成本，需要根据等值分析法或其他替代性措施才能计算其修复费用。因此，在对环境损害的额度进行量化之前，要根据不同的损害类型选择相应的修复措施。

司法实践中，我国环境损害的具体量化还存在较多障碍。受损的生态环境既包含环境本身的使用价值，还存在非使用价值，仅仅依靠市场价值无法进行准确衡量。尽管现有法律文件对损害的量化作出了基础性的规定，但在面对规范性文件之间的争议协调与衔接以及环境损害的量化困境时，法官依然难以定夺。通过对环境损害裁判文书的分析，在环境损害的实际量化过程中，司法人员过度依赖虚拟治理成本法，甚至在某些情形下未对其他评估方法进行谨慎考量便直接选择虚拟治理成本法作为量化途径。此外，根据虚拟治理成本法进行损害量化时，其量化的对象究竟是修复成本、过渡期损失还是整体损害，也未形成统一做法。因此，量化方式的选择与损害的计算方式仍面临困境。

4. 环境损害赔偿的范围不明确

环境损害赔偿的范围包含修复成本、替代性修复成本、鉴定费、评估费以及环境受损至恢复阶段的服务功能损失或称作过渡期损失。在《生态环境损害赔偿制度改革方案》中，生态环境损害赔偿范围包括清除污染费用、生态环境修复费用、生态环境修复期间服务功能的损失、生态环境功能永久性损害造成的损失以及生态环境损害赔偿调查、鉴定评估等合理费用。《环境损害鉴定评估推荐方法》明确了具体的损害评估方法，分别是替代等值分析方法与环境价值评估方法。替代等值分析方法是通过修复措施将生态系统的服务功能恢复至同一水平或者将自然资源修复至基线水平。而环境价值评估方法不需要采取修复措施，而是以货币对其损害的价值予以评估。然而这些文件均未对各项费用的具体内容进行界定，也未对各项费用之间是叠加关系还是替代关系作出解释。

此外，环境损害赔偿范围的确定还应关注"二次污染"问题。由于环境污染很多时候具有隐藏性的特点，前期这些污染造成的损害不一定能全部显现出来，也不一定会影响生态系统的平衡，随着时间的推移，这些破坏就开始显露出来，但是，目前绝大多数生态环保类案件对于赔偿范围仅限于眼前可呈现、可评估的损失，以及可以恢复的修复费用等，忽略了二次污染、慢性污染的情形。环境的破坏会造成不利的环境影响，有时甚至会造成永久性伤害，倘若二次伤害不赔偿，加害者会不会变本加厉？因此，我国目前对于生态环保类案件损害赔偿范围的规定还有待进一步完善。

5. 环境损害侵权因果关系认定困难

环境侵权因果关系，是指判断某环境污染或破坏行为与某损害结果之间是否存在因果关系，此种因果关系的确立是环境侵权责任的构成要件之一。与传统民事侵权中的因果关系相比，环境侵权的因果关系呈现出以下特点。

一是环境损害发生原因的复杂性。环境侵权可能是一因一果或一因多果型因果联系，也有可能是复杂的多因一果或多因多果型因果联系，还可能是这几种因果联系的混合，尤其是在补充因果关系、累积因果关系和替代因果关系中往往难以界定。此外，污染物进入环境发生如毒理与病理转化、扩散、吸收等物理、化学或生物反应的过程相当复杂，现有科技水平可能难以对有害物质的影响方式和危害性作出全面判断。

二是损害结果发生的长期性和反复性。环境侵权行为导致的损害结果，往往需要通过广泛的空间和长时间的积累，甚至受到多种因素的综合影响，才会变得明显，受害人常在不知不觉中遭受侵害，犹如慢性中毒。侵权行为的实施与损害结果的发生往往在时间上间隔较长，使因果关系表现得十分隐蔽和不紧密。

三是环境损害查证的艰巨性。由于环境损害的潜伏期较长，一旦发生损害，往往因历时久远、证据灭失而导致因果关系的证明变得相当困难，这需要借助相关的科技知识和仪器设备。当事人地位的不对称性也会加剧环境损害查证的困难，在环境侵权中，加害人一般为具有一定经济、科技和信息实力的企业，而受害人则多为欠缺规避和抵抗能力的普通民众，污染企业通常以企业秘密为借口拒绝向外界提供与污染和破坏有关的资料，因此要严密、科学地证明环境侵权因果关系十分困难。

6. 环境损害修复审判决策难

环境损害赔偿执行和监管面临的现实困境导致实务中法官较难敲定生态修复方案并作出审判决策。

首先，环境损害赔偿执行难。"执行难"在环境损害公益诉讼案件中较为突出，目前涉及环境损害赔偿的民事公益诉讼案件判决执行到位率较低。其原因主要有两个方面，一是执行不能，二是执行不力。执行不能，一方面是由于环境类公益诉讼案件往往标的较大，动辄数百万元甚至数千万元的赔偿金，很多违法行为人缺乏履行能力；另一方面，违法行为人在承担环境损害民事赔偿责任的同时，往往面临有期徒刑等刑事责任，违法行为人一旦被追究刑事责任，承担民事责任的能力更加受限。执行不力，主要是由于环境公益诉讼案件由法院自行移送执行，缺乏申请人的持续监督，法院容易出现执行措施、执行力度不到位的情况，影响环境公益诉讼案件的执行到位率。

其次，环境损害赔偿监管难。由于缺乏统一规范，检察机关、法院、生态环境、财政等部门对资金的使用管理存在不同认识，影响了损害赔偿资金的使用效率。一是申请难。国家机关的财政资金管理有严格的程序，需要列入财政预算后才能拨付使用。由于环境损害赔偿金由具体的个案赔偿而来，缴纳后往往无法列入当年的财政预算，很难从国库资金中及时拨付用于环境损害修复，导致资金出现宽进严出、趴在账上"睡觉"的尴尬局面。二是使用难。资金使用往往较为敏感，无论是司法机关还是行政机关都非常慎重。目前，虽然"专款专用"是普遍共识，但是否使用、何时使用该资金尚无硬性规定，而如何使用该资金又缺乏可操作的流程指引。在此情况下，出于资金使用效果、滋生腐败问题等方面的风险考量，相关部门对环境损害赔偿资金的使用存在畏难心理，出现"该用又不敢用""能用又不愿用"的窘境。三是监督难。一方面，目前的生态环境公益诉讼损害赔偿金分散于检察机关、法院、行政主管部门及财政部门的相关账户中，各部门都无法实时掌握损害赔偿金的具体数额情况，存在较大的监督真空地带。另一方面，《生态环境损害赔偿资金管理办法（试行）》虽然规定了对生态环境损害赔偿资金使用情况实施定期绩效评价，但具体到个案当中，生态环境修复涉及较为专业的领域，而且像污染土壤修复、黑臭水体治理等通常需要漫长的过程，赔偿资金使用效果难以科学有效评估。

3.2　生态环保类案件要素提取技术

3.2.1　生态环保类案件关键案情要素抽取算法

1. 技术背景

近年来，随着法治社会的不断发展和国家司法改革的推进，司法领域的数据增长和人工智能技术的应用受到了广泛关注。特别是，随着中国裁判文书网的建立和裁判文书数据的公开，司法文本数据的规模已变得相当庞大。截至 2023 年 2 月 18 日，裁判文书网发布的裁判文书已累计近 1.4 亿篇，当天就新增 2.5 万余篇。这些文本记录了各级法院的审理过程和结果，成为司法工作的重要资源。一方面，这些文书信息可以为法院审理案件作出判决提供参照；另一方面，这些文书可以为当前案例提供司法要素的参照，法院可以依据已有案例以在当前案例中寻找对应的要素。

这些海量的司法文本数据的有效利用成了司法人工智能的一个关键性问题。命名实体识别在这一背景下成了司法人工智能领域的一个基础且关键性的工作。它不仅有助于简化司法工作者查阅文书资料的过程，提供直观的结构化信息，也能帮助非司法工作者快速理解案件的关键信息，从而辅助他们更好地理解司法要素。此外，命名实体识别的结果也是构建司法知识图谱、支持法律问答、预判刑期等司法任务的基础，并直接影响下游任务的表现。

2. 文书的要素特点

司法方面，案情的要素主要指文书中所涉及的、具有司法领域特色且与案情密切相关的名词或短语，如犯罪嫌疑人姓名、作案时间、涉案金额等。相对于传统命名实体识别方法所要提取的实体，司法案情要素识别更加关注与案情相关的命名实体。例如，在司法领域，对于与人名相关的实体可以分为嫌疑人、受害人、证人、辩护人、相关人等，这些类型的定义带有司法领域性质。此外，法律文书的实体之间的相关性很强，如案件参与者之间的关系、事件的因果关系等，增加了识别的难度。同时，法律文书的多样性和不断变化的法律条文和案例使得相关实体与术语也在不断演变。这些因素共同导致了在语境理解、高度细化的分类需求、实体边界的模糊性以及处理敏感信息时的数据隐私和安全性问题方面面临的挑战。因此，司法领域的命名实体识别不仅要求高精度和效率，还需要对法律语言有深入的理解和敏感度，同时保证数据的安全和隐私。这些特点和挑战共同构成了司法领域命名实体识别的复杂性。

生态环保类案件作为法律文书中更加特别的一种，也具有一些与一般法律文书所不同的特有要素。一般文书中，都会包含侵权事实、诉争焦点、裁判要旨等要素。但在生态环保类案件中，侵权事实更加偏向于对生态环境的破坏等，还包含对生态的修复方式、对生态破坏的鉴定等要素，这些要素是生态环保中特别出现的要素。此外，这些要素与基本的受害人、辩护人等实体相比，往往使用较长的文本进行具体描述，特别是在一些复杂案件中更是占据极大的篇幅，更给要素抽取带来了难度。

针对生态环保类文书中存在的这些要素，一般的命名实体识别在使用中会存在一些问题。比如非常经典的 BERT+BiLSTM+CRF 模型，在很多领域的命名实体识别方面都能取得非常好的效果。但是在生态环保类的文书中，所要抽取的要素实体会比较长，使得 LSTM 在长距离传输过后会失去一些信息，让 CRF 难以准确找到实体边界。为此，本章采用 BERT+BiLSTM+Biaffine 的生态环保类案件要素抽取方法。在该方法中，首先使用预训练语言模型 BERT 对输入的裁判文书文本进行编码，生成语义向量，作为后续模块的输入。其次，采用 BiLSTM 模型以从双向捕获文本的上下文信息。最后，采用 Biaffine 模型直接找出目标实体的头指针和尾指针，进而直接确定实体的范围，从而确定比较大跨度的实体。

3. 问题分析与说明

生态环保类案件关键案情要素识别任务是司法人工智能中一个兼具重要性和挑战性的工作，给定一个生态环保法律文书数据集 $D = \{(X_i, Y_i) \mid 1 \leqslant i \leqslant N\}$，其中 X_i 为数据集中的一个生态环保法律文书，Y_i 为对应的命名实体标注序列，N 为数据集中包含的生态环保法律裁判文书数量。对于任意一个生态环保法律裁判文书序列 $X_i = \{x_1, x_2, \cdots, x_m\}$，每个 x 都表示一个字，m 为这篇文书的长度。这篇文书的实体类型标注序列为 $Y_i = \{y_1, y_2, \cdots, y_m \mid y_i \in \{B, I, O\}\}$，分别对应文书中每个字的标签。其中，$B$ 表示 begin，是一个实体的开始，I 表示 inner，是一个实体的中间字符，O 表示 other，即不属于本章的目标实体的其他字符。生态环保类案件关键要素识别任务的目标是，学习一个映射函数 $f: X \to Y$，尽可能满足文书标注实体的真实情况，即对于任意一个关键要素 $E_k = \{x_i, \cdots, x_j \mid 0 \leqslant i < j \leqslant m\}$，要使得对应的标注序列 $Y_k = \{y_i, \cdots, y_j \mid 0 \leqslant i < j \leqslant m\}$ 中，$y_i = B$，$y_{i+1}, \cdots, y_j = I$。于是，最后在得到了这个标注序列之后，就能根据对应的标注得出所要抽取的关键要素。

在生态环保类案件中，所要抽取的要素实体类型主要有：犯罪嫌疑人（侵权人）、受害人（被侵权人）、侵权事实、诉争焦点、鉴定事实、修复方式、裁判要旨、法律依据等。其中，侵权事实一般指侵权人作出的对生态环境或他人权益产生损害的行为，是一种具体的客观描述。诉争焦点一般指控辩双方产生的争议问题，文书中一般会在辩护意见中出现这一要素。鉴定事实一般指在侵权产生之后，法院委托第三方机构或者公安机关等对侵权情况进行鉴定的内容。修复方式一般指在侵权行为发生后，侵权人对于生态环境的修复行为内容，或者是法院判决中裁定侵权人在未来要进行的修复行为。裁判要旨一般指法院判决中，法院依据各种事实和审理内容，作出裁定判决的部分。法律依据指的是，法院作出判决所依据的具体法律条文。这些关键要素长短不一，如侵权事实等要素可能长度很长，出现在法律文书靠前的部分，占据大量篇幅，给要素抽取带来了困难。而诸如法律依据等关键要素，一般具有比较明显的特征，在识别中较为容易。

　　为了更清晰地描述关键案情要素识别任务与通用领域命名实体识别之间的区别，本书查阅对比了大量法律裁判文书后，选取了部分实际样本来进一步展开对问题的描述，具体如表 3-1 所示。

表 3-1　法律裁判文书样例

序号	样例
样例 1	2017 年 11 月 28 日 15 时许，被告人郑某某潜入被害人习某某位于灞桥区××区××号的家中，盗窃两部手机（其中一部价值 1100 元）、金戒指价值 1208 元、银项链、现金 6000 元，共计 8308 元
样例 2	由于此路段的路灯需要更换，该公司将所有的路灯灯杆放倒，将灯杆和灯头分离后，摆放在绿化带内待处置
样例 3	在该超市二楼将一袋墨鱼上的防盗扣卸下后，将价值 110 元的干墨鱼夹带回家食用

　　样例 1 为盗窃案文书抽取的描述文本，其中"郑某某"为"犯罪嫌疑人"，"习某某"为"受害人"，"1100 元"和"1208 元"为"物品价值"，"手机""金戒指""银项链""现金 6000 元"为"被盗物品"。可以看出，裁判文书的关键案情要素相比通用领域命名实体描述更为细致复杂，分类难度更大。进一步地，样例 2 中，"路灯灯杆"虽是物品类的实体，但不是目标任务需要的实体，很容易将其识别并提取出来而造成分类错误。样例 3 中，是"干墨鱼夹"还是"干墨鱼"被带走？从上下文看，应是"干墨鱼"被带走，"夹带"是一个动词，而识别算法极有可能将"干墨鱼夹"识别为一个实体，这便是边界错误问题。

　4. 基于案情要素依赖关系理解的要素抽取模型

　　本章采用了 BERT+BiLSTM+Biaffine 的生态环保类案件要素抽取方法，该模型主要包含三个部分，其结构如图 3-1 所示。在 BERT 模型部分，采用经过大量预训练文本训练的编码器，得到文本的向量化表示，并作为后续模块的输入。在

BiLSTM 部分，处理序列数据，并捕获长期依赖关系，理解句子结构和词汇之间的相互作用，特别是在实体边界识别和实体内部结构方面。最后，通过 Biaffine 模型，捕捉和细化实体间的复杂关系，帮助整体模型确定实体类别边界。

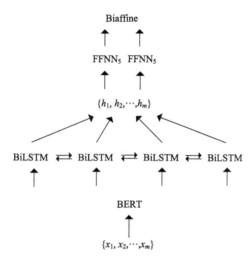

图 3-1　生态环保类案件要素抽取模型整体结构

1）BERT 模型

BERT 是由谷歌于 2018 年推出的一种预训练语言表示模型。这个模型在自然语言处理领域产生了革命性的影响，因为它首次实现了文本数据的深度双向表示。BERT 的核心创新在于它使用 Transformer 架构（特别是其编码器部分）来学习单词或词组在其上下文中的表示，其整体结构如图 3-2 所示。

在 BERT 中，在嵌入层接收输入的文本序列 $X = \{x_1, x_2, \cdots, x_m\}$，$m$ 表示这个文本的长度，将自然语言的文本转换为向量：

$$E(x_i) = E_{\text{token}}(x_i) + E_{\text{position}}(x_i) + E_{\text{segment}}(x_i) \tag{3-1}$$

其中，$E_{\text{token}}(x_i)$ 为词嵌入；$E_{\text{position}}(x_i)$ 为位置编码嵌入；$E_{\text{segment}}(x_i)$ 为段落嵌入。于是就可以得到一句话向量化之后的形式 $X_{\text{emb}} = \{E(x_1), E(x_2), \cdots, E(x_m)\}$。之后就可以在 BERT 模型中进行进一步处理。

之后，在 Transformer 编码器中，对向量化之后的文本进行编码。将输入的 X_{emb} 与三个可训练的参数矩阵 W^Q、W^K、W^V 相乘，得到三个矩阵——Q[即 query（查询）]、K[即 key（键）]和 V[即 value（值）]。之后，在自注意力模块中计算出注意力：

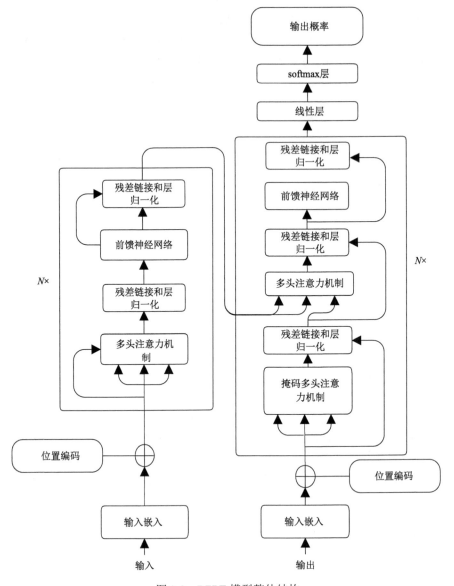

图 3-2　BERT 模型整体结构

$$\text{Attention}(Q, K, V) = \text{softmax}\left(\frac{Q \cdot K^{\text{T}}}{\sqrt{d_k}}\right) V \tag{3-2}$$

其中，d_k 为键向量的维度。经过计算，得到了每个 token 与其他 token 之间的注意力，使得每个词的表征能够融合其他词的信息，从而得到了非常准确的向量表示。

在 BERT 中，自注意力还是多头的（Multi-head），即同时有多个不同的注意力层同时进行计算，以获得更为准确的表示，最后，将这些头得到的注意力表示进行拼接：

$$\text{Multi-head}(Q,K,V) = \text{Concat}(\text{head}_1,\cdots,\text{head}_h)W^O \tag{3-3}$$

其中，h 为头的数量；W^O 为可训练的参数矩阵。并且，每个头都是独立的注意力。

之后，经过一个前馈神经网络（feed forward neural network），这个通常是两层的全连接网络，以 ReLU 作为激活函数：

$$\text{FFN}(x) = \text{ReLU}(xW_1 + b_1)W_2 + b_2 \tag{3-4}$$

其中，W_1、b_1、W_2、b_2 都为可训练的全连接网络参数。

当然，BERT 模型中，具有多个 Transformer 编码器模块，这些 Transformer 编码器模块彼此串联，最终得到了整个输入文本的向量表示。本章用的 BERT 模型是一个预训练模型，它经过大规模语料训练之后，能够理解一定的知识，这对于各种具体下游任务具有极大的理解能力。后续只需要在特定的任务上进行微调就可以使之适应目标任务，并完成各种任务。本章采用开源平台 Hugging Face 上的 BERT-Base-Chinese 作为预训练模型。

2）BiLSTM 模型

BiLSTM 是一种特殊类型的循环神经网络，专为处理序列数据而设计的，其结构如图 3-3 所示。它结合了 LSTM 的优点和双向网络的特性，提供了更强大的序列数据处理能力。BiLSTM 在许多自然语言处理任务中非常有效，特别是那些需要理解文本中的上下文信息的任务。BiLSTM 由两个 LSTM 网络组成，它们分别在时间序列的正向（从开始到结束）和反向（从结束到开始）对数据进行处理。这种结构允许网络同时捕获过去和未来的信息，从而更好地理解当前点的上下文。这里，BiLSTM 的输入向量，来自上一个模块 BERT 的编码结果。

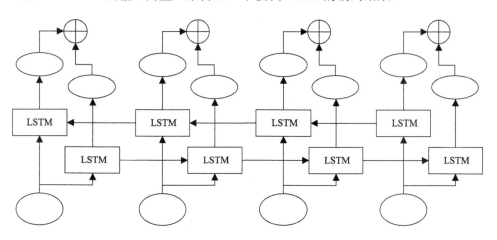

图 3-3　BiLSTM 整体结构

BiLSTM 是双向的 LSTM，由多个 LSTM 单元构成，每个单元的结构如图 3-4 所示。在这个单元中，输入一个向量 x_t，需要经过遗忘门、输入门、更新、输出门，最终得到每个输入向量的结果。

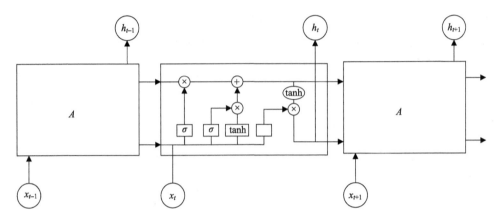

图 3-4　单个 LSTM 单元的结构

在遗忘门中，需要看当前的 t 时刻有多少记忆需要遗忘，保留需要保留的内容：

$$f_t = \sigma\left(W_f \cdot \left[h_{t-1}, x_t\right] + b_f\right) \tag{3-5}$$

其中，$\sigma(\cdot)$ 为 sigmoid 激活函数；h_{t-1} 为上一个时刻的隐藏状态；x_t 为当前时刻的输出向量；W_f 和 b_f 都是可训练的参数。这里决定要遗忘什么也需要当前的输入 x_t 来参与决定遗忘什么。

之后，需要经过输入门，看此时此刻的输入 x_t 中需要保留什么内容：

$$i_t = \sigma\left(W_i \cdot \left[h_{t-1}, x_t\right] + b_i\right) \tag{3-6}$$

$$\tilde{C}_t = \tanh\left(W_c \cdot \left[h_{t-1}, x_t\right] + b_c\right) \tag{3-7}$$

其中，$\tilde{C}_t$ 为当前细胞的状态；i_t 为输入门之后得到的保留的输入内容。

之后，对当前的状态进行更新：

$$C_t = f_t \times C_{t-1} + i_t \times \tilde{C}_t \tag{3-8}$$

最后，计算输出和这一时刻要保留的隐藏状态：

$$o_t = \sigma\left(W_o \cdot \left[h_{t-1}, x_t\right] + b_o\right) \tag{3-9}$$

$$h_t = o_t \times \tanh\left(C_t\right) \tag{3-10}$$

如此不断迭代，最终输出整个句子的每个词的向量表示。而 BiLSTM 则是双向的 LSTM 结构，同一个单词，可以得到它正向处理后的向量表示，以及反向处理后的向量表示，BiLSTM 的最终输出就是这两向的向量的拼接结果。

3）Biaffine 模型

Biaffine 模型是一种在自然语言处理领域中广泛应用的模型，尤其在依存句法分析任务中表现出色。其核心特点在于采用了 Biaffine 转换（双仿射转换），这种转换允许模型有效地捕捉和建模单词之间的复杂关系。Biaffine 模型的主要优势在于其能够精确捕捉单词之间的复杂关系，尤其是在考虑到语法和语义层面的关系时。此外，由于其结构上的创新，Biaffine 模型在许多自然语言处理任务中都显示出了较高的准确性和效率。

在本章的方法中，在经过 BiLSTM 模型得到一次文本特征值之后，就要进行实体的具体识别了。这时候，对于生态环保中这样比较长的实体，本章需要识别出这些实体的开始位置和结束位置。这里，本章采用两个独立的线性网络（FFNNs）来分别获取这两个位置的表示，并进行线性变换，之后再采用 Biaffine，结构如图 3-5 所示。由于开始（FFNN_Start）和结束（FFNN_End）位置的上下文是不同的，因此使用两个独立的线性网络的效果要比直接使用 BiLSTM 要好。

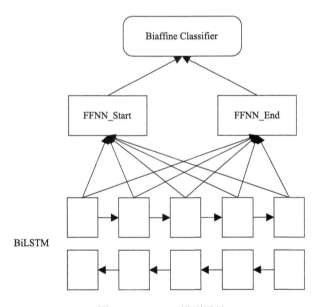

图 3-5　Biaffine 模型设计

将 BiLSTM 得到的向量进行线性变换：

$$h_s(i) = \mathrm{FFNN}_s\left(x_{s_i}\right) \tag{3-11}$$

$$h_e(i) = \mathrm{FFNN}_e\left(x_{e_i}\right) \tag{3-12}$$

在原本的文本中，任意的起始位置和结束位置所组成的部分都有可能是一个实体，这一段文本内容可以叫作一个 span。这里，对于 span_i，它的起始位置和结

束位置分别是 s_i 和 e_i。这两个位置的文本向量经过线性变化之后，分别得到了隐藏向量 $h_s(i)$ 和 $h_e(i)$，采用 Biaffine 转换：

$$r_m(i) = h_s(i)^{\mathrm{T}} U_m h_e(i) + W_m \big(h_s(i) \oplus h_e(i)\big) + b_m \tag{3-13}$$

其中，U_m 为 $d \times c \times d$ 的张量；W_m 为 $2d \times c$ 的矩阵；b_m 为偏置。

此时，本章相当于得到了这个 span 属于各个类别的一个分数，现在就要知道它属于哪个类别，对于这一个多分类问题，可以直接使用 softmax 来计算类别得分：

$$p_m(i_c) = \mathrm{softmax}(i_c) = \frac{\exp\big(r_m(i_c)\big)}{\displaystyle\sum_{\hat{c}=1}^{C} \exp\big(r_m(i_{\hat{c}})\big)} \tag{3-14}$$

其中，C 为实体类别的总数；i_c 为 span_i 属于类别 c 的情况。

最终，对于这个多分类问题，本章采用 softmax 与交叉熵结合来优化本章的模型：

$$\mathrm{loss} = -\sum_{i=1}^{N}\sum_{c=1}^{C} y_{i_c} \log p_m(i_c) \tag{3-15}$$

5. 要素抽取结果

本章对一部分生态环保裁判文书进行了人工标注，以训练模型。模型训练好之后，对一条数据进行实验，输入文本如图 3-6 所示。

模型在对这篇文书进行实体识别后，可以抽取出本章所需要的主要的六类实体，结果见图 3-7。

3.2.2　生态环保类案件法律文本实体识别算法

1. 问题背景

与通用领域命名实体识别任务不同，生态环保类案件法律文本实体识别任务中的案件实体往往具有较强的专业性和特殊性，已有的命名实体识别方法在进行生态环保类案件实体识别的过程中易出现错误。如表 3-2 的示例 1 中，对于文本中涉及的"时间"，"2020 年 5 月 13 日 14 时许"是公安机关收到举报的时间，"2020 年 4 月"是被告人实施生态环保类犯罪的时间，"2020 年 5 月 14 日 14 时许"则是被告人投案自首的时间。而生态环保类案件实体识别任务中重点关注被告人进行生态环保犯罪的时间，因此仅需要对"2020 年 4 月"进行标识。"2020 年 5 月 13 日 14 时许"和"2020 年 5 月 14 日 14 时许"与被告人进行生态环保犯罪的时间无关，故不应对其进行标识。通过示例 1 可以看出，在生态环保类案件

（2016）黔0603刑初63号　袁某甲盗伐林木一审刑事判决书　铜仁市万山区人民法院　判决书 盗伐林木罪　公诉机关贵州省铜仁市万山区人民检察院。被告人袁某甲，务农，因涉嫌　盗伐林木罪　，2016年7月5日被铜仁市公安局万山分局取保候审。　贵州省铜仁市万山区人民检察院以铜万检公刑诉（2016）65号起诉书，指控被告人袁某甲犯　盗伐林木罪　，于2016年9月12日向本院提起公诉。　公诉机关认为被告人袁某甲具有自首情节，对其可从轻处罚；系初犯，对其可酌定从轻处罚。　建议法庭对被告人袁某甲在有期徒刑一年六个月以下及拘役的幅度内判处刑罚，并处罚金。　本院受理后，依法适用简易程序，实行独任审判，于2016年9月28日公开开庭审理了本案。　万山区人民检察院检察员卢菊凤出庭支持公诉，被告人袁某甲到庭参加了诉讼，本案现已审理终结。　被告人袁某甲对起诉书指控的事实及罪名无异议，希望依法判决。　经审理查明:2015年7月，被告人袁某甲在未征求其弟被害人袁某丁同意的情况下，携带油锯、柴刀将袁某丁位于铜仁市万山区下溪乡兴隆村曾家龙组小湾山林中的杉木予以盗伐，所得木材用于维修自己的房屋；同年11月，被告人袁某甲以筹集其几兄弟共同的入户道路硬化费用为由，在未征得袁某丁同意的情况下，携带油锯、柴刀分两次将袁某丁小湾和翻天湾山林中的杉木予以盗伐，后将两次盗伐的木材销售给木材加工厂，共计获赃款人民币3200元。　经鉴定，曾家龙组小湾、翻天湾山林被盗伐林木的活立木蓄积共计3.6569立方米。　被告人袁某甲在未被讯问和采取强制措施的情况下，在公安机关立案前进行初查时，便如实供述了自己的犯罪事实。　案发后，公安机关在被告人家中扣押了作案工具油锯一把、柴刀一把。　认定上述事实的证据有被告人袁某甲的供述与辩解，被害人袁某丁的陈述，证人袁某乙、袁某丙、杨某甲、杨某乙、陈某、杨某丙、欧某、杨某丁、蒲某的证言，抓获经过，扣押清单及决定书，土地延包汇总表，现场勘验笔录及照片，现场指认笔录及照片，现场伐桩检尺记录，现场地径检尺及立木蓄积计算报告等证据及庭审笔录存卷佐证，足以认定，本院予以确认。　本院认为，被告人袁某甲以非法占有为目的，盗伐他人林木，数量较大，其行为已触犯了《　中华人民共和国刑法 》　第三百四十五条　第一款 之规定，构成 盗伐林木罪　。　公诉机关指控罪名成立，本院予以确认。《　中华人民共和国刑法 》　第三百四十五条　第一款 规定:“盗伐森林或者其他林木，数量较大的，处三年以下有期徒刑、拘役或者管制，并处或者单处罚金；……”。　被告人袁某甲盗伐林木立木蓄积3.6569立方米，属数量较大，对其应当在三年以下有期徒刑、拘役的幅度内判处刑罚，并处罚金。 被告人具有自首情节，对其可从轻处罚。　关于公诉机关认定被告人系偶犯、初犯的量刑情节。　经查，被告人系多次盗伐他人林木，不属于偶犯、初犯，因此对该量刑情节的建议，本院不予支持；对其他量刑情节及量刑幅度的建议，本院予以支持。　据此，本院为保护国家对林业资源的管理制度不受侵犯，根据被告人袁某甲的犯罪事实、性质、情节及社会危害性。依照《中华人民共和国刑法　》　第三百四十五条　第一款，　第五十二条　，　第六十七条　第一款，　第六十四条　，《　最高人民法院关于审理破坏森林资源刑事案件具体应用法律若干问题的解释　》　第三条 第（一）项　、　第四条　之规定，判决如下：　1、被告人袁某甲犯　盗伐林木罪　，判处拘役三个月，并处罚金人民币1000元（所处罚金于判决生效后两个月内追缴）。　（刑期从判决执行之日起计算。　判决执行以前先行羁押的，羁押一日折抵刑期一日，即自2016年9月28日起至2016年12月27日止。　二、赃款人民币3200元，继续追缴。三、作案工具油锯一把、柴刀一把，予以没收。　如不服本判决，可在接到判决书的第二日起十日内，通过本院或者直接向贵州省铜仁市中级人民法院提出上诉，书面上诉的，应交上诉状正本一份，副本二份　审判员杨景恒 二〇一六年九月二十八日　代理书记员曾永俊　允许所有人　查看　该批注 允许所有人　编辑　该批注 取消　保存

图 3-6　输入数据样例

侵权事实：2015年7月，被告人袁某甲在未征求其弟被害人袁某丁同意的情况下，携带油锯、柴刀将袁某丁位于铜仁市万山区下溪乡兴隆村曾家龙组小湾山林中的杉木予以盗伐，所得木材用于维修自己的房屋；同年11月，被告人袁某甲以筹集其几兄弟共同的入户道路硬化费用为由，在未征得袁某丁同意的情况下，携带油锯、柴刀分两次将袁某丁小湾和翻天湾山林中的杉木予以盗伐，后将两次盗伐的木材销售给木材加工厂，共计获赃款人民币3200元。

鉴定事实：经鉴定，曾家龙组小湾、翻天湾山林被盗伐林木的活立木蓄积共计3.6569立方米。

诉争焦点：

修复方式：

裁判要旨：本院认为，被告人袁某甲以非法占有为目的，盗伐他人林木，数量较大，其行为已触犯了《　中华人民共和国刑法　》　第三百四十五条　第一款　之规定，构成　盗伐林木罪　。　公诉机关指控罪名成立，本院予以确认。　《　中华人民共和国刑法　》　第三百四十五条　第一款　规定:“盗伐森林或者其他林木，数量较大的，处三年以下有期徒刑、拘役或者管制，并处或者单处罚金；……”。被告人袁某甲盗伐林木立木蓄积3.6569立方米，属数量较大，对其应当在三年以下有期徒刑、拘役的幅度内判处刑罚，并处罚金。　被告人具有自首情节，对其可从轻处罚。　关于公诉机关认定被告人系偶犯、初犯的量刑情节。　经查，被告人系多次盗伐他人林木，不属于偶犯、初犯，因此对该量刑情节的建议，本院不予支持；对其他量刑情节及量刑幅度的建议，本院予以支持。　据此，本院为保护国家对林业资源的管理制度不受侵犯，根据被告人袁某甲的犯罪事实、性质、情节及社会危害性。

法律依据：《　中华人民共和国刑法　》　第三百四十五条　第一款　，　第五十二条　，　第六十七条　第一款　，　第六十四条　，《　最高人民法院关于审理破坏森林资源刑事案件具体应用法律若干问题的解释　》　第三条　第（一）项　、　第四条

图 3-7　要素抽取结果

命名实体识别任务中所定义的案件实体往往具有较强的专业性和特殊性，通用领域的命名实体识别方法在对生态环保类案件文本中的案件实体进行识别的过程中容易出现错误，难以满足生态环保类案件命名实体识别任务的需求。

表 3-2　生态环保类案件文本数据示例

序号	案件内容
示例 1	四川省布拖县人民检察院指控，2020 年 5 月 13 日 14 时许，布拖县公安局治安大队民警接匿名群众举报称：布拖县彝寨山庄一个鸡圈里养有野生动物。接报后布拖县公安局治安大队和布拖县森林公安局民警随即展开调查，并在布拖县彝寨山庄内一个鸡圈里查获疑似白腹锦鸡一只。该疑似白腹锦鸡于 2020 年 4 月被××××在布拖县乌科山上捕获，并喂养在布拖县彝寨山庄一鸡圈内以供观赏。该疑似白腹锦鸡经云南濒科委司法鉴定中心鉴定：送检疑似白腹锦鸡为鸡形目稚科锦鸡属白腹锦鸡，白腹锦鸡为国家二级保护动物，经济价值为 5000 元。2020 年 5 月 14 日 14 时许，××××到布拖县公安局治安管理大队投案自首

2. 案件实体识别模型构建

为了解决上述生态环保类案件命名实体识别任务中仍存在的问题，本章设计了一种基于实体类型语义感知的生态环保类案件实体识别模型。模型的总体结构图如图 3-8 所示。

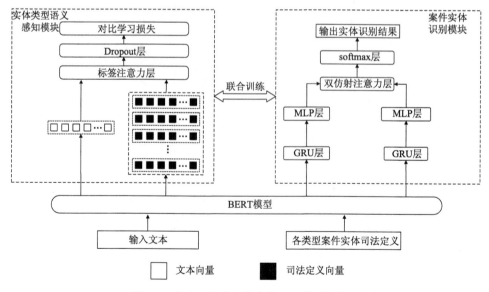

图 3-8　生态环保类案件实体识别模型结构图

本节所设计的方法使用 BERT 预训练模型作为基础模型，首先，该方法设置了一个实体类型语义感知模块，将各个实体类型的司法定义作为实体类型的先验知识，通过标签注意力机制和对比学习任务帮助模型学习到实体类型语义信息和不同实体类型之间的差异信息，从而使模型能够更加有效地对生态环保类案件文本中各个类型的案件实体进行识别。其次，本方法使用多任务联合学习机制对实体类型语义感知模块的对比学习任务和案件实体提取任务进行联合优化，从而使模型的效果达到最优。下文将分别对模型的各个部分进行详细介绍。

1) 实体类型语义感知模块

BERT 预训练模型负责对文本进行编码，捕获文本的特征，并将语义信息提供给后续网络结构，用于对生态环保类案件实体进行抽取。为了提高模型在生态环保类案件实体识别任务中的效果，本节设计了一个实体类型语义感知模块，用于优化 BERT 模型的编码能力。具体来说，本节首先从百度百科、术语在线平台和国家法律法规数据库中收集各个实体类型的司法定义，将司法定义作为实体类型先验知识。各个类型的司法定义具体如表 3-3 所示。

表 3-3　生态环保类案件文书各实体类型司法定义

实体类型	司法定义
立案机构	立案机构是指依法设置的制定、执行和维护法律制度的专门法律机关和组织
实施人	实施人是指实施生态环保类犯罪的自然人的姓名、绰号或代号
地点	地点是指实施人实施生态环保类犯罪时所处的地点
作案时间	作案时间是指被告人实施生态环保类犯罪的时间
罪名	罪名是指根据被告人犯罪行为的性质和特征所规定的犯罪名称
作案工具	作案工具是指犯罪人员在实施犯罪行为时所使用的一切物品，包括各种武器或其他工具
涉案物种	涉案物种是指生态环保类案件犯罪中涉及的动物、植物和自然资源
涉案物种量	涉案物种量是指生态环保类案件犯罪中涉及的动物、植物和自然资源的数量
减刑行为	减刑行为是指在量刑时对具体犯罪人的犯罪行为对社会的危害程度和犯罪人的人身危险性所作出的、法律规定认可的可以从重、从轻、减轻或者免除处罚的各种情形
鉴定意见	鉴定意见是指鉴定人在运用科学技术或者专门知识对诉讼中涉及的专门性问题进行鉴别和判断的基础上，给出的结论性意见

其次，在得到各个实体类型的司法定义后，将待进行实体识别的文本和各实体类型的司法定义分别输入编码器中，获得相应的向量表示，再通过标签注意力机制得到融入实体类型信息的文本表示。具体来说，若待进行实体提取的文本为 $X = \{x_1, x_2, x_3, \cdots, x_n\}$，构建好的实体类型司法定义集合为 $L = \{l_1, l_2, l_3, \cdots, l_m\}$，其

中 n 为文本长度，m 为实体类型数量，l_j（$1 \leqslant j \leqslant m$）为第 j 个实体类型的司法定义。在输入部分，将文本 X 输入 BERT 模型中，获得文本 X 的向量表示 $h^{\mathrm{enc}} \in \mathbb{R}^{n \times d}$，其中 n 为文本长度，d 为隐藏层维度。其具体的计算过程如下所示。

$$h^{\mathrm{enc}} = \mathrm{Encoder}(X; \theta) \tag{3-16}$$

其中，θ 为 BERT 模型中的相关参数。

在得到文本 X 的向量表示后，将每个实体类型的司法定义依次输入 BERT 模型中，获得每个实体类型司法定义的向量表示。对于第 j 个实体类型的司法定义 l_j，其向量表示 h_j^l 的具体计算过程如下所示：

$$h_j^l = \mathrm{Encoder}(l_j; \theta) \tag{3-17}$$

对于 m 个司法定义，可以得到 m 个向量表示 $\{h_1^l, h_2^l, h_3^l, \cdots, h_m^l\}$。之后，对于每一个司法定义向量表示 h_j^l（$1 \leqslant j \leqslant m$），将其和文本 X 的向量表示 h^{enc} 输入到标签注意力层中，将标签注意力层的输出向量进行平均，得到融入实体类型信息的文本向量表示 H_j。具体计算方式如下所示：

$$\mathrm{Attention}(Q, K, V) = \mathrm{softmax}\left(\frac{QK^{\mathrm{T}}}{\sqrt{d_k}}\right) V$$

$$H_j = \mathrm{Mean}\left(\mathrm{Attention}\left(h^{\mathrm{enc}}, h_j^l, h_j^l\right)\right) \tag{3-18}$$

其中，Q、K、V 分别为查询向量、键向量和值向量；d_k 为键向量 k 的维度。

在得到的 m 个融入实体类型信息的文本向量表示 $\{H_1, H_2, \cdots, H_m\}$ 后，对于每一个向量表示 H_i（$1 \leqslant i \leqslant m$），将向量表示 H_i 通过 Dropout 层之后得到的向量表示 $\widehat{H_i}$ 作为 H_i 的正例，将其他融入实体类型信息的文本向量表示 H_j（$1 \leqslant j \leqslant m, j \neq i$）作为 H_i 的负例进行对比学习，通过对比学习拉近 H_i 与其正例在向量空间中的距离，推远 H_i 与其负例在向量空间中的距离，从而对编码器的编码能力进行优化，帮助模型学习到实体类型语义信息和不同实体类型之间的差异信息，提高模型进行生态环保类案件实体识别任务的效果。

在本节所设计的对比学习任务中，使用的损失函数是 InfoNCE Loss，对比学习任务的损失 L_{con} 的计算方式如下所示：

$$L_{\mathrm{con}} = -\sum_{i=1}^{m} \log \frac{e^{\mathrm{sim}\left(H_i, \widehat{H_i}\right)/\tau}}{\sum_{j=1}^{m} f(j) \cdot e^{\mathrm{sim}(H_i, H_j)/\tau}}, \quad f(j) = \begin{cases} 0, & j = i \\ 1, & j \neq i \end{cases} \tag{3-19}$$

其中，τ 为温度系数。

2）案件实体识别模块

在案件实体识别模块中，先将待进行案件实体识别的文本 $X = \{x_1, x_2, x_3, \cdots, x_n\}$ 输入 BERT 模型中，获取其向量表示 h^{enc}。在得到文本向量表示 h^{enc} 之后，将其分别输入到两个 GRU 层中，利用两个 GRU 层分别捕获文本中案件实体的头部信息和尾部信息，并使用两个 MLP 层将 GRU 层的输出映射到案件实体头部信息和尾部信息向量表示空间，具体计算方式如下所示：

$$H_{\mathrm{head}} = \mathrm{GRU}_{\mathrm{head}}\left(h^{\mathrm{enc}}\right) \tag{3-20}$$

$$H_{\mathrm{tail}} = \mathrm{GRU}_{\mathrm{tail}}\left(h^{\mathrm{enc}}\right) \tag{3-21}$$

$$S = \mathrm{MLP}\left(H_{\mathrm{head}}\right) \tag{3-22}$$

$$T = \mathrm{GRU}_{\mathrm{head}}\left(H_{\mathrm{tail}}\right) \tag{3-23}$$

其中，S 为文本表示 h^{enc} 经过 GRU 层和 MLP 层后得到的包含实体头部信息的向量表示；T 为文本表示 h^{enc} 经过 GRU 层后得到的包含实体尾部信息的向量表示。

之后，将向量表示 S 和 T 输入双仿射注意力层中进行计算，综合实体头部信息和尾部信息，得到最终的实体识别结果。具体计算方式如下所示：

$$y_{\mathrm{biaffine}}^{i} = s_i^{\mathrm{T}} U t_i + W\left[s_i; t_i\right] + b \tag{3-24}$$

$$Y_{\mathrm{biaffine}} = \left[y_{\mathrm{biaffine}}^{1}, y_{\mathrm{biaffine}}^{2}, \cdots, y_{\mathrm{biaffine}}^{n}\right] \tag{3-25}$$

其中，s_i 和 t_i 分别为 S 和 T 的第 i 个元素；U、W 和 b 均为可训练的参数；Y_{biaffine} 为双仿射注意力层的输出。

最后，我们将 Y_{biaffine} 输入到 softmax 层中进行概率计算，并通过交叉熵损失函数计算得到模型进行案件实体识别的损失 L_{exact}。具体计算方式如下所示：

$$P = \mathrm{softmax}\left(Y_{\mathrm{biaffine}}\right) \tag{3-26}$$

$$L_{\mathrm{exact}} = \mathrm{Cross\_entropy}\left(P\right) \tag{3-27}$$

3）模型训练与预测目标函数

在模型训练阶段，该方法利用多任务联合学习来对模型进行训练，将实体类型语义感知模块的对比学习任务和案件实体识别模块的实体识别任务进行联合学习，深化两个任务之间的内部联系。在联合学习过程中，该方法采用的是硬参数共享的方式，让两个任务共享同一个 BERT 模型，通过实体类型语义感知模块的对比学习任务对 BERT 模型的编码能力进行优化，从而提升模型进行案件实体识别任务的效果。在训练过程中，该方法对实体类型语义感知模块中对比学习任务的损失 L_{con} 和案件实体识别任务的损失 L_{exact} 进行联合优化，总体损失 L_{total} 的计算方式如下所示，其中 α 为两个任务损失之间的权重。

$$L_{\mathrm{total}} = \alpha L_{\mathrm{con}} + (1 - \alpha) L_{\mathrm{exact}} \tag{3-28}$$

在预测阶段，该方法将待进行案件实体提取的文本输入 BERT 模型中，获取相应的文本向量表示，并仅将向量表示输入案件实体识别模块中，即可获取到最终案件实体识别的结果。

3. 案件实体定义与数据集构建

随着我国司法智能化进程的推进，海量的司法文书被上传至中国裁判文书网中，为智慧司法相关工作提供了有力的数据支持。本节从中国裁判文书网上采集了 574 篇生态环保类案件文书作为生态环保类案件法律文本实体识别算法研究的数据基础，采集到的生态环保类案件文书示例如图 3-9 所示。

广西壮族自治区天峨县人民法院
刑 事 判 决 书

（2013）峨刑初字第 16 号

公诉机关广西壮族自治区天峨县人民检察院。

被告人罗玉转，男。因涉嫌滥伐林木于 2012 年 8 月 22 日被逮捕，因患疾病，同年 11 月 12 日被天峨县人民检察院取保候审。现住天峨县纳直乡百河村巴后屯 010 号。

天峨县人民检察院以峨检刑诉（2013）6 号起诉书指控被告人罗玉转犯滥伐林木罪，于 2013 年 1 月 5 日向本院提起公诉。本院依法组成合议庭，于 2013 年 1 月 18 日公开开庭审理了本案。天峨县人民检察院指派检察员罗愉出庭支持公诉，被告人罗玉转到庭参加了诉讼。现已审理终结。

天峨县人民检察院指控，被告人罗玉转在未办理采伐许可证的情况下，雇请民工砍伐杂木。滥伐林木蓄积量 248.6457 立方米，数量巨大，其行为已触犯《中华人民共和国刑法》第三百四十五条第二款，应以滥伐林木罪追究其刑事责任，故提请本院予以惩处。为证实其指控的事实，公诉机关提交了书证、证人证言、现场勘查笔录、鉴定结论及被告人的供述等证据。

被告人罗玉转对公诉机关指控其犯滥伐林木罪的事实及法律适用无异议。

经审理查明，2011 年 2 月间，被告人罗玉转为开荒种植杉木及农作物，在未到林业管理部门申请办理林木采伐许可证的情况下，擅自到天峨县纳直乡百河村巴后屯灶劳坡砍伐村集体划归其家自留山中的杂木林，并种植了杉木等经济林木。经林业技术部门鉴定，罗玉转滥伐林木总面积 2.8 公顷，滥伐林木蓄积量 248.6457 立方米，出材量 137.4530 立方米。

上述事实，被告人罗玉转在开庭审理过程中亦无异议，并有证人韦 XX、华 XX、贺桌 X、班 X、班 X 妹、韦 X 平的证言、现场勘查笔录、辨认笔录及照片、林业技术鉴定结论，被告人的供述和辩解及其户籍证明等证据证实，足以认定。

本院认为，被告人罗玉转无视法律关于林木采伐必须办理采伐许可证的有关规定，在未办理任何采伐手续的情况下，滥伐林木蓄积量 248.6457 立方米，数量巨大，其行为已经触犯我国刑律，构成滥伐林木罪，依法应当在三年以上七年以下有期徒刑范围内量刑处罚。公诉机关指控被告人罗玉转犯滥伐林木罪的事实清楚，证据确实、充分，罪名成立，其公诉意见切合本案事实和相关法律规定，本院依法予以确认和采纳。被告人罗玉转在法庭上未作实质性辩解，只以其在自留山内伐木，目为更新林种为由，要求从轻处罚。鉴于被告人滥伐林木的地点是在自家林地内，其目的是为更新林种，提高营林效益，增加其家庭收入，其犯罪的主观恶性不大，且在庭上认罪较好，确有一定的悔罪表现，本院决定对被告人从轻处罚。为严肃国法，打击刑事犯罪，保护国家森林资源不受非法侵犯，维护国家对森林资源的正常经营管理活动，根据被告人的犯罪事实、性质、情节以及对社会的危害程度，依照《中华人民共和国刑法》第三百四十五条第二款、第四十五条、第四十七条、第五十二条、第五十三条、第六十七条、第六十一条以及最高人民法院《关于审理破坏森林资源刑事案件具体应用法律若干问题的解释》第五条第一款第（一）项、第六条，最高人民法院《关于适用财产刑若干问题的规定》第一、二、八条的规定，判决如下：

图 3-9　生态环保类案件文书示例图

对于收集到的 574 篇生态环保类案件文书，我们对其进行数据预处理。首先，去除数据中制表符 "\t"、换行符 "\n" 等可能会影响文本语义的特殊符号。其次，由于大多数预训练模型最大能处理的文本长度为 512 个字符，因此我们对案件文书进行截断处理，根据案件文书的结构和段落，在保留上下文语义信息的基础上将一篇案件文书截断为多条长度小于 510 个字符的文本，从而方便后续预训练模型对文本数据进行处理。最终基于收集到的 574 篇生态环保类案件文书，本章通过数据预处理得到了 3680 条文本数据用于后续模型训练与测试。

获取到经过数据预处理的生态环保类案件文本数据后，本章充分考虑实际应用场景和需求，针对生态环保类案件中罪名认定和立案量刑工作中关注的重点信息，定义了共 10 种需提取的案件实体。每种案件实体的类型、示例和类型说明如表 3-4 所示。

表 3-4　生态环保类案件文书各类实体类型、示例和类型说明

案件实体类型	示例	类型说明
立案机构	阿克塞哈萨克族自治县人民检察院	依法设置的制定、执行和维护法律制度的专门法律机关和组织
实施人	张某某	实施生态环保类犯罪的自然人的姓名、绰号或代号
地点	玉溪市红塔区山上	实施人实施生态环保类犯罪时所处的地点
作案时间	2015 年 3 月 16 日	被告人实施生态环保类犯罪的时间
罪名	危害珍贵、濒危野生动物罪	根据被告人犯罪行为的性质和特征所规定的犯罪名称
作案工具	自制猎枪	犯罪人员在实施犯罪行为时所使用的一切物品，包括各种武器或其他工具
涉案物种	王锦蛇	生态环保类案件犯罪中涉及的动物、植物和自然资源
涉案物种量	4 条	生态环保类案件犯罪中涉及的动物、植物和自然资源的数量
减刑行为	被告人犯罪后主动投案，如实供述罪行，系自首，可以从轻或者减轻处罚	在量刑时对具体犯罪人的犯罪行为对社会的危害程度和犯罪人的人身危险性所作出的、法律规定认可的可以从重、从轻、减轻或者免除处罚的各种情形
鉴定意见	被告人使用老鼠夹猎捕到的两只白鹇为国家二级保护野生动物、赤麂（山麂）为福建省一般保护野生动物	鉴定人在运用科学技术或者专门知识对诉讼中涉及的专门性问题进行鉴别和判断的基础上，给出的结论性意见

　　对于经过数据预处理后的生态环保类案件文本数据，基于定义好的案件实体，本章使用 Doccano 标注工具对生态环保类案件文本数据中的实体进行标注。标注过程中，先由四位志愿者对数据进行标注，再由三位志愿者对标注结果进行一致性检验。最终一致性检验的结果为 91%。

　　生态环保类案件实体识别数据集中每条数据的格式如表 3-5 所示。其中，对于每一条文本数据，"id"为该条数据独有的标识，"text"为文本的内容，"label"则为案件实体识别的结果，案件实体识别的结果以列表的形式进行保存，每个列表的前两个元素分别为该案件实体在文本中的开始位置索引和结束位置索引，最后一个元素则为该案件实体的类型。

表 3-5　生态环保类案件实体识别数据集数据样例

数据样例
{
"id":860,
"text":"2016 年初，胡某因拒绝向"联营船队"缴纳"管理费"而受到"联营船队"管理人员的威胁，被迫退出，该船停靠在长江浰市未从事采矿活动。2016 年 3 月，被告人郭军找到郑某、贺某，经二人同意，非法开采卵石 5 天，向"联营船队"缴纳"管理费"9000 元，开采卵石共计 2 万吨，销售收入共计 20 万元。后因机器故障而停止开采，非法所得全部投入船舶维修，郭军放弃租赁该船。经湖北荆松会计师事务所鉴证，被告人郭军伙同他人利用"活力号"采砂船在长江浰市非法开采卵石 14 万吨，矿产品价值 113.6 万元，非法获利 2.35 万元。审理中，被告人郭军退缴非法所得 2.35 万元，按照量刑建议缴纳罚金 5 万元。",
"label":[
[53,57,"地点"],
[76,78,"实施人"],
[218,220,"涉案物种"],
[220,224,"涉案物种量"]
]
}

4. 实体识别实验分析

为了验证本章所提出方法的有效性，本章选择五个近年来在通用领域和法律领域命名实体识别任务中的经典算法作为对比方法。

RoBERTa-BiLSTM-CRF：张红伟等（2022）提出的一种用于解决中文法律文书命名实体识别任务的方法。其使用 RoBERTa 预训练模型作为编码器，同时利用 BiLSTM 网络来捕获法律文书的上下文信息，在作者等构建的中文法律文书数据集中取得了优异的效果。

BiaffineNER：Yu 等（2020）针对通用领域命名实体识别任务提出的模型。其将 BERT 预训练模型和 Biaffine 相结合来进行命名实体识别任务，在获得 BERT 预训练模型输出的文本向量表示后，通过 Biaffine 预测文本中实体的开始位置和结束位置，从而对实体进行识别。该模型能够很好地对平面实体（flat entity）和嵌套实体（nested entity）进行识别，在多个数据集上取得了当时最先进的效果。

BERT-MRC：Li 等（2020）提出的一种将命名实体识别任务转换为机器阅读理解（machine reading comprehension，MRC）任务的方法。其将实体类型信息以及相应的关于命名实体识别的问题和待进行实体识别的文本拼接，一起输入 BERT 预训练模型进行编码。在得到 BERT 模型输出的向量表示之后，将其输入到两个线性层中，以预测能够回答输入问题的文本片段的起始位置和结束位置，从而得到命名实体识别的结果。该方法将实体类型相关信息作为先验知识融入模型之中，从而提升模型进行命名实体识别的效果。该方法在四个通用领域命名实体识别数据集上取得了当时最先进的效果。

BOCNER：李春楠等（2021）针对司法领域命名实体识别任务提出的模型。其使用 BERT 预训练语言模型作为编码器，利用有序神经长短期记忆（ordered neural long-short term memory，ONLSTM）网络来捕获文本的顺序和层级信息，从而提升模型在司法领域命名实体识别任务中的效果。

W2NER：Li 等（2022）提出的一种将命名实体识别任务转换为预测文本中词和词之间关系的方法。其以 BERT 模型为基础编码器，结合其设计的多粒度二维卷积层和共同预测器来推理文本中词与词之间的关系，再对预测出的结果进行解码得到最终的命名实体识别结果。该方法在多个广泛使用的通用命名实体识别数据集上进行了测试，均得到了最先进的效果。

具体对比实验结果如表 3-6 所示。通过对比实验结果可以发现，本章提出的方法在生态环保类案件文本命名实体识别任务中取得了最优的效果，说明了本章所提出方法的有效性和可行性。将 BERT-MRC 的结果与 RoBERTa-BiLSTM-CRF、BiaffineNER 和 BOCNER 的结果进行对比可以发现，BERT-MRC 取得了更为优异的效果。RoBERTa-BiLSTM-CRF、BiaffineNER 和 BOCNER 均是以预训练模型为编码器，再利用精心设计过的神经网络架构来帮助模型更好地捕获文本的语义信息，以提高模型在命名实体识别任务中的效果。而 BERT-MRC 则是将实体类型信息作为先验知识融入模型中，提升模型进行命名实体识别的效果。BERT-MRC 更为优异的表现也证明了实体类型信息对于生态环保类案件文本命名实体识别任务是极其重要的，通过设计恰当的方式将实体类型信息融入模型之中，能够更好地提升模型进行命名实体识别任务的效果。

表 3-6　对比实验结果

方法	准确率	召回率	F1 值
RoBERTa-BiLSTM-CRF	0.9112	0.8474	0.8781
BiaffineNER	0.9147	0.8495	0.8808
BERT-MRC	0.9131	0.8563	0.8837
BOCNER	0.9085	0.8451	0.8756
W2NER	0.9278	0.8512	0.8921
本章方法	0.9382	0.8644	0.8998

对比 W2NER 和 BERT-MRC 的结果可以发现，W2NER 能够取得比 BERT-MRC 更为优异的效果。其原因可能是 W2NER 将命名实体识别任务转化为

一个预测文本中词和词之间关系的任务，根据词和词之间的关系解码得到实体识别的结果，这种方式能够较好地对生态环保类案件文书中描述粒度较细、长度较长的实体进行识别；而 BERT-MRC 在进行实体识别时则是通过判断文本中一个位置和另一个位置是否是实体片段的开始位置和结束位置，再根据预测出的实体片段的开始位置和结束位置从文本中抽取出实体。

对比本章提出的方法和 BERT-MRC 及 W2NER 的效果可以发现，本章所提出的方法在生态环保类案件文本命名实体识别任务中取得了更为优异的效果。虽然 W2NER 能够较好地对生态环保类案件文书中描述粒度较细、长度较长的实体进行识别，但其在训练过程中对于实体类型相关信息的学习不足，在进行实体类型预测时容易出错。而 BERT-MRC 虽然在模型训练过程中融入了实体类别的相关信息，但该方法在进行解码时需要枚举所有可能的实体片段，为了保证方法的效率往往需要对枚举的实体片段的长度加以限制，这就会导致 BERT-MRC 对生态环保类案件文本中描述粒度较细、长度较长的实体识别效果不佳，从而影响命名实体识别任务的整体效果。本章所提出的方法通过在编码器端设置实体类型语义感知模块，能够有效帮助模型学习到实体类型信息和不同实体类型之间的差异信息。同时，本章方法利用双仿射注意力层直接对实体的头部信息和尾部信息进行集成，对生态环保类案件文本中描述粒度较细、长度较长的实体也有着很好的识别效果。以上这些因素使得本章所提出的方法能够在生态环保类案件命名实体识别任务中取得比 BERT-MRC 和 W2NER 更优异的表现。

总体而言，本章所提出的方法在编码器端利用实体类型语义感知模块对编码器的编码能力进行了优化，帮助模型更好地学习到各个实体类型信息和不同实体类型之间的差异信息。同时，所提出方法利用双仿射注意力层直接对实体头部和尾部信息进行集成，对生态环保类案件文本中描述粒度较细、长度较长的实体也有着较好的识别效果。这些针对生态环保类案件命名实体识别任务特点的改进带来了实体类型预测精度提升、实体边界错误减少的效果，也使得本章所提出的方法在所有对比方法中取得了最佳效果，验证了本章所提出方法的有效性和可行性。

3.3　生态环保类案件证据清单式指引技术

3.3.1　基于文本数据挖掘的证据标准化指引技术及证据可信度评估技术

1. 技术背景

随着社会经济的快速发展和城市化进程加快，环境污染、资源浪费等生态环境问题日益凸显，相关的法律法规和司法案件也随之增加。需要借助技术手段提高生态环保类案件的处理效率和真实性。随着互联网和信息技术的发展，人工智能技术在各个领域得到广泛应用，法律领域也不例外。智能化技术能够帮助法院更加快速、智能地处理复杂的案件信息和证据。自然语言处理、数据挖掘、智能决策等方面取得了突破性进展，为生态环保类案件证据指引技术的开发提供了强大的技术支持。

证据标准化指引指的是在司法案件调查和审理过程中，为规范证据的收集、提取、表示、采信和应用等过程而制定的具有规范性和指导性的方法与规则体系。证据标准化指引是一个建立在充分专业研究与技术支撑基础之上的内容系统全面、语言表达清晰、注重实际应用、允许持续优化与差异化、专门为规范司法证据处理制定的科学方法与操作规程体系，它贯穿并指导证据收集、表示、采信、应用等全部过程，为司法实务工作实现标准化操作提供明确、量化和优化性的规范指导。

生态环保类案件的证据收集和确定是一个复杂和专业的过程，需要相关部门制定科学、合理的标准和指引，证据的收集和确定应该遵循以下几点：第一，证据来源可靠、链条清晰，每个环节均应有明确的记录和证明；第二，证据收集程序需规范化，确保公正、公平，并进行综合考量；第三，分析过程和结果应具备可复制性和可重复验证性；第四，应制定配套的质疑和申诉机制，充分保障当事人的辩解权利。

针对当前基于案件证据标准化指引及可信度评估，现行法院体系可能面临如下主要问题：一是证据评估主观性强，目前，法院在案件审理中对证据的可信度评估往往高度依赖于法官的主观判断，这可能导致不同案件间或不同法官间审判标准的不一致。二是证据处理效率低，在大量或复杂的案件中，法官需要花费大量时间和精力对海量证据进行分析和评估，这大大降低了案件处理的效率。三是缺乏系统的证据评估方法，目前尚缺乏一个系统的、科学的方法来评估证据的可信度，这使得法官在处理某些特殊或复杂证据时可能感到力不从心。基于以上审判流程中的痛点，开发基于案件证据标准化指引及可信度评估关键技术就显得尤为重要。

2. 基于深度学习的证据核心要素提取

在设计生态环保类案件证据指引技术的过程中，首要步骤是进行数据采集与清洗。这包括收集生态环保类案件文本数据，如起诉书和判决书，并通过去除HTML标签和非法字符确保数据规范性。接下来，进行文本预处理，利用相关库进行分词和词性标注，同时建立停用词表以过滤无关紧要的词语。案件事实和证据类中的法律要素具体内容如图 3-10 所示。

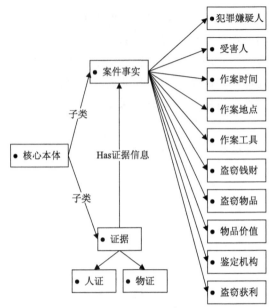

图 3-10 案件事实和证据类中的法律要素

本节分析了刑事文书的结构和语言特征，并对刑事文书进行了知识建模，明确了需要从刑事文书中提取哪些法律要素以及可能在哪些逻辑段中提取出这些法律要素。接下来的工作就是制订对应的提取方案并从刑事文书中提取这些法律证据要素。图 3-11 是本节设计的刑事文书法律要素提取的总体方案，包括刑事文书建模、预处理、段落分类和法律要素提取四个环节，按照顺序执行。

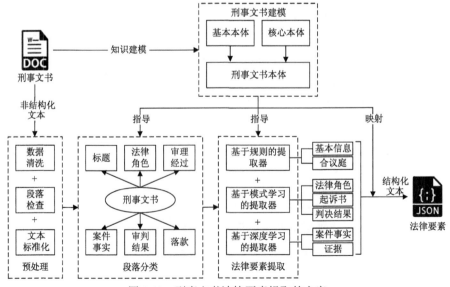

图 3-11 刑事文书法律要素提取的方案

将核心要素提取问题建模为段落分类和要素提取的组合任务，同时学习文本特征和段落特征。图 3-12 是段落分类和要素提取的建模流程：在训练环节，只需要将文本数据和标签输入到循环神经网络、LSTM、GRU 等神经网络构建的深度学习模型中，模型就能自动对文本数据进行筛选，提取高维度的文本特征，并得到一组训练好的模型参数；在预测环节，只需要将训练得到的模型参数添加到深度学习模型中，就能端到端地解决核心要素的提取问题。由于涉及段落分类和要素提取两个任务，因此需要分别对这两个任务进行建模。

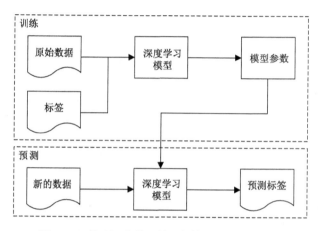

图 3-12　基于深度学习的证据核心要素提取流程

在段落分类任务中，将预处理后的"案件事实"逻辑段进一步划分为案件事实、证据和其他无关段落三种类别。本书设计了一种结合段落分类和要素提取的组合模型，用于从案件证据的逻辑段中提取核心要素。提出的模型结构如图 3-13所示，包括输入层、嵌入层、编码层、段落分类模块和要素提取模块、标签推理层和输出层，其中组合模型使用 BiLSTM 作为共享编码层；段落分类模块和要素提取模块都采用序列标注思想构建，其结构完全相同。

提取流程：使用上述组合模型进行核心要素提取的具体流程包括预处理、模型预测、去重和长度筛选四个环节，按顺序执行。

（1）预处理。预处理的主要作用是过滤掉大部分的无关段落，仅保留存在核心要素的段落。利用正则表达式在"审理经过"逻辑段中判断刑事文书属于普通程序还是简易程序。对于简易程序，无须预处理；对于普通程序，需要使用正则表达式并结合前缀"经审理查明"截断整个"案件事实"逻辑段，只保留"法院审理查明的事实"之后的段落。

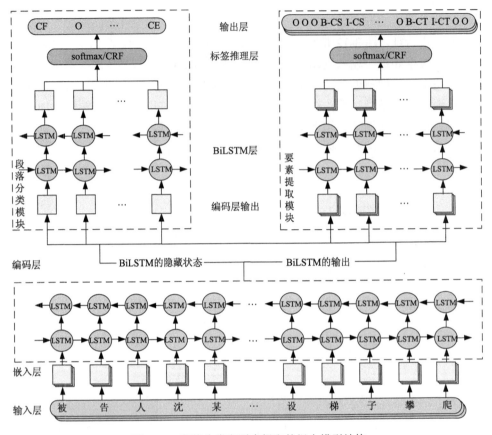

图 3-13　段落分类和要素提取的组合模型结构

（2）模型预测。首先，将大量的文本数据和标签输入到构建的组合模型中，让神经网络自动学习文本特征，从而得到一组训练好的模型参数；其次，将训练得到的模型参数添加到组合模型中，预测每个字符的标签；最后，将连续的标签"B-label1 I-label1…"组成对应的核心要素。一篇刑事文书中可能有多条犯罪事实，这里将以段落为单位进行分组。

（3）去重。"案件证据"逻辑段中可能会提取多个重复结果，例如，"证明文件"会在段落中多次出现。为了获得优质的结构化数据，需要将这些重复结果去掉。

（4）长度筛选。经过去重处理后，需要再次使用正则表达式去掉长度不合理的提取结果。长度筛选后的结果将通过刑事文书本体映射到结构化模板中，以便后续存储到图数据库中，并为下游法律任务提供持续的数据来源。

3. 基于机器学习的环保类案件证据关系链挖掘

在构建环保类案件证据本体模型时，我们依靠收集的典型案例，使用自底向上和自顶向下相结合的方法，定义了包括书面证词、检验报告、现场照片等在内的各种类别证据概念类，明确类与类之间的层次关系，形成证据概念分类体系。同时，通过文献和专家调研确定了证据类型、来源、时间等二十余项属性，并利用 Slots 功能，为每一证据概念类定义了统一的属性模板，用于后续属性值的填充。在关系方面，我们利用法律和审判专家手工标注了真实案例中证据间的各种逻辑关系，包括"支持""质疑"等多种态度，并直观地连接实体之间的语义关系，从而构成了针对环保类案件场景的、统一的证据本体图谱。

在挖掘证据之间的关系链时，我们采用基于距离计算相似度的方法实现证据实体之间的自动关联。对文本类型的证据，应用 Word2Vec 等词向量技术，将语料文本映射为数学向量表示；而对于图像、视频证据，我们则利用视觉几何组（visual geometry group，VGG）网络、残差网络（residual network，ResNet）模型抽取视觉特征向量。向量化之后，文本证据可以基于余弦相似度计算距离，视觉证据可以使用欧氏距离等函数，并对距离引入动态权重以自动适应不同证据类型。最终，我们设置相似度阈值，在证据表示向量间的距离满足条件时，自动关联证据间的支持或证明关系，通过持续迭代更新证据表示，进一步挖掘出更多隐性关系，形成证据之间的关系链。

$$\mathrm{Sim}\left(e_i, e_j\right) = \frac{1}{1 + \mathrm{distance}\left(c_i, c_j\right)}$$

其中，$\mathrm{Sim}\left(e_i, e_j\right) = \dfrac{1}{1 + \mathrm{distance}\left(c_i, c_j\right)}$ 为计算证据实体 e_i 和 e_j 之间的相似度的公式。这个公式采用的是基于距离的相似度度量方法；$\mathrm{distance}(c_i, c_j)$ 为证据实体 e_i 和 e_j 的特征向量 c_i 和 c_j 之间的距离。如果两个实体的特征向量之间的距离越小，那么它们的相似度就越高；反之，如果两个实体的特征向量之间的距离越大，那么它们的相似度就越低。$\dfrac{1}{1 + \mathrm{distance}\left(c_i, c_j\right)}$ 这个函数的值域在 0 到 1 之间，当 $\mathrm{distance}(c_i, c_j)$ 为 0，即两个实体完全一样时，相似度为 1；而当 $\mathrm{distance}(c_i, c_j)$ 趋于无穷大，即两个实体完全不一样时，相似度则趋近于 0。

在实现证据文本与法规文本之间的语义匹配时，我们构建了基于卷积神经网络（convolutional neural network，CNN）和 LSTM 模型的联合深度神经网络。CNN 卷积层能高效提取文本的局部特征；LSTM 循环层能捕捉长程依赖语义。两者层次堆叠，形成对文本关联性建模的混合网络结构。我们利用法律专家标注出证据和法规文本之间的逻辑关联，作为监督训练网络模型的参数。最终模型学会预测新出现的证据和法规文本之间匹配的程度，通过匹配关联将两者连接，用以丰富证据链中证据和法规间的语义链接关系。

4. 基于文本挖掘方法实现证据的标准化

针对构建标准化的案件证据模板，我们收集了大量真实的典型环保案例，包含了各类证词、报告、证言等文本证据。其中，对证言证据，我们通过法律和司法领域的专家，依据多年从业经验，提炼出证言证据文本中蕴含的关键信息点，比如当事人姓名、地址，以及所陈述的重要事实等，并以结构化的字段形式定义了证言证据文本的标准模板。对于检验报告类证据，我们研读大量案例报告，依法规要求提取报告类型、检测方法、检出指标等结构化内容要点，形成了统一的报告证据模板。各类文本证据的结构化模板，我们使用 JSON（JavaScript object notation，JavaScript 对象标记）格式表示，存储入 MongoDB 等 NoSQL（not only structure query language(SQL)，非结构化查询语言）数据库，构建规范的案件证据模板文库。

在对新输入的文本证据进行结构化处理时，运用自然语言处理技术实现信息抽取与转换。以证言文本为例，模型可以自动进行中文分词、词性标注、命名实体识别等初步语言分析，接着基于语义角色标注，识别出"谓词-宾语"构成的陈述要点，最后依据模板的字段，提取并填充关键信息，输出标准化的结构化证言证据。报告和其他证据文本也是类似的处理流程。这样，新输入的非结构化文本证据可以转化为程序可读的 JSON 格式数据，与证据模板库中模型格式一致，为下一步的证据链构建奠定基础。

在构建证据链时，我们将标准化的结构化证据文本作为计算对象，针对大批历史案例，运用 Apriori 等关联规则挖掘算法，识别出证据文本之间频繁共现的关联模式，这些模式反映了不同证据间存在的潜在证明关系。Apriori 算法是一种用于关联规则挖掘的经典算法，主要用来发现大数据集中各种项集之间的频繁模式，以及这些项集之间可靠的关联规则，在案件证据分析的场景中，可以用来发现不同证据之间的关联模式，过程如下。

1）频繁项集的生成

支持度（Support）：一个项集在所有交易中出现的频率。

$$Support(X) = \frac{Transactions containing X}{Total Transactions}$$

其中，Transactions containing X 为包含特定项集 X 的案件的数量，这些案件中都出现了项集 X 所包含的所有证据文本；Total Transactions 为所有案件的总数，是计算支持度的分母，用于确定一个项集在整体数据集中的相对出现频率。

频繁项集：支持度大于或等于最小支持度阈值（minsup）的项集被认为是频繁项集。利用支持度递减的性质来逐层筛选频繁项集，从而提高效率。

2）关联规则的导出

一旦找到了频繁项集，接下来从这些项集中生成关联规则。关联规则表示为$A \rightarrow B$，意味着当 A 发生的时候，B 也发生的可能性。

置信度（Confidence）：一个规则的可靠性指标，表示在 A 出现的情况下，B 也同时出现的条件概率。

$$\text{Confidence}(A \rightarrow B) = \frac{\text{Support}(A \cup B)}{\text{Support}(A)}$$

提升度（Lift）：一个规则的强度指标，表示 A 和 B 一起出现的概率与 A 和 B 单独出现的概率之比。

$$\text{Lift}(A \rightarrow B) = \frac{\text{Confidence}(A \rightarrow B)}{\text{Support}(B)}$$

如果提升度大于 1，表示 A 和 B 的出现有正相关关系；如果等于 1，表示 A 和 B 相互独立；如果小于 1，表示 A 和 B 的出现有负相关关系。

3）规则评估和筛选

通过上面产生的关联规则，使用置信度、提升度等指标对其进行评估和筛选，只有那些满足最小置信度阈值（minconf）和其他指标要求的规则才会被选取作为有用的关联规则。

可以在案件证据中识别出那些经常一起出现的证据项集，以及基于这些频繁项集构建的可靠关联规则，这些规则可以帮助法律专家更好地理解证据之间的潜在关系。

3.3.2 基于智能语义的证据清单式指引设计及可信度评估

1. 基于智能语义的证据清单式指引设计

在构建证据的可信度评估模型时，我们采用了先进的自然语言表示模型BERT 作为编码器。针对不同类型的文本证据，比如检验报告、证词等，我们基于 BERT 框架构建了新的评估目标模型，其中加入了 BiLSTM 循环神经网络层，以建模证据语义之间的依赖关系。我们收集并标注了大量的已审结环保案例，标注其中的各文本证据是否被采信，以此作为模型训练的数据集。利用监督模型学习到对可信证据和不可信证据进行区分的表示特征。此外，依据域内专家的验案经验，我们预先设置了不同类型证据语义内容可信度评价的分值区间，这些区间对应不同的采信程度。

在针对新输入的证据进行评估时，我们使用训练好的模型提取证据文本的语义特征向量，基于距离计算其与可信向量表示的相似度，得到证据的可信度分值。最后根据预设的分值区间，判断证据的采信程度，可分为"高度可信""较可信""欠可信"等三个等级。按照级别将新证据输出分类汇总，形成不同可信度的证据清单，为后续的证据综合评判与采信提供依据。

在生成证据采信指引时，我们设计了一个基于语义模板的自动生成系统。输入为模型评估输出的证据可信度分值，根据分值的区间范围，系统中的模板库会匹配预先定义好的对应策略指引。这些指引以"如果-则"的条件语义规则形式保存，最后解析成自然语言描述输出。例如对采信度较低的检验报告类证据，系统会自动匹配和生成指引语义，提示后续的标准化操作。我们定义了覆盖不同证据类型、可信度水平的所有情况的指引模板库，实现对证据采信程度差异化处理的智能化指导。

2. 构建生态环保类案件证据指引可信度评估专家数据集

首先，我们需要构建具有可信度标注的生态环保类案件证据指引数据集，用于训练评估模型。其次，通过收集大量已审结的典型案例，邀请法律及环保领域的资深专家，依托他们的专业知识和复审经验，对案例中的各项证据文本、照片、视频等进行可信度标注，标注其支持事实的真实程度。同时，标注证据之间的逻辑关系，形成证据关联网络。所有标注工作都需要经过多人校验，确保标注质量。构建的可信度案例数据集，包含丰富的证据样本，标注准确，可支持后续评估模型的训练。图 3-14 为证据可信度评估过程。

3. 证据指引语义内容的可信度评分模型

我们构建基于神经网络的证据指引语义内容可信度评分模型。该模型通过证据的语义特征输入、多层非线性转换，最终输出一个 0 到 1 的可信度分值。构建的数据集带有人工标注的可信度标签，可监督训练模型参数，优化特征转换与打分的针对性。重点优化对语义不实的证据误导性的检测准确率。训练好的打分模型，可评估证据指引支持事实的真实性程度。

基于神经网络的证据指引语义内容可信度打分模型主要由以下几部分组成。①输入层：该层接收模型的输入，即证据的语义特征。这些特征可能包括文本中的词频、词频-逆文档频率（term frequency-inverse document frequency，TF-IDF）得分、词嵌入表示等。使用这些特征可以捕捉到证据内容的语义信息。②隐藏层：这是神经网络中的核心部分，由若干层非线性转换组成。每一层都由多个神经元组成，每个神经元对输入进行加权求和，然后通过一个非线性激活函数（如 ReLU、

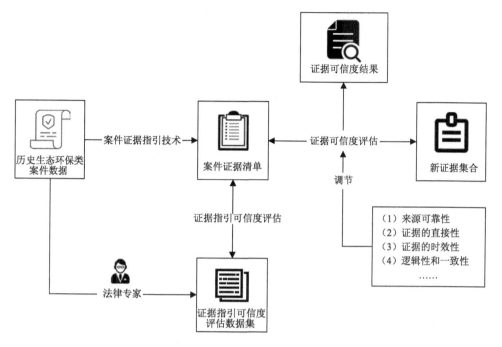

图 3-14　证据可信度评估过程

sigmoid 或 tanh 等）进行转换。这些非线性转换可以捕捉到输入特征之间的复杂交互和非线性关系。③输出层：输出层接收来自隐藏层的信息，并生成最终的输出，即证据的可信度分值。这个分值通常是通过 softmax 函数或者 sigmoid 函数转化成 0 到 1 之间的值，代表证据的可信程度。

首先，模型接收输入特征并通过隐藏层进行处理，每个隐藏层都对输入进行非线性转换并传递到下一层。其次，输出层将最后一层隐藏层的输出转化成可信度分值。在训练过程中，模型通过优化算法（如梯度下降等）不断调整隐藏层中的权重和偏置，以最小化模型的预测分值与人工标注的可信度标签之间的差距。这个过程也被称为反向传播。经过足够多次的训练迭代后，模型将逐渐学会从证据的语义特征中提取出对判断其可信有用的信息，并据此生成准确的证据指引可信度分值。

将得到的证据指引清单与专家评估数据集作对比，通过证据类型相似度来计算证据指引可信度：

$$\text{Credibility}(A,B) = \frac{\alpha \times \text{Cosine}(V_a, V_b) + \beta \times \text{Semantic}(A,B) + \gamma \times \text{Structural}(A,B)}{\alpha + \beta + \gamma}$$

其中，V_a 和 V_b 分别为文本 A 和 B 的 TF-IDF 或词嵌入向量；$\text{Cosine}(V_a, V_b)$ 为 A 和 B 的标准余弦相似度；$\text{Semantic}(A,B)$ 为 A 和 B 基于深度学习模型 BERT 得到的语

义相似度；Structural(A,B)为 A 和 B 的结构相似度；α、β、γ 为权重因子，用于调整各个相似度分数的贡献度，其值通常由经验决定或通过机器学习训练得出。

4. 通过证据指引计算证据可信度

符合可信度条件的证据指引可以用于评估新输入案件证据集的可信度，对于一个新输入的证据集合，其包括证据 $X=\{X_1,X_2,\cdots,X_n\}$，用于评估的证据指引为 $Y=\{Y_1,Y_2,\cdots,Y_m\}$，通过将新输入的证据集合与证据指引进行对比，计算相似度，如果相似度高，则证据的可信度高。对于得到的证据可信度，为避免仅仅从相似度单一维度来评判证据可信度，这里还会使用多个变量来调节最后的证据相似度结果，比如来源可靠性、证据的直接性、证据的时效性、逻辑性和一致性等因素，使证据的可信度结果更为准确地反映证据能反映的真实情况。

$$\text{Score}(X,Y)=\frac{\sum\left(w_i\times\text{Similarity}(X_i,Y_i)\times\text{Reliability}(S_i)\times\text{Timeliness}(T_i)\times\text{Directness}(D_i)\right.}{\sum w_i}$$
$$\left.\times\text{Consistency}(C_i)\times\text{Logicality}(L_i)\right)$$

Similarity(X_i,Y_i)表示新输入的证据 X_i 与证据指引 Y_i 之间的相似度，使用增强的余弦相似度计算。

Reliability(S_i)表示证据来源的可靠性，这是一个评分，反映了该证据来源信誉的高低，关于来源可靠性评分我们通过以下公式计算：

$$\text{Reliability}(S_i)=\frac{\sum k\left[\alpha k\times\text{Gk}\left(\text{Fk}(S_i)\right)\right]+\gamma\times H\left(I(S_i),J(S_i)\right)}{\sum m\left[\beta m\times\text{Em}\left(\text{Rm}(S_i)\right)\right]+\delta\times T(S_i)+\varepsilon}$$

其中，$\sum k\left[\alpha k\times\text{Gk}\left(\text{Fk}(S_i)\right)\right]$ 为多个子项的和，其中每个子项是特征函数 $\text{Fk}(S_i)$ 经过非线性转换 Gk 后，乘以权重参数 αk；$\text{Gk}\left(\text{Fk}(S_i)\right)$ 为对第 k 个特征进行某种非线性变换（如指数、对数或多项式）的函数；$H\left(I(S_i),J(S_i)\right)$ 为高阶函数，表示两个特征函数 $I(S_i)$ 和 $J(S_i)$ 之间的交互，可能是它们的乘积或者其他更复杂的相互作用；γ 为 H 函数前的系数，用于调整其影响力；$\sum m\left[\beta m\times\text{Em}\left(\text{Rm}(S_i)\right)\right]$ 包含不同的特征函数 $\text{Rm}(S_i)$ 和转换函数 Em 并乘以权重参数 βm；$\delta\times T(S_i)$ 是一个基于特征函数 $T(S_i)$ 的项并乘上权重参数 δ；ε 为为了防止分母为零而添加的一个小的正常数。

Timeliness(T_i)表示证据的时效性，反映了证据是否是最新的，或者在多大程度上与当前案件相关。Timeliness(T_i)的概念可以被认为是信息、数据或证据的时效性，这对于许多决策过程是至关重要的。设计一个 Timeliness 指标计算方法：

$$\text{Timeliness}(T_i) = \frac{\lambda \times \text{UrgencyFactor}(T_i) + (1-\lambda) \times \text{RecencyScore}(T_i, \tau)}{1 + \text{Drearnalit.Al}} + \text{InverseUpdateFrequency}(T_i, \phi)$$

其中，$\text{UrgencyFactor}(T_i)$ 衡量信息的时效性，例如，与案发时间越近，证据有效的机会越大；$\text{RecencyScore}(T_i, \tau)$ 根据信息发布时间和当前时间的差值 τ 来计算最近性得分。$\text{InverseUpdateFrequency}(T_i, \phi)$ 根据信息源的更新频率 ϕ 的倒数来考虑其对时效性的影响，更新频率低的信息源对时效性的贡献应该更小；λ 为一个介于 0 和 1 之间的权重系数，用于平衡紧急性因素和最近性得分的重要性。$1 + \text{Drearnalit.Al}$ 是用于调整或归一化计算结果的一个偏置项。

$\text{Directness}(D_i)$ 表示证据的直接性。$\text{Directness}(D_i)$ 指标旨在衡量证据与待评估问题的直接相关程度。这个指标的设计可以围绕以下概念。①证据类型：直接证据（如原始数据）和间接证据（如经过推断的或次级来源）的区别。②证据强度：证据支持结论的力度。③证据链长度：从证据到结论需要经过多少个中介步骤或推论。④关联度：证据与评估问题的相关性程度。基于这些概念，使用以下公式来计算 Directness：

$$\text{Directness}(D_i) = \frac{\text{EvidenceTypeScore}(E_i) \times \text{EvidenceStrength}(E_i)}{1 + \text{EvidenceChainLength}(E_i)} + (1 - \text{Relevance}(E_i))$$

其中，$\text{EvidenceTypeScore}(E_i)$ 为一个简单的二值函数，直接证据为 1，间接证据为某个小于 1 的值；$\text{EvidenceStrength}(E_i)$ 可能会根据专家评估或者基于既定标准的分数来定量化；$\text{EvidenceChainLength}(E_i)$ 为根据证据到结论的逻辑步骤数来计算的整数；$\text{Relevance}(E_i)$ 为基于文本分析、专家评分或其他相关度量方法得出的概率值，介于 0（不相关）到 1（完全相关）之间。

$\text{Consistency}(C_i)$ 表示证据与其他证据的一致性，若证据与其他证据相矛盾，则其一致性评分较低。为了评估 $\text{Consistency}(C_i)$，即证据之间的一致性，我们需要一种方法来量化证据之间的相互协调程度。以下是一个用于计算特定证据项 D_i 一致性得分的可能公式：

$$\text{Consistency}(C_i) = \frac{\text{AgreementScore}(D_i) - \text{DisagreementPenalty}(D_i)}{\text{TotalEvidenceCount} - 1}$$

其中，$\text{AgreementScore}(D_i)$ 为用于计算证据项 D_i 与所有其他证据项达成一致的程度，这可能涉及比较证据之间的相似性、相关性或支持同一结论的程度；$\text{DisagreementPenalty}(D_i)$ 为用于量化证据项 D_i 与其他证据项发生冲突的程度；$\text{TotalEvidenceCount}$ 为参与比较的总证据数量。

为了实施这种方法，先进行证据预处理：收集并分类所有相关证据，确定证据之间的相互关系和对比点。对于每个证据项，评估其与其他所有证据项的一致性。识别并评估与证据项 D_i 矛盾的证据，并给予适当惩罚。对每个证据项，计算最终的一致性得分，并进行标准化，以便在不同的证据集中进行比较。

　　这个过程中还需要依赖专家知识或自动化的文本分析和逻辑推理算法来确定证据之间的关系。由于高质量的证据之间的一致性比低质量的证据更重要，因此还需要对证据进行质量评估。一致性评估的结果可以用于辅助决策过程，通过识别证据的共同力量和弱点来提高决策的信心。

　　Logicality(L_i) 表示证据的逻辑性，评估证据内容是否具有逻辑合理性。需要对证据内容进行深入分析，以判断其是否合乎逻辑规则和推理原则。通过自然语言处理技术来识别证据中的论点（claim）、理由（reason）、后果（consequence）等关键组成部分，并建立其结构关系。再应用论证挖掘（argument mining）技术来提取论证结构，包括支持和反对的论据，并分析它们之间的逻辑联系。最后通过预定义的逻辑规则和推理框架（如谓词逻辑、模态逻辑等）来检查证据内容中的声明是否自相矛盾或存在逻辑谬误。

　　w_i 表示每个证据的权重，可以根据证据的重要性进行调整。

　　通过以上过程得出证据可信度评估结果，为证据显示的事实提供可信度验证，为法院和当事人提供有效的证据指引。

3.4　生态环保类案件智能辅助审判技术

3.4.1　基于事理图谱的类案检索方法

1. 问题背景

　　深化司法责任制综合配套改革、全面落实司法责任制，是新一轮司法体制改革的重要任务。健全和完善类案检索机制，是落实司法责任制要求、促进司法公平公正、规范法律适用统一的一项重要保障。类案检索旨在从以往案例中找到与待办案件具有相似的案件事实、争议焦点等问题的案例，从而辅助法官对当前待办案件进行一系列的案情分析和审判工作，以维护法律判决的公正性。

　　近年来，随着司法工作与新一代信息技术的深度融合发展，基于深度学习的文本挖掘技术可以从案件文书中捕捉文本的关键要素，有针对性地进行类似案例的检索和筛选。但是，传统的类案推送方法和系统存在关键要素信息挖掘不准确、类似案例推送不精准等问题，从而严重影响方法或系统在辅助法官进行司法分析和判决过程中的实用性，尤其是在生态环保类案件的处理过程中表现得更为明显。

生态环保类案件具有更为复杂的案件要素，其案情一般错综复杂，不同因素之间的因果关系相互关联，主体之间的利益关系重叠交织，给生态环保类案件的案情分析和类案推送带来了一定的挑战，传统的类案推送方法和系统已无法满足当前生态环保类案件的司法判定需求。

2. 类案检索模型构建

本节针对生态环保类案件关联烦琐、推送不精准、法官审理效率低等问题，在法律文本的事件抽取算法的基础上，提出了利用文书中的事件形成子句级事件图，进一步构建篇章级事理图谱，并引入了 TextRank 算法分配节点权重，最终提出基于事理图谱的类似案件匹配方法（图 3-15）。

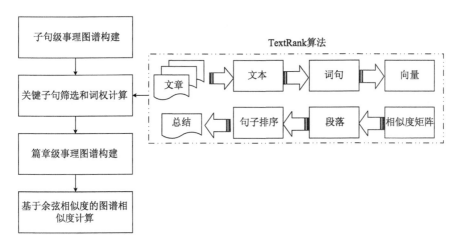

图 3-15　类案匹配流程图

1）子句级事理图谱构建

一份判决书文本包含了许多事件，但是与案情描述最相关的事件往往只是少数，并且过多的事件会影响核心事件的提取，因此核心事件的筛选也成了必要的工作。本节引入 TextRank 算法来对文本信息进行处理，以抽取重点内容。计算方法如下：首先将文书按照各类标点进行分割，得到多个子句；其次使用 Jieba（结巴）分词对子句进行分词操作并引入停用词表去除子句中的停用词；最后以子句为节点构建多边形图，如果两个子句之间有词语重合，则将两个子句进行连接。

边权初始化公式如式（3-29）所示：

$$\text{Score}(V_1, V_2) = \frac{\left|\text{In}(V_1, V_2)\right|}{\left|U(V_1, V_2)\right|} \tag{3-29}$$

其中，V_1 和 V_2 为子句所转换的节点；$\mathrm{Score}(V_1, V_2)$ 为 V_1 和 V_2 有词语重合时连接两个节点的边的初始权重大小；$\left|\mathrm{In}(V_1, V_2)\right|$ 为两个节点中词语重合的数量；$\left|U(V_1, V_2)\right|$ 为两个节点所包含的词语总数。

假设，一份文书中包括如下四句话。

（1）"被告人高××明知邵伯湖处于封湖禁渔期。"

（2）"多次伙同被告人吴××在扬州市泰安镇山河村邵伯湖泰安水域（万福闸北侧）实施电捕鱼行为。"

（3）"经江苏省高宝邵伯湖渔政监督支队认定。"

（4）"被告人高××、吴××系在高宝邵伯湖水域进行电鱼。"

去除停用词后，子句"被告人/高××/明知/邵伯湖/处于/封湖/禁渔期"与子句"被告人/高××/吴××/高宝/邵伯湖/水域/进行/电鱼"两句话中共有 15 个词语，两个子句中的重合词有"被告人""高××""邵伯湖"三个词，则可以得知该节点连接边的初始权重值为 3/15（图 3-16）。

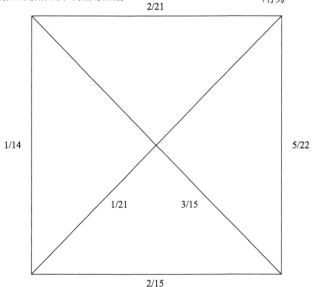

图 3-16　子句级事理图谱示例

2）关键子句筛选和词权计算

按照子句级事理图谱的节点连接方式和权重分配方式可以得知，描述案情主要内容的部分应处于事理图谱的中心位置。为此，本节将通过计算各个子句的中心度，通过中心度排名，选择前 1/3 的子句作为关键句。先使用 TextRank 演算节点权重，根据算法对词语的权重进行更新，并依据词语权重来更新连接两个词语的边的权重。

TextRank 算法起源于 PageRank 算法，在 PageRank 算法中，一个常见假设是，网页总是与其他网页相连接，而且一个网页越是重要，它就越可能与其他网页相连接。这可以转化为一个连接图，通过边与其他节点连接的节点越多，它们就越重要。PageRank 算法通过迭代演算图节点权重，来获得相应网页的权重，计算方法如下所示：

$$S(V_i) = (1-d) + d \times \sum_{V_j \in \mathrm{in}(V_i)} \frac{1}{\left| \mathrm{out}(V_j) \right|} S(V_j) \tag{3-30}$$

其中，$S(V_i)$ 为网页 V_i 在经过一次迭代之后的权重。d 为阻尼系数，一般取 0.85。在有向图中，$\mathrm{in}(V_i)$ 为经过一根线指入网页 i 的网集合，$\left| \mathrm{out}(V_j) \right|$ 为网页 j 通过一根线指出的网页个数；在无向图中，$\mathrm{in}(V_i)$ 为与网页 i 存在连接的网页集合，$\left| \mathrm{out}(V_j) \right|$ 为与网页 j 相连的网页个数。$S(V_j)$ 为本轮调整前网页 V_j 的权重。

TextRank 算法更适合处理各类文本信息，先将文书转译为多边形图，每个图节点代表一个词语。本节的目的是提取关键子句，所以在本节中图节点指代一个子句。其迭代方式与 PageRank 算法有所区别，如下：

$$\mathrm{WS}(V_i) = (1-d) + d \times \sum_{V_j \in \mathrm{in}(V_i)} \frac{\omega_{ij}}{\sum_{V_k \in \mathrm{out}(V_j)} \omega_{jk}} \mathrm{WS}(V_j) \tag{3-31}$$

与 PageRank 不同，TextRank 算法的图是一个无向图，因为出现在同一窗口的词是通过滑动窗口连接的。此外，对子句的权重进行度量，以选择关键子句。因此，在本节中，TextRank 算法被稍作修改，即文本中的子句被视为节点。换言之，在本节中，子句被视为节点，而当两个子句中因为存在相同的词语而连接时即可视为窗口滑动。之后的演算依据 TextRank 演算过程进行。在式（3-31）中，$\mathrm{WS}(V_i)$ 是节点 V_i 本轮调整后的权重值。参数 d、$\mathrm{in}(V_i)$ 和 $\mathrm{out}(V_i)$ 的意义与 PageRank 公式类似，但是由于 TextRank 算法的连接边构成的是无向循环图，如 V_i 的指入节点集合（即 $\mathrm{in}(V_i)$）和指出节点集合（即 $\mathrm{out}(V_i)$）是一样的。ω_{ij} 代表节点 V_i 与节点 V_j 的边的权重，ω_{jk} 代表连接节点 V_j 与节点 V_k 的边的权重，边的权重由节点权重计算得出。

利用 TextRank 算法对节点权重进行迭代的具体步骤如下。

（1）初始化：将各图节点的随机权重设置为 1，各个词语的随机权重也设置为 1，一条边的权重是重叠词的数量与该边所连接的两个节点中的总词数之比。

（2）计算图谱中的节点权重。

（3）将新的权重替代每一个词的权重，词语 ω_i 的权重计算公式为

$$\text{Score}(\omega_i) = \frac{\sum\limits_{k \in \text{Contain}(\omega_i)} \text{Score}(V_k)}{\log\left(\dfrac{\sum\limits_{k \in \text{All}(V)} \text{Score}(V_k)}{\sum\limits_{k \in \text{Contain}(\omega_i)} \text{Score}(V_k)}\right) \times |\text{All}(V)|} \tag{3-32}$$

其中，$\text{Score}(\omega_i)$ 为单词 ω_i 的权重分数；$\text{Contain}(\omega_i)$ 为包含 ω_i 的节点集合；$\text{Score}(V_k)$ 为节点 V_k 的权重分数；$\text{All}(V)$ 为全部节点；$|\cdot|$ 为集合中的元素个数。

（4）根据更新的词语权重，再次利用式（3-33）计算边的权重。

（5）迭代（2）～（4）步直至收敛。

（6）获取图谱中的节点权重和词语权重，利用词权计算边权的方法，如式（3-33）所示：

$$\text{Score}(V_1, V_2) = \frac{\sum\limits_{\omega_i \in \text{Intersection}(V_1, V_2)} \text{Score}(\omega_i)}{\sum\limits_{\omega_i \in \text{Union}(V_1, V_2)} \text{Score}(\omega_i)} \tag{3-33}$$

其中，$\text{Score}(V_1, V_2)$ 为连接节点 V_1 和 V_2 的边的权重。

在确定了节点权重后，将从最高到最低的节点权重进行排名。前 1/3 的子句被称为关键子句。同时，所产生的节点和词的权重保留下来，以初始化将要创建的篇章级事理图谱的节点和边的权重。

3）篇章级事理图谱构建

构建子句级事件多边形，具体来说，以触发子句级事件的词和事件论元为节点，并以此子句级事件多边形作为篇章级事理图谱的构建基础。以触发词为中心，事件论元围绕其周围，连接成一个具有中心节点的循环图。比如子句"被告人高××、吴××系在高宝邵伯湖水域进行电鱼"中抽取论元"被告人""高××""吴××""邵伯湖"，抽取触发词"电鱼"。首先将"电鱼"与"被告人""高××""吴××""邵伯湖"进行连接，然后将"被告人""高××""吴××""邵伯湖"等词语按文中表述顺序将其进行连接。按照上文所述的绘制方法，如果一个事件具有 n 个事件论元，则该事件表示为一个具有中心节点的 n 边形。

在此基础上，本节对法律文本进行数据清洗、预处理、关键子句抽取、事件抽取等工作，并结合事件之间的关系进行抽取，每一份判决书都可能存在不同的特点，每份事理图谱都会对案情要点进行囊括，如作案动机、作案时间、作案工具、作案对象等事件论元。示例判决书构建的篇章级事理图谱样例如图 3-17 所示。

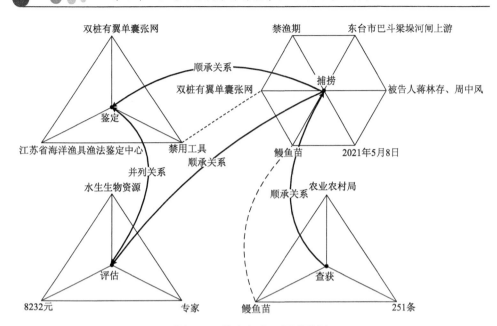

图 3-17 篇章级事理图谱样例

4）基于余弦相似度的图谱相似度计算

由于创建的篇章级事理图谱清楚地反映了文章中事件之间的联系，因此可以对图节点进行排序，选择那些指代篇章级事件的节点。一篇文章中最重要的事件理应与文书中其他事件有关。因此，当用图表示时，处于图核心的事件节点应该有更多与其他事件的连接。在节点中心性测量中，图中节点的权重代表它在图中的重要性，即它是否可以作为中心事件的代表。在这项研究中，图中节点的权重是用 TextRank 算法进一步计算的。在确定了节点的权重后，图中的节点根据下列指标分为两类：①权重最高的三个触发词；②权重最高的三个事件论元。

将从两份文本 A 和 B 中抽取的词语按出现顺序排成两个核心事件词序列 $a_1, a_2, \cdots, a_n$（a 序列）与 $b_1, b_2, \cdots, b_n$（b 序列）。计算 a 序列中的每一个词与 b 序列中的每一个词两两词向量之间的余弦相似度，并绘出余弦相似度矩阵，如图 3-18 所示。其中，ba_{max} 是 b_2 行余弦相似度的最大值，ab_{max} 是 a_3 列的余弦相似度的最大值。找出每一行的 ba_{max} 和每一列的 ab_{max}，将所有的 ba_{max} 求和得到每行最大值的和 b_{sum}，将所有的 ab_{max} 求和得到每列最大值的和 a_{max}。根据式（3-34）计算出加权平均值 avg。

$$avg = \frac{\dfrac{b_{sum}}{b_{size}} + \dfrac{a_{sum}}{a_{size}}}{2} \tag{3-34}$$

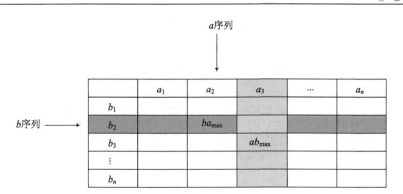

图 3-18　余弦相似度矩阵图

其中，b_{size} 为组成文本 B 的图谱节点数量；a_{size} 为组成文本 A 的图谱节点数量；b_{sum}/b_{size} 为文本 B 中的每个词相对于文本 A 的平均相似度；a_{sum}/a_{size} 为文档 A 中的每个词相对于文档 B 的平均相似度。由相似度进行排序，作为类案推荐依据。

3. 实验设置

1）数据描述

本节实验所需的文书数据均来自中国裁判文书网，利用爬虫技术所爬取的初始文书为 143 652 份，包含滥伐林木罪、盗伐林木罪、非法捕捞水产品罪等。经过统计得知，有 70% 以上的文书长度在 5000 字以内，为了保证实验的统一性以及尽可能排除一些客观因素的影响，本文利用 Excel 选取了文本长度控制在 2000~5000 字范围内的判决书。由于除了文本长度外仍存在一些不符合要求的文本，如裁定书、调解书以及其他类别的不符合罪名的文书等，因此对语料进行了二次筛选，经过两次筛选后可用的文书为 48 064 份。

2）对比方法

本实验使用三种基线模型作为本节相似度匹配方法的对比。其中，TF-IDF 是一种常见的加权方法，在文本捕获和信息检索中经常被用作评估文本或语料库中词语重要性的一种统计方法。对测试集中的文本原文利用 Jieba 进行分词、去停用词等操作后，形成一份词表，计算词表中所有词相对于每份判决书的 TF-IDF 值，进而得出词语-篇章矩阵。MI-Cosine 是一种基于互信息与余弦相似度的相似度算法。其主要步骤为取得测试集中原文并去停用词、分词后，计算文本中剩余词语的互信息，并依据互信息大小排列，选择前 1/5 的词语组成集合。首先计算两份文本词集合内词语的词向量，其次得出两份文本两两词向量之间的余弦相似值，把所有相似值求和后取平均并设置阈值，根据阈值判断相关性。TextRank-Cosine 是 TextRank 算法与余弦相似度的结合，将文本中的词语放入

TextRank 算法中得出对应的词语权重，并将其依照权重大小排列，取前 1/5 的词语组成集合，首先计算两份文本词集合内词语的词向量，其次得出两份文本两两词向量之间的余弦相似值，把所有相似值求和后取平均并设置阈值，根据阈值判断相关性。

3）评价指标

本实验的模型评价指标采用了多分类中常见的评价指标体系，分别是测试集上的精确率（precision，P）、召回率（recall，R）以及 F1 值（F1）。以上评价指标定义如下。

精确率是指模型预测为正例的样本中，实际为正例的比例。它衡量的是模型预测的正例中有多少是真正的正例，即模型的准确性。召回率是指实际为正例的样本中，被模型预测为正例的比例。它衡量的是模型成功预测出所有真正正例的能力，即模型的覆盖率。F1 值是精确率和召回率的调和平均，它综合考虑了两者的性能。

4）参数设置

在实验的事件提取过程中，关键子句的选择阈值为 1/3，使用文本排序算法计算和转换节点权重，触发词和事件元素的选择阈值被设定为 3。测试集构建中选择了 1/2 的文本对，余下的用于确定方法中的关键阈值。这样的构建方式旨在验证方法的有效性。本实验的计算机平台及参数如表 3-7 所示。

表 3-7　实验环境

环境要素	版本
操作系统	Windows 11（22000.376）
CPU（central processing unit，中央处理器）	Intel i9 10900K
GPU（graphics processing unit，图形处理单元）	GeForce RTX 3090
语言	Python 3.8
平台	PyTorch 1.7.1
CUDA（compute unified device architecture，计算统一设备体系结构）	CUDA 11.0
分词工具	Jieba

4. 实验分析

本实验形成了司法事件类型表和人工标注规则，并引入了事件之间的关系，以此为基础构建了人工标注的数据集。结合人工标注的数据，使用自动标注和评估机制，实现了事件要素标注数据集的扩充，使用关键率（key rate，KR）来估计论元对一类事件的重要性，并抽取了相关案件中的事件，在此基础上针对提取的事件构建了子句级事件多边形，使用了图谱与图谱之间相似度认定的算法，最后以图形相似度来决定文本之间的相似度，计算精确率、召回率、F1值等性能指标，以全面比较各方法的表现。

用人工+ED 训练的 DMCNN（dependency-based multi-channel convolutional neural network，基于依存关系的多通道卷积神经网络）取得了较高的性能（表3-8）。这表明自动生成的标记数据可以有效地扩展人类注释的训练数据。

表 3-8　自动评估结果对比

方法	触发词识别-F1	论元识别-F1
DMCNN+ED	72.3	57.6
DMCNN+人工+ED	74.3	63.3

人工+KR 在两个阶段都取得了最好的性能（表3-9），这表明了 KR 方法的有效性。

表 3-9　不同指标下的结果

方法	触发词-F1	论元-F1
人工	0.69	0.54
人工+RS	0.70	0.55
人工+ER	0.70	0.54
人工+KR	0.71	0.58

注：RS 为规则筛选（rule-based selection），ER 为实体识别（entity recognition）

观察图 3-19 可知，其性能曲线随着子句比例的上升呈上升趋势，但是当选择子句比例达到 1/3 时，其性能趋于平衡。而随着子句比例的继续增加（60%），其性能又呈现下降趋势。这是因为随着所选子句数量的增加，更多代表文本中心事件的子句被选为计算文本之间相关性的特征。因此，随着所选子句数量的增加，文本相关性计算结果的准确性也逐渐提高。当选择了一定数量的子句，即 3/10 或更多时，大部分与文本中心事件相关的词汇已经能被很好地覆盖。且由图 3-19 可知，性能在 3/10 至 4/10 之间已经较为稳定，为方便截取，进一步选取 1/3 作为子句的留存比例。也因此，文本相关性计算结果的准确性不会随着所选子句数量的增加而进一步提高。然而，如果所选子句的数量增加到 7/10，那么在这一点上有噪声信息的子句数量就会增加，F1 值就会下降。

图 3-20 中的性能曲线也与图 3-19 类似，随着词语数量的上升，性能曲线开始往上走，直到词语数量为 3 时趋于稳定。同样地，在词语数量达到 6 时，由于包含了许多无关信息，性能曲线开始出现下降趋势。

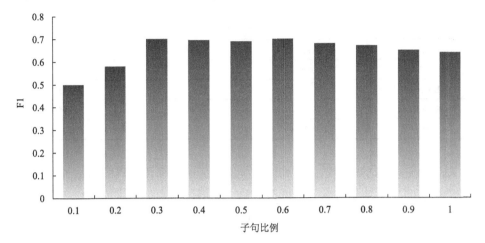

图 3-19　选择不同比例的子句下的性能图

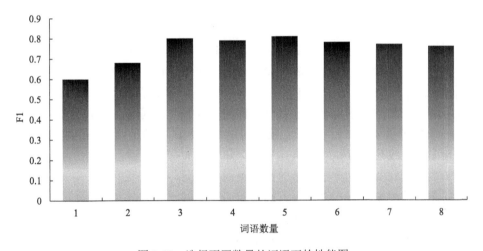

图 3-20　选择不同数量的词语下的性能图

　　本实验的方法在给定的阈值下获得了优于其他方法的结果，在精确率和召回率上都能获得不错的结果，F1 值是所有方法中最高的（表 3-10）。其中，TF-IDF 计算出词频–逆文档频度值得到了最能代表文本的部分词语，然而这种方法所抽取的词语可能全部是事件触发词或者事件论元，难以把握各事件的关系，因此其精确率和召回率都不高。而 MI-Cosine 和 TextRank-Cosine 引入了余弦相似度，因此在考虑相似词导致的相关事件上有一定的贡献，但是这些方法穷举了所有词语，难免引入无关信息。

表 3-10   篇章级事件相似性的准确度

方法	精确率	召回率	F1 值
TF-IDF	50.97%	11.26%	0.18
MI-Cosine	65.32%	32.25%	0.43
TextRank-Cosine	66.31%	47.21%	0.55
本实验方法	77.83%	44.54%	0.56

综上所述，本实验通过人工构建细类别来编制篇章级事理图谱，可以较为全面地考虑文本中所述事件及其之间的关系，所选择的指标词语也能较好地作为篇章级事理图谱的代表，从而得出了各方法中最好的篇章级事理图谱相似性结果。

3.4.2   基于多视角双反馈 CNN 模型和类不平衡学习的司法判决预测方法

1. 问题描述

对于每一个裁判文书的事实描述 A，将其分词为单词序列 $A = \{a_1, a_2, \cdots, a_l\}$，$l$ 是单词的数量，将 A 输入多视角双反馈 CNN，输出司法判决的预测结果 $z = \{z_1, z_2, z_3\}$，其中 z_1 是法条推荐结果，z_2 是罪名预测结果，z_3 是刑期预测结果，该任务解决的是一个给定不平衡训练数据的多标签学习问题。其中，每一个标签 z_j 都有不同的类别集 Z_j，以罪名预测结果 z_2 为例，相应的类别集为非法侵入住宅罪、非法吸收公众存款罪、盗窃罪等，其数量共有上百种。同时，对于法条推荐和罪名预测任务，其存在显著的数据类别不平衡、数据类别繁多和类别间易混淆等问题，给模型学习带来了极大的挑战。针对以上挑战，本节设计了一种法条推荐任务、罪名预测任务和刑期预测任务的联合学习模型。具体来说，提出了一种关键特征增强（key feature enhancement，KFE）的特征提取方法，将词语依赖信息融入 CNN 得到的文本特征，从而得到更全面的混合语义特征；通过多视角双反馈神经网络高效利用任务之间的拓扑依赖关系进行预测；提出一个类平衡损失函数（balance loss function）L_{blf}，在交叉熵损失的基础上附加了自适应类纠正损失（class rectification loss）L_{crl}，从而通过对少数类进行充分挖掘来最小化多数类的主导效应。为了便于表述，将法条推荐、罪名预测和刑期预测分别定义为任务1、任务 2 和任务 3。

2. 司法判决预测模型构建

1) 多视角双反馈神经网络框架设计

由于法官判案过程总是遵循着法条、罪名和刑期的顺序，因此司法判决预测任务之间存在着拓扑依赖关系并可以形成两个有向无环图，如图 3-21 所示。基于此依赖关系，MPBFN（multi-perspective based bi-feedback network，基于多视角双反馈网络）利用一个多视角的前向预测和后向验证框架，有效验证了多个任务之间的拓扑依赖关系。具体来说，图 3-21 中实线 $\text{FP}(i, j)$ 表示后序任务 j 综合前序任务 i 的知识[前向预测（forward prediction）]，$\text{BV}(i, j)$ 表示后序任务 j 对于前序任务 i 的验证[后向验证（backward verification）]。例如，对于任务 1 法条推荐，任务 1 的模型会关注到文本特征中与法条推荐有关的内容，并且生成 $\text{FP}(1,2)$ 和 $\text{FP}(1,3)$ 对任务 2、任务 3 进行影响。相反，对于任务 2 罪名预测，该任务会生成 $\text{BV}(2,1)$ 验证任务 1 的结果是否合适。同时，因为不同任务将会有不同的预测、验证结果以及关注事实的不同部分，对其进行联合建模，可以得到更准确的结果。

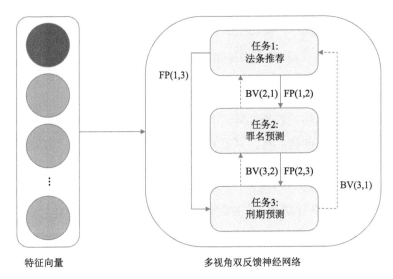

图 3-21　拓扑结构图

图 3-22 展示了 MPBFN 的基本架构。以任务 1 为例说明该神经网络的流程，将通过编码后的事实向量 f 和关键特征 EC 输入任务 1 的 FC 层（全连接神经网络层），将得到的 fc_1 用于提供信息给任务 1、任务 2 和任务 3 的多视角层。任务 1 的多视角层会整合任务 1 的 fc_1、任务 2 的 $\text{BV}(2,1)$ 信息的和任务 3 的 $\text{BV}(3,1)$ 信息。将整合后的隐藏向量通过 softmax 层进行映射，得到任务 1 的预测结果 y_1，其过程可以由式（3-35）表示：

$$y_1 = \text{softmax}\left(f\left(\text{BV}(2,1), \text{BV}(3,1), \text{fc}_1; \theta_{1m} \right) \right) \tag{3-35}$$

其中，θ_{1m} 为任务 1 的多视角层的参数；$f(*)$ 为多视角层函数；fc_1 为 fact_1 和 ect_1 经过任务 1 的 FC 层得到的，由式（3-36）表示：

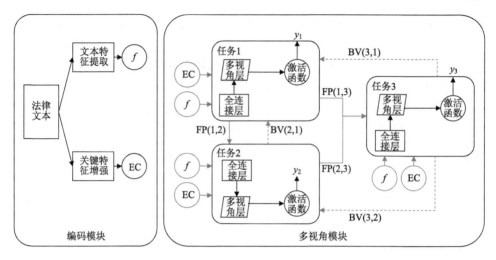

图 3-22　多视角双反馈神经网络结构图

$$fc_1 = elu\left(Wm \cdot \left(ect_1 \oplus fact_1\right) + bm\right) \tag{3-36}$$

其中，Wm 为神经网络的权重矩阵；bm 为偏置向量；$\oplus$ 为矩阵加法；ect_1 为基于注意力机制的语义向量，其计算方式如式（3-37）所示：

$$ect_1 = \sum_{i=1}^{n} \alpha_{1,i} ec_i \tag{3-37}$$

其中，$\alpha_{1,i}$ 为针对任务 1 的第 i 个搭配词的注意力系数，其具体计算公式为

$$\alpha_{1,i} = \frac{\exp\left(\tanh\left(Wa_1 \cdot ec_i\right)^{\mathrm{T}} \cdot fact_1\right)}{\sum\limits_{k} \exp\left(\tanh\left(Wa_1 \cdot ec_k\right)^{\mathrm{T}} \cdot fact_1\right)} \tag{3-38}$$

其中，Wa_1 为任务 1 神经网络的权重矩阵；$fact_1$ 为事实向量 f 经过神经网络得到的向量，计算方式如下：

$$fact_1 = h_1\left(f; \theta_1\right) \tag{3-39}$$

其中，$h_1(*)$ 为神经网络函数；θ_1 为该函数的参数。

$BV(2,1)$ 是 $fact_2$ 和关键特征 ect_2 经过任务 2 的 FC 层得到的，由式（3-40）所示：

$$BV(2,1) = h_2\left(fact_2, ect_2; \theta_2\right) \tag{3-40}$$

其中，$h_2(*)$ 为任务 2 神经网络层的函数；$fact_2$ 的处理过程类似 $fact_1$；θ_2 为神经网络层的参数。同理，$BV(3,1)$ 也由类似的方式得到。

该方法只考虑到在类平衡或轻度类不平衡的数据集的情况，而在实际案件审判过程中往往会出现不常见的罪名和法条，导致模型在实际应用过程中效果不理

想；另外，司法中存在"抢劫罪""抢夺罪"等定义相似的易混淆罪名，针对类别间易混淆问题，没有深入学习关键特征和挖掘类别间的差异，将导致效果进一步降低。为此，针对司法判决预测领域中的极度数据不平衡、类别间易混淆等问题，本节提出一种基于关键特征增强的特征提取方法，通过基于语法依赖信息的关键特征增强算法提取事实向量的词语搭配特征，以区分易混淆类别；并在模型训练时提出一种少数类平衡损失函数 L_{bln}，通过强化少数类、易混淆类别的边界，以最大化区分少数类与多数类，同时进一步加大易混淆类别之间的差别。

2）关键特征增强

考虑到现有方法难以提取易混淆类别之间的关键特征，本节提出了一种基于语法依赖信息的关键特征增强算法，以增强 CNN 提取的特征。首先，利用预训练后的词嵌入算法获取案件描述文本（裁判文书中的事实描述部分）的向量表示，通过 CNN 来生成案件描述向量的文本特征。其次，通过所提出的基于数字语义信息和语法依赖信息的关键特征增强算法得到文本的词语搭配特征。最后，将文本特征和词语搭配特征输入到 MPBFN 的神经网络中进行融合。

根据输入的案件描述向量 $A = \{a_1, a_2, \cdots, a_l\}$，通过词嵌入算法将每个词 a_i 转换成其词向量 x_i，同时得到案件描述矩阵 X，其中 $X = \{x_1, x_2, \cdots, x_l\}$。

将案件描述矩阵 X 作为输入，通过 CNN 的卷积层和池化层来生成案件描述矩阵的文本特征。首先，通过卷积矩阵 W_c 进行卷积运算，卷积层滑动窗口的长度为 h，具体计算过程如式（3-41）所示：

$$c_i = W_c \cdot x_{k:k+h-1} + b_c, \quad k \in [1, l-h+1] \tag{3-41}$$

其中，$x_{k:k+h-1}$ 为由案件描述矩阵中 x_k 向量到 x_{k+h-1} 向量拼接得到的矩阵；b_c 为偏置向量。通过对每个滑动窗口进行卷积运算，得到特征映射矩阵 C，$C = \{c_1, c_2, \cdots, c_{l-h+1}\}$。

其次，对 C 的每一维度进行最大池化运算。最终，将池化运算结果拼接得到案件描述矩阵的文本特征表示 f（$f = \{f_1, f_2, \cdots, f_m\}$）。

法律案件中存在诸如"抢劫罪"和"抢夺罪"等定义相似的易混淆罪名，所以当事实描述相似时，若未能关注到易混淆罪名之间的关键区别特征，模型容易将类别误分成相似的罪名。刑期预测任务也存在类似情况，例如，"王某偷窃 100 元和 10 部手机"和"王某偷窃 100 部手机和 10 元人民币"，子句具有相似的分词结果，但现实生活中刑期惩罚却完全不同。所以缺失对搭配信息的关注将严重影响模型预测的精确率。基于此，本节提出一种基于数字信息和语法依赖信息的关键特征增强算法，提取案件描述中的词语搭配信息，以提升预测任务的精确率。

关键特征增强算法主要由数字语义信息的提取和词语搭配信息的嵌入两部分组成。

（1）数字语义信息的提取。首先，将每一个数字 i 转换成按位表示的向量 $\mathrm{dig}_i = \{\mathrm{dig}_{i,\mathrm{ln}}, \mathrm{dig}_{i,\mathrm{ln}-1}, \cdots, \mathrm{dig}_{i,1}\}$。其中，$\mathrm{dig}_{i,1}$ 代表数字 i 的个位，$\mathrm{dig}_{i,2}$ 代表数字 i 的十位，其他位的含义以此类推。当数字 i 小于 ln 位时，不存在的位用零填充；大于 ln 位时，将高位丢弃。其次，提取的数字通过数字嵌入层（神经网络）进行映射，将映射结果进行拼接。具体的计算过程如式（3-42）所示：

$$\mathrm{num}_i = \mathrm{num}_{i,\mathrm{ln}} \oplus \mathrm{num}_{i,\mathrm{ln}-1} \cdots \oplus \mathrm{num}_{i,1} \tag{3-42}$$

其中，$\mathrm{num}_{i,j}$ 为 $\mathrm{dig}_{i,j}$ 经过嵌入层得到的向量，即 num_i 是 dig_i 的嵌入向量。为了方便计算，设 num_i 的向量维数等于词嵌入的维数。

将拼接后的数字向量进一步地通过神经网络进行融合，如下所示：

$$\mathrm{ns}_i = g\left(\mathrm{num}_i; \theta_e\right) \tag{3-43}$$

其中，θ_e 为神经网络的参数；$g(*)$ 为数字嵌入层的函数，同时设置激活函数为 tanh。

（2）词语搭配信息的嵌入。通过 Stanza 工具从事实向量中获取词语搭配序列 COL，$\mathrm{COL} = \{\mathrm{col}_1, \mathrm{col}_2, \cdots, \mathrm{col}_n\}$，其中 $\mathrm{col}_i = \left(\omega_{i,1}, \omega_{i,2}\right)$，$\omega_{i,1}, \omega_{i,2}$ 代表了事实语句中的两个词。将提取的搭配通过嵌入层映射成语义向量，从而得到搭配向量 $\mathrm{ecol}_i = \left(\mathrm{ew}_{i,1}, \mathrm{ew}_{i,2}\right)$ 和句向量 $\mathrm{ECOL} = \{\mathrm{ecol}_1, \mathrm{ecol}_2, \cdots, \mathrm{ecol}_n\}$，其中 ecol_j 是搭配词语 col_j 的嵌入向量，当需要嵌入的向量为数字时，将嵌入方法替换为数字语义信息的嵌入方法。

如图 3-23 所示，ECOL 向量中单词向量 $\left(\mathrm{ew}_{i,1}, \mathrm{ew}_{i,2}\right)$ 的融合是通过带有自注意力机制 BiLSTM 的网络完成的，其向量可以由式（3-44）得到：

$$\mathrm{ec}_i = \left(\overrightarrow{h_1} + \overrightarrow{h_2} + \overleftarrow{h_2} + \overleftarrow{h_1}\right) \Big/ 4 \tag{3-44}$$

图 3-23　带有自注意力机制的 BiLSTM

$\overrightarrow{h_j}$ 是 LSTM 的正向隐藏向量，$\overleftarrow{h_j}$ 是 LSTM 的反向隐藏向量。单词搭配向量 ec_i 组成子句向量 EC，$\mathrm{EC} = \{\mathrm{ec}_1, \mathrm{ec}_2, \cdots, \mathrm{ec}_n\}$。最后，将子句的词语搭配向量 EC 和文本特征 f 作为 MPBFN 的输入。

3）少数类平衡损失目标函数

考虑到任务训练过程中存在训练数据极度不平衡的现象，本节提出了一个新颖的损失函数 L_{blf}，使用类纠正损失函数 L_{crl} 矫正由标准交叉熵（cross-entropy）L_{ce} 损失函数导致的模型偏差。该损失函数通过加强少数类的决策边界，同时直接在特征空间中最大化其区分边界来达到修正的效果，其具体形式为

$$L_{\text{blf}} = \alpha L_{\text{crl}} + (1-\alpha) L_{\text{ce}} \tag{3-45}$$

其中，α 为用来表示类别不平衡程度的一个参数，其具体公式为

$$\alpha = \eta \Omega_{\text{imb}} \tag{3-46}$$

给定不同的单个类数据样本大小，Ω_{imb} 是每个类别所需要的数据样本的最小百分比数，以便在训练数据中形成平衡的类分布，η 是一个独立超参数，由网格搜索算法进行参数估计。

L_{crl} 是类间相对比较函数。首先，为了充分利用少数类别样本，将每个少数类样本 $x_{a,j}$ 定义为三元组 T，即 $T = \left\{ (x_{a,j}, x_{+,j}, x_{-,j})_1, (x_{a,j}, x_{+,j}, x_{-,j})_2, \cdots, (x_{a,j}, x_{+,j}, x_{-,j})_k \right\}$，$x_{+,j}$ 是类别为 j 中的难分正样本（错分成负样本的正样本），$x_{-,j}$ 是类别为 j 中的难分负样本（错分成正样本的负样本），$j \in \{1, 2, \cdots, n\}$。$k$ 为网格搜索得出的超参数。其次，根据三元组来计算类纠正损失函数 L_{crl}，具体计算公式如下：

$$L_{\text{crl}} = \frac{\sum_T \max\left(0, m_j + d(x_{a,j}, x_{+,j}) - d(x_{a,j}, x_{-,j})\right)}{|T|} \tag{3-47}$$

其中，m_j 为属性的类边界，通常使用固定的间隔值，$m_j = 0.5$；$d(\cdot)$ 为两个样本之间的距离计算公式，$d(\cdot)$ 中样本与难分正样本的计算公式和样本与难分负样本的计算公式不同，如下所示：

$$d(x_{a,j}, x_{+,j}) = \left| p_{a,j} - p_{+,j} \right|, \quad d(x_{a,j}, x_{-,j}) = \left| p_{a,j} - p_{-,j} \right| \tag{3-48}$$

其中，$p_{*,j}$ 为模型对于 $x_{*,j}$ 在目标类别 j 上得到的结果分数。因此，样本与难分正样本将会具有相似的预测分数，而且样本与难分负样本的距离会渐渐地接近边界 m_j。

任务1和任务2的损失函数中引入不平衡数据自适应学习机制，为少数类别分配更多权重，为多数类别分配更少的权重，确保了对于少数类的正确分类。将任务1、任务2、任务3的类纠正损失函数相加作为总体损失函数，如下所示：

$$\text{Loss} = \lambda_1 \left(\alpha_1 L_{\text{crl}1} + (1-\alpha_1) L_{\text{ce}1} \right) + \lambda_2 \left(\alpha_2 L_{\text{crl}2} + (1-\alpha_2) L_{\text{ce}2} \right) + \lambda_3 L_{\text{ce}3} \tag{3-49}$$

其中，λ_j 为任务 j 的权重因子。实验中，$\lambda_1 = \lambda_2 = \lambda_3 = 1$。

4）多视角双反馈 CNN 的算法流程

本节所提出的多视角双反馈 CNN 主要可以分成三部分，即文本特征提取、多视角双反馈神经网络和少数类平衡算法。

第一部分是文本特征提取，包含使用 CNN 作为编码器获取事实语义的嵌入 f；通过基于数字信息和语法依赖信息的关键特征增强算法获取词语的搭配特征 COL，以期望从初始的事实文本中获得全面的语义信息。将编码模块的特征提取结果作为多视角双反馈神经网络的输入。

第二部分是多视角双反馈神经网络，将编码模块所提取的 f 和 COL 分别输入多视角双反馈神经网络的任务 1、任务 2、任务 3 模块的 FC 层中，各任务的多视角层中都会整合自身 FC 层的输出和其他任务所提供的 FP、BV 信息，最后通过 softmax 激活函数输出任务 1、任务 2 和任务 3 的预测结果。结合相关前序和后序任务的信息，获得更加准确的预测结果。

第三部分是少数类平衡算法，基于少数类平衡损失函数 L_{blf} 进行模型训练，其通过类纠正损失函数 L_{crl} 矫正由标准交叉熵损失函数 L_{ce} 导致的模型偏差，更多地关注少数类以及类间距离，以更好地学习少数类和易混淆类的特征，提升整体案件的预测效果。

本节通过端到端的方式训练所涉及的模型，利用 Adam 优化器作为本节模型的优化器，并利用 Dropout 策略来防止模型的过拟合。

3. 实验结果分析

为了使机器学习训练前预设的超参数值有好的效果，通常需要使用一些方法来确定超参数值，比如：网格搜索、贝叶斯优化和随机搜索等，采用网格搜索来获得较优的超参数。将数据集分为训练集和测试集，训练集是学习的样本，用于确定模型中的各项系数，一般占样本的 80%；测试集用于测试模型的泛化能力，采用样本的 20% 作为测试集，用来衡量模型学习的效果。

如图 3-24 所示，本节使用网格搜索来确定超参数 η、k 的取值。同时为了避免数据随机性的影响，对每种参数组合进行五折交叉验证，并取平均值作为最终结果，取最优结果的参数组合作为超参数。

本节根据相关算法设计及参数设置，在经过处理后的数据集上进行实验验证，主要实验包括在 CAIL-Small 和 CAIL-Big 上的模型测试实验、少数类平衡损失函数 L_{blf} 的有效性实验、模型训练效果实验、模型适应性实验以及模型消融实验。表 3-11 和表 3-12 给出了各个算法在数据集 CAIL-Small 和 CAIL-Big 的表现。从表 3-11 可知，除了 FLA 模型具有较低的法条推荐和罪名预测的准确度之外，其

参数网络

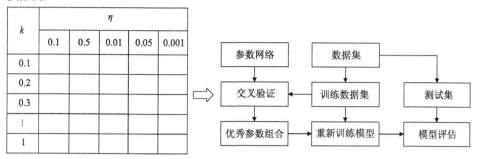

图 3-24 网格搜索算法

余基线模型都具有高于 80%的指标值,说明达到了基本的预测效果,其中 MPBFN 在基线模型中表现得最好。但是所有基线模型的 MP、MR、F1 值普遍偏低,说明模型对于不常见罪名预测、法条推荐的效果很差。对比基线模型,本节所提出模型在法条推荐任务和罪名预测任务的最佳成绩的准确度分别提升了 1.6%和 1.3%,其 MP 值分别提升了 13%和 13.1%,综合成绩 F1 值分别提升了 5.6%和 4.7%,说明模型能够很好地辨别少数类,同时降低了整体预测的错误率。对于刑期预测任务,预测结果的 MP 和 F1 值分别提升了 23%和 8.5%。同时,发现基于多任务联合训练和考虑任务拓扑结构的模型,如本节提出的模型和 MPBFN,性能普遍优于单独训练的模型(如 FLA、HAN、CNN)。对比表 3-11 和表 3-12,各模型在 CAIL-Big 数据集上的表现普遍优于在 CAIL-Small 数据集上的表现,这是由于 CAIL-Big 上的数据集更加充分。同时,本节所提出的模型在 CAIL-Big 数据集上测试的结果也普遍具有优势,尤其是 MP、MR、F1 值有显著提升,表明了模型具有很好的泛化能力。

表 3-11 CAIL-Small 测试结果

预测 模型	法条推荐				罪名预测				刑期预测			
	Acc	MP	MR	F1	Acc	MP	MR	F1	Acc	MP	MR	F1
FLA	77.5%	72.4%	72.0%	71.4%	75.3%	75.8%	73.8%	73.2%	38.2%	31.0%	30.0%	29.9%
HAN	81.5%	78.5%	77.3%	77.5%	79.6%	83.4%	80.1%	80.6%	38.8%	36.5%	32.6%	32.7%
CNN	82.7%	80.0%	68.1%	70.3%	81.5%	81.6%	69.1%	71.6%	38.8%	37.2%	32.3%	31.3%
MPBFN	86.0%	83.2%	82.4%	82.2%	84.6%	83.6%	81.5%	82.5%	40.1%	40.6%	36.9%	38.9%
本节提出的模型	87.6%	90.2%	85.5%	87.8%	85.9%	90.7%	82.0%	86.2%	40.5%	45.1%	35.2%	39.6%

注:MP 为宏精确率(macro precision),MR 为宏召回率(macro recall),FLA 为事实法律注意力(fact-law attention),HAN 为分层注意力网络(hierarchical attention network)

表 3-12　CAIL-Big 测试结果

预测模型	法条推荐				罪名预测				刑期预测			
	Acc	MP	MR	F1	Acc	MP	MR	F1	Acc	MP	MR	F1
FLA	85.4%	75.3%	72.5%	73.8%	85.6%	78.4%	73.8%	76.1%	46.3%	50.5%	40.9%	45.2%
HAN	85.4%	85.6%	72.1%	78.2%	85.8%	87.6%	78.8%	83.2%	44.4%	48.4%	41.2%	44.5%
CNN	86.4%	85.3%	73.7%	79.1%	86.7%	86.4%	80.7%	83.9%	45.3%	47.6%	40.1%	43.7%
MPBFN	89.3%	86.6%	77.3%	81.6%	89.9%	87.8%	82.6%	85.1%	50.9%	52.5%	44.3%	48.0%
本节提出的模型	91.1%	93.5%	81.6%	87.2%	91.3%	93.7%	81.7%	87.4%	51.5%	57.7%	42.2%	48.7%

　　为了进一步分析模型改进的效果,并探索各个模块如何影响基线模型的性能,本节评估了各个模块单独对 MPBFN 的改进效果,将 KFE 模块(特征提取方法)、BLN 模块(类平衡损失函数)与基线 MPBFN 进行单独组合,如 MPBFN-KFE 模型只通过 KFE 算法改进 MPBFN,结果如表 3-13 所示。

表 3-13　模型消融实验

预测模型	法条推荐				罪名预测				刑期预测			
	Acc	MP	MR	F1	Acc	MP	MR	F1	Acc	MP	MR	F1
MPBFN	86.0%	83.2%	82.4%	82.2%	84.6%	83.6%	81.5%	82.6%	40.1%	40.6%	36.9%	38.9%
MPBFN-KFE	86.8%	84.3%	84.4%	84.7%	85.8%	84.9%	83.1%	84.2%	40.4%	42.2%	36.9%	40.7%
MPBFN-BLN	86.4%	86.5%	84.2%	85.3%	85.0%	86.9%	80.7%	84.8%	40.1%	40.4%	37.4%	38.7%
本节提出的模型	87.6%	90.2%	85.5%	87.8%	85.9%	90.7%	82.0%	86.2%	40.5%	45.1%	35.2%	39.6%

　　结果表明 KFE 模块、BLN 模块都对 MPBFN 基础模型性能有一定的提高,证明了各个改进的模块的有效性,并且本节模型取得了最好的效果,尤其是在 MP、MR、F1 评价指标上获得了巨大的提升,证明本节所提出的模型能提升对于少数类、易混淆类别的预测效果。

第4章　生态环保类案件态势预警及案件特征挖掘技术

生态环保类案件影响面大、成因复杂、责任界定难、证据认定难、损失评估难等特点，导致在社会治理过程中难以精准地抓住其关键问题进行有效治理。在社会运行中，法院受理的案件往往是社会矛盾的集中体现，能够反映出其中最核心、最尖锐的部分。案件数据所具备的晴雨表和风向标特性，决定了可以通过分析这些数据，揭示生态环保类案件的特征，进而预测未来的运行状况和潜在风险，支撑科学决策，助推国家治理能力现代化。然而，当前在运用案件数据助力生态环保类案件智能审判与态势预警时，存在数据挖掘手段不足与案件治理、预警需求迫切之间的矛盾，因此，亟须深入研究如何利用海量生态环保类案件数据，反映生态环保治理现状及可能出现的问题。

为此，本章通过构建生态环境类社会治理难点问题与裁判文书的关联映射模型，针对案件审判执行状况和社会治理现状进行量化分析，全面反映生态环保类案件在审判执行过程中的实际情况；此外，深入研究裁判文书深度挖掘技术，精准挖掘当事人特征与案件特征，解决当前案件特征识别率低、准确率低的问题；与此同时，构建文书实时汇聚技术，实现全国范围内生态环保类案件的实时动态监测，构建态势预警及安全风险智能识别评价体系，有效提升预警能力和风险管控水平。

4.1　社会治理问题与生态环保类案件态势及特征的关联映射模型的构建

4.1.1　社会治理难点问题

1. 全局态势

中国共产党第十九届中央委员会第四次全体会议公报提出："坚持和完善生态文明制度体系，促进人与自然和谐共生""要实行最严格的生态环境保护制度，全面建立资源高效利用制度，健全生态保护和修复制度，严明生态环境保护责任制度"①。随着我国生态环境保护进入攻坚期、关键期和转型期，以往主要依靠政府行政力量进行环境治理的模式已难以为继，需要充分利用市场机制，加强社会治理。我国环境保护部门应努力改进环境政府管制和市场调节，全面、系统、有计划、有步骤地推进环境社会治理工作，以更加有效地应对当前复杂且严峻的环境和社会形势。法院应以司法之剑护卫绿水青山，在专门化道路上不断扩大专门机构建设，继续完善环境司法专门化体系，探索案件归口审理和集中管辖，持续推动环境治理协调联动和多元共治格局；在审判改革创新上，高频率输出生态环境司法保护典型案例以加强环境资源审判裁判指引，加大对环境公共利益和环境权益保护力度。

1）审判执行评价

环境资源审判是一项长期且常态化的工作，推进环境资源审判体系和审判能力现代化并非一蹴而就，需保持历史耐心和战略定力。自 2014 年 4 月 24 日修订通过并于 2015 年 1 月 1 日起施行《中华人民共和国环境保护法》以来，我国的环境资源法治体系不断完善，为生态环境保护提供了有力的法律支持。环境资源相关的法律体系已经初步形成，当前更重要的是如何有效运用这些法律。为此，我们必须加强对环境资源审判实践的关注，以确保法律得到恰当的执行和应用。近几年，我国法院在区域性环境资源审判工作方面积极探索，尤其在优化审判资源配置、完善审判规则体系、促进矛盾纠纷化解、精准对接国家重大战略实施方面都取得了新进展和新成果，但在实践中仍存在一些问题：其一，部分区域生态司法保护在顶层制度设计和机制创新方面明显不足；其二，环境资源司法审判服务区域污染治理的成果巩固仍为难题；其三，惩罚性赔偿和环境保护禁止令制度适用问题以及有关生态环境修复事项移送实施机制问题尚未明确解决；其四，部分区域环境法治不协同，阻碍了区域内生态一体化治理及环境纠纷问题的妥善解决。这些都极有可能潜在地成为环境资源审判与区域经济协同发展的痛点、难点、堵点，需要对这些问题进行总结并提供一定视角的解决方案。

2）社会治理现状

随着经济的快速发展，人口和产业的高度聚集导致能源消耗集中、废弃物排放量加大，城市间接壤密集，各类环境问题日益突出。我国大城市及城市群普遍面临的"通病"是多种类型的环境污染并存，包括大气污染、水污染、粉尘污染、土壤污染等。这些问题主要缘于区域产业结构不合理、企业绿色发展技术储备不足，以及推动环境资源保护的体制机制不完善等，未能妥善处理区域经济发展与

---

① 《中国共产党第十九届中央委员会第四次全体会议公报》，https://www.gov.cn/xinwen/2019-10/31/content_5447245.htm，2019 年 10 月 31 日。

环境资源保护的关系。此外，城市群内的经济互动紧密，区域内的环境资源问题亟须共同应对。以长三角地区的太湖为例，它是上海、江苏和浙江等省市的重要水源地，位于江苏和浙江两省交界处，其水质保护至关重要。跨区域的环境治理不仅需要政府间的密切合作，还应更加积极地推动跨区域的司法协作，以促进各地区协同发展。最后，生态环境保护的统筹治理和源头治理亟待完善，确保经济发展和生态环境保护工作"两不误"。应从生态系统的整体性出发，统筹规划上中下游、江河湖库、干支流及两岸，推进山水林田湖草沙一体化保护与修复，注重综合治理、系统治理和源头治理。此外，还应聚焦生态环境保护的重点领域，大力推动减污降碳的重点任务。

4.1.2　案件知识体系与社会治理难点问题关系体系构建

　　面向生态环保类案件的社会治理指数体系是综合前期研究经验，参考各行业指数化研究成果，基于人民法院大数据管理和服务平台汇聚的丰富案件和文书等数据资源，并结合行政区人口规模、地区生产总值、金融存款余额、民用汽车量、旅游人次等经济侧数据设计完成的。面向生态环保类案件的社会治理指数体系共设置五项二级指标，分别为"环境资源行政风险指数"、"环境资源刑事犯罪指数"、"环境资源民事纠纷指数"、"环境资源平安社会指数"和"生态文明司法指数"（表 4-1）。

表 4-1　面向生态环保类案件的社会治理指数体系

一级指标	二级指标	三级指标
社会治理指数	环境资源行政风险指数	环资行政纠纷防控风险指数
		环资行政违法防控指数
		环资行政赔偿风险指数
		环资行政滥诉防控指数
	环境资源刑事犯罪指数	环境污染指数
		生态损害指数
		资源开发利用指数
		气候变化指数
	环境资源民事纠纷指数	人格权纠纷指数
		物权纠纷指数
		合同纠纷指数
		知识产权纠纷指数
		海事海商纠纷指数
		侵权责任纠纷指数

续表

一级指标	二级指标	三级指标
社会治理指数	环境资源平安社会指数	环资公共安全指数
		环资妨碍司法犯罪防控指数
	生态文明司法指数	环境污染治理指数
		生态保护指数
		资源合理开发利用指数
		环保执法风险防控指数

1. 环境资源行政风险指数

设置依据：法治政府是法治中国的核心。党的十九大报告明确提出，我国要在 2035 年基本建成法治政府①。环境资源行政风险指数就是从司法的角度丈量法治政府的进度，记录地方政府法治运行轨迹。主要内容包括环资行政纠纷防控风险指数、环资行政违法防控指数、环资行政赔偿风险指数和环资行政滥诉防控指数。

衡量标准：以生态环保相关行政案件、行政赔偿案件的成讼率以及行政不予立案率为衡量标准。

2. 环境资源刑事犯罪指数

设置依据：全国各级人民法院在环境资源刑事审判当中，严格坚持罪刑法定原则，落实无罪推定，贯彻宽严相济刑事政策，不断加大对污染环境、破坏生态等犯罪行为的惩治力度，有效地震慑了潜在的犯罪者，实现了特殊预防和一般预防的统一，不仅有力地维护了国家的生态环境和自然资源的安全，还充分保障了人民的环境权，实现了对山水林田湖草沙全方位的保护，为推动可持续发展提供了有效的司法助力，充分实现了政治效果、法律效果、社会效果、生态效果的有机统一。因此，环境资源刑事犯罪的设置就是从司法大数据的视角审视全国各级人民法院依法公正审理案件、促进生态环境改善和资源高效利用的司法理念。该指数主要包括环境污染指数、生态损害指数、资源开发利用指数和气候变化指数。

衡量标准：以环境资源相关刑事罪名、环境资源相关关键词为检索口径，通过关键词与案由/罪名相结合的方式检索裁判文书，以相关案件的发案率、刑罚、刑期等信息为衡量标准。

---

① 引自 2017 年 10 月 28 日《人民日报》第 1 版的文章：《决胜全面建成小康社会 夺取新时代中国特色社会主义伟大胜利》。

3. 环境资源民事纠纷指数

设置依据：近年来，人民法院积极践行"两山"理念，协同推进经济高质量发展与生态环境高水平保护，不断加强环境资源民事案件审判工作，严格贯彻损害担责、全面赔偿原则，依法追究污染环境、破坏生态行为人的民事责任，促进资源高效节约、合理利用，服务绿色低碳循环发展，助力产业结构优化升级，切实保障人民群众的人身、财产和环境权益，为生态文明建设提供坚强有力的民事司法保障。环境资源民事审判具有案件类型日趋多样、保护范围日渐广泛、责任承担形式日趋多元、预防和修复理念日趋深入等特点。因此，环境资源民事纠纷指数主要包括人格权纠纷指数、物权纠纷指数、合同纠纷指数、知识产权纠纷指数、海事海商纠纷指数和侵权责任纠纷指数。

衡量标准：以涉及环境资源相关的商事案件的发案率以及商事案件的平均审理周期为衡量标准。

4. 环境资源平安社会指数

设置依据：党的十九大报告中明确提出"建设平安中国，加强和创新社会治理，维护社会和谐稳定，确保国家长治久安、人民安居乐业"[①]。平安中国建设，归根结底就是要建设一个民众能够拥有安全感的社会，具体来说就是：人的身体没有受到伤害、人的心理没有受到损害、人的财产没有受到侵害、人的社会关系没有受到迫害、人的生存环境没有发生灾害。因此，环境资源平安社会指数主要包括环资公共安全指数和环资妨碍司法犯罪防控指数。

衡量标准：以涉及人身安全的八类暴力犯罪案件、危害公共安全案件、妨害司法犯罪案件的发案率为衡量标准。

5. 生态文明司法指数

设置依据：党的二十大报告明确提出，要大力推进生态文明建设，推动绿色发展，促进人与自然和谐共生[②]。对此必须加大生态系统保护力度，改革生态环境监管体制。因此，设置了环境污染治理指数、生态保护指数、资源合理开发利用指数和环保执法风险防控指数。

衡量标准：以资源和环境保护为主体的行政案件量，以及违反自然资源保护

① 引自 2017 年 10 月 28 日《人民日报》第 1 版的文章：《决胜全面建成小康社会 夺取新时代中国特色社会主义伟大胜利》。

② 引自 2022 年 10 月 26 日《人民日报》第 1 版的文章：《高举中国特色社会主义伟大旗帜 为全面建设社会主义现代化国家而团结奋斗》。

（包含植物、动物、矿产资源等）和污染环境（包含水污染、大气污染、噪声污染、土壤污染、电子废弃物污染等）一审案件的成讼率或发案率为衡量标准。

4.1.3　数值计算模型建立

第一步，从最高人民法院授权使用的全国法院案件和文书数据中获取数据，案件数据每日更新，文书数据为 $T+1$ 更新。通过人民法院大数据管理和服务平台，将汇聚的案件数据进行镜像同步，确保计算结果的真实性和时效性。对于指数项中涉及的常住人口数据，主要依托第七次全国人口普查数据，其他经济社会相关数据则来自各地的统计公报。根据每个指标的计算方法，得出每个被评估对象的具体数值。第二步在设置合理区间时，运用"前沿距离算法"（ $DTF=(W-D)/(W-F)$ ），其中， D 表示评估对象， W 表示最差值， F 表示最优值。前沿水平值越接近 0，表现越差；前沿水平值越接近 1，表现越好。第三步是进行合理区间设置。首先，将所有地区的前沿水平值按从大到小进行排名，运用反映数据分布特征的概率密度函数，取上、下四分位点对应的值进行合理的区间划分；其次，对评估地区的前沿水平值进行区间定位。该方法能够更准确地反映各地区之间的真实差距，帮助评估地区找到与先进地区之间的差距并改进工作方法。同时，避免设定具体的指标目标值，以免出现为追求高数据而陷入"唯数据论"的现象。在具体评估过程中，先计算出所有与本地对比的地区的指标值，并选取表现最优的地区作为最优值，即 F ；表现最差的地区作为最差值，即 W 。随后，通过前沿距离算法算出被评估地区的前沿水平值。

以评估生态文明司法指数为例，环保执法风险防控指数和生态保护指数旨在通过司法大数据评估环保执法的效果以及生态环境保护的防控情况。具体以资源和环境保护为主体的行政案件量，以及违反自然资源保护（包含植物、动物、矿产资源等）和污染环境（包含水污染、大气污染、噪声污染、土壤污染、电子废弃物污染等）一审案件的成讼率或发案率为衡量标准。基于此衡量标准，需提取的特征包括案件类型、案由、审级、地区、审理法院、收案时间、结案时间等案件结构化信息，以及通过文书解析获取的涉动物情况、涉植物情况、涉矿产资源情况、涉污染物情况、原告类型、被告类型等非结构化信息。以河北省 2023 年前三季度为例，环保执法风险防控指数和生态保护指数的计算结果如下。

1. 环保执法风险防控指数

2023 年前三季度河北环保执法风险防控指数为 24.22，前沿水平值为 0.58，处于合理范围。环保执法风险防控指数是通过每百万人新收的一审环境资源行政案件发案量来度量的。该指数越低，意味着环保执法风险防控效果越好。2023 年前三季度，河北环保执法风险防控指数如表 4-2 所示。

表 4-2　2023 年前三季度河北环保执法风险防控指数情况表

项目	案件量/件	指数值（成讼率）	前沿水平值	结果	参考范围
数值	1807	24.22	0.58	合理	[0.47,0.77]

河北环保执法风险防控指数始终较好，如图 4-1 所示。

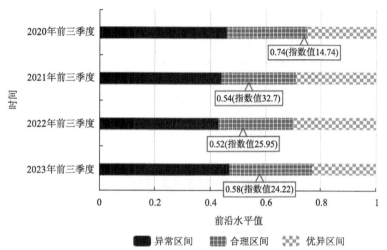

图 4-1　河北环保执法风险防控指数前沿水平值同比及所处区间情况图

2023 年前三季度河北各地环保执法风险防控指数中，张家口市（6.31）、邢台市（12.80）和承德市（13.71）等地成讼率较低，风险较低，涉资源和环保管理行政案件量较少，排名参见表 4-3。

表 4-3　2023 年前三季度河北各地环保执法风险防控指数情况表

地区	案件量/件	常住人口/万人	指数值（成讼率）
张家口市	26	411.89	6.31
邢台市	91	711.11	12.80
承德市	46	335.44	13.71
石家庄市	162	1123.51	14.42
秦皇岛市	50	313.69	15.94
邯郸市	177	941.4	18.80
沧州市	142	730.08	19.45
衡水市	121	421.29	28.72
保定市	321	924.26	34.73
廊坊市	246	546.41	45.02
唐山市	363	771.8	47.03
雄安新区	62	120.54	51.43

2. 生态保护指数

2023 年前三季度河北生态保护指数为 7.83，前沿水平值为 0.76，处于合理范围。生态保护指数是通过每百万人新收的一审破坏生态环境民事及刑事案件发案量来度量的。该指数越低，意味着生态保护效果越好。2023 年前三季度，河北生态保护指数如表 4-4 所示。

表 4-4　2023 年前三季度河北生态保护指数情况表

项目	案件量/件	指数值（成诉率）	前沿水平值	结果	参考范围
数值	584	7.83	0.76	合理	[0.51,0.84]

河北生态保护指数始终较好，如图 4-2 所示。

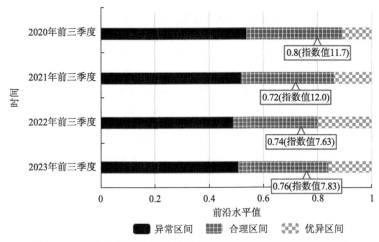

图 4-2　河北生态保护指数前沿水平值同比及所处区间情况图

2023 年前三季度河北各地生态保护指数中，衡水市（2.85）、邯郸市（3.51）、雄安新区（4.15）等地成诉率较低，风险较低，涉破坏生态资源类一审民事及刑事案件量较少，排名参见表 4-5。

表 4-5　2023 年前三季度河北各地生态保护指数情况表

地区	案件量/件	常住人口/万人	指数值（成诉率）
衡水市	12	421.29	2.85
邯郸市	33	941.4	3.51
雄安新区	5	120.54	4.15
张家口市	20	411.89	4.86

续表

地区	案件量/件	常住人口/万人	指数值（成讼率）
廊坊市	32	546.41	5.86
邢台市	46	711.11	6.47
沧州市	55	730.08	7.53
秦皇岛市	24	313.69	7.65
唐山市	70	771.8	9.07
石家庄市	117	1123.51	10.41
保定市	111	924.26	12.01
承德市	59	335.44	17.59

4.2　基于案情理解的海量裁判文书特征深度挖掘技术

4.2.1　海量裁判文书的数据预处理

1. 文本挖掘概述

文本挖掘又称为文字探勘等，其目的是从海量的文本数据中抽取事先未知的、易于理解且具有利用价值的知识，并将这些知识以更优的形式进行组织，用于决策或预测等场景。通过分类以及预测等方法，可以生成高质量的信息。文本挖掘通常涉及对输入文本的处理过程，包括对文本进行分析、派生语言特征的提取、杂音消除处理，最终将数据转化为结构化形式，存入数据库，再对凝练出的高质量结果进行评价和解释，最后输出成果。高质量的文本挖掘通常指的是挖掘文本深层次的某种组合的相关性、新颖性和趣味性。

典型的文本挖掘方法包括文本分类、文本聚类、概念或实体挖掘、生产精确分类、观点分析、文档摘要、学习已命名实体之间的关系等。文本分析包括信息检索、词典分析等，主要来研究词语的频数分布、模式识别、标签、信息抽取，数据挖掘技术包括链接和关联分析、可视化和预测分析。从本质上讲，文本挖掘的首要任务是通过自然语言处理技术和分析方法，将文本转化为数据进行深入分析。

从 20 世纪 50 年代起，学者就开始尝试将数据挖掘的焦点转移到文本数据上，探索如何从文本中提取隐含的有用信息。然而，受限于当时的硬件条件和计算力的发展，文本挖掘的研究在很长一段时间内主要依赖大量的人工操作。直到 20世纪 80 年代，文本数据的挖掘工作仍然需要大量的手工干预。文本挖掘研究的关键在于如何快速处理大量非结构化或结构化与非结构化混杂的信息，并从中提取出有价值的知识，这是与纯数值型数据挖掘工作最大的区别之一。随着计算机技术的发展，特别是自然语言处理和机器学习方法的出现，文本挖掘的研究取得了新的突破。目前，文本挖掘已经融合了多学科技术，包括模式识别、数据可视化等。文本挖掘的核心仍是运用自然语言处理技术和分析方法，将文本信息转化为可用的、精炼的知识。传统的文本特征提取方法是基于文本-词的二进制表示，将文本中的所有词汇作为特征，并将每篇文档视为一个向量，构成文档与类别的二维数组。谷歌公司于 2013 年开源了 Word2Vec 工具包，这一工具利用词嵌入技术捕捉词语之间的语义关系，迅速引起了学术界和工业界的广泛关注。至今，Word2Vec 依然被广泛用于文本挖掘领域，推动了该领域的持续发展与创新。

我国学术界正式引入文本挖掘的概念并开展针对中文的文本挖掘是从最近几年才开始的，目前我国文本挖掘研究还处在消化吸收国外相关的理论和技术与小规模实验阶段，具体研究只是在某些方面和某些狭窄的应用领域展开，在技术手段方面主要是借用国外针对英文语料的挖掘技术，没有充分利用当前的中文信息处理与分析技术来构建针对中文文本的文本挖掘模型，限制了中文文本挖掘的进一步发展。中文文本的特征提取与表示大多采用"词袋"法，即提取文本高频词构成特征向量来表达文本特征，这样忽略了词在文本中担当的语法和语义角色，致使大量有用信息丢失。使用"词袋"模型处理真实中文文本数据时，产生的特征向量的维数往往是高维的，这导致挖掘算法效率大大降低。将深度学习引入文本挖掘工作中，借助人工神经网络复杂模型不仅可以有效降低维数、提高工作效率，还可将文本数据更深层次的信息挖掘出来，为文本挖掘工作提供新视角。

2. 文本情感分析

文本情感分析也称观点挖掘，是自然语言处理的重要内容之一，其主要任务是挖掘并分析人们对不同主题、属性等的观点和态度。文本情感分析的发展不仅在自然语言处理领域产生了巨大的影响，而且在受人们主观观点影响的政治、经济和社会科学领域也产生了深远的影响。文本情感分析作为一个跨学科的研究领域，受到越来越多的重视。文本情感分析的主要步骤如下。

步骤 1：将文本数据划分为训练集和测试集。

步骤 2：分别对训练集和测试集进行数据预处理。

步骤 3：对经过数据预处理后的数据进行情感抽取。

步骤 4：将抽取出的信息输入进情感分类器中进行分类。

其中，数据预处理是情感抽取的准备工作，主要进行分词、命名实体识别等。情感抽取模块主要处理输入的数据，提取输入数据的特征表示。

在情感分析领域，狭义的情感分析通常定义为对外界事物的态度，如正面、负面、中立等。在传统上，情感分析一般分为三个层次，即句子级别、文档级别、方面级别；在方法上，情感分析一般分为两种，即基于规则的情感分析技术、基于机器学习的文本情感分析技术。

基于规则的情感分析技术一般是针对文本情感分析的方法。规则包含情感词典、语义规则等。

1）基于情感词典的情感分析方法

基于情感词典的情感分析方法也可简称为词典法，此方法在实际应用中既能考虑到普通的文本数据，又能顾全颜文字、表情包等内容，具有较好的文本分析效果。情感词典法的执行过程如下。

步骤 1：输入文本并对文本数据进行数据清洗，又叫数据的预处理。

步骤 2：对预处理后的数据进行分词。

步骤 3：将情感词典中不同词性及程度的词语放入模型中进行训练。

步骤 4：根据判断规则进行情感输出。

基于情感词典的情感分析方法的核心理念是建立一个适合的情感词典，通过将文本中出现的词语扫描该词典进行匹配，从而获得对应词语的情感倾向。情感词典是一个哈希集合，里面包含标注了情感倾向的词或短语，一般由词-情感倾向或者短语-情感倾向键值对组成。情感倾向的值可以是一组离散的值，如分为积极、中性、消极三种，也可以是一系列连续的值，如从–1~1 范围内取值，规定大于 0 的值视为积极，小于 0 的值视为消极。目前，情感词典有两种主流构建方式：一种是以已有词典为基础的情感词典构建方法，另一种是以语料库为基础的情感词典构建方法。以已有词典为基础的情感词典构建方法通常是在原有情感词典的基础上进行改进或者扩充。而以语料库为基础的情感词典构建方法则是将语料库中的词进行加工，从而得到该词的情感倾向。常见的加工方法有利用词的句法关系进行情感倾向的计算、利用机器学习或者深度学习进行情感倾向的标注等。

情感词典可以看作将词语映射到其情感倾向的一种工具，最终通过一定的公式来计算出该词语的情感倾向属于哪种类型。当情感倾向为离散值时，其情感类别与情感倾向直接对应；而当情感倾向为连续值时，则需要依据情感阈值来判断词语所属的情感类别。如果我们将深度学习或机器学习模型视为一种情感词典的映射模型，那么词语的情感倾向可以通过向量来表示。词嵌入模型将词语映射为向量表示，随后通过深度学习或机器学习模型，可以将该向量映射为该词的情感类别。本质上，这个过程与情感词典的构建类似。情感词典的构建也是一种映射的过程，即建立词语与其情感倾向之间的关系。深度学习和情感词典的核心目标相同，都是通过某种方式将词语与其情感倾向进行有效的映射。

2）基于语义规则的情感分类方法

基于语义规则的情感分类方法则是使用语义间的关系来进行情感分析。首先需定义一套语义规则，比如给副词加权，副词后跟随的情感词的情感程度将会受到副词加权的影响，否定词直接取反向情感，转折词和递进词的权重需要定义等。根据这套语义规则，结合情感词典，对文本中的情感词进行加权修正，其基本的运作过程如下。

步骤 1：将文本分词。

步骤 2：获取文本中情感词的位置以及情感倾向。

步骤 3：对副词与形容词分别进行加权。

步骤 4：处理文本中的转折、递进等关系。

步骤 5：对情感值进行求和。

步骤 6：确定文本的情感倾向。

在完成数据预处理并提取特征后，便可使用机器学习算法进行情感分析。基于机器学习的情感分析方法依赖大量标注语料，通过机器学习算法建立模型，最终对数据进行分类预测，输出情感分析结果。相比于基于情感词典的方法，机器学习的方法有诸多优势。首先，它减少了对情感词典的依赖；其次，能够有效降低人力成本，减少人为的主观判断，使情感分析更加自动化和高效。

机器学习包括传统的机器学习方法和深度学习方法。两者本质上都属于情感分类问题。传统的机器学习方法需要手动提取特征，而深度学习则能够自动从数据中挖掘出情感信息，最终得出情感类别。深度学习的优势在于其能够通过复杂模型自动学习特征，减少人工干预，使情感分析更加精准和高效。常用的传统机器学习模型包括最大熵模型、随机森林、朴素贝叶斯和支持向量机等，许多学者利用这些方法取得了良好的成果。随着机器学习和深度学习技术的日益成熟，基于这些技术的情感分析研究也不断涌现。基于人工提取特征的机器学习方法主要分为有监督、半监督和自监督三类。这类方法依赖人工提取的特征作为输入，模型通过这些特征进行学习并生成分类器，进而对待测样本进行分类。在有监督学习中，特征的质量至关重要，它直接影响分类器的性能。情感分类中常见的特征类型包括基于词、句子和文章层级的特征。特征提取的优劣在很大程度上决定了模型的分类效果。

随着机器学习算法的发展，深度学习算法逐渐兴起。深度学习算法中的 CNN 和 LSTM 在情感分析中应用广泛。深度学习凭借其强大的特征提取能力、文本表示能力以及良好的扩展性，受到研究人员的高度重视。因此，在情感分析任务中，基于深度学习的方法逐渐成为研究的热点。使用神经网络进行情感分类时，基于深度学习的情感分析方法主要涉及三个任务，具体分类如下。

（1）文本表示。文本表示通常使用关键字集，在用向量表达文本时，特征提取算法基于预定义的关键字对文本中的目标词权重进行计算，形成数字向量，即文本的特征向量。

（2）目标表示。目标表示是情感分析用于表达不同情感的重要任务之一，主要任务是生成与上下文交互的向量，通常使用词嵌入方法得到目标的向量表示。

（3）情感分类。情感分类的主要目的是识别特定目标词的情感极性。例如，在句子"服务器的显卡算力充足，但使用成本昂贵"中，目标词"显卡算力"与上下文中的情感词"充足"对应，其情感极性为积极；而"价格"对应的情感词是"昂贵"，情感极性为消极。针对这类任务，通常引入注意力机制来提升情感极性识别的准确性。基于深度学习的情感分析任务，关键在于文本和目标词的表示。尽管近年来该领域受到广泛关注，但目前仍缺乏适用于多种场景的通用情感分析框架。因此，利用深度学习完成情感分析任务依然处于不断发展的阶段，有着很大的改进空间和潜力。针对不同的文本数据，不同的模型表现效果也不一样。与传统机器学习模型相比，深度学习模型的训练速度更快，也更能挖掘出文本数据更多的信息。虽然基于机器学习的模型同样需要对文本数据进行标注，但相较于词典法，机器学习法的文本标注则轻松很多，只需要对部分文本数据打上标签，放入模型中训练即可。

3. 中文分词

在获取到文本数据后，需要先进行中文分词。中文分词是将一句话拆分成独立的词汇，是自然语言处理中的基础和重要的步骤。由于中文语境丰富，同一句话采用不同的分词方法可能表达出完全不同的意思，并且中文的理解还需要结合上下文，这对计算机来说是一个不小的挑战。文本分词在文本处理中起着关键作用，直接影响实验结果。与英文文本可以通过空格分词不同，中文分词更为复杂，分词的准确性和语义理解对处理过程提出了很高要求。在特征提取和文本表示中，分词对句子的处理至关重要。分词的过程是在既定规则下，将需要分词的句子切分为词语或单词。当前常用的分词方法主要有基于字符串匹配和基于统计的分词方法。

基于字符串匹配的分词方法通过将文本中的字符串与分词词典进行比对，如果词典中存在该字符串，则进行切分，否则不切分。该方法依赖于一个庞大的分词词典，但如果词典不够完善或存在错误，分词效果将显著下降。基于统计分词的分词方法包括 N 元文法模型和隐马尔可夫模型，它们基于相邻字符的出现频率工作，通过频率大小判断字符是否属于同一个词。这类方法能够对所有字符进行全切分，属于全切分方法。在实际应用中，通常将两种方法结合使用，以提高分词的速度和准确性。

在中文情感分析研究中，最常用的分词方法是 Jieba 分词，这是一种适合中文的分词工具，并支持自定义词典。Jieba 分词的基础是统计词典。分词时，先构建前缀词典，再利用正则表达式等技术将输入文本按句子划分，结合前缀词典生成有向无环图。之后，通过动态规划算法选择概率最大的路径，得出最优的切分结果。对于词典中未匹配到的词，使用隐马尔可夫模型和维特比算法给出最佳的分词结果。

Jieba 分词有四种模式：全模式、精确模式、paddle 模式和搜索引擎模式，适用于不同场景。本章选择精确模式用于基于文本数据的情感分析，因为精确模式能够将句子进行最精确的切分，适合文本处理任务。为了避免重复的文本影响关键词提取和情感分析的准确性，需要先对文书数据进行去重处理。之后，对文本进行分词和去停用词操作，分词时选择精确模式。为提高分词效果，在分词过程中加入停用词表，自动过滤掉对研究无用的字词和符号。停用词表包括基础停用词以及文书中常见的"本院认为""判决如下"等不具情感意义的词汇。此外，为了提高分词的针对性和效果，还需补充词典。补充词典主要由法律及裁判文书中的专业术语构成，经过去重处理后形成最终的补充词典。结合补充词典和停用词表进行分词后，分词效果显著提升，更具针对性。

4. 词向量转化

1）One-hot

One-hot 编码方法也叫作独热法或一位有效编码。这个方法使用 N 个状态的寄存器对 N 个状态的词汇进行编码，并且每次只有一位是有效的。编码通常用二进制向量表示，即在向量中只有 0 和 1，并且特征向量中只能有一个 1，其余位置均为 0。以"生态环保相关案件"为例进行 One-hot 编码。先将这句话分词，得到"生态""环保""相关""案件"四个词汇，由于分类数量为 4，即有 4 个特征，因此每个词用一个四维向量表示。它们的 One-hot 编码分别是[1,0,0,0]、[0,1,0,0]、[0,0,1,0]、[0,0,0,1]。整个句子的矩阵表示为：[[1,0,0,0]、[0,1,0,0]、[0,0,1,0]、[0,0,0,1]]。同样地，整个句子的整体向量表示则为：[1,1,1,1]。

然而，One-hot 编码存在一些局限性。首先，它属于词袋模型，无法考虑词语顺序对语义的影响；其次，当数据特征过多时，One-hot 编码的向量长度也会随之增加，但每个句子仅包含部分特征，这会导致词向量过于离散和稀疏，使得模型的效率和表现受限。

2）TF-IDF

TF-IDF 权重算法是目前文本处理中最经典的特征权重算法之一。它由两部分组成：词频（TF）和逆文档频率（IDF）。其中，TF 用于衡量某个词语在特定文本中出现的频率，反映该词语对该文本的代表性；而 IDF 则考虑该词语在整个文档集合中的分布情况，强调词语在不同文档中的区分能力。通过将 TF 和 IDF 结合，TF-IDF 能够有效评估词语对文本的表达能力，同时满足在区分不同类别文档中的需求。常用的 TF-IDF 公式如下：

$$W_{dt} = \frac{\mathrm{tf}_{df} \times \lg\left(\dfrac{N}{n_t} + 0.01\right)}{\sqrt{\displaystyle\sum_{p=1}^{k}\left(\mathrm{tf}_{df} \times \lg\left(\dfrac{N}{n_t} + 0.01\right)\right)^2}} \qquad (4\text{-}1)$$

其中，t 为特征项；d 为文本；W_{dt} 为 t 在 d 中的权重；tf_{df} 为 t 在 d 中出现的次数；N 为语料库中 d 的总数；n_t 为文本语料库中包含的文本数；k 为文本 d 中 t 的个数。式（4-1）表明：当某个特征仅在少数文本中出现时，该特征具有较强的类别标识能力；相反，如果某个特征项分散出现在多个不同文本中，则该特征项的类别标识能力较弱。

3）Word2Vec

Word2Vec 是由 Mikolov（米科洛夫）及其团队开发的一种将文本转化为向量的模型，基于 One-hot 编码构建。与 One-hot 编码不同，Word2Vec 不仅将句子中的每个词语映射为向量，还考虑了词语之间的上下文联系。它简化了神经网络语言模型的结构，包含两种主要算法：CBOW（continuous bag of words，连续词袋）和 Skip-gram。CBOW 算法根据上下文预测目标词的语义，而 Skip-gram 算法则根据目标词预测其周围词的上下文，这两者互为镜像。Word2Vec 的训练模型分为三层。首先是输入层，输入的词向量以 One-hot 编码表示。其次是投影层（隐藏层），该层将输入的 One-hot 向量进行线性变化并累加为固定长度的稠密向量。这样的处理使得词向量更加紧凑。最后是输出层，它以二叉树结构表示，文本中的每个词作为叶子节点，输出结果同样使用 One-hot 编码表示。相比 One-hot 方法，Word2Vec 更好地保留了词语的上下文信息，增强了文本语义的表达能力。此外，Word2Vec 的向量维度较少，稠密度更高，显著减少了计算量，提高了训练速度。综上所述，本章选择 Word2Vec 方法作为主要的文本特征提取方法。

4）BERT

BERT 是由谷歌 AI 团队发布的一种全新的语言表征模型，基于 Transformer 的双向编码器表示构建。与其他模型不同，BERT 通过结合所有层中的上下文信息来进行预训练，从而获得深度的双向表示。它主要使用了 Transformer 的 Encoder 部分，而不涉及 Decoder。BERT 作为一种预训练语言模型，目标在于学习语义关系，而无须解码来完成具体任务。BERT 是由多个 Transformer Encoder 层逐层叠加而成的，具有以下两种主要模型架构：

　　BERTBASE：L=12，H=768，A=12，Total Parameters = 110M[①]

　　BERTBASE：L=24，H=1024，A=16，Total Parameters = 340M

---

① M 代表百万（million）。

其中，L 为层数（即 Transformer 块个数）；H 为隐藏尺寸；A 为自注意力数；BERT-Transformer 使用双向自注意力机制。BERT 模型的结构主要由三部分组成：输入层、编码层和任务相关层。输入层和编码层是通用的，适用于所有任务；编码层由多个堆叠的 Transformer 块组成。BERT 模型的输入能够通过一个 Token 序列准确地表示单个文本语句，或表示一对文本语句（如[Question,Answer]）。对于给定的 Token，其输入表示通过对应的 Token、Segment 和 Position embedding 进行求和构造。输入表示的具体过程如下。

步骤 1：使用 WordPiece 嵌入，一个查找表中包含 30 000 个 Token，分词由"##"符号隔开。

步骤 2：使用前序学习到的位置向量表示，其中每个序列最多包含 512 个 Token。序列开头的 Token 必须是特殊分类嵌入（[CLS]），表示开始，这也表示 Transformer 的输出，对应该当前 Token 的最终隐藏状态。使用该特征向量表示聚合序列，从而用于文本分类任务中，而对于非分类任务，模型便直接忽略该向量。

步骤 3：将成对的组合形成一个序列。通过以下步骤来区分两个句子。第一步是使用特殊标记符号（[SEP]）将两个句子隔开；第二步是向第一个句子的每个 Token 中添加一个 Learned Sentence A 嵌入，与此同时，向第二个句子的每个 Token 中添加一个 Sentence B 嵌入。当输入为单个句子时，模型选择只使用 Sentence A 嵌入。该模型包含了两个训练任务，其中，第一个任务为 Masked LM，即对于给定的一个句子，随机遮盖住句子中的几个词语，根据句子中未被遮盖的部分来预测被遮盖的词语。第二个任务为 Next Sentence Prediction，即对于给定的文书中的两句话，通过学习全文的特征，预测第一句话是否在第二句话的前面。

Word2Vec 方法是情感分析中最常用的词向量转化方法，且具有显著的转化效果。在进行文本数据的词向量转换时，需要先将文本经过分词处理后的所有词语输入到 Word2Vec 模型中进行词向量转换，生成每个词语对应的词向量，并将结果保存至 vector 文件，便于后续调用。Word2Vec 模型中有多个参数，参数设置对词向量训练效果影响较大。根据对模型的多次测试，最终确定的各个参数设置如表 4-6 所示。

表 4-6　Word2Vec 参数设置

参数	值	说明
sg	0	训练算法的设置
size	200	输出的词向量维度
window	10	句子中当前词与目标词之间的最大距离
min_count	10	最小词频，频率小于 min_count 的单词会被舍弃

参数 sg 决定词向量训练的算法类型，本章选择了根据词语上下文来预测该词语语义的 CBOW 算法，因此将 sg 设置为 0；参数 size 表示生成的词向量的维度，一般情况下，在数据量足够的前提下，维度越大，训练效果越好。通过多次参数测试，最终将 size 设置为 200。参数 window 和 min_count 的设置值也是经过多次测试后，选择效果最为显著的参数值。

训练完成的 Word2Vec 模型已将经过数据清洗和文本分词步骤后保留下的所有内容转化为固定维度的向量表示。表 4-7 展示了部分词语及其对应的词向量示例。

表 4-7　词的向量表示

词	v1	v2	……	v200
上诉	0.913 579 3	−0.085 792 9	……	0.550 554 63
事实	0.065 765 2	0.355 165 84	……	−0.804 466 07
依法	−0.306 624 2	0.825 181 7	……	−1.744 057 4
驳回	0.816 404 16	−0.654 237 1	……	−0.328 069 4
诉讼费	−0.393 368 45	−0.885 123 8	……	0.863 589 6
适用法律	0.559 731 96	−1.237 650 6	……	0.062 171 973
错误	−0.338 644	−0.159 380 42	……	1.746 779 3
剥夺	0.736 517 37	−0.091 071 37	……	0.176 061 14
裁定	1.068 768 7	−2.034 750 5	……	−1.129 754 9
解释	1.100 399	−0.266 619 35	……	1.480 885 4

注：v1,v2,…,v200 代表词向量空间中的不同维度

经过上述步骤，对所有词语的转换完成后，生成的 vector 文件相当于一本词向量词典。本章通过调用该词典，将一条评论中的词语逐一转化为对应的词向量，接着对这些词向量进行累加并取平均值，得到一个新的向量作为该评论的整体词向量表示。通过这种方式完成了文本的词向量转换，为后续机器学习模型的训练提供了基础数据支持。

4.2.2　案件特征口径标准

根据关联映射模型，构建环境资源类型、案件的地域、发生时间、当事人性别、年龄、职业等特征的统计规则及口径标准。根据行政区划划分及自然地理特征，确定案件所属区域类型；根据案件发生时间的时间粒度，如年、季度、月等，以及具体的时间段划分，确定案件时间；根据国家职业分类标准或其他相关标准，划分当事人受教育程度；根据当事人年龄及级别划分当事人年龄段等；根据案由及环境资源规则，确定环境资源类型，包括环境污染防治、气候变化、生态保护、生态环境治理、资源开发利用等不同类型。具体分类标准如表 4-8 所示。

表 4-8 环境资源案件类型表 V1.0

环境资源类型	案件类型	判断标准	检索口径
环境污染防治类	刑事	罪名	污染环境罪；投放危险物质罪；过失投放危险物质罪
	民事	案由	环境污染责任纠纷；大气污染责任纠纷；土壤污染责任纠纷；水污染责任纠纷；船舶污染损害责任纠纷；海上、通海水域污染损害责任纠纷；电子废物污染责任纠纷；固体废物污染责任纠纷；噪声污染责任纠纷；光污染责任纠纷；放射性污染责任纠纷
生态保护类	刑事	罪名	非法捕捞水产品罪；非法猎捕、杀害珍贵、濒危野生动物罪；非法收购、运输、出售珍贵、濒危野生动物、珍贵、濒危野生动物制品罪；非法狩猎罪；非法采伐、毁坏国家重点保护植物罪；非法收购、运输、加工、出售国家重点保护植物、国家重点保护植物制品罪；走私珍贵动物、珍贵动物制品罪；危害珍贵、濒危野生动物罪；危害国家重点保护植物罪；非法猎捕、收购、运输、出售陆生野生动物罪；动植物检疫徇私舞弊罪；动植物检疫失职罪；妨害动植物防疫、检疫罪；非法引进、释放、丢弃外来入侵物种罪；盗掘古人类化石、古脊椎动物化石罪；盗掘古文化遗址、古墓葬罪；过失损毁文物罪；故意损毁名胜古迹罪；故意损毁文物罪；失职造成珍贵文物损毁、流失罪；破坏自然保护地罪；破坏性采矿罪；非法采矿罪；走私废物罪
	民事	案由	生态破坏责任纠纷；涉草原、荒地、滩涂纠纷
资源开发利用类	刑事	罪名	非法占用农用地罪
	民事	案由	海域使用权纠纷；矿业权纠纷；林权纠纷；海域使用权纠纷；采矿权纠纷；探矿权纠纷；取水权纠纷；养殖权纠纷；捕捞权纠纷；牧业承包合同纠纷；渔业承包合同纠纷；采矿权转让合同纠纷；探矿权转让合同纠纷；勘探开发自然资源合同纠纷；中外合作勘探开发自然资源合同纠纷；能源开发利用合同纠纷；海洋开发利用纠纷；相邻关系纠纷；相邻用水、排水纠纷；相邻通行纠纷；相邻土地、建筑物利用关系纠纷；相邻通风纠纷；相邻采光、日照纠纷；相邻污染侵害纠纷；相邻损害防免关系纠纷；相邻污染侵害纠纷
气候变化应对类	刑事	罪名	盗伐林木罪；滥伐林木罪；非法收购、运输盗伐、滥伐的林木罪；违法发放林木采伐许可证罪
	民事	案由	碳汇交易纠纷；温室气体排放配额交易纠纷
生态环境治理与服务类	刑事	案由	环境监管失职罪
	民事	案由	环境治理合同纠纷；环境技术咨询、开发、服务合同纠纷；环境影响评价、监测委托合同纠纷；生态补偿纠纷；用能权交易纠纷；用水权交易纠纷；排污权交易纠纷；碳排放权交易纠纷；绿色债券纠纷；绿色信贷纠纷；绿色发展基金纠纷
	行政	关键词	被告人段落出现"环境""生态""水""农""林""渔""海"等

根据专家意见及应用示范单位的意见，优化并重构了环境资源类型的统计规则及口径标准，具体口径如表 4-9 所示。

表 4-9　环境资源案件类型表 V2.0

环境资源特征类型	案件类型	检索口径
涉环境污染防治	民事	案由为环境污染责任纠纷，大气污染责任纠纷，土壤污染责任纠纷，水污染责任纠纷，船舶污染损害责任纠纷，海上、通海水域污染损害责任纠纷，电子废物污染责任纠纷，固体废物污染责任纠纷，噪声污染责任纠纷，光污染责任纠纷，放射性污染责任纠纷；案由为占有、使用高度危险物损害责任纠纷，高度危险责任纠纷，高度危险活动损害责任纠纷，非法占有高度危险物损害责任纠纷，遗失、抛弃高度危险物损害责任纠纷，民用核设施损害责任纠纷，且全文出现"污染""损害""破坏"关键词之一
	刑事	罪名为污染环境罪，投放危险物质罪，过失投放危险物质罪，或案由为非法处置进口的固体废物罪，擅自进口固体废物罪，走私废物罪，非法携带危险物品危及公共安全罪，非法制造、买卖、运输、储存危险物质罪，非法制造危险物质罪，买卖危险物质罪，运输危险物质罪，储存危险物质罪，盗窃、抢夺危险物质罪，抢夺危险物质罪，过失损坏易燃易爆设备罪，破坏易燃易爆设备罪，危险物品肇事罪，抢劫危险物质罪，且全文出现"污染损害环境""环境损害""环境侵权"关键词之一；全文出现"噪声""噪音""振动""光""热""电磁电离""能量辐射""电磁辐射""电离辐射"关键词之一，且出现"污染""损害环境""环境损害""环境侵权"关键词之一
	行政	全文出现"大气""空气""土壤""土地""水""海洋""固体废物""电子废物""放射性物质""有毒有害物质""噪声""噪音""光""热""电磁""电离""能量""辐射"关键词之一，且出现"污染""环境损害""损害环境"关键词之一
涉气候变化	民事	案由为碳汇交易纠纷，温室气体排放配额交易纠纷；案由为林业承包合同纠纷，且全文出现"保护""修复""破坏"关键词之一，且全文出现"生态""环境"关键词之一；全文出现"环境影响评价""环评"关键词之一，且出现"气候"关键词；全文出现"应对""措施"关键词之一，且出现"气象灾害""防御工程""气候变化"关键词之一
	刑事	案由为盗伐林木罪，滥伐林木罪，非法收购或运输盗伐、滥伐林木罪，违法发放林木采伐许可证罪，或全文出现"碳排放"、"碳汇交易"或"臭氧层"等关键词；全文出现"环境影响评价""环评"关键词之一，且出现"气候"关键词；全文出现"气象灾害""防御工程"关键词之一，且同时出现"应对""措施"关键词之一，并且文中还出现"气象变化"关键词
	行政	全文出现"碳排放""碳汇交易""臭氧层"关键词之一；全文出现"环境影响评价""环评"关键词之一，且出现"气候"关键词；全文出现"气象灾害""防御工程"关键词之一，且出现"应对""措施"关键词之一，且出现"气象变化"关键词
涉生态保护	民事	案由为占有、使用高度危险物损害责任纠纷，高度危险责任纠纷，高度危险活动损害责任纠纷，非法占有高度危险物损害责任纠纷，遗失、抛弃高度危险物损害责任纠纷，民用核设施损害责任纠纷，且全文出现"污染""损害""破坏"关键词之一，且出现"生态"关键词，且全文不包含"环境"关键词；案由为生态破坏责任纠纷，涉草原、荒地、滩涂纠纷；全文出现"外来物种""栖息地""自然遗迹""自然遗址""人文古迹""古建筑群""人文遗迹""人文遗址""文物""名胜古迹""国家公园""森林公园""野生动物园""自然公园""自然保护区""自然保护地""湖泊线""河道线""海洋线""海岸线"关键词之一，且不包含"物业"关键词；全文出现"外来物种""物种入侵""物种引入""引入物种"关键词之一；全文出现"生态系统""溶洞""化石""冰川""火山""地质""温泉""外来物种引入""地下水""乱捕滥杀""捕猎""矿产开采""工程建设""工程施工""采矿"关键词之一，且出现"生态"关键词，且出现"破坏""损害"关键词之一

续表

环境资源 特征类型	案件 类型	检索口径
涉生态 保护	刑事	案由为非法捕捞水产品罪，非法猎捕、杀害珍贵、濒危野生动物罪，非法收购、运输、出售珍贵、濒危野生动物、珍贵、濒危野生动物制品罪，非法狩猎罪，非法采伐、毁坏国家重点保护植物罪，非法收购、运输、加工、出售国家重点保护植物、国家重点保护植物制品罪，走私珍贵动物、珍贵动物制品罪，危害珍贵、濒危野生动物罪，危害国家重点保护植物罪，非法猎捕、收购、运输、出售陆生野生动物罪，动植物检疫徇私舞弊罪，动植物检疫失职罪，妨害动植物防疫、检疫罪，非法引进、释放、丢弃外来入侵物种罪，盗掘古人类化石、古脊椎动物化石罪，盗掘古文化遗址、古墓葬罪，过失损毁文物罪，故意损毁名胜古迹罪，故意损毁文物罪，失职造成珍贵文物损毁、流失罪，破坏自然保护地罪，破坏性采矿罪，非法采矿罪；全文出现"生态系统""溶洞""化石""冰川""火山""温泉"关键词之一，且出现"地质""破坏"关键词之一；全文出现"湖泊线""河道线""海洋线""海岸线"关键词；案由为失火罪，全文出现"森林""草原""林地""草地"关键词之一
	行政	全文出现"生物遗传""转基因""外来物种""微生物""栖息地""自然遗迹""自然遗址""古迹""建筑群""遗址""人文遗迹""人文遗址""国家公园""自然公园""自然保护区""自然保护地""湖泊线""河道线""海洋线""海岸线""物种入侵""物种引入""引入物种"关键词之一；全文出现"生态系统""溶洞""化石""冰川""火山""地质""温泉""外来物种引入""地下水""乱捕滥杀""捕猎""矿产开采""工程建设""工程施工""采矿""采砂"关键词之一，且出现"生态"关键词，且出现"破坏""损害"关键词之一
涉生态环 境治理	民事	案由为环境治理合同纠纷，环境技术咨询、开发、服务合同纠纷，环境影响评价、监测委托合同纠纷，生态补偿纠纷，用能权交易纠纷，用水权交易纠纷，排污权交易纠纷，碳排放权交易纠纷，绿色债券纠纷，绿色信贷，绿色发展基金纠纷；全文出现"环境影响评价""环境监测""环境损害评估"关键词之一；全文出现"生态环境监测设备""污染处理设施"关键词之一，且出现"维护运营"关键词
	刑事	案由为环境监管失职罪
	行政	全文出现"环境影响评价""环境监测""环境损害评估""生态环境治理""环境污染治理""生态环境修复""环境税""环境资源税""绿色信贷""绿色债券""绿色发展基金""绿色保险""绿色金融"关键词之一；全文出现"生态环境监测设备""污染处理设施"关键词之一，且出现"维护运营"关键词；全文出现"用能权交易""用水权交易""排污权交易""碳排放交易"关键词之一，且全文出现"排放量""排放额度"关键词之一
涉资源开 发利用	民事	案由为异议登记不当损害责任纠纷，虚假登记损害责任纠纷，留置权纠纷，所有权确认纠纷，侵害集体经济组织成员权益纠纷，共有权确认纠纷，共有物分割纠纷，共有人优先购买权纠纷，债权人代位析产纠纷，建筑物和其他土地附着物抵押权纠纷，在建建筑物抵押权纠纷，建设用地使用权抵押权纠纷，探矿权抵押权纠纷，采矿权抵押权纠纷，海域使用权抵押权纠纷，动产抵押权纠纷，在建船舶、航空器抵押权纠纷，动产浮动抵押权纠纷，最高额抵押权纠纷，债权质权纠纷，仓单质权纠纷，提单质权纠纷，基金份额质权纠纷，用益物权确认纠纷，物权确认纠纷，担保物权确认纠纷，消除危险纠纷，排除妨害纠纷，恢复原状纠纷，共有权确认纠纷，返还原物纠纷，漂流物返还纠纷，埋藏物返还纠纷，隐藏物返还纠纷，占有物返还纠纷，占有排除妨害纠纷，占有消除危险纠纷，占有物损害赔偿纠纷，财产损害赔偿纠纷，且文书全文出现"石油""煤""金属""天然气""森林""土地""水资源""可燃冰""动物""植物""矿""荒地""滩涂""山岭""海洋""林木""草原""草地""自然资源"关键词之一；案由为海域使用权纠纷，矿业权纠纷，林权纠纷，

续表

环境资源 特征类型	案件 类型	检索口径
涉资源开 发利用	民事	海域使用权纠纷，采矿权纠纷，探矿权纠纷，取水权纠纷，养殖权纠纷，捕捞权纠纷，牧业承包合同纠纷，渔业承包合同纠纷，采矿权转让合同纠纷，探矿权转让合同纠纷，勘探开发自然资源合同纠纷，中外合作勘探开发自然资源合同纠纷，能源开发利用合同纠纷，海洋开发利用纠纷，相邻关系纠纷，相邻用水、排水纠纷，相邻通行纠纷，相邻土地、建筑物利用关系纠纷，相邻通风纠纷，相邻采光、日照纠纷，相邻污染侵害纠纷，相邻损害防免关系纠纷，相邻污染侵害纠纷；案由为林业承包合同纠纷，且全文出现"保护""修复""破坏"关键词之一，且不包含"生态"和"环境"关键词
	刑事	案由为非法占用农用地罪，非法占用耕地罪；全文出现"通风权""采光权""眺望权""景观权""光照权"关键词之一，且出现"侵害""损害"关键词之一
	行政	全文出现"森林""林木""矿业""土地承包经营权""建设用地使用权""水利工程""土地""矿藏""水流""荒地""滩涂""林地""山岭""海域""荒地或者滩涂权属确权""山岭权属确权""海域使用权属确权""水利工程权属确权""企业资产性质确认"关键词之一，且出现"资源开发利用"关键词；全文出现"通风""采光""眺望""景观"关键词之一，且出现"侵害""损害"关键词之一

4.2.3 特征提取模型构建

裁判文书作为重要的司法数据，其文本数据与结构化数据不同，无法直接进行分析，必须提取特征后才能开展进一步的研究。除了数量庞大、价值密度不均、数据增长迅速快的特点外，文本数据还具有结构复杂的特性。由于文本数据存在于各种平台上，数据结构的不统一和复杂性对文本挖掘工作提出了挑战。

传统的文本数据挖掘方法主要基于统计学，通过构造评估函数来提取特征。这种方法通常对文本中的关键词进行简单检索并赋予一定权重，进而得到文本的基本特征。然而，这种方法难以满足当前对文本数据的全面分析需求，特别是在精准推送、综合描述和趋势预测等应用中。同时，特征权重易受到干扰，进而影响后续的文本挖掘工作。自2006年以来，随着深度学习技术的不断发展，针对挖掘文本背后隐藏价值的问题出现了新的解决方案。通过利用深度学习的人工神经网络模型，从大规模语料中提取深层次信息成为可能。将深度学习中的神经网络和预训练模型应用于特征提取环节，可以大大减少人工干预，节省时间，并提高文本数据的挖掘效率和精度。

1. 机器学习模型

1）朴素贝叶斯模型

朴素贝叶斯分类算法是机器学习中一种重要的算法，基于贝叶斯定理，具有坚实的数学基础，且算法简单易懂、构建方便。其分类原理是：首先通过某个特征的先验概率，利用贝叶斯公式计算后验概率，然后选择后验概率最大的类别作为该特征所属的类。贝叶斯公式基于条件概率公式，条件概率公式具体如下：

$$P(C|F) = \frac{P(F|C)P(C)}{P(F)} \tag{4-2}$$

其中，F 可以看作某个特征；C 为这个特征的某个类别。在实际操作中，特征 F 的分类 C 有很多种，在此把 C 记为 C_i（$i = 1, 2, \cdots, n$），那么在特征 F 出现的情况下，分类是 C_i 的概率就是 $P(C_i | F)$，特征 F 出现的概率就是所有 C_i 和 F 出现的交集，即 $P(F) = \sum_{i=1}^{n} P(F|C_i)P(C_i)$，这样得到的贝叶斯公式为

$$P(C_i|F) = \frac{P(F|C_i)P(C_i)}{\sum_{i=1}^{n} P(F|C_i)P(C_i)} \tag{4-3}$$

如果用朴素贝叶斯进行分类，则需要计算所有的 $P(C_i | F)$，再根据结果找到最大的条件概率 c_i，也就是 $\mathrm{argmax} P(c_i | f)$，所以朴素贝叶斯的分类公式应为

$$\mathrm{class}(f) = \mathrm{argmax} P(c_i | f) = \mathrm{argmax} \frac{P(f|c_i)P(c_i)}{\sum_{i=1}^{n} P(f|c_i)P(c_i)} \tag{4-4}$$

其中，$c_i \in C$、$f \in F$；通过条件概率 $P(f | c_i)$ 和先验概率 $P(c_i)$，即可得到类别 c_i 在特征 f 发生的条件下发生的最大概率，也就是 $P(c_i | f)$ 的最大值。

朴素贝叶斯情感分类模型是一种概率模型，基于贝叶斯公式，由于其先验概率未知，因此不对其先验概率做任何指定。Naive_baye 模块中有多个算法，经过测试对比，最终选择分类效果最好的 Gaussian NB 算法，即高斯分布下的朴素贝叶斯。使用 Gaussian NB 分类器建立的朴素贝叶斯情感分类模型分类的准确率为83.8%，但分类效果一般。

2）主成分分析模型

主成分分析（principal components analysis，PCA），也称主分量分析，通常用于处理多个变量之间存在一定相关性的问题。其核心思想是在原有变量的基础上提取出一组新的变量，使这些新变量尽可能多地保留原有变量的信息，同时新变量之间互不相关。这些新变量即主成分。通过这种方式，PCA 可以在降低维度的同时减少计算复杂度，并有效解决多重共线性带来的问题。

设由 q 个变量构成的 q 维随机向量为 $X = (X_1, X_2, \cdots, X_q)^{\mathrm{T}}$。按主成分分析法的思想，需要把这 q 个向量作正交变换 $Q = CX$，组成新的互不相关的变量 $Q = (Q_1, Q_2, \cdots, Q_q)^{\mathrm{T}}$，同时这些新的变量又要能够尽可能多地反映原变量包含的信

息。 X 和 Q 之间的线性表达式为

$$Q_1 = c_{11}X_1 + c_{12}X_2 + \cdots + c_{1q}X_q$$

$$Q_2 = c_{21}X_1 + c_{22}X_2 + \cdots + c_{2q}X_q$$

$$\cdots\cdots$$

$$Q_q = c_{q1}X_1 + c_{q2}X_2 + \cdots + c_{qq}X_q \tag{4-5}$$

主成分分析有如下四个计算步骤。

步骤 1：标准化原始数据。

设 q 维随机向量 $X = \left(X_1, X_2, \cdots, X_q\right)^{\mathrm{T}}$，其中 $X_i = x_{i1}, x_{i2}, \cdots, x_{iq}$，$i = 1, 2, \cdots, q$，并对 X 进行如下的标准化变换：

$$K_{ij} = \frac{x_{ij} - \overline{x_j}}{v_j}, \quad i = 1, 2, \cdots, q; \quad j = 1, 2, \cdots, q \tag{4-6}$$

其中，$\overline{x_j} = \dfrac{\sum\limits_{i=1}^{q} x_{ij}}{n}$，$v_j = \sqrt{\dfrac{\sum\limits_{i=1}^{q}\left(x_{ij} - \overline{x_j}\right)^2}{n-1}}$，则 K 即为所求的标准化矩阵。

步骤 2：计算各个变量间的相关系数矩阵。

$$R = \left[r_{ij}\right], \quad i, j = 1, 2, \cdots, q \tag{4-7}$$

其中，$r_{ij} = \dfrac{\sum\limits_{f=1}^{n}\left(k_{fi} - \overline{k_i}\right)\left(k_{fj} - \overline{k_j}\right)}{\sqrt{\sum\limits_{f=1}^{n}\left(k_{fi} - \overline{k_i}\right)^2 \sum\limits_{f=1}^{n}\left(k_{fj} - \overline{k_j}\right)^2}}$，$\overline{k_i} = \dfrac{\sum\limits_{j=1}^{q} x_{ij}}{q}$，$\overline{k_j} = \dfrac{\sum\limits_{i=1}^{q} k_{ij}}{n}$。

步骤 3：求相关系数矩阵 R 的特征根及其对应的特征向量。

求解相关矩阵的特征方程：

$$\left|R - \lambda I\right| = 0 \tag{4-8}$$

其中，I 为单位矩阵。得到 q 个特征根并按降序排列有：$\lambda_1 \geqslant \lambda_2 \geqslant \cdots \geqslant \lambda_q \geqslant 0$。接下来将上述的 λ_i（$i = 1, 2, \cdots, q$）的值分别代入式（4-8）中，并解方程组 $\left|R - \lambda_i I\right| K = 0$，得出单位正交特征向量组为 $e_1, e_2, \cdots, e_q$。

步骤 4：计算各个主成分贡献率及累积贡献率并由此确定需要的主成分数目。

第 m 个主成分的贡献率：

$$\varphi_m = \frac{\lambda_m}{\sum\limits_{i=1}^{q} \lambda}, \quad m = 1, 2, \cdots, q \tag{4-9}$$

前 m 个主成分的累积贡献率：

$$\phi_m = \frac{\sum\limits_{j=1}^{m} \lambda_j}{\sum\limits_{i=1}^{q} \lambda_i}, \quad m = 1, 2, \cdots, q \tag{4-10}$$

一般来说，在累积贡献率达到85%时所包含的原始信息就已足够多，即可确定所需主成分的个数。

使用主成分分析对选取的有一定相关性的主题进行聚合,绘制碎石图如图4-3所示,根据碎石图,可以选择下降速度较慢的拐点对应的数值作为主成分分析中聚类数量的确定依据。

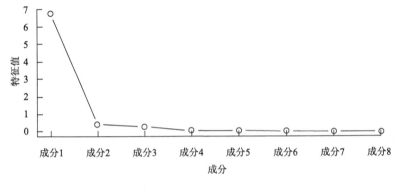

图 4-3　主成分分析碎石图

3）因子分析模型

因子分析法也是一种通过降维来简化数据的方法。因子分析法通过研究多个变量之间存在的内部依赖关系，揭示所观测数据的基本结构，并能够用少数几个新的变量（即因子）来表示这些基本结构，从而简化数据的复杂性，提升数据分析的效率。而这些新的变量就被称为因子，可以有效地反映之前的多个变量的主要信息。

因子分析种类较多，R型和Q型是较为常用的两种分析方法。R型因子分析是针对变量做的分析，Q型因子分析则是针对样品做的分析。对于粮食产量影响因素的分析，我们主要采取R型因子分析。因为R型的公共因子是不可观测的潜在变量，所以无法直接测量，但是这些公共因子又客观存在。设有 n 个样本，q 个变量，$X = (X_1, X_2, \cdots, X_q)^{\mathrm{T}}$ 是 q 维随机向量，$F = (F_1, F_2, \cdots, F_p)^{\mathrm{T}}$ 表示待求解的 p 个公共因子。在此，使用公共因子的线性函数和特殊因子之和来表示各个变量：

$$X_i = \alpha_{i1} F_1 + \alpha_{i2} F_2 + \cdots + \alpha_{ip} F_p + \varepsilon_i, \quad i = 1, 2, \cdots, q \tag{4-11}$$

其中，$F_1, F_2, \cdots, F_p$ 为公共因子；ε_i 为 X_i 的特殊因子，表示除公共因子外的随机扰

动项。该模型可用矩阵表示为

$$X = AF + \varepsilon \tag{4-12}$$

其中,

$$A = \left(A_1, A_2, \cdots, A_p \right) = \begin{bmatrix} \alpha_{11} & \alpha_{12} & \cdots & \alpha_{1p} \\ \alpha_{21} & \alpha_{22} & \cdots & \alpha_{2p} \\ \vdots & \vdots & & \vdots \\ \alpha_{q1} & \alpha_{q2} & \cdots & \alpha_{qp} \end{bmatrix}$$

$$\varepsilon = \left(\varepsilon_1, \varepsilon_2, \cdots, \varepsilon_p \right)^{\mathrm{T}}$$

在上述模型中,称 α_{ij} 为因子载荷,矩阵 A 则为因子载荷矩阵。

因子分析的主要计算步骤有以下五步。

步骤 1:对原始数据进行标准化处理。

步骤 2:计算变量之间的相关系数矩阵并分析变量间的相关性。

步骤 3:求解公共因子并计算因子载荷矩阵。

首先,计算原始数据的协方差矩阵:

$$D(X) = \Sigma = \left[\Sigma_{ij} \right], \quad i, j = 1, 2, \cdots, q \tag{4-13}$$

其中, $\Sigma_{ij} = \mathrm{cov}\left(X_i, X_j \right)$。

其次,计算协方差矩阵的特征根并按降序排列为 $\lambda_1^* \geqslant \lambda_2^* \geqslant \cdots \geqslant \lambda_q^*$,各特征根分别对应的单位正交特征向量组为 $e_1^*, e_2^*, \cdots, e_q^*$。设 H 是单位特征向量组成的矩阵,可列等式如下:

$$D(X) = \Sigma = H \begin{bmatrix} \lambda_1^* & & 0 \\ & \ddots & \\ 0 & & \lambda_q^* \end{bmatrix} H^{\mathrm{T}} = \sum_{i=1}^{q} \lambda_i^* e_i^* e_i^{*\mathrm{T}} = \left(\sqrt{\lambda_1^*} e_1^*, \cdots, \sqrt{\lambda_q^*} e_q^* \right) \begin{bmatrix} \sqrt{\lambda_1^*} e_1^{*\mathrm{T}} \\ \vdots \\ \sqrt{\lambda_q^*} e_q^{*\mathrm{T}} \end{bmatrix} \tag{4-14}$$

最后,忽略特殊因子,列出等式:

$$D(X) \approx D(AF) = AD(F)A^{\mathrm{T}} = AA^{\mathrm{T}} \tag{4-15}$$

即求出因子载荷矩阵为 $A = \left(\sqrt{\lambda_1^*} e_1^*, \cdots, \sqrt{\lambda_q^*} e_q^* \right)$。

步骤 4:对因子载荷矩阵进行正交旋转,使旋转后的因子载荷矩阵总方差最大。

已知因子载荷矩阵 $A = \begin{bmatrix} \alpha_{11} & \alpha_{12} & \cdots & \alpha_{1p} \\ \alpha_{21} & \alpha_{22} & \cdots & \alpha_{2p} \\ \vdots & \vdots & & \vdots \\ \alpha_{q1} & \alpha_{q2} & \cdots & \alpha_{qp} \end{bmatrix}$,取正交矩阵

$$L_{mk} = \begin{bmatrix} 1 & & & & & & & & \\ & \ddots & & & & & & & \\ & & 1 & & & & & & \\ & & & \cos\varphi & & & -\sin\varphi & & \\ & & & & 1 & & & & \\ & & & & & \ddots & & & \\ & & & & & & 1 & & \\ & & & \sin\varphi & & & \cos\varphi & & \\ & & & & & & & \ddots & \\ & & & & & & & & 1 \end{bmatrix}$$

其中，$\sin\varphi$ 和 $-\sin\varphi$ 分别在第 m 列和第 k 列；φ 为将因子 F_1、F_2 在因子平面上旋转的角度。则 $B = AL_{mk} = \left[b_{ij} \right]$，$i = 1,2,\cdots,q$，$j = 1,2,\cdots,p$。其中，$b_{im} = \alpha_{im}\cos\varphi + \alpha_{im}\sin\varphi$；$b_{ik} = -\alpha_{ik}\sin\varphi + \alpha_{ik}\cos\varphi$；$b_{ig} = \alpha_{ig}$，$g \neq m,k$。

因子载荷矩阵 A 的方差为

$$V = \sum_{j=1}^{p} V_j = \sum_{j=1}^{p} \frac{q\sum_{i=1}^{p}\left(\dfrac{b_{ij}^2}{h_i^2}\right)^2 - \sum_{i=1}^{p}\dfrac{b_{ij}^2}{h_i^2}}{q^2} \tag{4-16}$$

其中，$h_i^2 = \sum_{j=1}^{p} a_{ij}^2$（$i = 1,2,\cdots,q$）为变量 X_i 的共同度。这时，可使当前的 V 达到最大值。

当有 p 个公共因子时，这 p 个公共因子分别配对，需要旋转 C_p^2 次。记第一次旋转后的因子载荷矩阵为

$$A^{(1)} = A\prod_{m=1}^{p-1}\prod_{k=m+1}^{p} L_{mk} \tag{4-17}$$

这样就完成了第一次旋转。接下来不断重复上述过程，得到一组因子载荷矩阵 $A^{(1)}, A^{(2)}, \cdots, A^{(s)}, \cdots$，此时有 $V^{(1)} \leqslant V^{(2)} \leqslant \cdots \leqslant V^{(s)} \leqslant \cdots$，当 $V^{(s)}$ 的值变化不大或收敛时即可停止迭代。

步骤 5：计算因子得分，得到因子得分矩阵。

当 $p=q$ 且矩阵 A 可逆时，因子得分矩阵为

$$F = A^{-1}X \tag{4-18}$$

当 $p<q$ 时，因子得分矩阵为

$$F = BX = A^{\mathrm{T}}R^{-1}X \tag{4-19}$$

因子分析的聚类效果图如图 4-4 所示。

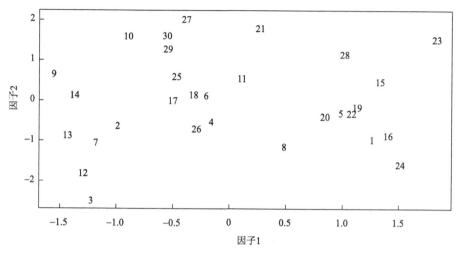

图 4-4 因子分析各个指标类别聚集示意图

4）决策树模型

决策树是一种常见的机器学习分类方法，其核心是通过计算不同条件下的概率，求出净现值期望大于或等于 0 的概率，并根据这一结果生成子节点，最终实现分类。决策树的每个内部节点代表一次测试，每条分支对应测试结果，而每个叶节点则表示一种类别。为了便于理解，决策树通常以树状结构呈现问题的决策过程，这种决策逻辑与人们日常处理问题的方式较为一致。

决策树分类方法的核心是监督学习，其目的是构建一棵具备较强泛化能力的决策树。这依赖于一系列循环判断逻辑，通过分析和运算对数据进行分类，并由此提取规律。这种基于数据的分类学习过程即为监督学习。作为一种分类工具，决策树能够发现数据的特征并提取模式，因而在预测建模中尤为重要。决策树及其衍生算法在逻辑上大致相似，功能主要在于通过条件判断不断分化的数据对象，直至确定最终分类结果。

为了确保构建的决策树具有科学性和准确性，并达到良好的分类效果，通常需要遵循以下步骤。第一步是特征选择，即从多个特征中选取一个作为划分标准。不同的划分标准会影响决策树的生成，形成多种差异化的决策树方法。第二步是决策树生成，将选定特征作为评估准则，自上而下构建子节点，直到数据集中仅剩单一类别样本时，决策树停止分支。第三步是剪枝，用于解决决策树构造中的过拟合问题。剪枝分为预剪枝和后剪枝两类。在构建决策树的过程中，特征选择是关键步骤。通过合理的特征选择，可以将无序的数据转换为有序分类。常用的划分属性指标包括信息增益、增益率和基尼系数，这些指标有助于在决策树生成过程中优化分类效果。

5）随机森林模型

随机森林是一种由多棵决策树组成的集成学习算法。如果一棵树代表一次投票（分类）或评分（回归），那么随机森林的做法是：从数据库中随机抽取若干特征，建立树模型，反复生成多棵决策树。最终的预测结果通过多数投票决定分类，或取平均值作为回归结果。随机森林的预测性能与每棵树的表现及它们之间的相关性密切相关，就像投票时，选民的决策能力及选民之间的关联会影响投票结果一样。随机森林能够有效克服决策树的过拟合问题，对噪声和异常值也具有较强的过滤效果。由于其简单易实现，能够处理大量特征变量且具有较强的学习能力，因此成了一种常用的非参数分类模型。

随机森林的预测误差主要由两方面决定：基学习器（即每棵树）的分类强度和基学习器之间的相关性。基学习器的分类强度越大，整体预测误差越小；基学习器之间的相关性越大，整体预测误差则可能越大。因此，构建随机森林时需要尽量提高基学习器的性能，同时保证它们之间的差异性，权衡两者以优化模型表现。

在随机森林进行节点分裂时，并非所有特征都参与计算，而是随机选择若干特征参与分裂。通过计算基尼指数或袋外数据误差率来衡量每个特征对决策树构建的平均贡献，并对特征的重要性进行排序。随机森林特征选择算法遵循最小化预测错误率的原则，选择具有较高贡献度的特征。

特征的重要性通过以下策略衡量：如果在将一个特征加入随机噪声后，袋外数据的准确率显著下降，则说明该特征对预测结果有较大影响。准确率的变化反映了特征的重要程度，特征对预测的影响越大，其重要性越高。随机森林的构建，一般可分为如下四个步骤。

步骤1：对于一个样本量为 N 的样本，采用有放回抽样法抽取 N 次，形成有 N 个样本的训练集，该训练集即为一个决策树的根节点样本。

步骤2：决策树的训练集有 M 个属性，在决策树的每个需要分裂的节点处随机选出 m（$m \ll M$）个特征，然后再从这 m 个特征中选出一个特征作为分裂特征，之后继续选择其他特征进行分裂，直至决策树不能分裂。

步骤3：重复执行步骤1、2构建出 n 个决策树模型，就这样组成了随机森林模型。

步骤4：统计每个决策树的分类结果，选出类别最多的作为随机森林的结果。

随机森林的构建步骤如图4-5所示。

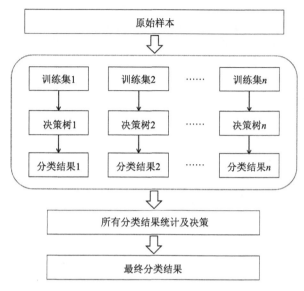

图 4-5　随机森林算法流程

　　随机森林模型有多个参数，这些参数对模型的效果会产生直接影响。参数 n_estimators 表示随机森林中决策树的数量，一般情况下，n_estimators 越大，模型的拟合效果越好，但训练时间也会相应增加。为了在保证模型效果的同时控制训练时间，本章将 n_estimators 设置为 100。参数 max_depth 是随机森林中的另一个重要参数，表示决策树的最大深度。在训练过程中，超过 max_depth 的部分将被剪枝。本章选择默认值，即保留所有节点，不限制树的深度。参数 random_state 控制随机森林模型中各决策树训练集的随机性，当参数值固定时，模型的构建结果也相同，便于记录和复现模型结果。本章将其设置为 0。参数 n_jobs 设置为–1，表示使用计算机的所有内核进行计算，从而提高训练效率。最终建立的随机森林情感分析模型的各个参数如表 4-10 所示。

表 4-10　随机森林情感分析模型参数设置

n_estimators	max_depth	random_state	n_jobs
100	无	0	–1

　　使用随机森林分类器建立的随机森林情感分析模型分类的准确率为 85.93%，分类效果较好。

　　图 4-6 为随机森林模型中提取出的特征与刑期长度之间的影响因素图。

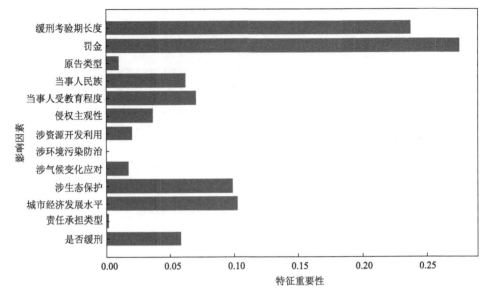

图 4-6　随机森林模型影响因素示意图

6）XGBoost 模型

XGBoost（extreme gradient boosting），中文全称为极限梯度提升算法，是一种基于梯度提升决策树（gradient boosting decision tree，GBDT）的算法。与 GBDT 相比，XGBoost 在算法和工程上进行了许多改进。由于该算法运算速度快、效果好的优点，近年来在各大机器学习竞赛上被广泛使用。和 GBDT 一样，它也是运用 Boosting 的思想。Boosting 是一种集成方法，它的基本思路是将各个弱评估器进行叠加，评估器之间具有一定的依赖性，后一个评估器在训练时会对前一个评估器分错的样本给予更高的权重，预测时将各个弱评估器的结果加权作为最终结果。XGBoost 正是基于上述思路，XGBoost 中下一个评估器预测的是它前面所有评估器预测的残差，以此来不断缩小残差，最终把所有弱评估器的结果相加就是最终的预测结果。

图 4-7 为 XGBoost 模型中提取出的特征与刑期长度之间的影响因素图。

7）支持向量机模型

支持向量机是一个经典的二元分类模型，它的目的是在平面或者空间上找到一个最佳的直线或者平面将数据分为两类。支持向量机的学习策略是分类间隔最大化，最基本的模型就是定义在特征空间的一个最大间隔的线性分类器。支持向量机分类示意图如图 4-8 所示。

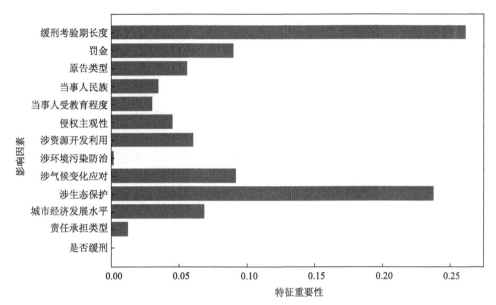

图 4-7　XGBoost 模型影响因素示意图

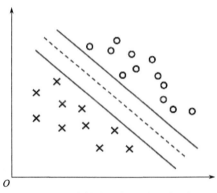

图 4-8　支持向量机分类示意图

正例为"○"，负例为"×"

支持向量机是一个在人工监督下的二元分类器，其思想是试图找到最佳的直线或平面，将数据分为两类。由于支持向量机的基本模型是定义在特征空间上的间隔最大的线性分类器，其找到的最优直线或平面可以使分类结果呈现最鲁棒的状态。因此，支持向量机的学习策略也是求得分类间隔的最大化。支持向量机模型可被划分为线性可分和线性不可分两种情况。

线性可分支持向量机介绍如下。假设一个给定的特征空间上的训练数据集 $T = \{(x_1, y_1), (x_2, y_2), \cdots, (x_n, y_n)\}$，并且假设训练集是线性可分的，其中 $x_i \in X \subseteq R^n$ 为实例的特征向量，$y_i \in \gamma = \{1, -1\}$，$i = 1, 2, \cdots, N$。$x_i$ 为第 i 个特征向量，也称为

实例，y_i 为 x_i 的类标记。当 $y_i = 1$ 时，称 x_i 为正例；当 $y_i = -1$ 时，称 x_i 为负例；(x_i, y_i) 称为样本点。我们的学习目标是在特征空间中找到一个能将实例分到不同类别的分离超平面。分离超平面的方程为 $\omega \cdot x + b = 0$，它由法向量 ω 和截距项 b 决定，可以用 (ω, b) 来表示，分离超平面将特征空间划分为正负类，正类为法向量指向的一侧，负类为另一侧。

在图 4-9 中，正例为"○"，负例为"×"，将两类数据正确划分并且间隔最大的直线对应为线性可分支持向量机。分离超平面的方程为这种情况适用于容易区分并且结构简单的数据，这时利用支持向量机模型进行划分不仅分类结果准确度高，对于分出的两类结果还能找到一个最优的超平面使得二者被分开的距离最大化。

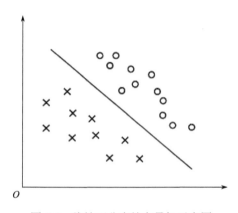

图 4-9　线性可分支持向量机示意图

线性不可分支持向量机介绍如下。线性可分问题的支持向量机学习方法不适用于线性不可分的训练数据，线性不可分适用于非线性结构或含有噪声的数据，在线性不可分的情况下，不等式约束都无法成立，因此需要将硬间隔最大化转化为软间隔最大化。假定特征空间上的一个训练数据集为 $T = \{(x_1, y_1), (x_2, y_2), \cdots, (x_n, y_n)\}$，其中 $x_i \in X \subseteq R^n$，$y_i \in \gamma = \{1, -1\}$，$i = 1, 2, \cdots, N$，$x_i$ 为第 i 个特征向量，y_i 为 x_i 的类标记。再假设训练集数据集不是线性可分的。一般来说，去除训练集中的特异点后剩下的样本点组成的集合是线性可分的。

当某些样本点 (x_i, y_i) 无法满足函数间隔大于或等于 1 的约束条件时，即是线性不可分的。此时通过对每个样本点 (x_i, y_i) 引入松弛变量 $\xi_i \geq 0$，使函数间隔加上松弛变量大于或等于 1，即约束条件

$$y_i(\omega \cdot x + b) \geq 1 - \xi_i \qquad (4\text{-}20)$$

对每个松弛变量 ξ_i 需要一个控制的因子 C，目标函数因此变为如下形式：

$$\frac{1}{2}\omega^2 + C\sum_{i=1}^{N}\xi_i \tag{4-21}$$

其中，C 为大于 0 的惩罚参数，是调和误分类点的个数和间隔的系数，C 值越大，则对无分类的惩罚越大。最小化目标函数意味着使得 $\frac{1}{2}\|\omega\|^2$ 尽可能小，即使误分类点的个数尽可能小的同时使间隔尽量大。这样，线性不可分时的线性支持向量机学习问题可以像线性可分时一样进行处理，这种方法被称为软间隔最大化。此时，线性不可分的支持向量机问题被转化为一个凸二次规划问题，其表达式如下：

$$\min_{\omega,\,b,\,\xi}\frac{1}{2}\|\omega\|^2 + C\sum_{i=1}^{N}\xi_i$$

$$\text{s.t. } y_i(\omega\cdot x + b) \geqslant 1 - \xi_i,\ i = 1, 2, \cdots, N \tag{4-22}$$

$$\xi_i \geqslant 0,\ i = 1, 2, \cdots, N$$

设该问题的解是 ω^*、b^*，则得到分离超平面 $\omega^*\cdot x + b^* = 0$ 和分类决策函数 $f(x) = \text{sign}(\omega^*\cdot x + b^*)$，该模型为线性支持向量机，其具有更广的适用性。

支持向量机模型包含多个参数，针对不同研究需求需要合理设置这些参数，以构建最适合的模型。参数 C 又称惩罚系数，用于平衡分类间隔，对模型的分类效果有重要影响。通过比较不同惩罚系数下的模型得分，最终将 C 设置为 1。参数 kernel 用于设置支持向量机模型的核函数，常见的核函数有三类，本章选择了高斯核函数，因此将 kernel 设置为 rbf。参数 gamma 是核函数的参数，对于高斯核函数，gamma 有两种可选设置，本章将其设置为 auto，即取文本特征维度的倒数。最终构建的支持向量机情感分析模型的各项参数如表 4-11 所示。

表 4-11　支持向量机情感分析模型参数设置

C	kernel	gamma
1	rbf	auto

使用 SVC（support vector classification，支持向量分类机）算法建立的支持向量机情感分析模型分类的准确率为 86.53%，分类效果较好。图 4-10 为支持向量机模型中提取出的特征与刑期长度之间的影响因素图。

2. 深度学习模型

1）CNN 模型

CNN 模型是深度学习模型的一种，常用于视觉图像分析，近年来也被广泛应用于文本分类任务。CNN 主要包括三大核心部分：卷积层、池化层和全连接层。CNN

的示意图如图 4-11 所示。

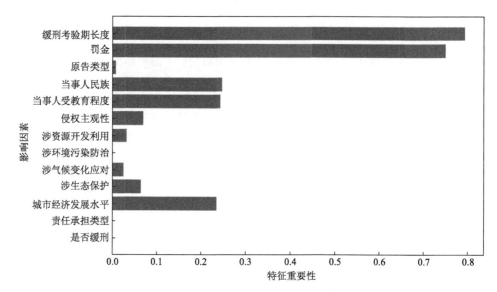

图 4-10　支持向量机模型影响因素示意图

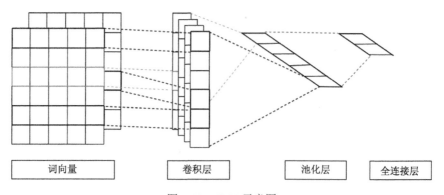

图 4-11　CNN 示意图

卷积层是 CNN 中最核心的部分，其承担了大部分的计算任务。其基本原理是通过卷积核矩阵与输入层中的小矩阵进行逐元素相乘，随后卷积核通过权重共享的方式，按照设定的步幅在输入层滑动，提取特征并将其映射至输出层。在情感分析中，原始数据为文本数据，每个词语在嵌入层中对应一行。在特征提取过程中，词语是最小的分析单位，因此需要确保卷积核的宽度与词向量的维度一致，以保持词语作为最小粒度。目前，最广泛应用的池化方法有两种：平均池化和最大池化。情感分析中通常使用最大池化。池化层的作用是降低特征的空间维度，从而减少神经网络中的参数量，既能减少计算量，也有助于防止过拟合。全连接层是 CNN 的分类器部分。在经过卷积层和池化层的处理后，原始数据被映射到隐层的特征空间中，全连接层将这些特征综合起来，将二维的特征图转换为一维向量进行最终的分类。

　　尽管 CNN 最初主要用于处理图像数据，但由于其输入数据格式为矩阵，因此它同样可以应用于文本分析。在构建 CNN 情感分析模型之前，除了需要将文本数据转化为向量，还必须将目标变量转换为向量格式。完成这些数据转换后，便可以开始模型的构建。首先需要构建的是 Embedding 层（词向量层），其主要作用是对数据进行降维，简化模型计算。Embedding 函数的主要参数有 input_dim、output_dim 等，各参数的设置及说明见表 4-12。

表 4-12　Embedding 函数参数设置（CNN 模型）

参数	值	说明
input_dim	词汇表长度+1	词汇表大小，须为词汇表长度加一
output_dim	200	输出词向量维度
input_length	200	输入序列的长度
weights	文本矩阵	自定义权重矩阵，由经过训练的 Word2Vec 的词向量组成

　　其次，构建卷积层、池化层、全连接层，这些层均通过 layers 模块的函数实现。各层设置如表 4-13 所示。

表 4-13　CNN 核心层部分参数设置

参数	值	说明
stride	3	卷积层步幅
activation	ReLU	激活函数
池化层（函数）	MaxPool1D	最大池化法
padding	same	填充文本矩阵边缘

　　CNN 情感分析模型核心层各参数设置完成后需要激活神经网络，将优化器 optimizer 设置为 adam；损失函数 loss 设置为 categorical_crossentropy，准确率评价指标 Metrics 则设置为 accuracy。

　　完成上述工作后即可开始正式建模，但是在建模时需要设置合适的参数。为了找到合适的参数，先绘制出 6 个周期（epoch）的模型准确率曲线图及模型损失率曲线图，如图 4-12、图 4-13 所示。

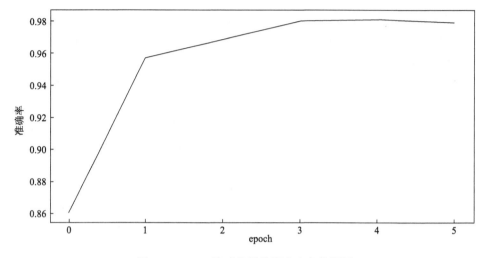

图 4-12　CNN 情感分析模型准确率曲线图

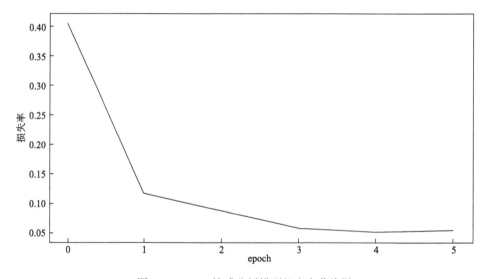

图 4-13　CNN 情感分析模型损失率曲线图

通过图 4-12 和图 4-13 可以看出，准确率和损失率均在 epoch=2 之后基本无变动，因此，在模型训练中设置参数 epoch 值为 3，最终构建的 CNN 情感分析模型的准确率为 87.9%，模型分类效果较好。

2）RNN 模型

RNN 模型输入的数据是序列数据，根据这个序列数据的序列方向进行周期性的递归，形成自连接神经网络。当前时刻的输入和上一时刻隐层状态的输出决定了 RNN 的输出。该模型在处理时间序列预测相关的问题时，有非常好的效果，这是因为该模型具有记忆性，能有效地保持信息。在 RNN 中，处理序列标注问题的时候是指给定一个向量序列 $(x_1, x_2, \cdots, x_n)$ 作为输入，输出序列为 $(h_1, h_2, \cdots, h_n)$。RNN 在每一个时刻都有一个输入 x_t，然后根据当前的节点状态 A_t 计算输出值 h_t，而当前的节点状态 A_t 是根据上一时刻的节点状态 A_{t-1} 和当前的输入 x_t 共同决定的，其结构如图 4-14 所示。

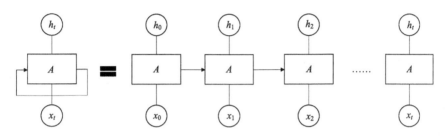

图 4-14　RNN 示意图

3）LSTM 模型

RNN 在长序列训练过程中容易出现梯度消失和梯度爆炸等问题。为了解决这一问题，LSTM 模型应运而生。LSTM 的隐含层之间形成了一个闭环结构，网络通过从一个隐藏层传递到下一个隐藏层的权重来控制记忆的存储与传递。此外，隐藏层的状态作为某个时刻的记忆参与到下一次预测中，从而有效解决了长序列中的依赖问题。

LSTM 是一种时间递归神经网络，该神经网络可以有效保留历史信息，实现对文本的长期依赖信息进行学习。LSTM 网络由三个门（输入门、遗忘门和输出门）和一个 cell 单元来实现历史信息的更新与保留。

LSTM 数据更新过程如下，在时刻 t 时，输入门会将上一时刻 LSTM 单元的输出结果 h_{t-1} 和当前时刻的输入数据 x_t 作为输入，通过计算来决定是否将当前信息更新到 LSTM-cell 中，可以表述为

$$i_t = \text{sigmoid}\left(w_{xi}x_t + w_{hi}h_{t-1} + b_i\right) \tag{4-23}$$

其中，i_t 为遗忘门的输出；w_{xi} 和 w_{hi} 为遗忘门的权重参数；b_i 为遗忘门的偏置项。

遗忘门会将上一时刻隐藏层的输出结果 h_{t-1} 和当前时刻的输入 x_t 作为输入，来决定需要保留和舍弃的信息，实现对历史信息的存储，可以表述为

$$f_t = \text{sigmoid}\left(w_{xf}x_t + w_{hf}h_{t-1} + b_f\right) \tag{4-24}$$

其中，f_t 为输入门的输出；w_{xf} 和 w_{hf} 为输入门的权重参数；b_f 为输入门的偏置项。

对于当前的候选记忆单元 c_{int}，其是由当前输入数据 x_t 和上一时刻 LSTM 隐层单元输出结果 h_{t-1} 决定的，可以表述为

$$c_{\text{int}} = \tanh\left(w_{\text{xc}}x_t + w_{\text{hc}}h_{t-1} + b_{\text{cin}}\right) \qquad (4\text{-}25)$$

其中，c_{int} 为当前时刻的候选记忆单元；w_{xc} 和 w_{hc} 为记忆单元的权重参数；b_{cin} 为记忆单元的偏置项。

当前时刻记忆单元状态值 c_t 除了由当前的候选记忆单元 c_{int} 以及自身状态 c_{t-1} 决定，还需要通过输入门和遗忘门对这两部分因素进行调节，可以表述为

$$c_t = f_t \cdot c_{t-1} + i_t \cdot c_{\text{int}} \qquad (4\text{-}26)$$

其中，"$\cdot$" 为逐点乘积。

计算输出门 o_t，用于控制记忆单元状态值的输出，可以表述为

$$o_t = \text{sigmoid}\left(w_{\text{xo}}x_t + w_{\text{ho}}h_{t-1} + b_o\right) \qquad (4\text{-}27)$$

其中，o_t 为输出门的输出，决定哪些部分的细胞状态影响最终的输出；w_{xo} 和 w_{ho} 为输出门的权重参数；b_o 为输出门的偏置项。

最后 LSTM 单元的输出为 h_t，可以表述为

$$h_t = o_t \cdot \tanh\left(c_t\right) \qquad (4\text{-}28)$$

LSTM 是 RNN 的改进版本，同样可以用于文本分析。在正式构建 LSTM 情感分析模型之前，除了需要将文本数据转化为向量，还需将目标变量转化为向量格式。完成这些转换后，便可开始构建模型。与 CNN 模型类似，LSTM 模型也需要首先构建 Embedding 层。LSTM 模型的 Embedding 层参数设置与 CNN 模型基本一致，具体参数设置及说明如表 4-14 所示。

表 4-14　Embedding 函数参数设置（LSTM 模型）

参数	值	说明
input_dim	词汇表长度+1	词汇表大小，须为词汇表长度加一
output_dim	200	输出词向量维度
input_length	200	输入序列的长度

其次，构建卷积层、池化层、全连接层，这些层均通过 layers 模块的函数实现。各层参数设置如表 4-15 所示。

表 4-15　LSTM 核心层部分参数设置

参数	值	说明
batch_size	256	单次训练样本
activation	ReLU	激活函数（输入）
recurrent_activation	softmax	激活函数（输出）

LSTM 情感分析模型核心层各参数设置完成后也需要激活神经网络，将优化器 optimizer 设置为 RMSprop，损失函数 loss 设置为 categorical_crossentropy，准确率评价指标 Metrics 设置为 accuracy。

　　接下来开始正式建模，但是在建模时需要设置合适的参数。为了找到合适的参数，首先绘制出 6 个周期的模型准确率曲线图及模型损失率曲线图，如图 4-15、图 4-16 所示。

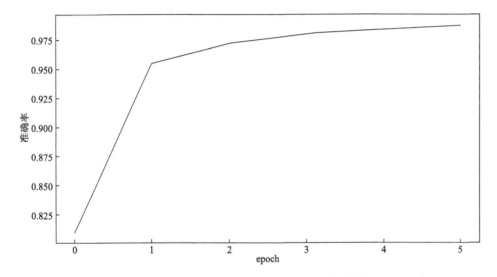

图 4-15　LSTM 情感分析模型准确率曲线图

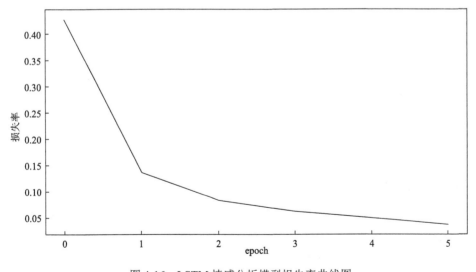

图 4-16　LSTM 情感分析模型损失率曲线图

通过图 4-15 和图 4-16 可以看出，准确率和损失率均在 epoch=2 之后基本无变动。因此，在模型训练中设置参数 epoch 值为 3，最终构建的 LSTM 情感分析模型的准确率为 89.07%，模型分类效果较好。

3. 自注意力机制

由于 LSTM 模型是依次进行序列计算的，对于那些远距离且相互依赖的特征，需要经过若干时间步的计算才能将两者联系起来，而且距离越远的特征，有效捕获的可能性越小。为此，采用自注意力机制通过一个计算步骤直接计算句子中任意两个单词的相关关系，解决了远距离依赖特征间的距离问题，使这些特征能更充分地加以利用。同时也可以通过自注意力机制捕获句子中词语间的句法和语义等特征。经过 LSTM 模型提取的文本特征 $[h_0, h_1, h_2 \cdots, h_t]$ 和词性特征 $[h'_0, h'_1, h'_2, \cdots, h'_t]$ 分别作为输入，使用自注意力机制针对同一个句子中不同词语对句子的信息重要程度的贡献给予不同权重参数的操作，得到句子的注意力文本。

4. softmax 分类器

将经过注意力机制模型训练后的注意力词向量特征 $[a_0, a_1, a_2, \cdots, a_t]$ 和注意力词性向量的特征 $[a'_0, a'_1, a'_2, \cdots, a'_t]$ 进行简单的拼接操作：

$$V = [a_0, a_1, a_2, \cdots, a_t, a'_0, a'_1, a'_2, \cdots, a'_t] \tag{4-29}$$

最后，将特征拼接向量 V 输入到 softmax 函数对文书的情感进行分类，并将分类结果转化为[0,1]之间的概率值。具体计算公式表述为

$$y_i = \text{softmax}(w_c V + b_c) \tag{4-30}$$

其中，softmax 函数的计算公式为

$$P_i = \frac{\exp(x_i^L)}{\sum_{j=1}^{k} \exp(x_j^L)} \tag{4-31}$$

其中，x_j^L 为在 L 层所计算得到 K 维矩阵的第 i 个分量。

4.2.4 特征提取模型训练

通过 LSTM 自注意力模型，对海量裁判文书进行预处理，利用文本情感分析技术进行语义转换和归一化处理。依据关联映射模型，制定当事人特征、案件特征和生态环境特征的统计规则及标准。然后使用神经网络算法训练模型，提取并分析特征，实现特征的自动化精准挖掘。模型的开发使用 Python 3.7 编程语言，开发工具为 PyCharm，深度学习框架为 TensorFlow。在建模过程中，文书文本被

划分为三个数据集：训练集包含 10 000 篇文书，验证集和测试集各包含 3000 篇文书。

　　为了评价上述模型的分类效果，此次采用文本分类领域常用的评价指标——准确率（A）、精确率（P）、召回率（R）以及 F1 值对模型进行验证，根据分类结果建立的混淆矩阵如表 4-16 所示。

表 4-16　混淆矩阵

分类后是否属于该类	原文本属于该类	原文本不属于该类
分类后属于该类	TP	FP
分类后不属于该类	FN	TN

　　准确率是指所有预测正确的占总的比例，其计算公式如下：

$$A = \frac{TP + TN}{TP + TN + FP + FN} \tag{4-32}$$

　　精确率是指正确预测为正类的占全部预测为正类的比例，其计算公式如下：

$$P = \frac{TP}{TP + FP} \tag{4-33}$$

　　召回率是指正确预测为正类的占全部实际为正类的比例，其计算公式如下：

$$R = \frac{TP}{TP + FN} \tag{4-34}$$

　　F1 值是指精确率和召回率的加权调和平均，其计算公式如下：

$$F1 = \frac{2 \times P \times R}{P + R} \tag{4-35}$$

　　通过多次对预处理后的裁判文书进行训练，可以得出模型的准确率为 89.95%，精确率为 92%，召回率为 84.56%，F1 值为 88.12%。共计提取当事人特征 10 个、案件特征 10 个、生态环保特征 13 个，与其他模型相比，本模型的各项评价标准均高于其他模型。

第5章　生态环保类案件智能审判与态势预警平台

5.1　生态环保类案件知识体系管理系统

5.1.1　知识库系统需求分析

1. 目录信息

管理裁判文书、论文库、法律法规、责任界定规则、证据认定标准、损失评估方法这 6 个大类的知识目录。其中，裁判文书下有刑事、民事两个分类；知识目录信息包含目录编号、目录名称、目录类型、所属父目录、排序数值、备注等字段信息，目录编号为数字、26 个英文字母或者下划线组成的字符串，编号规则为"主目录名称拼音首字母+第二级序号+第三级序号……"。

2. 知识采集

1）标签管理

（1）针对系统中的知识目录的标签进行管理，可对标签进行增删改查操作。标签的信息字段包含标签名称、标签颜色、状态、备注等。

（2）可对标签进行启用和停用操作。

（3）可设置标签的颜色便于高亮显示。

2）知识信息

（1）对各知识目录的知识信息进行管理，可进行增删改查操作。

（2）不同类型的知识信息说明如下。

裁判文书。①刑事：罪名[罪名名称（可多个）]、案件名称（必填）、案号、正文（必填）、裁判要旨、案情、争议焦点、裁判说理、裁判结果、适用法条、文书类型（刑事判决书、刑事裁定书）、审判级别（必选，一审、二审）、审判法院、公诉机关、犯罪主体（自然人、单位、自然人和单位）、是否共同犯罪（是、否）、是否附带民事公益诉讼（是、否）、起诉书号、起诉时间、开庭时间、审判程序（普通程序、简易程序、速裁程序）、裁判日期、备注、txt 格式文件。②民事：案由[罪名名称（可多个）]、案件名称（必填）、案号、正文（必填）、裁判要旨、案情、争议焦点、裁判说理、裁判结果、适用法条、文书类型（民事判决书、民事裁定书）、是否公益诉讼（是、否）、审判级别（必选，一审、二审）、审判法院、是否共同犯罪（是、否）、原告（一人、多人）、被告（一人、多人）、有无诉讼代表人（是、否）、有无第三人（是、否）、立案时间、开庭时间、审判程序（普通程序、简易程序）、裁判日期、备注、txt 格式文件。

论文库：标题（必填）、摘要、关键词（可多个）、目录、期刊名称、作者（第一作者、第二作者……）、备注、PDF 格式文件。

法律法规：名称（必填）、内容（必填）、颁布部门、效力级别、颁布时间、实施日期、效力状态（有效、失效）、备注、txt 格式文件内容、PDF 格式文件附件。

责任界定规则：内容（必填）。

证据认定标准：内容（必填）。

损失评估方法：内容（必填）。

（3）可对知识信息内容进行标注。

3. 全文检索

（1）可以对所有的知识信息根据指定的关键词进行全文检索。

（2）可选择要检索的知识目录。

（3）可以设置高级检索，高级检索字段为对应的知识信息的字段。

4. 系统管理

1）用户管理

（1）对系统使用用户进行增删改查的管理操作，用户信息字段包含手机号码（必填）、姓名（必填）、性别（保密、男、女）、生日、所在城市、职业、账号（必填）、账号密码（6 位到 10 位的数字、大小写字母、特殊字符组合）、角色（普通用户、演示角色）、邮箱、状态等。

（2）可启用或停用指定用户账号。

2）角色管理

（1）对系统中的用户角色进行增删改查的管理，角色信息字段包含角色名称（必填）、角色描述等。

（2）可设置各角色可操作的菜单。

5. 非功能性需求

1）可扩展性要求

为了保护已有的投资以及不断增长的业务需求，系统必须具有灵活的结构并留有合理的扩充余地，以便根据需要进行适当的变动和扩充；系统应采用开放的结构，符合国际标准、工业标准和行业标准，适应技术的发展和变化。方案设计应立足在满足现有业务需求和对未来系统扩展的支持性上，也就是需要规划成一个便于扩展的系统架构，系统应具备良好的扩展能力并能够便捷地进行扩展。

2）合理性要求

在一定的资金条件下，以适当的投入，建立性能价格比高的、先进的、完善的业务系统。所有软硬件的选型和配置要坚持性能价格比最优原则，同时兼顾与新区已有设备和系统的互联互通能力，以及与目前操作系统和应用系统的兼容性。在满足系统性能、功能以及考虑到在可预见的未来不失去先进性的条件下，尽量取得整个系统的投入合理性，以构成一个性能价格比优化的应用系统。系统架构的设计应尽可能地运用虚拟化、云计算等新技术，以符合未来的技术发展方向。

这种设计方法可以最大化地利用投资，并在利用率、管理、能源等各方面提高用户投资的效率，降低总体拥有成本，减少浪费的发生。结合新技术的运用，也可以让各应用系统更好地融入未来整体 IT 建设规划中，避免发生推倒重建的现象，从而更好地保护新区在信息系统上的投入。

3）可靠性要求

系统要具有高可靠性及强大的容错能力。核心设备比如数据库服务器和存储设备具有全容错结构，并具有热插拔功能，可带电修复有关故障而不影响整个系统的工作，设计应保持一定数量的冗余以保证整体系统的高可靠性和高可用性。即便是在系统建设初期也要着重考虑系统可用性、可靠性问题，防止出现系统停顿等问题造成信息系统的中断服务。

4）可管理性要求

选择基于国际标准和开放的技术，采用标准化、规范化设计；同时采用先进的设备，易于日后扩展，便于向更新技术的升级与衔接，实现系统较长的生命力；保证可在系统上进行有效的开发和使用，并为今后的发展提供一个良好的环境；整个系统建成形成一套完整的文档资料，以便提高整个系统的可管理性与可维护性。

5.1.2 知识库系统详细设计

生态环保类案件知识体系构建技术从案件信息抽取、生态环保知识融合、司法知识加工三个层次开展研究。①案件信息抽取。从生态环保类案件领域数据源中抽取实体、属性以及实体间的相互关系，进而形成本体化的生态环保知识表述。②生态环保知识融合。针对新知识整合，消除矛盾和歧义，比如某些实体有多种表达，某个特定称谓会对应多个不同的实体等。③司法知识加工。融合后的新知识，须经过质量评估，检验合格的内容才能加入到司法知识库中。

首先，由行业专家对现有法律概念语料库进行分类体系的初步设计，创建出一套以生态环保司法概念及司法概念关系为基础的初步知识分类体系，并以此知识分类体系为学习对象，定义司法概念及关系知识模型，以法律法规、司法审判信息资源库、司法领域信息化标准等数据进行学习训练。

其次,采用规则和统计相结合的自然语言处理技术来抽取司法概念及其关系,并使用生态环保司法领域的知识分类自主学习技术,将司法概念及其关系与已有的知识分类体系进行融合。

最后,在新的法律资源数据加入时,不断循环这个过程,结合其他课题的研究成果,实现由人工汇编向以机器生成为主、人工审核为辅的自动化生态环保司法领域知识体系构建的转变。

本节的核心载体——生态环保类案件知识库系统,采用 B/S(browser/server,浏览器/服务器)服务架构,提供知识库管理门户,知识查询开放门户和知识数据 API(application program interface,应用程序接口),方便对知识库进行运维管理,以及提供知识数据开放服务。软件系统环境基于 MySQL+Lucene+Redis 搜索引擎框架构建知识库,保证系统安全可靠性;采用开源架构,减少系统建设的资金投入。

系统功能架构包括支撑层、知识存储层、知识转化层、知识管理层和应用层,如图 5-1 所示。

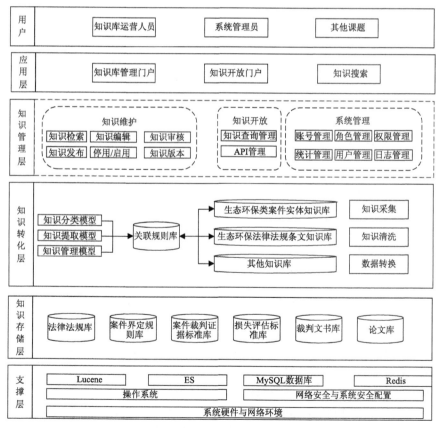

图 5-1　知识库系统功能架构图

（1）支撑层：支撑层包括系统硬件与网络环境，操作系统，网络安全与系统安全配置，以及支撑系统相关的 MySQL 数据库、ES、Lucene 和 Redis 等。

（2）知识存储层：存储各种结构化数据、各种类型的文档的非结构化数据和元数据，即数据的结构和目录。

（3）知识转化层：通过对集成数据进行采集、清洗和转换，进行相关的知识分类、知识提取，根据各种模型对知识进行关联，构成知识库层。

（4）知识管理层：系统对知识的维护管理应用模块和知识开放的管理应用模块，提供系统管理应用模块。

（5）应用层：应用层主要包括：知识库管理门户，提供日常的知识库维护和系统管理服务；知识开放门户，主要提供系统标准 API 管理服务；知识搜索。

知识库使用的工作机理如图 5-2 所示。知识库通过获取裁判文书、法律法规、论文以及相关案例规则等，对知识数据进行汇聚和处理，并分类存储知识的源文件和处理后的结构化数据，最后通过接口方式为其他课题提供结构化数据支持。

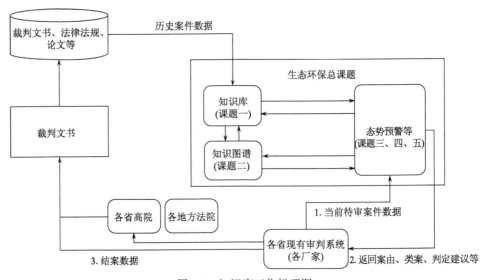

图 5-2　知识库工作机理图

针对我国生态环保类案件审判的特点，根据法条、案例的整理，完成了思维导图的制作。在此基础上，搭建了生态环保类案件知识体系管理系统，如图 5-3 所示，建立了包含案件库、证据库等子库的生态环保类案件知识库。基于生态环保类案件知识库，采用规范分析、案例分析等方法，构建完整的生态环保类案件责任界定体系、针对单个证据与整体证据的认定标准、面向损失裁量因素和数额标准的损失评估方法以及模拟法官思维的人工智能裁判法律推理逻辑规则体系，采用基于框架的知识表达方式，对案例进行结构化处理和保存，用关系数据库对知识关联关系进行保存和表达，研究构建知识库的更新机制，构建动态的知识管理。构建生态环保类案件智能审判和态势预警平台的目的在于：第一，基于生态环保类案件特性，建立案件数据的相关模型，将案件数据做结构化处理；采用基于框架的知识表示方式，对案例进行结构化处理和保存，并使用关系数据库保存和表达知识关联关系；研究构建知识库更新机制，形成动态的知识管理。第二，采用 Lucene 全文检索引擎实现海量数据的快速检索；展现形式可以提供类似全文检索的查询界面，以及提供基于规则学习的对话机器人。

(a)

(b)

(c)

图 5-3　生态环保类案件知识体系管理系统

1. 知识库系统功能

1）系统功能模块

根据需求，生态环保类案件知识体系管理系统包括知识收集和维护、知识搜索、知识开放管理与系统管理等功能模块，其功能结构见表 5-1。

表 5-1　生态环保类案件知识体系管理系统功能结构表

编号	一级功能模块	二级功能模块	备注
1	知识收集和维护	知识的采编	
2		知识管理	
3		知识审核	
4		知识入库和发布	
5	知识搜索	多维检索功能	
6		关联知识推送功能	
7		智能知识推送功能	
8	知识开放管理	知识查询检索	
9		标准数据 API	
10	系统管理	用户管理	
11		用户权限管理	

下面分别对生态环保类案件知识体系管理系统各模块进行简要的描述。

　　A. 知识收集和维护

　　该模块提供了知识的采编、知识管理、知识审核、知识入库和发布等知识维护功能。

　　B. 知识搜索

　　该模块包括多维检索功能、关联知识推送功能、智能知识推送功能等。多维检索功能提供单库检索、跨库检索和取词检索等方式的检索功能。其中，单库检索和跨库检索通过设置检索条件，可以精确快速地检索到与法官审判工作相关的资料。关联知识推送功能是根据各类知识之间的关联关系，为用户提供与其输入内容或检索结果相关的其他知识信息，为法院审判工作全面、准确掌握关键信息提供资料支持。智能知识推送功能是根据基础检索历史信息，融合自然语言处理、知识图谱、机器学习等人工智能技术，使系统能够理解用户的探知意图，对知识进行深度挖掘、分析和推理，从而为系统用户提供更加精准、全面、智能的知识推送服务。

　　C. 知识开放管理

　　该模块通过开放门户，提供知识查询检索和标准数据 API，为其他课题或应用业务系统提供各种生态环保类知识数据接口，以供其调用。

　　D. 系统管理

　　该模块包括用户管理和用户权限管理。本系统采用用户实名登录，用户管理可实现添加、修改用户信息、初始化密码以及参考用户登录记录功能；用户权限管理可按照组角色进行用户权限分配，管理员可对组权限进行配置管理。

　　2）系统用户角色

　　生态环保类案件知识体系管理系统的用户是法官。根据业务类别，可分为刑事、民事两个类别，相对应的知识管理需求可以按相关案由进行归类。根据知识管理系统的职责，可分为系统管理员、知识运维员、知识管理总编、知识管理部门编辑和普通用户等。下面主要介绍系统管理员、知识运维员以及普通用户。

　　（1）系统管理员具有系统核心数据和非管理员用户权限分配的管理权限，可进行数据屏蔽、修改、初始化等操作；可设定系统角色权限范围，分配用户角色，查看用户记录，等等。

　　（2）知识运维员是指定进行知识库更新操作的人员，负责系统的知识内容维护和更新工作。

　　（3）普通用户是法官，法官可检索、浏览知识管理系统的全部知识信息。其他课题组可以通过调用 API 获取标准化数据，用于其课题研究和业务应用。

　　3）用户权限管理

　　权限可以简单地表述为"某人（特定的人）对某事或某物的操作许可"。在设计系统权限时应根据实际情况，在可维护性、灵活性、完整性等方面权衡。

用户权限管理有以下几点要求。

对系统的所有资源进行权限控制，如功能菜单、知识分类、知识内容等；记录用户使用的关键词、知识分类、知识内容、知识分享等基础分析数据，以便优化知识、实现个性化功能，并用知识贡献排名等方式鼓励知识分享和知识创新。

用户是具体的个体，角色是访问权限的集合（一个或多个），用户通过被赋予不同的角色，可以获得该角色所拥有的权限。一个用户可以拥有多个角色，一个角色也可以赋予多个用户，是多对多的关系。用户不直接与权限关联，而是通过角色的分配获得权限。

对于一个组织而言，角色以及角色所拥有的权限是相对稳定的，用户个体的变更，只需针对变更个体添加或取消用户，而与某特定角色无关，因此这种角色管理方式在各种信息系统中得到了广泛的应用。

本系统的用户角色分为系统管理员、知识运维员、其他课题用户。权限按照表 5-2 进行角色划分。

表 5-2　系统角色权限表

序号	角色	权限
1	系统管理员	用户管理（增删改查、角色分配）、日志查看、分类表变更
2	知识运维员	知识库更新、更新日志查看
3	其他课题用户	浏览全部知识库（除个人非共享知识库外）、管理个人知识库

2. 核心功能模块

1）知识结构化处理

按照数据的存储方式的不同，可以将信息数据分为结构化数据和非结构化数据。结构化数据是指能够用统一的结构来表示的数据，通常可以用二维表结构进行表达。结构化数据常用的存储形式是关系型数据库。非结构化数据是指不便于用二维表进行表达的一维数据，包括 Microsoft Office 办公文档、文本、图片、音视频文件等。本节需要处理的裁判文书即是一种非结构化的文档。

裁判文书是案例的具体体现方式。在法院审判管理系统中，原本设计了很多的案件的不同维度信息字段，但由于大多数字段是非必填字段，因此在法院上百万案件信息中，这些字段大多数内容都是空白。只有裁判文书和案号、审判法院等少数几个字段有较完整的信息。因此，在应用案例知识前，需要从裁判文书中抽取文本信息，并进行结构化处理。

文本信息抽取方法主要有两大类型：知识工程方法与自动训练方法。

知识工程方法主要依靠手工编制规则，使系统能处理特定知识领域的信息抽取问题。这种方法要求编制规则的知识工程师对该知识领域有深入的了解。自动训练方法主要通过学习已经标记好的语料库获取规则，经过训练的系统能处理新文本，这种方法的处理速度比知识工程方法快，但需要足够数量的训练数据，才能得到较优化的系统，以保证其处理质量。文本信息抽取模型如图 5-4 所示。

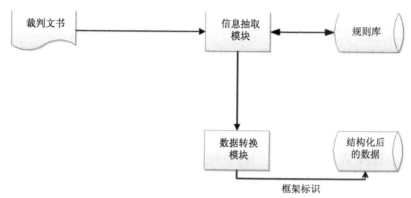

图 5-4　文本信息抽取模型

2）知识检索

本节采用开源的 Lucene 全文检索软件包用于全文索引的生成和知识检索。全文检索流程如图 5-5 所示。

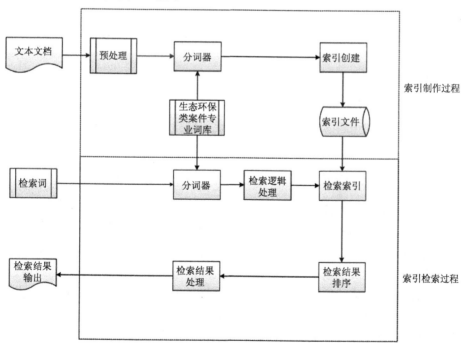

图 5-5　基于 Lucene 的全文检索应用流程框架

全文索引的生成有两个关键因素：分词器和分词词库。本节采用可自定义词库的 **IK Analyzer** 分词器。为了精准地切分法律类文档，自定义词库包含了案由、常用法律术语等法律词汇。但有些案由，如"大气污染责任纠纷、水污染责任纠纷等"，其中包含"、"等中文标点，一般分词器都会忽略标点符号，但就本文而言，词条需要包含中文标点，在分词时必须把包含标点的词条作为一个完整的分词单元，因此需要修改分词器源码。

知识检索的基本方法是根据输入条件进行预处理，然后进行匹配检索。检索结果的排序是本节应用效果的关键。根据条件的相关性高低，检索结果往往是成千上万条，而用户不可能每条都浏览。因此，把最相关的检索结果放在最前面，是知识检索的关键。

以法律知识检索为例，检索结果排序需要考虑的因素有法律法规的效力、颁布日期、与检索词的相关性等。排序规则如下。

（1）法律标题中包含检索词的，相关性最高，优先级最大。

（2）符合上述条件的，法律效力越高，优先级越大。

（3）同等效力的法律，按照颁布日期倒排序。

（4）只有法律正文中出现检索词的，法律效力越高，优先级越大。

（5）满足（4）的，按照颁布日期倒排序。

5.2　生态环保类案件知识图谱

5.2.1　系统的目标

生态环保类案件知识图谱，根据生态环保类案件的特征和审判流程，建立案件实体库与案件知识库的三元关联库，实现案件的快速检索与推送等，提升人民法院信息化水平。

通过生态环保类案件知识图谱和技术台账，为研发法院信息辅助机器人等提供技术保障和数据支撑，缓解法院人员事务性工作压力。通过建立生态环保类案件知识图谱并应用于案件知识检索，旨在服务审判和一线法官，推动法院信息化与智能审判的有机融合，保障法院精准量刑与高效审判。

通过全国法院的示范应用，有效地实现智能审判系统的全国各级法院推广，将先进经验迅速推广到全国，为"智慧审判"的全国协调发展奠定基础。通过案件知识图谱建设，将法院外部系统（如司法机关、行政机关、环保平台、公益事业等平台）的数据进行知识库关联，提升我国政府间数据共享，为智慧社会提供数据基础。通过生态环保类案件大数据知识图谱建设，统一全国生态环保类案件的审判类案推定，全面建设集约高效、多元解纷、便民利民、智慧精准、开放互动、交融共享的现代化诉讼服务体系，加快推进跨域立案诉讼服务改革。

生态环保类案件大数据知识图谱的研究和应用，能够提升大数据案件辅助审判的系统性、全面性、深刻性、及时性等，以期为审判工作提供更强有力的支持。

5.2.2　系统业务需求分析

在生态环保领域，为了更有效地处理法律案件文本，需要开发一种智能识别与自动提取领域专有词汇的模型，并以此为基础对知识图谱的实体类别进行初步定义。该需求旨在提高案件处理效率，通过自动化处理法律案件文本，从中汇总典型的高频领域词汇，最终实现自动化标注案件实体类别，输出识别出的实体，并在系统中推荐这些关联实体所对应的参考审判文书。

1. 智能识别模型开发

为了实现领域专有词汇的智能识别与自动提取，需要建立一个自动识别模型，该模型应基于生态环保类法律案件文本数据进行训练。训练的目标是输出生态环保领域法律案件专有词汇，以提高后续处理的准确性和效率。该模型需要具备适应不同文本特征的能力，以确保在各种案件文本中都能有效地提取专有词汇。具体识别要求包含以下几个方面。

1）领域词汇识别

在智能审判系统中，涉及的司法领域词汇可能非常专业和复杂。为了确保用户能够准确、快速地查询和检索数据，系统需要具备领域词汇识别功能。这意味着系统需要建立和维护司法领域的词汇库，当用户输入相关词汇时，系统能够识别这些词汇的领域含义，并提供相应的查询结果。

2）实体关系识别

在处理案件时，实体关系（如相关条例、法律法规与相关主体的关系等）的识别非常重要。系统需要具备实体关系识别的能力，以帮助用户更准确地理解案件结构和相关信息。通过实体关系识别，用户可以更直观地看到案件与其他实体的关联关系，从而更深入地了解案件情况。

3）多模式查询

智能审判系统不仅需要支持基于关键词、关键内容的查询，还需要支持基于时间、案件类型等多种模式的查询。系统应提供灵活的查询方式，满足用户的不同需求。

为了满足这些需求，数据库的设计和实现需要充分考虑数据库访问、事务处理等方面的问题，确保智能审判系统的稳定性和高效性。

在成功识别和提取领域专有词汇之后，我们将进行领域词汇的总体规划。这涉及将领域专有词汇组织成知识图谱的实体与关系类型。为了达到这一目标，我们需要分析领域词汇之间的关联性，确定它们在知识图谱中的实体类别和相互之间的关系。这项工作将有助于更好地理解生态环保领域的法律案件，为进一步的数据挖掘和知识发现奠定基础。

2. 案件实体识别与标注系统建设

设计命名实体识别模型。撰写详细文档与原理解释，以确保项目的可持续性和可维护性，训练模型并记录详细过程以便进行性能评估和后续优化。构建智能匹配技术，以完成案件实体间关系的筛选与标注工作。采用先进的算法和技术，以确保系统能够高效地输出筛选出的实体间关系。这一步将为用户提供高质量、准确的案件实体间关系信息，从而提升系统的整体性能和用户体验。我们将建立一个综合性的案件实体间关系识别与标注系统，以满足用户对高效、准确、智能化案件处理的需求。

3. 实体发现及可视化

动态实体发现是智能审判系统的重要功能之一，它可以帮助系统识别和理解文本中的实体，如案件当事人、涉案主体、案件地点和时间等核心实体、一般实体，从而为后续的文本分析和处理提供基础。具体来说，主要需求包含以下几个部分。

1）实体类型识别

智能审判系统需要识别文本中的多种实体类型，如案件当事人、涉案主体、案件地点时间等核心实体、一般实体等。系统需要具备强大的实体识别能力，能够准确识别出文本中的各种实体类型，为后续的文本分析和处理提供基础。

2）实体边界确定

在文本中，实体的边界往往是不清晰的，需要系统具备强大的边界确定能力。系统需要能够准确确定每个实体的起始位置和结束位置，从而为后续的文本分析和处理提供准确的数据。

3）实体关系分析

在智能审判系统中，除了识别出文本中的实体外，还需要对实体之间的关系进行分析。针对给定实体，系统将能够查询与之高度关联的已知实体，形成可视化实体关联。例如，需要对案件当事人之间的关系进行分析，从而为后续的证据分析和法律知识查询提供支持。通过这一流程，实现数据的自动链接，并在系统中推荐这些关联实体所对应的参考审判文书，从而完成证据链的自动汇总。

5.2.3　系统的架构设计

系统使用知识图谱的相关方法从海量的生态环保类案件文本中提取与案件智

能审判相关的信息并进行融合,为后续的案件知识结构化表示、挖掘与建模建立基础。图 5-6 分别介绍了领域专有词汇的识别、知识图谱实体的提取、知识图谱关系的抽取、知识图谱数据库的建立四个部分以及各部分的关系。

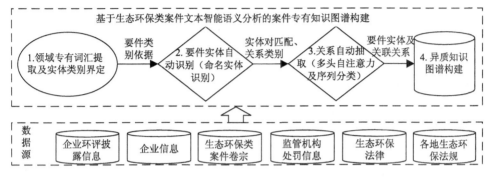

图 5-6　知识图谱构建流程框架

1. 数据处理流程

针对生态环保类案件知识图谱构建,对于不同来源的非结构文本数据,首先通过对领域词汇的识别区分专有名称,然后对预定义的关系进行标注,以及对实体进行序列标注。获得标注数据之后,通过相关模型实现实体识别和关系抽取,最终获得干净的三元组数据(图 5-7)。

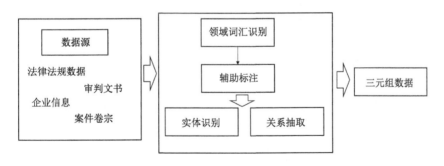

图 5-7　数据处理流程

2. 知识图谱构建流程

经过数据处理流程之后,本节获取了干净的知识表示三元组数据,然后导入 Neo4j 数据库进行存储。准备 Neo4j 知识图谱数据库,规划设计数据库表。整理并完善识别出的案件实体与关系数据,编写程序录入图数据库。

3. 知识图谱分析流程

生态环保类案件知识图谱构建完成后，可实现对整体网络结构的分析，包括节点度分析（网络平均度，节点的出度、入度）、节点重要性分析（PageRank 算法、中介中心性、紧密中心性）、网络连通子图分析和社区内部紧密程度分析。

此外，基于案件语义的知识图谱网络，提取法律案件的关键案件实体，在智能语义分析的基础上，识别案件文本中蕴含的法律要件实体及要件关系，进而以生态环保类案件的关键要素为节点，以要素之间的关系为连接，抽取每个节点的案件特征。基于表示学习和智能比对方法，将法律要件实体进行深度层次化语义解析，以此进行知识图谱网络的特征选择，从而构建法律案件的动态知识图谱网络关系。

5.2.4　知识图谱数据处理模块

生态环保类案件知识图谱系统包括数据处理模块、知识图谱的可视化和结构分析，以及应用示范。其中数据处理模块包括领域词汇识别、实体识别、关系抽取、辅助标注板块。

1. 领域词汇识别

1）目标描述

对生态环保类案件文本中的领域专有词汇进行智能识别与自动化提取。汇总典型的高频领域词汇，并基于这些领域词汇初步定义知识图谱中的实体类别。开发一个"领域专有词汇"自动识别模型，基于生态环保类法律案件文本数据进行训练，能够输出相关的法律案件专有词汇。基于识别的领域词汇，对知识图谱的实体与关系类型进行总体规划与建议。设计了一种基于"互信息"和"左右邻信息熵"的领域词汇自动识别模型。模型开发了 Java 与 Python 两个版本，其中 Python 版本基于 Spark 实现，适用于海量数据规模中的领域词汇发现。在生态环保知识库收集的数据的基础上运行了该模型，分别识别了 2~20 字长度的领域词汇，识别结果较为准确。

2）输入条件

（1）生态环保类法律案件文本数据，输入方式见图 5-8。

（2）Java 和 Python 开发环境。

3）平台系统界面

整体界面见图 5-8，在选定功能"领域词汇识别"后，可以选择"法律法规"或者"刑诉案件"，在下方的"待识别文本目录"输入文本路径名，最后按"开始识别"按钮，进行领域词汇识别。

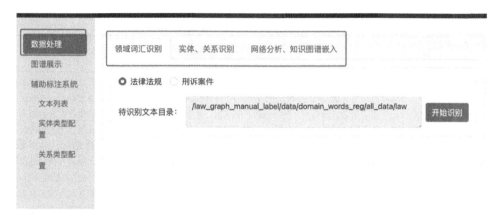

图 5-8　领域词汇识别系统执行图

4）输出结果

（1）从识别出的 2 万个领域词汇中人工筛选了 1000 个高置信度长领域词汇作为实体，为后续任务奠定了基础，详细实体结果见表 5-3。

表 5-3　系统识别到的领域词汇表

建议实体类型	标识	识别的典型、高频领域专有词汇
企业实体	COM	一口田农业科技成都有限公司（其他企业名录略）、被告单位、被告人、海域使用权人、货物所有人或者代理人、煤矿企业、废弃电器电子产品回收经营者、企业事业单位、企业事业单位和其他生产经营者、城镇污水处理设施维护运营单位
管理部门及相关机构、组织	GOV	环境保护行政主管部门、国务院核安全监管部门、工商行政管理部门、国务院卫生行政部门、太湖流域管理机构、海洋行政主管部门、国务院水行政主管部门、国家级自然保护区、中央军事委员会、医疗废物集中处置单位、饮用水水源保护区、行政区域、海事管理机构、政府财政部门、国务院气象主管机构、城镇排水主管部门、县级以上人民政府、地方各级人民政府、国务院农业主管部门、交通运输主管部门、两省一市人民政府、野生动物行政主管部门、长江流域省级人民政府、国务院建设主管部门、环境保护主管部门、农民专业合作经济组织、卫生行政主管部门、本级人民政府、省级人民政府、风景名胜区管理机构、出入境检验检疫机构、自然保护区管理机构、重点生态功能区、行政主管部门、气象主管机构、地方各级人民代表大会、社会保险基金、国家海洋行政主管部门、生态环境部门、城乡规划主管部门、县级人民政府、海洋主管部门、上级人民政府、区生态环境局、省级以上人民政府、国家海洋主管部门、政府信息公开工作机构、市控制单元、草原行政主管部门、国务院有关部门、人民政府及其有关部门、本级人民代表大会、设区的市级人民政府、最高人民检察院、人民政府、野生动物保护主管部门、人民检察院、农业行政主管部门、主管部门组织、水行政主管部门、人民政府卫生行政部门、国家核安全局、国家监察委员会、主管部门、土地使用权人、金融机构、标准化行政主管部门、核电厂核事故应急机构、卫生行政部门、防汛抗旱指挥机构、医疗卫生机构、监督管理部门、自然资源主管部门、渔业行政主管部门、卫生主管部门、人民政府有关部门、医疗机构、安全生产监督管理部门、国务院煤炭管理部门、主管部门和国务院、公安机关、人民政府农业主管部门、

续表

建议实体类型	标识	识别的典型、高频领域专有词汇
管理部门及相关机构、组织	GOV	县级以上地方人民政府农业主管部门、当地人民政府、环境保护部门、有关人民政府、县级以上地方人民政府卫生行政主管部门、集体经济组织、国务院标准化主管部门、农药登记评审委员会、国务院、疾病预防控制机构、监督管理机构、国务院清洁生产综合协调部门、国务院海洋行政主管部门、中国人民银行、野生动植物主管部门、县级以上人民政府草原行政主管部门、地质矿产主管部门、国务院其他有关部门、县级人民政府安全生产监督管理部门、野生植物行政主管部门或者其授权的机构、规划审批机关、港口行政管理部门、国务院林业主管部门、国务院环境保护行政主管部门、国家濒危物种进出口管理机构、本级人民代表大会常务委员会、设区的市级以上地方人民政府、国务院野生动物保护主管部门、国务院野生植物行政主管部门、有关自然保护区行政主管部门、所在地县级以上地方人民政府、全国人民代表大会常务委员会、国务院经济综合宏观调控部门、人民政府标准化行政主管部门、行政主管部门和其他有关部门、国务院环境保护主管部门、国务院交通运输主管部门、国务院生态环境主管部门、国务院林业行政主管部门、监督拆船污染的主管部门、国家科学技术奖励委员会、突发事件应急处理指挥部、国务院科学技术行政部门、人民政府水行政主管部门、国务院卫生行政主管部门、国务院渔业行政主管部门、国务院地质矿产主管部门、国务院有关行政主管部门、设区的市级以上人民政府、国务院草原行政主管部门、全国污染源普查领导小组、国务院自然资源主管部门、国务院野生动植物主管部门、污染源普查领导小组办公室、国务院核安全监督管理部门、国务院标准化行政主管部门、人民政府生态环境主管部门、政府信息公开工作主管部门、人民政府环境保护主管部门、政府信息公开工作年度报告、人民政府城乡规划主管部门、人民政府渔业行政主管部门、人民政府草原行政主管部门、主管部门或者其他有关部门、国家核事故应急协调委员会、人民政府土地行政主管部门、各级人民政府及其有关部门、人民政府卫生行政主管部门、县级以上地方各级人民政府、国务院管理节能工作的部门、流域县级以上地方人民政府、县级以上地方人民政府组织、人民政府环境保护行政主管部门、地方人民政府生态环境主管部门、所在地的县级以上地方人民政府、全国污染源普查领导小组办公室、县级以上人民政府林业主管部门、太湖流域县级以上地方人民政府、省级人民政府生态环境主管部门、县级以上地方人民政府有关部门、长江流域县级以上地方人民政府、人民政府野生动物保护主管部门、人民政府野生植物行政主管部门、区生态环境保护综合行政执法支队、两省一市人民政府水行政主管部门、农村集体经济组织或者村民委员会、县级以上人民政府水行政主管部门
生态、自然资源	RES	国家重点保护野生动物、国家重点保护野生植物、野生动物及其制品、大气环境质量、珍稀濒危野生动植物、可再生能源、生物多样性、地方重点保护野生动物、野生动物及其栖息地、野生动物、生态系统、防沙治沙、长江流域生态环境、野生动物资源、长江流域、长江流域生态、饮用水水源、饮用水水源地、生态环境、饮用水水源保护区、土壤环境质量、农民集体所有的土地、太湖流域、生态安全屏障、人工繁育国家重点保护野生动物、地方级自然保护区、长江流域国土空间、本行政区域内地下水、地下水、国家级风景名胜区、环境质量、濒危野生动植物、森林资源、野生植物资源、风景名胜资源、野生动植物、生态环境质量、矿产资源、陆生野生动物、国家二级重点保护野生动物、土壤环境、水资源、国家和地方重点保护野生动物、中华人民共和国管辖海域、非国家重点保护野生动物、生物多样性保护优先区域、国家重点保护野生动植物、国家大气污染防治重点区域、水土流失重点预防区和重点治理区

续表

建议实体 类型	标识	识别的典型、高频领域专有词汇
污染物及 生态破 坏物	POL	固体废物污染、废弃电器电子产品、危险化学品、畜禽养殖废弃物、工业固体废物、危险废物、挥发性有机物、放射性同位素、传染病疫情、医疗废物、放射性废物、固体废物、草甘膦母液、有毒有害物质、水土流失、放射性固体废物、剧毒化学品、土壤污染、外来入侵物种、传染病、生活垃圾、污染危害性货物、污染物排放量、建筑垃圾、大气污染物、放射性物质、铅蓄电池、城镇污水处理设施产生的污泥和处理后的污泥、重点污染物排放、废旧放射源、放射性废物和被放射性污染的物品、废油墨桶、核材料、废弃物
设施、 资金	FAC	医疗废物集中处置设施、城镇污水处理设施、污水处理设施、污染防治设施、地震灾后恢复重建资金、非道路移动机械、污水集中处理设施、民用核安全设备、环境保护设施、危险化学品运输车辆、放射性物品运输容器、船舶油污损害赔偿基金、城镇污水集中处理设施、废弃电器电子产品处理基金、大气污染物排放自动监测设备、城镇排水与污水处理设施、污染物排放自动监测设备、一类放射性物品运输容器、二类放射性物品运输容器、放射性固体废物处置设施、固体废物污染环境防治设施
工程、 事件	PRJ	海岸工程建设项目、突发环境事件、土壤污染状况、船舶污染事故、突发事件、危险化学品事故、基础设施建设、生态文明建设、传染病防治工作、社会主义市场经济、辐射事故、突发事件应急、海洋工程、突发事件应急处理工作、矿产资源勘查、场外核事故应急、海洋工程建设项目、国家核事故应急、地下水取水工程、突发公共卫生事件、气象探测、农业技术推广、核设施安全
法律、法 规、文件	RDT	土地利用总体规划、环境影响评价文件、危险废物经营许可证、建设项目环境影响评价、允许进出口证明书、风景名胜区规划、核发允许进出口证明书、生活垃圾分类、土壤污染风险评估报告、排污许可证、剧毒化学品购买许可证、海洋功能区划、土壤污染状况调查报告、土壤污染风险管控标准、生态保护红线、污染物排放标准、场外核事故应急计划、环境影响登记表、化学品安全技术说明书、环境影响评价结论、农药经营许可证、危险化学品登记、驯养繁殖许可证、全国污染源普查方案、危险化学品经营许可证、环境影响报告书、核事故应急计划、主管部门规定、传染病疫情信息、农药登记证、大气污染物排放标准全国可再生能源开发利用中长期总量目标、地方水污染物排放标准、许可证、工业产品生产许可证、国有资本经营预算、海域使用权、捕捞许可证、防沙治沙规划、国家放射性物品运输安全标准、无损检验结果报告、化学品安全技术说明书和化学品安全标签、制造许可证、农药生产许可证、国家危险废物名录、行政许可、土地使用权、国有土地使用权、企业信用信息公示系统、地方污染物排放标准、行政许可事项、水土保持方案、总量控制指标、放射性物品运输的核与辐射安全分析报告、环境质量标准、特许猎捕证、乡村建设规划许可证、水环境质量标准、城乡规划、建设用地规划许可证、水污染物排放标准、重点污染物排放总量控制指标、建设项目的环境影响评价文件、全国排污许可证管理信息平台、主要污染物排放总量控制指标、重点大气污染物排放总量控制、城镇排水与污水处理规划、国民经济和社会发展规划、污水排入排水管网许可证、海洋工程环境影响报告书、污染物排放总量控制指标、危险化学品事故应急预案、国家放射性污染防治标准、建设项目环境影响报告书、国家重点保护野生动物名录、建设项目环境影响评价文件、剧毒化学品道路运输通行证、建设项目的环境影响报告书、危险化学品安全使用许可证、废弃电器电子产品处理资格、重点水污染物排放总量控制指标
其他	OTH	其他词汇均为此类别

注: 词汇提取时间截至 2017 年 8 月

（2）定义了 8 种常见的建议实体类型。

（3）筛选的实体已导入 Neo4j 数据库，部分结果见表 5-3。

2. 实体识别

1）目标描述

实体抽取，又称命名实体识别，是从文本数据集中自动识别出命名实体的过程。实体抽取的质量（准确率和召回率）对后续的知识获取效率和质量有着极大的影响，因此是信息抽取中最基础且关键的部分。

对生态环保类案件的裁判文书进行信息抽取，将涉案事实及与判决有关的法条依据进行结构化处理。通过逻辑梳理，本书设计了知识图谱中对应的实体概念体系。同时，基于实体概念体系，构建了相应的实体关系逻辑体系。整体语义结构同图 2-5。

生态环保类裁判文书文本数据，如图 5-9 所示。

提供实体抽取功能的界面，如图 5-10 所示。

2）系统输出

实体抽出的系统执行结果见图 5-11。

包含知识图谱的面向生态环保类案件司法案情实体的具体概念同表 2-4。

3. 关系抽取

1）目标描述

关系抽取是从生态环保类文本数据中提取实体之间的关系。这项任务非常重要，有助于构建和扩展知识图谱。关系抽取通常使用自然语言处理和机器学习技术，从结构化或非结构化文本中识别和提取实体之间的关系。这些关系可以是预定义的，也可以是根据特定领域或任务进行自定义。为了有效抽取要件实体间的关系，将其理解为一个分类问题。

2）输入条件

系统执行生态环保类法律案件文本数据和表 5-3 的法律要件实体，如图 5-12 所示。

3）系统输出

按下“开始识别”按钮后，系统首先会进行实体识别，输出法律文本中的命名实体，并给出实体类型；然后系统进行关系抽取，给出各个实体之间的关系，结果如图 5-13 所示。

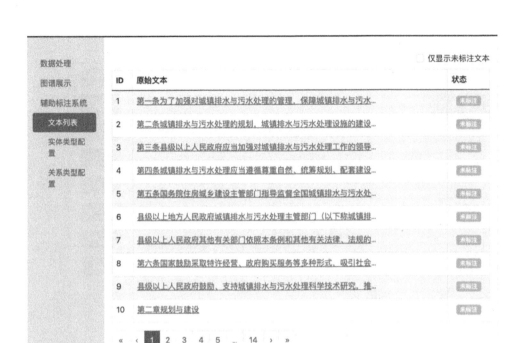

图 5-9 原始文本列表图

图 5-10 实体关系识别系统执行图

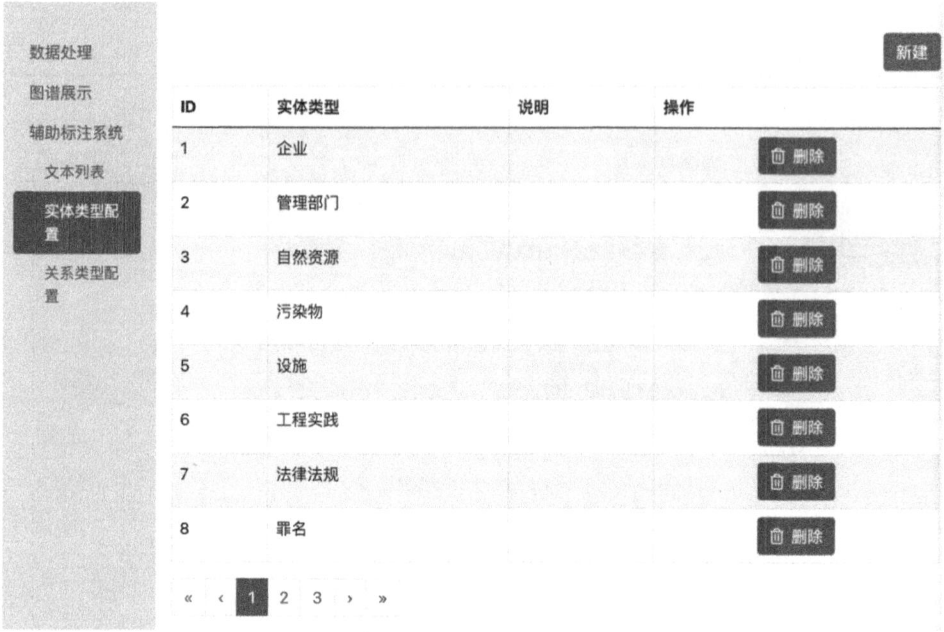

图 5-11　系统实体抽取输出图

图 5-12　关系抽取系统执行图

图 5-13　系统关系抽取输出图

识别出的实体之间的关系类型同表 2-5。

4. 辅助标注

1）目标描述

通过集成辅助标注系统，自动化并提高生态环保类案件文书中实体和关系类型的标注准确率与效率。系统支持多种标注方法，如 BIO、BIOSE、BILOU、BMEWO 等，本书应用 BMEO 规则进行自动标注，并将实体映射到预定义类别，如"主管部门""企业""生态自然资源"等。最终，构建高质量的训练数据集，为后续的实体识别和关系抽取模型提供支持。

2）系统交互

实体识别功能识别到的实体和关系抽取得到的关系结果如图 5-14 所示，能够人为进行修改、调整。

A. 新建实体或者关系

此处的功能为新建某一实体类型，如图 5-15 所示。

B. 删除实体或者关系

需要辅助删除识别错误的实体或关系，操作如图 5-16 所示。

ID	实体类型	说明	操作
1	企业		🗑 删除
2	管理部门		🗑 删除
3	自然资源		🗑 删除
4	污染物		🗑 删除
5	设施		🗑 删除
6	工程实践		🗑 删除
7	法律法规		🗑 删除
8	罪名		🗑 删除

数据处理
图谱展示
辅助标注系统
　文本列表
　实体类型配置
　关系类型配置

« ‹ 1 2 3 › »

图 5-14　辅助标注功能界面

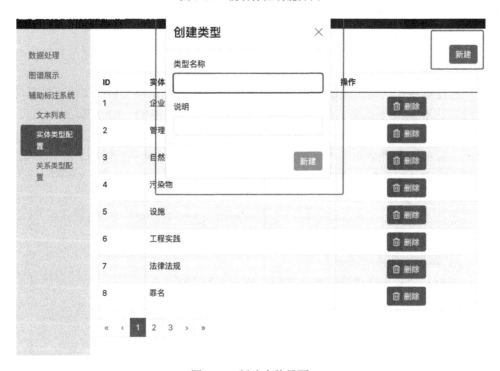

图 5-15　新建实体界面

图 5-16　删除实体或关系操作过程图

5.2.5　知识图谱的可视化和结构分析

1. 知识图谱可视化

1）预期目标

本节旨在实现对生态环保类法律案件文书知识图谱的可视化展示，通过直观的节点和边的布局、交互式功能以及丰富的信息展示，帮助用户快速理解和探索知识图谱的结构与关联关系。同时，提供定制化的展示功能和多视角展示方式，以及确保在不同平台和设备上的兼容性，以使用户能够方便地访问和使用知识图谱。通过不断优化和改进，提高知识图谱可视化的实用性和用户满意度。

2）系统展示

知识图谱可视化系统包括多种可视化粒度，包括企业-基本信息-法律法规文件节点关系图（图 5-17）、管理部门-法律法规文件节点关系图（图 5-18）、生态自然资源-法律法规文件节点关系图（图 5-19）。

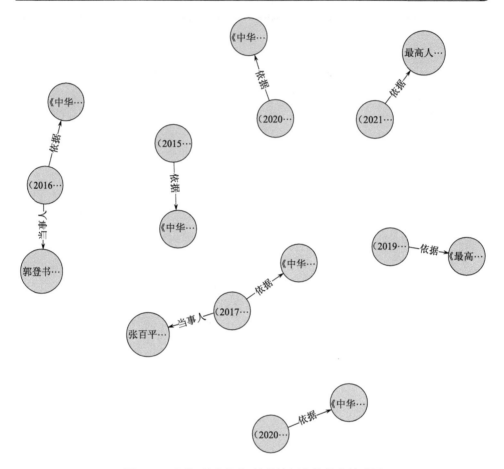

图 5-17　企业–基本信息–法律法规文件节点关系图

2. 知识图谱结构分析

1）预期目标

用户在界面上输入案由文本后，系统将自动识别文本中包含的实体，并在知识图谱中查询与这些实体高度关联的已知实体，同时基于表征学习结果推理出可能关联的未知关系实体，实现证据库的自动链接，并在系统中推荐这些关联实体所对应的参考审判文书，完成证据链的自动汇总。

2）系统输入

需要分析的知识图谱的系统操作界面如图 5-20 所示。

3）系统输出

A. 网络整体情况

知识图谱网络分析结果见图 5-21。

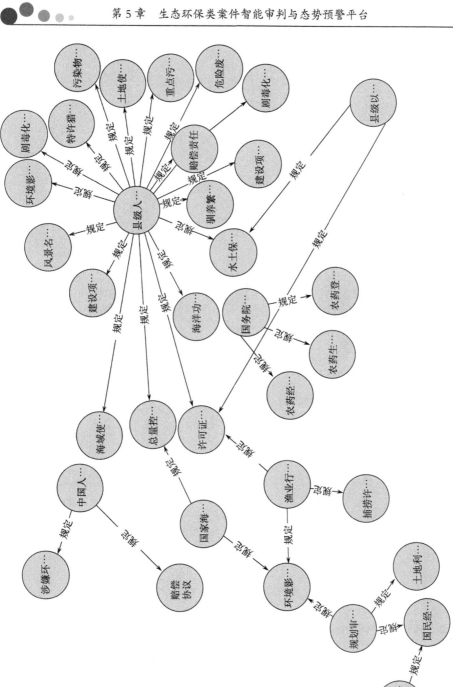

图 5-18 管理部门–法律法规文件节点关系图

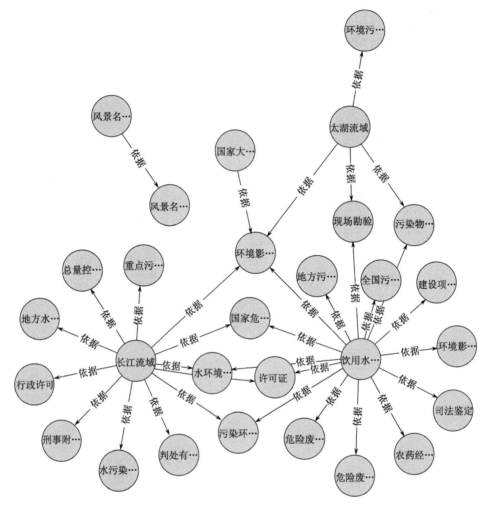

图 5-19　生态自然资源-法律法规文件节点关系图

图 5-20　知识图谱网络分析界面

网络分析统计

平均度:	7.43	连通子图个数:	1	最大连通子图大小:	102

图 5-21　网络情况

B. 网络细粒度分析结果

知识图谱总体细粒度分析结果见图 5-22。

度中心性

id	in_degree_centrality	out_degree_centrality	degree_centrality
职务侵占罪	0.2178	0.1089	0.3267
沪浦检一部刑诉〔2019〕3272号	0.2574	0	0.2574
沪浦检一部刑诉〔2018〕363号	0.2574	0	0.2574
沪浦检一部刑诉〔2018〕830号	0.2376	0	0.2376
沪浦检一部刑诉〔2019〕4455号	0.2277	0	0.2277
沪浦检二部刑诉〔2018〕31号	0.2277	0	0.2277
受贿罪	0.1584	0.0396	0.198
供述	0	0.1881	0.1881
证言	0	0.1881	0.1881
《中华人民共和国刑法》	0	0.1782	0.1782

（a）

PageRank中心性

id	page_rank_scores
沪浦检一部刑诉〔2019〕3272号	0.0572
沪浦检二部刑诉〔2018〕31号	0.0533
沪浦检一部刑诉〔2018〕363号	0.0377
沪浦检一部刑诉〔2019〕4455号	0.0341
沪浦检二部刑诉〔2019〕1666号	0.032
沪浦检二部刑诉〔2018〕73号	0.0314
职务侵占罪	0.0283
沪浦检一部刑诉〔2018〕830号	0.0283
沪浦检一部刑诉〔2020〕6943号	0.0224
沪浦检二部刑诉〔2018〕46号	0.0222

（b）

中介中心性（betweenness centrality）

id	betweenness_centrality
职务侵占罪	0.0179
受贿罪	0.0047
盗窃罪	0.0008
贪污罪	0.0002
行贿罪	0.0002
挪用公款罪	0.0001
王某某	0
沪浦检二部刑诉〔2019〕1762号	0
谅解书	0
入职登记表	0

（c）

接近中心性 (closeness centrality)	
id	closeness_centrality
沪浦检一部刑诉〔2018〕363号	0.2896
沪浦检一部刑诉〔2019〕4455号	0.2779
沪浦检一部刑诉〔2018〕830号	0.2711
沪浦检一部刑诉〔2019〕3272号	0.2621
沪浦检一部刑诉〔2020〕6943号	0.2376
沪浦检二部刑诉〔2018〕31号	0.2281
沪浦检二部刑诉〔2019〕1666号	0.2246
职务侵占罪	0.2178
沪浦检二部刑诉〔2019〕1762号	0.2114
沪浦检二部刑诉〔2019〕1405号	0.2069

(d)

社区内部紧密程度分析	
id	triangles_counting
职务侵占罪	50
某甲	13
受贿罪	10
沪浦检二部刑诉〔2019〕1666号	10
沪浦检一部刑诉〔2018〕830号	9
沪浦检一部刑诉〔2018〕363号	9
沪浦检二部刑诉〔2018〕73号	7
朱某某	7
沪浦检二部刑诉〔2019〕1405号	7
张某某	7

(e)

图 5-22　分析结果

5.3　生态环保类案件大数据处理平台

5.3.1　总体概述

1. 总体需求

本节的主要任务是构建生态环保类案件大数据处理平台，实现相关环保类案件的大数据存储、处理、标注功能。对于在局域网大数据集群处理条件下无特殊技术障碍的生态环保类数据，平台页面查询的响应时间力争达到 3 秒之内，因为技术原因难以达到的，也应控制在 10 秒以内完成，单个文书上传下载 5 秒以内，批量上传小于 90 秒/1000 条。而基于生态环保类案件大数据处理技术需构建法律要素提取、关键内容识别、主题识别、实体识别等功能，峰值使用期间处理时间在 40 秒以内。

生态环保类案件大数据处理平台的功能主要包括：文书标注类型配置、文书标注、实体识别、法律要素抽取、主题提取、关键内容抽取、批量文书上传、单个文书上传、文书检索、文书下载、文书删除、AI 文本问询、文书预览。

2. 系统体系结构

生态环保类案件大数据处理平台采用四层体系架构。

表现层：它一方面为用户提供了交互的工具，另一方面也为显示和提交数据实现了一定的逻辑。表现层位于最上层，离用户最近。用于显示数据和接收用户输入的数据,为用户提供一种交互式操作的界面。主要为设备实时工作状态分析系统提供页面显示和用户交互,该层为网页架构,采用 RESTFul 框架。用户通过选择和输入相应参数提交报表请求,该层封装请求并调用服务聚集层相应服务接口。当服务聚集层返回 JSON 文件后,该层根据文书结构组装并显示数据。

服务聚集层:主要为大数据处理平台提供服务汇聚功能,该层接收表现层的用户请求,根据请求进行预处理并将请求封装,根据需求分发给下层计算,包括直接访问数据层、分发至数据处理层。服务聚集层相当于中间类的作用,中间的工厂类提供了另一个通用放任接口让调用者可以使用接口暴露的方法,而无须关注架构或底层发生了怎样的变化,系统存在感不明显,方便维护管理。

数据处理层:主要为司法大数据处理平台提供数据分析服务,该层接收表现层的用户请求封装,根据用户请求组装 SQL 语句,获取 MySQL 数据库基础数据,并根据基础数据远程过程调用(remote procedure call,RPC)协议调用协处理器,根据算法端接口对业务数据进行分析,最后将数据封装为 JSON 格式并返回给表现层。

数据层:MySQL 等生产业务数据库,用于持久化存储基础数据。HBase 用于持久化业务数据,其功能主要是负责数据库的访问,可以访问数据库系统、二进制文件、文本文档或是 XML 文档。所有从介质化读取数据或写入数据的工作都属于这一层的任务。该层负责直接操作数据库,执行数据的增添、删除、修改、更新、查找等事务。

系统结构图如图 5-23 所示。

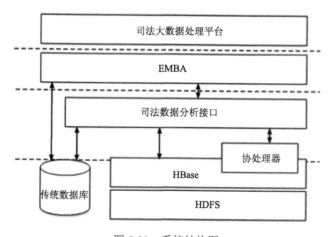

图 5-23　系统结构图

EMBA 为事件中间件代理聚合(event middleware broker aggregation);HDFS 为 Hadoop 分布式文件系统(Hadoop distributed file system)

系统的基本数据处理流程如图 5-24 所示，具体流程如下。

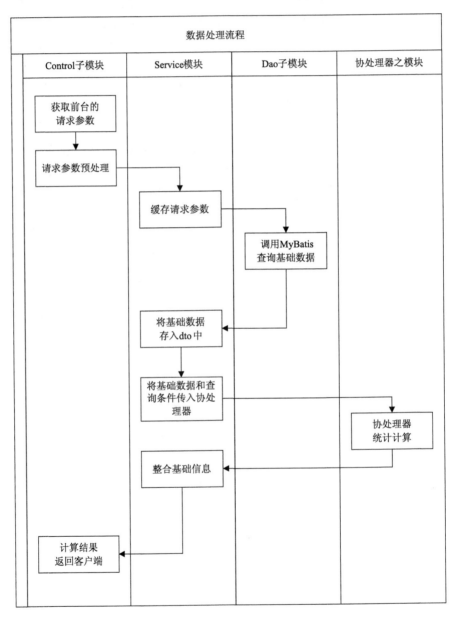

图 5-24　基本数据处理流程图

3. 任务概述

1）目标

本节针对生态环保类案件大数据处理平台的生态环保类案件进行大数据存储、分析、标注，具体包括法律要素抽取、批量文书上传等功能。根据系统的接口要求实现用户输入参数，返回特定 JSON 格式结果。

系统性能上，要求大数据处理功能峰值使用期间，查询类处理功能在 5 秒以内，单个文书上传下载在 5 秒以内，批量上传小于 90 秒/1000 条。生态环保类案件智能辅助审判技术支持法律要素提取、关键内容识别、主题识别、实体识别等功能，峰值使用期间处理功能在 40 秒以内。

2）运行环境

本系统运行环境需要 JDK、Hadoop、Spring Boot、MySQL Server、MyBatis-Plus 的支持，所需版本如表 5-4 所示。

表 5-4 运行环境

环境		版本
JDK 版本		1.8
Hadoop 平台相关	Ambari	2.7
	Kafka	1.1.1
	HDFS	3.1.1
	HBase	2.0.0
	ZooKeeper	3.4.6
Spring Boot		2.7.0
MySQL Server		8.3.1
MyBatis-Plus		3.5.3.1

3）需求概要

生态环保类案件大数据处理平台需求描述如下。

（1）事件标注类型配置：对生态环保类案件的类型及其要素进行配置，可定义案件的类型，如司法行为-指控，其要素可定义为指控方、指控时间、罪名、指控材料、指控对象等。

（2）文书标注：事件标注类型配置完毕后，可在标注页面中添加事件，由此对文书内容进行选取并与其事件要素进行绑定，完成标注。

（3）实体识别：可选择生态环保类文书，如（2021）藏 0425 刑初 10 号，在文书详情中选择对应功能，基于 AI 大模型，智能提取出该生态环保类文书的各个实体，其识别时间不超过 40 秒。

（4）法律要素抽取：可选择生态环保类文书，如（2021）藏 0425 刑初 10 号，在文书详情中选择对应功能，引入涵盖生态环保类案件（15 个）、当事人（12 个）和生态环保总体（12 个）的深度挖掘案件特征（39 个），如表 5-5 所示，并基于 AI 大模型，智能提取出该生态环保类文书的各个法律要素，抽取时间不超过 40 秒。

表 5-5　案件特征

特征类别	具体内容
案件特征 15 个	所属省份
	案由
	审理法院
	法院层级
	上级法院
	城市
	文书类型
	公诉时间
	起诉时间
	案发年份
	判决结果（非刑事）
	涉外情况
	原告人数
	被告人数
	被害人年龄
当事人特征 12 个	当事人年龄
	当事人性别
	当事人学历
	当事人身份（法人/自然人）
	当事人刑罚
	当事人刑期
	当事人罚金
	是否缓刑
	缓刑考验期长度
	当事人民族
	当事人涉诉地位
	当事人出生年份

续表

特征类别	具体内容
生态环保总体特征 12 个	涉环境污染防治
	涉生态保护
	涉资源开发利用
	涉气候变化应对
	涉生态环境治理与服务
	存在侵权行为
	存在过错
	侵权主观性
	破坏生态环境
	责任承担类型
	公益诉讼
	诉讼主体类型

（5）主题提取：可选择生态环保类文书，如（2021）藏 0425 刑初 10 号，在文书详情中选择对应功能，基于 AI 大模型，智能提取出该生态环保类文书的主题，提取时间不超过 40 秒。

（6）关键内容抽取：可选择生态环保类文书，如（2021）藏 0425 刑初 10 号，在文书详情中选择对应功能，基于 AI 大模型，智能抽取出该生态环保类文书的关键内容，抽取时间不超过 40 秒。

（7）基于海量文书的大数据存储技术：处理海量文书，建立大数据存储、传输平台。支持大数据存储、检索、上传、下载、删除功能。各功能造成的数据缺失率小于 5%。

5.3.2　系统定义

1. 生态环保类案件大数据处理平台数据

1）文书数据

文书数据包括：文书标识、案号、文件名称、受理法院、案件类型、文书类型、布告时间、path、state 等，其中 path 为对象存储路径，state 为数据状态。

2）类型数据

类型数据的参数因子包括：文书类型标识、文书类型名称、创建时间、创建人、修改时间、修改人、flag、state 等，其中 flag 为逻辑删除标记，state 为数据状态。

案件类型数据的参数因子包括：案件类型标识、案件类型名称、创建时间、创建人、修改时间、修改人、flag、state 等，其中 flag 为逻辑删除标记，state 为数据状态。

3）标注数据

标注数据的参数因子包括：标注标识、文书标识、文本内容、事件标注配置关联标识、state，其中 state 为数据状态。

4）事件标注配置数据

事件类型数据的参数因子包括：事件类型标识、事件类型名称、创建时间、创建人、修改时间、修改人、flag、state 等，其中 flag 为逻辑删除标记，state 为数据状态。

要素数据的参数因子包括：要素标识、要素名称、创建时间、创建人、修改时间、修改人、flag、state 等，其中 flag 为逻辑删除标记，state 为数据状态。

2. 生态环保类案件数据状态判断

生态环保类案件数据运行标记见表 5-6。

表 5-6　生态环保类案件数据运行标记

运行标记	运行标记类目	运行标记子类目
0	正常（N 或 null）	
1	无效数据	
2	异常数据	
3	缺失数据	

运行标记判断说明如下。

（1）无效标记（1-无效数据）。该标记由设备上传，先判断并屏蔽后续标记。

（2）异常标记（2-异常数据）。当参数值<0 时，设置值为负数异常标记。

（3）缺失数据（3-缺失数据）。检测到数据库表关键信息值为空时为缺失数据。

3. 生态环保类数据与业务数据关联

1）文书类型关联表

ID：文书类型关联 ID，自增 ID，该表主键。

文书 ID：外键，表明某篇生态环保类案件的唯一标识，以及数据的来源，与表-文书数据表的文书 ID 关联，可获得该文书的详细信息。

文书类型 ID：外键，表明某篇生态环保类文书类型的唯一标识，以及数据的来源，与表-文书类型数据表的文书类型 ID 关联，可获得该文书的所属类型信息。

案件类型 ID：外键，表明某篇生态环保类案件类型的唯一标识，以及数据的来源，与表-文书案件数据表的案件类型 ID 关联，可获得该文书中的案件类型类别信息。

平台标记：平台对数据类型的标记，表明数据的状态，如：0-正常、1-无效数据、2-异常数据、3-缺失数据。

2）用户基础信息表

用户 ID：该表主键，用户独有的编号，表明数据的来源。与表-用户权限表的权限 ID 关联，可获得用户所拥有的权限，其中主要包括权限 ID、权限等级、权限名称。

名称：该用户名称。

3）用户权限表

权限 ID：该表主键。

权限等级：该权限等级。

权限名称：该权限名称。

4）用户信息拓展表

用户 ID：该表主键，与表-用户基础信息表的用户 ID 关联，表示同一个用户。

5）法院信息表

参数代码：该表主键，与法院基础信息表的所属法院参数代码字段关联。

参数名称：该参数名。

6）法律法规表

法律法规 ID：该表主键，与文书处理法条引用表 ID 字段关联，可由此表获取相关法律标准。

5.3.3　接口需求

1. 系统服务接口

系统应采用四层体系结构，其中服务聚集层提供系统服务接口，通过表现层与前端页面进行交互。

2. 文书处理 API

该接口由数据处理层调用，后台通过 Hadoop 平台处理将结果以 API 规定的 JSON 格式返回。

5.3.4　功能需求

本小节主要实现生态环保类案件大数据处理平台相关功能，包括以下内容。

1. 生态环保类大数据存储技术

1）文件上传

A. 需求描述

支持对两级法院裁判文书进行全量上传或增量上传，支持建立裁判文书与案件信息的关联关系，支持结案文书及上网隐名版文书。针对年代较为久远或者法院电子卷未形成的裁判文书，支持对档案进行人工甄别处理，标注裁判文书并进行下载，支持批量将案件信息与裁判文书实体材料导入系统。

B. 输入条件

法律文书为 doc、docx 文件。

平台系统界面见图 5-25。

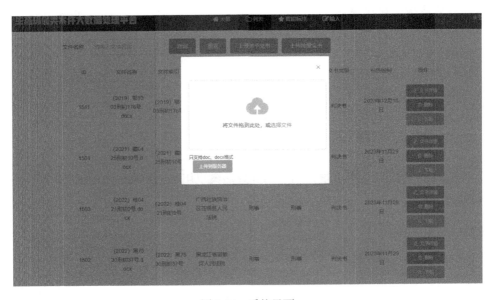

图 5-25　系统界面

2）文书检索

A. 需求描述

支持对两级法院裁判文书进行模糊检索、精准检索。

B. 输入条件

（1）文书信息：文书名称、审判法院、文书类型等。

（2）基础数据来源：法院信息、上传时间等。

预期系统效果见图 5-26。

图 5-26　文书检索效果图

3）文书删除

A. 需求描述

对生态环保类案件数据进行删除。

B. 输入条件

文书 ID：表明某篇生态环保类案件的唯一标识，以及数据的来源。

预期系统效果见图 5-27。

图 5-27　文书删除效果图

4）文书下载

A. 需求描述

在生态环保类案件大数据处理平台中对数据进行下载。

B. 输入条件

文书 ID：表明某篇生态环保类案件的唯一标识，以及数据的来源。

预期系统效果见图 5-28。

图 5-28　文书下载效果图

5）文书预览

A. 需求描述

在生态环保类案件大数据处理平台中对上传的 doc、docx 文件进行自动转换，转换为 PDF 文件后在文书详情页显示，向用户提供文件预览功能。

B. 输入条件

文书 ID：表明某篇生态环保类案件的唯一标识，以及数据的来源。

预期系统效果见图 5-29。

2. 生态环保类大数据处理技术

1）法律要素抽取

A. 需求描述

为更好地了解要素抽取在支持生态环保类案件大数据处理技术中的作用及意义，项目组成员通过线上和线下的方式对北京市、湖南省、四川省及江苏省区域内的各级法院进行了调研。在调研过程中，总结出在生态环保类案件识别中，目前部分生态环保类的刑事和民事纠纷能在案由的基础上利用明确的标准进行界定，但是能从案由本身界定的案件不是很多，实际上大量的生态环保类案件的案情是复杂的，包含的因素很多，难以通过单一手段进行判定。针对上述问题，法院相关人员提出要素、案由相结合来提高界定准确率，要素信息需包括对象、侵

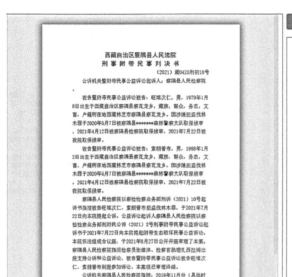

图 5-29　文书预览效果图

害目标及事实基础等。然而随着全国各地案件量的快速增长，界定工作耗费大量人力，严重影响司法效率，并且基于机器学习的文本分析技术目前精度较低，难以满足生态环保类案件自动化要素提取需求。此外在类案检索中，卷宗电子化后需通过文本分析技术提取相关要素，进而快速高效地对类似案件进行检索。在访谈调研中，法院有关人员也反映现有类案检索工具精度较差，需要改进要素提取技术从而提高类案检索精度。

面向数字法治及智慧司法建设的新特征、新需求，应推动完善生态环保法律体系和执法司法制度，加强法院信息化建设，提高生态环保类案件智能审判水平，开发案件要素提取功能。针对生态环保类案件的特殊性和复杂性，构建以生态环保类大数据处理技术为主要思路的法律要素抽取方法。

B. 输入条件

文书 ID：表明某篇生态环保类案件的唯一标识，以及数据的来源。

数据类型：String。

要求后台设置的参数属性：对文书的文本进行分段处理，处理为 list 数组。

参数因子：model（调用模型）、处理内容、role（角色）。

是否连接上下文：用户可选择"是"，根据上下文进行分析处理。

预期系统效果见图 5-30。

图 5-30　法律要素抽取效果图

2）关键内容抽取

A. 需求描述

实际上大量的生态环保类案件的案情是复杂的，包含的因素很多，很难在第一时间分析出案件文件中的关键内容，把握住关键信息，因此，在生态环保类案件大数据处理平台中对文书进行处理，构建以生态环保类大数据处理技术为主要思路的关键内容抽取方法。

B. 输入条件

文书 ID：表明某篇生态环保类案件的唯一标识，以及数据的来源。

数据类型：String。

要求后台设置的参数属性：对文书的文本进行分段处理，处理为 list 数组。

参数因子：model、处理内容、role。

是否连接上下文：用户可选择"是"，根据上下文进行分析处理。

预期系统效果见图 5-31。

> 根据该法律文书，以下是关键内容：1. 案件来源：被告人杨向东因涉嫌滥伐林木罪，于2021年6月11日被玉龙县公安局取保候审，同年11月3日被玉龙县人民检察院取保候审。2. 公诉机关指控：被告人杨向东在未办理林木采伐许可证的情况下，在2018年和2019年间分别砍伐了不同地点的云南松共计71棵，其中部分位于自留山和他人自留山上。3. 辩护意见：被告人杨向东对公诉机关指控的罪名及事实均无异议，请求从轻处罚。4. 判决结果：被告人杨向东犯滥伐林木罪，判处有期徒刑一年十个月，宣告缓刑，缓刑考验期为二年十个月，并处罚金四千元。同时，扣押在案的斧头一把、油锯一台依法予以没收。

图 5-31　关键内容抽取效果图
来自裁判文书网官方公开案件文书原文

3）实体识别

A. 需求描述

实际上大量的生态环保类案件的案情是复杂的，存在的因素很多，很难在第一时间分析出案件文件中的各个实体，把握住关键信息，因此，在生态环保类案件大数据处理平台中对文书进行处理，构建以生态环保类大数据处理技术为主要思路的主题提取方法。

B. 输入条件：

文书 ID：表明某篇生态环保类案件的唯一标识，以及数据的来源。

数据类型：String。

要求后台设置的参数属性：对文书的文本进行分段处理，处理为 list 数组。

参数因子：model、处理内容、role。

是否连接上下文：用户可选择"是"，根据上下文进行分析处理。

预期系统效果见图 5-32。

　　根据您的要求，以下是关于该法律文书中与问题相关的实体：1. 被告人：汤代和、罗友顺 2. 公诉机关：浏阳市人民检察院 3. 案件类型：盗伐林木罪 4. 判决结果：- 被告人汤代和：犯盗伐林木罪，判处拘役四个月，宣告缓刑六个月，并处罚金人民币三千元（已缴纳）。- 被告人罗友顺：犯盗伐林木罪，判处拘役五个月，宣告缓刑六个月，并处罚金人民币三千元（已缴纳）。- 被告人汤代和退缴的违法所得934元，被告人罗友顺退缴的违法所得750元，予以没收，上缴国库。

图 5-32　实体识别效果图

来自裁判文书网官方公开案件文书原文

4）主题提取

A. 需求描述

对生态环保类案件进行处理，分析出该文书的主题。

B. 输入条件

文书 ID：表明某篇生态环保类案件的唯一标识，以及数据的来源。

数据类型：String。

要求后台设置的参数属性：对文书的文本进行分段处理，处理为 list 数组。

参数因子：model、处理内容、role。

是否连接上下文：用户可选择"是"，根据上下文进行分析处理。

预期系统效果见图 5-33。

> 　　本法律文书是关于被告人杨向东犯滥伐林木罪的判决结果。他因未经许可，在未办理林木采伐许可证的情况下，在自留山和他人土地上砍伐云南松，共计71棵，造成大量木材损失。经鉴定，其行为触犯了《中华人民共和国刑法》相关规定，构成滥伐林木罪。法院认为杨向东的行为已触犯刑律，遂作出有期徒刑一年十个月，宣告缓刑，缓刑考验期为二年十个月的判决，并处罚金人民币四千元。

图 5-33　主题提取效果图

来自裁判文书网官方公开案件文书原文

5）AI 文本问询

A. 需求描述

为了提供便利的文书处理功能，在生态环保类案件大数据处理平台中人工输入部分文本，再对文本进行处理，进行相关的大数据分析。

B. 输入条件

文本信息：生态环保类案件部分内容。

数据类型：String。

要求后台设置的参数属性：对文书的文本进行分段处理，处理为 list 数组。

参数因子：model、处理内容、role。

是否连接上下文：用户可选择"是"，根据上下文进行分析处理。

预期系统效果见图 5-34。

四川省通江县人民法院
刑 事 附 带 民 事 判 决 书
（2019）川1921刑初196号
公诉机关暨刑事附带民事公益诉讼起诉人四川省通江县人民检察院。
被告人杜根莱，男，1950年7月10日出生，汉族，小学文化，四川省通江县人，住址四川省通江县。因涉嫌滥伐林木罪，2019年3月25日被通江县森林公安局刑事拘留，经通江县人民检察院批准，2019年4月3日被通江县森林公安局执行逮捕，2019年5月20日被通江县人民检察院决定取保候审，2019年10月30日被本院决定取保候审，2020年4月30日被本院决定取保候审，经本院决定，2020年5月30日被通江县公安局执行逮捕，现羁押于巴中市看守所。
辩护人暨附带民事委托诉讼代理人张嗣聪，通江县法律援助中心律师。

主题提取　　实体识别　　关键内容抽取　　法律要素抽取

图 5-34　AI 文本问询效果图

3.　生态环保类大数据标注技术

1）文书标注类型配置

A.　需求描述

根据法律法规构建可配置化事件类型、法律要素,如创建司法行为-指控类型,其中含有要素：指控方、指控时间、罪名、指控材料等。

B.　输入条件

事件类型 ID：事件类型主键。

事件类型名称：自定义名称。

事件要素名称：自定义要素。

基础数据来源：创建人、创建时间、编辑人、编辑时间。

平台界面显示见图 5-35。

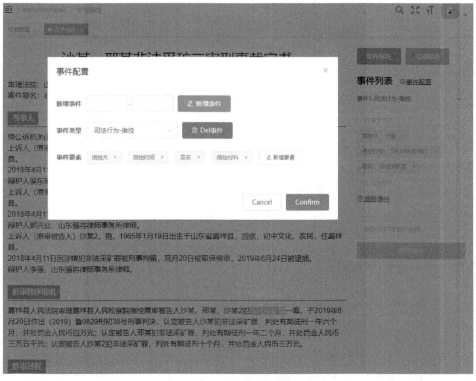

图 5-35　文书配置

2）文书标注

A.　需求描述

根据文书内容进行人工选取,并通过 COLLESE 组件与法律要素进行绑定。

B. 输入条件

文书选取内容。

事件要素名称。

基础数据来源：创建人、创建时间、编辑人、编辑时间。

平台系统界面见图 5-36。

图 5-36　文书标注

5.3.5　大数据业务平台概述

1. 平台技术架构概述

如图 5-37 所示，该大数据业务平台基于 Kafka、HBase、Spark 等技术，集成数据存储、实时处理、查询引擎和离线计算功能。数据通过 Kafka 采集并存入 HBase，确保高效存储和访问；Spark Streaming 或 Storm 负责实时数据处理，并通过 RESTful 对外提供服务；查询引擎依托 Phoenix API 或 Spark 实现高效查询，支持交互式分析；对于周期性数据分析任务，平台采用 Phoenix API 或 Spark 进行定时的离线计算。整体架构融合流处理、批处理与高效存储，能够满足大规模数据业务的需求。

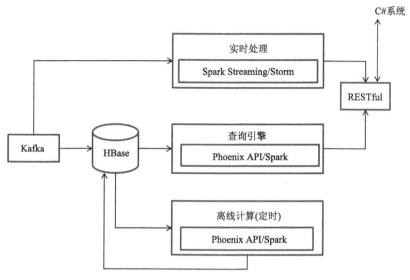

图 5-37 平台架构图

大数据组件版本如表 5-7 所示。

表 5-7 大数据组件版本

环境		版本
Hadoop 平台相关	Ambari	2.7
	Kafka	1.1.1
	HDFS	3.1.1
	HBase	2.0.0
	ZooKeeper	3.4.6

2. HBase 需求

根据调研和分析结果，数据库逻辑结构设计分成四大数据模块，其中包括司法数据模块、公共信息数据模块、用户（角色）数据模块及临时数据存储数据模块。其中 HBase 主要负责司法数据模块，存储大量的司法数据；MySQL 主要负责公共信息数据模块、用户（角色）数据模块和临时数据存储数据模块，对关系型的数据进行存储。通过这些数据模块，为综合信息管理与决策支持系统进行数据存储和决策分析提供支持。

数据表的结构主要涉及数据表所包含的数据项及其数据结构。表 5-8~表 5-13给出了数据库相关信息表所涉及的各项详细信息。

表 5-8 HBase 伪设计表

行键（row key）	列族 1: case_info（案件信息）	列族 2: doc_info（文书信息）	列族 3: legal_court_info（法律和法院信息）
case_ID	case_category_ID: 案件类型代码	doc_ID: 文书代码	law_ID: 法条代码
	case_court_ID: 审理法院代码	doc_category_ID: 文书类型代码	law_title: 法条名称
	case_filing_date: 立案时间	doc_publish_date: 公开时间	law_content: 法条内容
	plaintiff: 原告	doc_content: 文书内容	court_ID: 法院代码
	defendant: 被告		court_name: 法院名称
			court_location: 地理位置
			court_level: 法院级别
category_ID	type_name: 案件/文书类型名称		standard_ID: 行业标准代码
standard_ID			standard_name: 行业标准名称
			standard_law_related: 关联法条

表 5-9 用户信息表

序号	列名	数据类型	长度	小数位	标识	主键	允许空	默认值	字段说明
1	UserID	varchar	32	0		√			用户代码
2	OrganisationID	varchar	32	0					组织代码
3	Position	varchar	32	0					职位

表 5-10 角色拥有权限信息表

序号	列名	数据类型	长度	小数位	标识	主键	允许空	默认值	字段说明
1	UserID	varchar	4	0	√	√			用户编号
2	UserName	varchar	4	0					用户名称
3	RoleID	varchar	4	0					角色编号
4	RightID	varchar	4	0					权限编号
5	IsOwn	bit	1	0				(0)	是否拥有该权限

表 5-11 角色信息表

序号	列名	数据类型	长度	小数位	标识	主键	允许空	默认值	字段说明
1	RoleID	varchar	4	0		√			角色编号
2	RoleName	varchar	256	0					角色名称
3	Description	varchar	512	0					角色描述

表 5-12　权限信息表

序号	列名	数据类型	长度	小数位	标识	主键	允许空	默认值	字段说明
1	RightID	varchar	4	0		√			权限编号
2	RightName	varchar	128	0					权限名称
3	Description	varchar	256	0					权限描述

表 5-13　组织结构信息表

序号	列名	数据类型	长度	小数位	标识	主键	允许空	默认值	字段说明
1	OrganisationID	varchar	4	0	√	√			组织编号
2	OrganisationName	varchar	256	0					组织名称
3	FatherNode	int	4	0					父节点

3. MySQL 需求

生态环保类案件大数据处理平台用户（角色）数据库主要是为基础信息数据库、公共信息数据库等提供群体和用户支持，属于基础性关系型数据库，以下给出部分数据库信息。

在决策问题求解、决策分析和决策探讨等过程中，会产生一些事先并不确定的数据和信息，这就需要临时构建一些相关数据库、数据表进行数据和信息的临时存储与会话。在临时存储和会话结束时，将有用信息（知识）经过数据的清洗、抽取和转换后存入知识库中，以便为将来相类似的过程提供知识支持。表 5-14~表 5-16 是存储创建临时表的信息表结构。

表 5-14　存储创建的临时表信息

序号	列名	数据类型	长度	小数位	标识	主键	允许空	默认值	字段说明
1	TableID	int	4	0	√	√			自增编号
2	TableName	nvarchar	128	0					临时表名称
3	ProcessInfo	nvarchar	512	0					处理过程名称（相关创建信息）
4	Description	ntext	16	0			√		对该表的描述
5	DateCreated	datetime	8	3					表创建时间

表 5-15　临时表关系信息

序号	列名	数据类型	长度	小数位	标识	主键	允许空	默认值	字段说明
1	RelationID	int	4	0		√			关系自增编号
2	RelationName	nvarchar	128	0					关系名称

续表

序号	列名	数据类型	长度	小数位	标识	主键	允许空	默认值	字段说明
3	PrimeTableID	int	4	0					主表编号
4	SubTableID	char	10	0					从表编号
5	PrimeColumnID	int	4	0					主表列编号
6	SubColumnID	int	4	0					从表列编号
7	Description	ntext	16	0			√		关系描述
8	DateCreated	datetime	8	3					创建时间

表 5-16　临时表字段信息

序号	列名	数据类型	长度	小数位	标识	主键	允许空	默认值	字段说明
1	ColumnID	int	4	0		√			临时表列自增编号
2	ColumnName	nvarchar	128	0					列名
3	DataType	nvarchar	128	0					数据类型
4	Length	int	4	0					数据长度
5	Description	nvarchar	512	0					说明
6	PrimeKey	bit	1	0				(0)	是否为主键
7	TableID	int	4	0					对应表编号
8	DateCreated	datetime	8	3					创建时间

4. 平台接口概述

以"法律要素抽取"的 API 为例。

docController 是 rest 风格的控制器,它将函数的返回值直接装入 http 响应体中,实现"docService"接口,并自动配置。

使用 Spring 自带的@Secured 注解限制方法只能由拥有 ROLE_ADMIN 角色的用户调用,并构建 API 文档。其中,通过@ApiOperation 注解对接口进行说明,该接口的功能为"根据参数获取分页数据"。制定请求的实际地址"/api/doc/intercept/elements",制定请求的方法类型为"GET",设置需要分析的文书 ID参数,参数类型分为"Long",参数均放在"query"中,获取请求参数需采用 @RequestParam。将请求参数转换为 JSON 类型,调用"docService"的"inercpetElements"方法获得返回值。

通过 http get/post 请求访问系统对外接口并提供相关参数。接口通过 JSON 返回处理结果。各功能模块接口地址、传入参数和返回字段详见后文。

5．开发环境

生态环保类案件大数据处理平台基于 JDK1.8、IntelliJ IDEA Community Edition 2022.2.3 x64、Maven3.5，以及 TortoiseSVN 1.10.0 28176-x64 进行开发。

对于海量的生态环保类案件，采用传统数据库方式进行数据存储，无法满足当前用户查询响应与未来大规模数据分析的需求。为此，本书采用环保类案件大数据处理技术实现生态环保类案件大数据存储、处理、标注功能，其目的是满足当前用户查询生态环保类文书数据与生态环保类文书分析的功能与性能要求，并且为未来环境大数据分析奠定基础。该平台主要实现数据标注、数据存储、生态环保类数据分析等功能，基于 Hadoop 生态圈对生态环保类文书进行大量存储，通过司法检索查找相关文书，基于大模型对生态环保类文书的全文进行分析，提取出特征向量再进行法律要素抽取、关键内容抽取、实体识别、主题提取等操作；基于数据分析对生态环保类文书进行人工标注+智能标注，构建生态环保类案件大数据处理平台。对于在局域网大数据集群处理条件下无特殊技术障碍的文书数据，文书页面查询的响应时间力争达到 3 秒之内，因为技术原因难以达到的，也都应控制在 10 秒以内完成，而大数据处理技术时间应不超过 40 秒。

本书分析并掌握现有生态环保类案件大数据处理平台的接口，根据现有接口规范开发响应功能，主要完成环保类大数据技术相关功能，包括：文书标注类型配置、文书标注、法律要素抽取、关键内容抽取、实体识别、主题提取、AI 文书问答、批量文书上传、单个文书上传、文书检索、文书删除、文书下载、文书预览。

5.3.6　接口设计

1．文件上传接口

API 请求地址：/doc/upload/。
接口传入参数及返回集合见表 5-17 和表 5-18。

表 5-17　文件上传 Post 参数表

参数名	说明	例子
file	文书文件	（2018）晋 0723 刑再 2 号

表 5-18　文件上传返回值表

参数名	说明	例子
code	响应状态码	200
msg	响应消息体	上传成功
data	响应数据	null

2. 文书列表接口

API 请求地址：/{page}/{pageSize}?FileName=。
接口传入参数及返回集合见表 5-19 和表 5-20。

表 5-19　文书列表 Post 参数表

参数名	说明	例子
page	页码	1
pageSize	每页条数	5
fileName	文书名称	（2018）晋 0723 刑再 2 号

表 5-20　文书列表返回值表

参数名	说明	例子
records	文书查询结果	
total	总条数	2
size	每页查询大小	10
current	当前条数	1
orders		
optimizeCountSql		true
searchCount		true
maxLimit	最大条数限定	null
countID		null
pages		1

3. 文书预览接口

API 请求地址：/doc/preview。
接口传入参数及返回集合见表 5-21 和表 5-22。

表 5-21　预览法律文书 PDF Get 参数表

参数名	说明	例子
ID	文书 ID	1543

表 5-22　参数因子传输率返回值表

参数名	说明	例子
code	响应状态码	200
msg	响应消息体	操作成功
data	响应数据	1543.pdf

4. 法律要素抽取接口

API 请求地址：/doc/intercept/elements。

接口传入参数及返回集合见表 5-23 和表 5-24。

表 5-23　法律要素抽取 Get 参数表

参数名	说明	例子
ID	文书 ID	1541

表 5-24　法律要素抽取返回值表

参数名	说明	例子
code	响应状态码	200
msg	响应消息体	操作成功
data	响应数据	null

5. 关键内容抽取接口

API 请求地址：/doc/intercept/contents。

接口传入参数及返回集合见表 5-25 和表 5-26。

表 5-25　关键内容抽取 Get 参数表

参数名	说明	例子
ID	文书 ID	1500

表 5-26　关键内容抽取返回值表

参数名	说明	例子
code	响应状态码	200
msg	响应消息体	操作成功
data	响应数据	null

6. 实体识别接口

API 请求地址：/doc/intercept/legalEntity。

接口传入参数及返回集合见表 5-27 和表 5-28。

表 5-27　实体识别 Get 参数表

参数名	说明	例子
ID	文件 ID	1542
model	模型名称	chatglm3-6b
role	角色	user
content	文本内容	你好啊，现在北京时间是多少呢
stream		
max_tokens	最大文本长度	4096
temperature		
top_p		

表 5-28　实体识别返回值表

参数名	说明	例子
model	模型名称	chatglm3-6b
object		
index	文本标识参数	0
role	角色	assistant
content	回复内容	你好！根据我的训练数据显示，北京时间（GMT+8 时区）约为 2021 年 7 月 24 日 15:37:36
name		
function_call		
finish_reason		
created		
prompt_tokens	提示词长度	14
total_tokens	文本总长度	71
completion_tokens	剩余文本长度	57

7. 主题提取接口

API 请求地址：/doc/legalMAIn。

接口传入参数及返回集合见表 5-29 和表 5-30。

表 5-29　主题提取 Get 参数表

参数名	说明	例子
ID	文件 ID	1542
model	模型名称	chatglm3-6b
role	角色	user
content	文本内容	你好啊，现在北京时间是多少呢
stream		
max_tokens	最大文本长度	4096
temperature		
top_p		

表 5-30　主题提取返回值表

参数名	说明	例子
model	模型名称	chatglm3-6b
object		
index	文本标识参数	0
role	角色	assistant
content	回复内容	你好！根据我的训练数据显示，北京时间（GMT+8 时区）约为 2021 年 7 月 24 日　15:37:36
name		
function_call		
finish_reason		
created		
prompt_tokens	提示词长度	14
total_tokens	文本总长度	71
completion_tokens	剩余文本长度	57

8. AI 文书问询接口

API 请求地址：/doc/PersonAsk。

接口传入参数及返回集合见表 5-31 和表 5-32。

表 5-31　AI 文书问询 Post 参数表

参数名	说明	例子
model	模型名称	chatglm3-6b
role	角色	user

续表

参数名	说明	例子
content	文本内容	你好啊，现在北京时间是多少呢
stream		
max_tokens	最大文本长度	4096
temperature		
top_p		
text	输入的文本	
prompt	提示词	

表 5-32　AI 文书问询返回值表

参数名	说明	例子
model	模型名称	chatglm3-6b
object		
index	文本标识参数	0
role	角色	assistant
content	回复内容	你好！根据我的训练数据显示，北京时间（GMT+8 时区）约为 2021 年 7 月 24 日 15:37:36
name		
function_call		
finish_reason		
created		
prompt_tokens	提示词长度	14
total_tokens	文本总长度	71
completion_tokens	剩余文本长度	57

9. 批量文书上传接口

API 请求地址：/doc/uploadBatch。

接口传入参数及返回集合见表 5-33 和表 5-34。

表 5-33　批量文书上传 Post 参数表

参数名	说明	例子
files	上传的文件	xxx.zip

表 5-34　批量文书上传返回值表

参数名	说明	例子
msg	返回信息	请求成功
code	返回状态码	200

10.　文书删除接口

API 请求地址：/doc/delete。

接口传入参数及返回集合见表 5-35 和表 5-36。

表 5-35　文书删除 Post 参数表

参数名	说明	例子
ID	文件 ID	1542

表 5-36　文书删除返回值表

参数名	说明	例子
message	返回信息	请求成功
timestamp	操作时间	2023-12-16T13:32:49.918+00:00
status	返回状态码	200

11.　文书下载接口

API 请求地址：/doc/download。

接口传入参数及返回集合见表 5-37 和表 5-38。

表 5-37　文书下载 Get 参数表

参数名	说明	例子
ID	文件 ID	1542

表 5-38　文书下载返回值表

参数名	说明	例子
timestamp	操作时间	2023-12-16T13:32:49.918+00:00
status	返回状态码	200
files	返回文件压缩包	xxx.zip

12. 文书标注类型配置接口

API 请求地址：/doc/annotation。

接口传入参数及返回集合见表 5-39 和表 5-40。

表 5-39　文书标注类型配置 Post 参数表

参数名	说明	例子
ID	文件 ID	1542
name	法律名称	
context	法律内容	

表 5-40　文书标注类型配置返回值表

参数名	说明	例子
timestamp	操作时间	2023-12-16T13:32:49.918+00:00
status	返回状态码	200

13. 文书标注接口

API 请求地址：/doc/annotationcreate。

接口传入参数及返回集合见表 5-41 和表 5-42。

表 5-41　文书标注 Post 参数表

参数名	说明	例子
ID	文件 ID	1542

表 5-42　文书标注返回值表

参数名	说明	例子
timestamp	操作时间	2023-12-16T13:32:49.918+00:00
status	返回状态码	200
annotation	标注信息	

5.3.7　出错处理设计

1. 出错输出信息

当数据处理出现错误或异常，协处理器日志信息将会打印到 HBase 日志文件中，平台数据将打印到运行日志中。

2. 出错处理对策

由于日志中已经打印了出错信息，因此可以通过打印的日志信息，对系统做处理。

3. 系统恢复设计

如果当前系统出现异常，影响了用户的正常使用，软件开发人员应依据日志信息尽快查明问题原因，并及时进行修正，以保证系统的正常运行。

5.4   生态环保类案件智能审判辅助系统与态势预警集成平台

5.4.1   微服务架构下司法服务编排数据共享方法

1. 技术背景

传统单体架构已经无法适应云计算时代应用的快速变化，面临着越来越多的挑战。微服务是目前网络服务中最常见的状态，在微服务体系中，通过将应用分解成更小的、松散耦合的组件，使各个服务可以由不同的团队并行独立开发、部署，极大地提高了系统的开发效率、复用性和可拓展性。但服务无状态的特性给业务逻辑的设计和实现带来了极大的不便。在微服务编排下，不同服务间的数据共享难以实现。一方面，服务拆分后，企业需要将不同的微服务通过编排的方式组合进行访问，同时在编排期间需要提供一种数据共享机制，以便在不同的服务间进行数据传递与共享。另一方面，在微服务编排中，需要一种对服务的状态进行记录的机制。

微服务架构下，传统的服务编排为了实现不同服务间的数据共享，通常采用在服务接口上显示定义参数的方式进行数据传递以实现数据共享。该方式的缺点主要有以下几种：①将需要共享的数据在服务接口上定义为参数，导致 API 定义的复杂，增加了共享数据与业务数据的紧耦合；②当需要共享的数据增加，或需要共享的类型有变更时，需重新定义接口参数，以及重新发布服务，对系统的影响较大；③不能对服务的状态进行记录。另外的一种数据共享方法是采用数据库，将共享的服务连接同一个数据库，并将共享数据存储到共享数据库中实现服务间的数据共享。该方式可以记录服务的状态，但缺点主要有以下几种：①连接同一个数据库，破坏了服务的松耦合性；②因为共享数据库，所以限制了微服务架构扩展设计的可能；③容易造成单点性能问题。

综上，现有微服务架构下，当修改服务编排数据的定义时，需要重新定义共享数据格式并重新发布服务，对系统的影响较大。因此，需要提出一种服务编排数据的共享系统，以提高在微服务架构下进行数据编排时的数据共享效率。

2. 总体方案

如图 5-38 所示，本节提出一种微服务架构下服务编排数据共享方法与系统，目的在于提供一种在服务编排中，面向不同 Session（会话），能在运行时动态共享数据，保存服务状态，并高效利用系统存储空间的方法。同时采用微服务方式，结合服务网关，降低对服务代码的侵入。

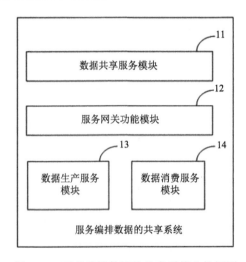

图 5-38　服务编排数据的共享系统总体框图

图中的 11、12、13、14 表示执行顺序序号

为了实现上述目的，本节发明所述方法包括以下步骤。

步骤 1：构建服务编排数据共享服务。

步骤 2：改进服务网关，添加数据共享目录功能。

步骤 3：共享数据生产服务利用服务编排数据共享服务存储共享数据。

步骤 4：共享数据消费服务利用服务编排数据共享服务获取共享数据。

步骤 5：清除共享数据。

（1）步骤 1 具体包括以下内容。

服务编排数据共享服务包括：数据存储持久化组件、数据管理组件和数据共享服务接口三部分。

数据存储持久化组件主要用于数据持久化存储，使用不同持久化方式实现，包括文件系统、关系型数据库、大数据存储、NoSQL 存储（如 Redis），数据存储持久化组件是一个异构存储方式，并根据用户共享数据的不同类型采用不同的持久化方式进行存储。

数据管理组件主要用于共享数据的组织与管理，如增删改查操作，以及数据权限管理。数据组织采用一种改进的哈希树，其中，哈希树的叶子节点存储的是数据引用，即数据存储位置，而不是具体数据的值。

数据共享服务接口用于与其他服务交互，实现共享数据的存取。

服务编排数据共享服务可以与服务网关合并，也可以独立部署为微服务。

（2）步骤 2 具体包括以下内容。

步骤 2.1：构建共享数据描述，包括 key 名称、数据类型、数据值、获取权限、是否加密。

步骤 2.2：在配置文件中判断定义共享数据是否脱敏，如果是，则属性值以密文形式存放；否则，属性值以明文形式存放。

步骤 2.3：继续步骤 2.1，设置多个共享数据，直至所有共享数据设置完毕。

步骤 2.4：将共享数据以 JSON 格式序列化。

步骤 2.5：调用服务编排数据共享服务存储接口。

步骤 2.6：服务编排数据共享服务接到存储请求后，验证用户写权限，若通过则执行步骤 2.7；否则执行步骤 2.8。

步骤 2.7：根据数据类型以不同方式存储数据，若无异常，则返回成功信息；若发生异常，则返回异常信息。

步骤 2.8：返回权限受限的错误信息。

（3）步骤 3 具体包括以下内容。

步骤 3.1：构建请求数据描述，包括请求数据、权限密钥。其中请求数据描述采用 OGNL 语法。

步骤 3.2：继续步骤 2.1，设置多个共享数据请求描述，直至所有待请求数据描述完毕。

步骤 3.3：将共享数据请求以 JSON 格式序列化。

步骤 3.4：调用服务编排数据共享服务存储接口。

步骤 3.5：服务编排数据共享服务接到读取请求后，验证用户写权限，若通过则执行步骤 3.6，否则执行步骤 3.7。

步骤 3.6：根据数据类型以不同方式读取数据，若无异常，则返回成功信息；若发生异常，则返回异常信息。

步骤 3.7：返回权限受限的错误信息。

（4）步骤 4 具体包括以下内容。

一种数据共享服务智能编排技术，对通用数据交换业务逻辑进行划分，根据共性开发出一系列包含业务基本功能的组件，组件能够通过配置不同的属性对组件进行复用；组件通过 XML 文件进行描述，一个组件就是一个树形结构，即根节点，其属性就是该根节点下的子节点，即树形数据结构中的叶，根节点之间通过一致的标签进行关联，从而形成了一条数据链，服务通过组件组合而成，服务数据链采用有向无环图的结构实现，具体如下。①确保数据处理流程的单向性，使得数据不会被重复处理，维持幂等性。②确保作为节点的每一个组件都能够对数据进行处理。③支持更复杂的数据处理流程。④提供一定的并行化机制，使得系统在一个服务中能够和类似多线程程序一样同时对数据进行处理，在成熟的组件基础上，提供了智能化数据映射规则定义方法，包括：通过 Groovy 脚本语言为载体定义了一套规则映射转换的语法；一条数据映射规则定义就是一条程序语句，它包含了进行映射所需的所有信息，如数据源连接信息、数据表以及数据字段等，根据不同业务场景我们能够预设好服务编排流程，在选择对应业务场景后能够实现智能服务编排。

3．具体步骤

微服务架构下司法服务编排数据共享方法包括数据共享服务模块、服务网关功能模块、数据生产服务模块与数据消费服务模块等。数据共享服务模块用于实现对服务编排数据的存储及共享管理；服务网关功能模块用于实现服务编排数据的控制信息的交互与管理；数据生产服务模块用于实现对服务编排数据的更新操作；数据消费服务模块用于实现对服务编排数据的共享操作。其中，服务编排是指可以通过一个请求来依次调用多个微服务，并对每个服务的返回结果做数据处理，最终整合成一个大的结果返回给前端。需要说明的是，根据业务需求，系统中存在多个数据生产服务模块与数据消费服务模块。另外，根据业务需求，也存在多个数据共享服务模块，每个数据共享服务模块可为需要进行数据共享的服务提供支持，具体地，在本方法中，有多个需要进行数据共享的服务，此处对进行数据共享的服务的数量不作具体限定。

作为本方法的一种可选方式，数据共享服务模块包括如下单元。

第一，数据共享服务单元，用于与实现数据共享的服务交互。数据共享服务单元包括用于与其他服务交互的服务接口，并实现与数据共享相关的操作，例如对数据进行定义以及初始化等。

第二，数据共享存储单元，用于根据数据的特性对数据进行存储。其中，数据的特性具体是指数据的类型、数据的初始值和数据的存放形式等。数据共享存储单元主要用于实现共享数据的存储，具体实现数据的临时存储和永久存储，并基于数据类型提供各种形式的存储方式，如内存、文件系统或分布式存储以及数据库存储等。为了方便存储管理，使用位置索引码对数据的存储进行管理。其中位置索引码主要包含三部分：2 位的类型码、3 位的装置码与不定长的位置码。位置码是根据不同的存储方式定义的，一般与存储类型密切相关。例如，在03001micro.share.id_101 中，03 为关系型数据库，001 为服务器的 MySQL 服务，micro.share.id_101 为位置码，表示 micro 库下的 share 表中的 id 为 101 的数据。根据数据类型生成位置索引码后，可以通过位置索引码访问存储的数据，并根据存取请求执行相应的存储或者读取操作。进一步地，根据不同的存储方式，为其构建相应的数据更新操作。其中，数据更新操作具体指对数据进行增删改查等操作。

　　第三，数据共享处理单元，用于根据服务请求对存储的数据进行处理。数据共享处理单元对用户请求以及请求参数进行解析，以获取该用户请求所对应的对象。进一步地，在数据共享处理单元中还包括数据更新触发器。数据更新触发器用于获取用户的数据更新请求，并调用数据订阅接口实现数据更新的通知。

　　第四，在数据共享服务模块中，还包括状态监控单元和状态记录单元。其中，状态监控单元用于记录数据共享服务模块中存储的数据的订阅状态，并设置数据更新触发器，当获取到数据更新的请求时，则调用数据更新触发器发出数据更新的通知。状态记录单元用于向服务网关注册数据共享服务，并汇报数据共享服务当前的状态，具体包括服务运行的时长、当前有效的 Session 数、存储空间占用情况等。

　　作为本方法的一种可选方式，服务网关功能模块包括如下单元。

　　第一，服务管理单元，基于服务请求对服务请求进行验证。其中，在接收到服务请求时，服务管理单元从服务请求中获取数据的共享定义，并对该共享定义进行解析和验证；获取服务请求中的共享数据表达式，并对该共享数据表达式进行解析和验证。进一步地，在接收服务请求时，对服务请求进行权限认证，即根据共享数据表达式判断该表达式对应的数据是否存在，并判断发起该服务请求的用户是否有更新或者读取数据的权限。在本方法中，服务管理单元还包括数据共享目录控制器，该数据共享目录控制器中以 Session ID 为索引，将数据共享服务模块的信息作为内容进行存储。当客户端或者用户请求第一次 Session 对象时，服务端会为客户端创建一个 Session，并通过一定的算法得到 Session ID，用来作为该 Session 的标识。该 Session ID 作为该 Session 的标识，服务端使用该 Session ID 访问其所对应的 Session 存储的会话数据。其中，Session 对象用于存储特定用户会话所需的属性及配置信息。在计算机专业术语中，Session 是指一个终端用户与交互系统进行通信的时间间隔，通常指从注册进入系统到注销退出系统之间经过的时间。Session 还用于存储某一终端用户在会话过程中保持连接状态的信息。服务端为终端发出的请求会话创建 Session 用以存储请求会话的数据信息。服务端与终端依靠一个全局唯一的标识来访问该请求会话的数据信息，其中，全局唯一的标识指的是 Session ID，服务端通过 Session ID 访问请求会话中的数据。服务端通过 Cookie（存储在本地终端上的数据）将 Session ID 发送给终端，终端在此后的每一次请求都会带上这个 Session ID。服务端根据这个 Session ID 访问与该 Session ID 对应的数据信息。

在服务网关功能模块中，以 Seesion ID 为键，通过数据共享目录控制，将数据共享服务模块中的信息进行存储。而数据共享服务模块中存储了该 Session 对象中请求的数据。通过服务网关功能模块将客户端的服务请求与其存储的数据进行链接，以更有利于管理服务请求与服务对象（即数据），并有效提升根据客户端的服务请求对其请求对象进行处理的效率；在需要进行数据共享时，可以提高数据共享的效率。

第二，服务状态管理单元，用于控制服务请求的状态，即向服务网关注册并定时反馈数据共享服务的当前状态，如数据共享服务的服务运行时长、当前有效 Session 数、已用的存储空间以及 CPU 占用时间等。若在当前服务状态管理单元中存在超时的数据共享服务，则将该数据共享服务记录为不可用，并定时检查数据共享服务的状态等。

作为本方法的一种可选方式，数据生产服务模块中包括如下单元：数据定义单元，用于根据服务请求对数据进行定义以及初始化操作；数据更新单元，用于根据服务请求对数据进行数据更新操作；数据注销单元，用于根据服务请求对数据进行注销、删除操作。数据生产模块用于对数据进行定义、初始化、更新以及注销等。

作为本方法的一种可选方式，数据消费服务模块包括如下单元：数据读取单元，用于根据服务请求对存储的数据进行读取；数据订阅单元，用于获取数据的变化情况，并根据变化情况进行数据更新通知。数据的变化情况指的是，根据客户端发起的服务请求（如对数据进行增删改等数据更新操作）得到的结果。数据消费服务模块用于对数据进行读取、订阅。在客户端发起的服务请求通过服务编排数据的共享系统中的服务网关功能模块进行流转，数据通过数据共享服务模块、数据生产服务模块与数据消费服务模块进行传输，数据无须经过服务网关进行传输，避免因为网关性能瓶颈造成数据不能传输，减少了在微服务架构下分布式管理的复杂性。同时，通过服务网关功能模块将数据的存储信息与对应的服务请求会话进行连接，有利于对服务请求对应的服务状态进行管理。

本方法提供的服务编排数据的共享方法，可应用在如图 5-39 所示的应用环境中。其中，数据生产服务模块将数据传输给数据共享服务模块，数据共享服务模块将数据传输给数据消费服务模块。控制信息通过服务网关功能模块在系统中进行传输。需要说明的是，图 5-39 只起到对本发明方法提供的服务编排数据的共享方法的示意说明，图中各个模块的数量不应该视为对本发明方法的限制。根据业务需要，数据共享服务模块、数据消费服务模块与数据生产服务模块的数量可以有多个，此处不做具体限定。

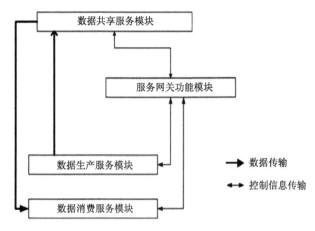

图 5-39　服务模块处理流程图

本方法所提供的服务编排数据的共享方法由服务器执行，相应地，服务编排数据的共享系统设置于服务器中。服务器可以是提供各种服务的服务器，如对终端设备上显示的页面提供支持的后台服务器。用户可以使用终端设备通过网络与服务器交互，以接收或发送消息等。终端设备可以是具有显示屏并且支持网页浏览的各种电子设备，包括但不限于智能手机、平板电脑、电子书阅读器、MP3（moving picture eperts group audio layer Ⅲ，动态影像专家压缩标准音频层面 3）播放器、MP4（moving picture eperts group audio layer Ⅳ，动态影像专家压缩标准音频层面 4）播放器、笔记本电脑和台式计算机等。

5.4.2　系统整体架构

1. 集成平台

生态环保类案件智能审判辅助与态势预警相关功能存在业务孤岛及功能协同联动性差的问题，主要体现在人工智能辅助审判系统设计逻辑存在缺陷、人工智能辅助审判系统的应用模块配置不合理、人工智能辅助审判系统应用模块的适用属于非强制性等几个方面。

为提高系统的可维护性、模块化、灵活性和可扩展性，从上到下对系统进行分层设计（图 5-40）。

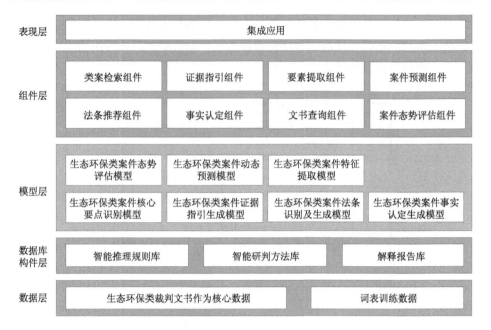

表现层	集成应用			
组件层	类案检索组件	证据指引组件	要素提取组件	案件预测组件
	法条推荐组件	事实认定组件	文书查询组件	案件态势评估组件
模型层	生态环保类案件态势评估模型	生态环保类案件动态预测模型	生态环保类案件特征提取模型	
	生态环保类案件核心要点识别模型	生态环保类案件证据指引生成模型	生态环保类案件法条识别及生成模型	生态环保类案件事实认定生成模型
数据库构件层	智能推理规则库	智能研判方法库	解释报告库	
数据层	生态环保类裁判文书作为核心数据		词表训练数据	

图 5-40　集成平台主页截图

组件层：采用标准的、开放的、流行的标准进行组件开发，主要是基于业务、数据和模型封装的工具组件接口，包含类案检索、证据指引、法条推荐等组件。

模型层：运用信息抽取技术、机器学习方法和预训练语言大模型，根据生态环保类案件审判特征，研发了生态环保类案件的核心要点识别模型、证据指引生成模型、法条识别及生成模型、事实认定生成模型等。

数据库构件层：以生成的智能推理规则库、智能研判方法库及解释报告库等数据库构件作为基础数据和技术支撑模型的推理。

数据层：数据层包含裁判文书、词表训练等系统运行所需要的各种数据。

平台基于微服务、表述性状态转移（representational state transfer，REST）等系统架构技术，结合流程组合设计和服务编排方法与工具，使用服务化与组件化的方法集成生态环保类案件要素智能提取、生态环保类案件法律文本实体识别、生态环保类案件类案智能检索、生态环保类案件法条智能推送、生态环保类案件证据智能指引、生态环保类案件的预训练语言模型、态势预警等组件，形成了一套可靠的案件审判辅助集成平台。平台将先进的人工智能技术应用于相应的司法裁判流程环节中，使各辅助审判模块可不加"论证"地自然被引入审判过程中，从而形成逻辑简单、内容具体多样的辅助审判与态势预警功能，实现对生态环保类案件审判集成平台的产品支持。

平台从解决生态环保类案件智能审判辅助与态势预警中存在的业务孤岛和功能协同联动性差等问题入手，包括整合资源、强化系统集成、优化业务流程、加强技术研发和建立反馈机制等，通过平台架构设计和多层次多维的组合可视化技术，将各个子系统平台进行一体化集成，实现数据共享和信息互通，提高工作效率，通过智能化研判方法和关联映射模型，快速识别和预测生态环保类案件的风险点和趋势，提高预警的准确性和及时性，突破了案件大数据处理技术、多层次多维的组合可视化技术以及平台架构设计等技术瓶颈，实现了各子系统平台之间的应用、服务的一体化集成，可极大提高生态环保类案件审判和预警效率。

2. 技术调查管理系统整体架构

技术调查管理系统从底层到应用分为基础设施、数据层、分析层、业务层。基础设施包括系统部署、网络架构、计算资源、系统安全设备和备份。数据层包括从本院和其他法院与系统汇总的数据，并建立相应的、可持续更新的数据库。分析层包括数据的采集、数据预处理和智能化数据提取。业务层通过人员管理、法务管理、案例管理，进而与其他系统实现业务协同和数据交互。

3. 智能辅助集成工具和软件构件、裁判文书智能检索系统、态势预警系统整体架构

生态环保类案件审判智能辅助集成工具和软件构件结合裁判文书智能检索系统完成数据的分析和提取，实现数据服务和智能推理服务，进而实现态势预警。如图 5-41 所示，系统从底层到应用分为基础设施、数据层、分析层、模型层/业务层、组件层。

基础设施包括存储资源系统部署、网络环境架构、计算资源、系统安全设备和容灾备份。数据层包括内部数据、外部数据和司法系统数据，并建立文书、特征、法条和业务数据库。分析层包括数据采集加工、数据预处理、文书案情特征挖掘提取和统计分析。模型层在完成类案检索大模型、证据指引大模型、法条识别模型和属性抽取模型构建后，进行数据检索，数据检索包括案件检索和裁判文书检索。业务层和模型层并列，完成案件维护管理和裁判文书维护管理。组件层是在现有的配置支撑下，完成数据服务、智能推理服务和智能化利用。

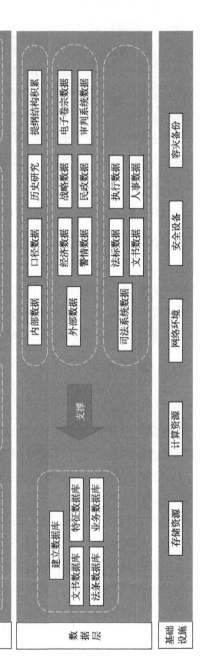

图 5-41 智能辅助集成工具和软件构件、裁判文书智能检索系统、态势预警系统整体架构

5.4.3　组件

在集成系统开发中，组件或组件化可以将软件系统分解成独立的、可重用的单元，每个组件封装特定的功能和业务逻辑，并通过明确定义的接口与其他组件进行交互。组件化在应用于生态环保类案件智能审判辅助系统与态势预警集成平台搭建中有如下重要作用。

提高可维护性：组件化将软件分解成多个小的、独立的模块，使每个模块可以独立开发、测试和维护。这有助于简化问题的定位和修复，减少维护工作量。

增强可重用性：通过将常见功能封装到组件中，不同项目之间可以共享这些组件，减少重复开发的工作，节省时间和资源。

促进并行开发：各个组件可以由不同的课题组或课题组成员并行开发，从而加快整体项目的开发进度。每个课题组可以专注于自己的组件，而不必等待其他课题组的进度。

提高灵活性和扩展性：新功能可以通过添加新的组件来实现，而不需要对现有系统进行大规模修改。这使得系统更具灵活性和扩展性。

增强测试性：组件通常具有明确的边界和接口，使得它们更容易进行独立测试。通过对每个组件进行独立测试，能及早发现并修复问题，提升系统质量。

模块化架构：组件化支持模块化架构设计，使得软件结构更加清晰、合理。每个组件对应一个特定的功能或业务领域，使整体系统的逻辑更加直观。

降低耦合度：组件通过接口进行交互，能有效减少组件之间的直接依赖，降低系统的耦合度。

生态环保类案件智能审判辅助系统与态势预警集成平台集成了类案检索、法条推荐、证据指引、案件管理、态势预警专题定义等三十余个辅助司法审判的核心组件，能在审理生态环保类案件的关键流程中为相关司法人员提供有效的辅助支持。下面详细列举集成平台中的 33 个组件以及描述各组件功能。

1.　类案检索组件

类案检索组件的功能为根据输入的关键词，通过文书数据服务和类案检索服务将相关的类案数据以列表的形式展示，具体表现为根据输入的关键词检索类似案件数据，案件数据包括对话回复、类案名称、案件事实认定以及案件正文。

2.　法条推荐组件

法条推荐组件的功能为根据输入的指令通过法条数据服务和法条推荐服务生成相应的回复，具体实现形式为根据法条推荐指令进行对应法条的推送回复。

3. 证据指引组件

证据指引组件的功能为根据输入的指令通过证据指引服务生成相应的证据指引回复。具体实现形式为输入证据指引指令并返回证据指引回复。

4. 数据库组件

1）智能推理规则库

标准化指引：对于生态环保类案件的证据，需要遵循相关的法律、法规以及行业标准进行收集、保存和评估。例如，对于环境犯罪，往往需要收集犯罪现场的录像、照片、目击者证词、专家分析等。

民事与刑事环保类案件的关键特征如下。①民事案件：主要涉及赔偿损失、恢复原状、排除妨碍等。关键特征可能包括受害者的身份、受损环境的范围和程度、恢复原状所需的费用等。②刑事案件：主要涉及对犯罪者的定罪和量刑。关键特征可能包括犯罪者的动机、犯罪行为的实施方式、犯罪后果的严重性等。

同类型案件的线索来源：对于生态环保类案件，线索可能来自多个方面，如公众举报、政府监管部门的检查、环境监测设备的异常数据等。深度学习和关联规则等数据挖掘方法可以帮助我们从这些数据中提取有用的信息。

犯罪事实的认定：这需要依赖收集到的各类证据，如前面提到的录像、照片、证词等。同时，还需要对犯罪者的行为进行法律上的定义和定性。

证据的充分性：对于环保类案件，证据的充分性往往取决于其能否证明犯罪事实的存在以及犯罪者的责任。例如，如果只有一些间接证据，那么这些证据可能不足以证明犯罪事实。

量刑情节：对于刑事案件，量刑情节是一个非常重要的环节。例如，如果犯罪者是初犯，或者他们已经采取了补救措施，则这些都可以作为减轻量刑的理由。

涉嫌罪名：这需要根据犯罪者的行为和相关法律规定进行判断。例如，如果犯罪者故意排放有害物质，那么他们可能被控以"污染环境罪"等罪名。

案件审判规则的特征提炼：这需要结合上述所有环节，并利用深度学习和关联规则等数据挖掘方法对大量案例进行分析和归纳。例如，如果发现某些特定的行为模式总是导致特定的判决结果，那么这些行为模式就可以被提炼出来作为审判规则。

推理规则库的形成：基于上述步骤，我们可以形成一套推理规则库，用于指导未来的环保类案件审判。这套推理规则库可以根据新的案例和法律变动进行更新和优化。

2）智能研判方法库

对于同类型案件在证据、审判等流程中的共性依据，我们可以提取以下信息点。

案件类型：确定案件属于哪一类环保犯罪或民事纠纷。

证据类型和数量：确定需要收集哪些类型的证据，以及这些证据的数量是否充足。

审判流程：确定案件的审判流程，包括立案、调查、起诉、审判等环节。

判决结果：确定同类案件的判决结果，包括赔偿金额、刑罚种类和时长等。

基于以上信息点，我们可以采用深度强化学习方法、演绎推理方法、类比推理方法构建同类型案件的智能推理规则。具体步骤如下。

第一，数据收集。收集同类型案件的相关数据，包括案件类型、证据类型和数量、审判流程、判决结果等。

第二，数据预处理。对收集到的数据进行清洗、整理和标注，以便后续的模型训练。

第三，模型训练。使用深度强化学习方法训练模型，使模型能够根据案件信息进行智能推理。

第四，演绎推理。利用已经训练好的模型进行演绎推理，根据案件的具体信息推导出可能的判决结果。

第五，类比推理。将当前案件与同类案件进行类比，根据相似度推导出可能的判决结果。

第六，知识推理。利用机器学习和信息集结方法，将文书和案件信息进行智能研判，形成研判方法库。

第七，规则更新。根据新的案例和法律变动，不断更新和优化智能推理规则库。

通过以上步骤，我们可以构建同类型案件的智能推理规则，提高案件审判的效率和准确性。同时，也可以为环保领域的其他研究和实践提供有价值的参考与借鉴。

3）解释报告库

要实现该库的功能，我们需要进行以下具体的实现步骤。

第一，构建法律文书要素抽取方法。我们需要开发一个法律文书解析器，能够对各种法律文书进行解析和提取关键信息。解析器可以通过自然语言处理技术、OCR 等技术实现，能够识别和提取法律文书中涉及的法律条文、事实、证据等信息。

第二，开发注释和解释组件。在法律文书解析器的基础上，我们需要开发一个能够自动生成注释和解释的组件。该组件能够通过规则引擎、机器学习等技术实现，根据解析出的法律文书信息，自动生成针对法律条文、案例、相关法规等的注释和解释。

第三，实现搜索功能。为了使用户能够快速找到所需的法律文书解释报告，我们需要实现一个搜索功能。该搜索功能通过全文检索、自然语言处理等技术实现，使用户能够通过关键词、主题、日期等条件进行搜索，并获得相应的解释报告。

第四，实现版本控制和更新功能。为了确保用户获取到最新、最准确的解释报告，我们需要实现版本控制和更新功能。版本控制可以通过数据库管理组件实现，记录每个解释报告的版本信息，以便用户进行对比和选择。更新功能可以通过定时任务或实时更新机制实现，及时更新解释报告的内容。

第五，实现反馈和互动机制。为了使用户能够对解释报告提出建议和意见，促进解释报告的持续改进和优化，我们需要实现反馈和互动机制。反馈和互动机制可以通过在线评论、表单提交等方式实现，使用户能够方便地提交反馈和建议。

5. 文书查询组件

文书查询组件是一个多功能的法律文书管理组件，包含了多个功能来支持文书数据统计和管理，主要功能如下。

文书检索功能：文书检索功能是文书查询组件中的核心功能之一，能够以灵活的方式查找法律文书记录，通过不同条件组合查询文书数据，查询条件如关键词、案由、类别等。文书检索功能可被类案检索组件调用。

文书添加功能：文书添加功能通过输入的添加条件录入文书数据，添加条件如案件名称、案号、全文等。文书添加功能可涉及对案件类型统计功能、罪名/案由统计功能、文书类型统计功能、审理级别统计功能、审判程序统计功能、行政区域检索功能进行调用。

文书修改功能：支持对已录入的文书数据进行修改，能通过输入的条件修改文书数据，修改条件如案件名称、案号、全文等。文书修改功能可涉及对案件类型统计功能、罪名/案由统计功能、文书类型统计功能、审理级别统计功能、审判程序统计功能、行政区域检索功能进行调用。

文书删除功能：支持对已录入的文书数据进行删除。

文书详情功能：文书详情功能是文书查询组件中的另一个核心功能，通过文书编号获取指定的文书数据，如案件名称、全文、案号等。

案件类型统计功能：按照案件类型对文书数据进行统计，显示各种案件类型的数量和比例，可以了解案件的分类情况。案件类型统计功能涉及对字典检索功能进行调用，以及被文书添加功能、文书修改功能调用。

罪名/案由统计功能：按照罪名/案由对文书数据进行统计，显示各个罪名/案由的数量和比例，可以查看不同罪名/案由的分布情况。该功能涉及对字典检索功能进行调用，以及被文书添加功能、文书修改功能调用。

文书类型统计功能：按照文书类型对文书数据进行统计，显示各个类型的数量和比例，可以了解不同文书类型的统计情况。该功能涉及对字典检索功能进行调用，以及被文书添加功能、文书修改功能调用。

审理级别统计功能：对文书数据中的审理级别进行统计，可以完整地了解审理的各个级别。该功能涉及对字典检索功能进行调用，以及被文书添加功能、文书修改功能调用。

审判程序统计功能：对文书数据中的审判程序进行统计，可以完整地了解审判的各个阶段。该功能可被文书添加功能、文书修改功能调用。

行政区域添加功能：能通过输入的添加条件录入行政区域，添加条件如城市编码、全称等。

行政区域修改功能：支持对已有的行政区域数据进行修改。

行政区域删除功能：支持对已有的行政区域数据进行删除。

行政区域检索功能：支持对已有的行政区域数据进行检索。

行政区域详情功能：支持查看已有的行政区域的详情数据。

字典添加功能：支持添加新的字典数据。

字典修改功能：支持对已有的字典数据进行修改。

字典删除功能：支持对已有的字典数据进行删除。

字典检索功能：通过输入的条件检索字典数据，检索条件如字典编码、字典名称等。该功能可被案件类型统计功能、罪名/案由统计功能、文书类型统计功能、审理级别统计功能、审判程序统计功能调用。

日志添加功能：将输入的添加条件录入日志数据，添加条件如日志内容、日志类型等。

日志修改功能：支持对已有的日志数据进行修改。

日志删除功能：通过 ID 删除指定的日志数据。

日志检索功能：通过输入的条件检索日志数据，检索条件为日志内容。

6. 技术专家管理组件

技术专家管理展示专家库的技术专家数据，系统管理员可对技术专家进行管理，可根据姓名、研究领域、既往案例、联系方式等条件查询技术专家，对技术专家进行新增、删除、信息维护。

7. 案例管理组件

案例管理展示专家库的案例数据，系统管理员可对案例进行管理，可根据法院、案号、领域等条件查询案例，对案例进行新增、删除、信息维护。

8. 申请管理组件

申请管理展示既往申请信息，承办人可对既往申请信息进行管理，可根据状态、案号、涉及领域等条件查询，对申请信息进行新增、删除、维护。

9. 指派管理组件

指派管理展示技术调查申请信息，指派人可对本院的申请信息进行审批，可根据状态、案号、涉及领域等条件查询，对审批通过的申请进行专家指派，对审批不通过的进行退回。

10. 调派管理组件

调派管理展示技术专家调派申请信息，调派人可对本院及所辖法院的调派申请信息进行审批，可根据状态、法院、案号、涉及领域等条件查询，对审批通过的申请进行专家调派，对审批不通过的进行退回。

11. 调查管理组件

调查管理展示技术专家的调查信息，技术专家可对本人待接收的调查申请进行接收或退回，处理在办案件，查阅案件及材料，录入调查过程、意见等信息。"待收案件"功能提供给技术专家使用，技术专家可根据案号、涉及领域等条件查询本人待接收的调查申请信息，以列表形式分页展示查询结果，对调查申请信息进行接收或退回。"我的案件"功能提供给技术专家使用，技术专家可根据案号、涉及领域等条件查询本人已接收的调查申请信息，以列表形式分页展示查询结果，对调查申请进行办理。"我的案例"功能提供给技术专家使用，查询本人办理的历史调查信息及案例。

12. 文书采集场景定义组件

通过定义场景标识，或者引入已经存在的场景标识，创建业务实例，支持针对业务实例，配置全量及增量采集方式。

13. 文书采集实例定义组件

基于每个业务实例涉及的多个数据采集场景，支持在业务实例基础上创建多采集实例。每个采集实例按照案件类型维度进行采集。

14. 文书采集配置管理组件

采集配置管理针对数据源及采集内容进行管理。其中，采集内容管理目前只定义通用内容，暂未与采集实例产生交集，后续根据业务实际需要再另行建立对应关系。数据源采集与业务实例为一一对应关系。

15. 定时任务管理组件

定时任务管理分为全量手动处理及定时增量任务处理两个模块。全量手动采集方法针对业务起始日期和截止日期，按天进行采集。定时增量自动采集方法针对业务起始日期至当天业务日期，按天进行采集。

16. 采集日志管理组件

采集日志管理针对采集任务日志和采集过程日志进行记载，通过记载方便后续数据质量跟踪检查，同时也作为定时增量自动采集任务的时间戳。

17. 案件检索组件

案件检索组件提供案件检索功能，根据检索条件展示案件列表，可查看案件的详情信息，包括案件基本信息、裁判文书分段信息等。

18. 特征词管理组件

特征词管理展示特征词信息，知识管理员可对特征词进行统一管理，可根据特征名称、适用案件类别、适用案由等条件查询特征词，支持对特征词进行新增、删除、信息维护。

19. 文书管理

文书管理页面展示加工库中的所有文书，文书管理员可对裁判文书及关联信息进行管理，支持手工导入文书，查看文书及关联信息，对文书核对工作进行分派，进行文书发布或取消发布。

20. 文书核对功能

文书核对功能包含查看文书及关联信息，对裁判文书及关联信息进行核对、标注、报送。

21. 文书审核

文书审核功能包含查看文书及关联信息，对裁判文书及关联信息进行标注、审核（发布/退回）。

22. 裁判文书检索

提供裁判文书检索功能，根据检索条件展示裁判文书列表，可查看裁判文书详情，对文书进行复制、下载。

23. 通达海系统集成

通达海系统集成提供两种模式，两种模式的主要区别是检索区域及数量展示的布局效果不同。

24. 数据加工初始化

数据采集完成原始数据落地后，进行数据加工初始化。

结构化数据处理流程如下。

第一，完成从原始案件表（EAJ）数据映射至待加工案件信息（CJJG_AJXX）及其附属字段的翻译工作。

第二，向抽取核对表（CJJG_CQHD_x）以字段为粒度写入处理变更记录，用于核对功能展示阶段的初始变更信息。

第三，当事人（EDSR）等其他原始信息暂不处理，用于支持后续业务扩展。

非结构化数据（文书、文本）处理流程如下。

第一，将调用接口获取的文书存入 Elasticsearch 库（ES 库）的裁判文书信息表（CPWS_CPWSXX），更新文书采集状态相关字段，并标记是否正式发布为"否"。完成后补全该文书记录的案件基本信息字段。

第二，对于调用接口获取的文本，将其存入 ES 库的裁判文书信息表（CPWS_CPWSXX）的文书内容字段（WSNR）。如果未提供获取文书接口、接口未获取到文本，则需对双层 PDF 进行文本提取。非双层 PDF 或其他格式是否需要 OCR 暂不处理。完成后更新主表文书主键及文本采集状态相关字段。

第三，对获取到的文本进行分段提取，按展示配置明细表（CJJG_ZSPZ_MX）分别存入 ES 库对应的分段字段中，存入完成后在抽取核对表（CJJG_CQHD_x）写入分段变更初始记录。

第四，对获取到的文档进行认知要素提取，提取后的要素暂不处理待后续业务拓展使用。

25. 文书提取

调用认知提供的能力对裁判文书进行提取，提取的信息根据展示配置表（CJJG_ZSPZ）、展示配置明细表（CJJG_ZSPZ_MX）定义进行存储。

26. 文书发布算法

对于发布的文书，从加工库中采集文书的源文件、文书内容、分段内容、案件基本信息、当事人信息，发布到裁判文书库 ES[裁判文书信息表（CPWS_CPWSXX）、文书数量统计表（CPWS_SLTJ）]。

文书发布流程如下。

（1）处理基本案件信息：不包含分段信息。从抽取核对表（CJJG_CQHD_x）将基础字段及其翻译字段同步更新至 ES 中。各字段优先使用已经采纳的修改并将其作为最终结果，没有修改或所有修改均未采纳，则使用原值。

（2）处理文书信息：更新 ES 中裁判文书信息的正式发布状态是否为正式发布（CPWS_CPWSXX.SFZSFB=1）。

（3）处理案件主表及数量统计表：更新待加工案件信息（CJJG_AJXX）文书状态为已发布。如果发生错误则更新文书状态（WSZT）为发布失败并记录发布失败的原因（FBSBYY）。发布失败的文书，可以重复发布，不限制次数，处理过程同上述步骤。后台也需要对失败的记录进行自动补偿，参见补偿机制。数量统计表按成功与否更新相应统计字段（请勿先查询再增加，应直接使用 WSSL=WSSL+1语句进行更新操作）。

（4）发布失败的补偿机制（研发编码参考）：在 Redis 中"WSJS_COMPENSATION"目录下监听过期事件实现补偿。以"业务操作+案件 ID+文书ID"为键向 Redis 写入一条记录，值为补偿需要相关参数及已重试次数 N。自动补偿总共重试 3 次。过期时间按以下退避策略实现：2 小时×N^3+10 分钟，尝试的时间越来越长。更新业务时注意对当前业务进行并发控制，防止手工和自动补偿重复。最终未能成功补偿的预留发布短信提醒及运维平台提醒入口。

对于取消发布的文书，更新发布人、发布时间为空，更新取消发布的原因，并更新取消发布人为当前操作用户、取消发布时间为当前时间，状态更新为取消发布，更新 ES 中是否正式发布为"0 未发布"，更新数量统计表对应类别文书及文书总量减 1（请勿先查询再减少，应直接使用 WSSL=WSSL−1 语句进行更新操作），注意不能小于 0。

27. 态势预警专题定义组件

态势预警专题定义组件支持通过输入专题名称定义专题内容。平台可通过专题名称分析提供选题推荐，推荐内容包括：政策相关选题、近期热点选题、区域热点选题等。

28. 文书查找与查询组件

文书查找与查询组件支持通过口径的定义检索专题分析研究时需要的文书内容，口径的定义包括案件要素的组合检索，以及在指定文书段落的关键词或关键词组合检索。其中，关键词组合支持"且""或""非"等逻辑关系。

29. 查看裁判文书原文组件

查看裁判文书原文组件支持根据定义的口径查看裁判文书原文，包括符合查询口径的文书列表以及文书原文数据，通过查看原文，可评估数据质量，并以此为基础，不断调整查询口径，直至符合要求。

30. 口径保存和调用组件

口径保存和调用组件支持保存常用的查询口径，可供同类型专题研究室再次使用，同时，保存的口径可作为平台知识进行积累和统一管理。平台提供查询口径推荐功能，可根据选题推荐查找裁判文书口径，便于快速检索及分析。

31. 常用分析点选择组件

平台提供为专题实证分析设计的预设数据维度体系，可根据需要选择并进行专题特征分析，分析点内容见表 5-43。

表 5-43　分析点内容

内容		详情
文本分析	态势特征	年度分布、省份分布、案由分布、审理法院、法院层级、上级法院、城市、城市发展水平、文书类型、公诉时间、起诉时间
	当事人特征	当事人年龄、当事人性别、当事人学历、当事人涉诉地位、当事人出生年份、当事人身份（法人/自然人）、当事人刑期、当事人罚金、是否缓刑、缓刑考验期长度、当事人民族
	案件特征	案发年份、缺席审理、简易程序、判决结果、涉外情况、原告人数、被告人数、被害人年龄

32. 结果可视化展示组件

平台可根据选择的分析点对相应的分析结果数据用图表进行可视化。

33. 智能报告生成组件

平台可根据专题分析结果以及专题态势监测内容，自动生成分析报告，报告内容包括：报告标题、报告提纲、报告目录、分析点摘要、分析点图表、分析点描述等，该组件性能需求如表 5-44 所示。

表 5-44　报告生成性能需求

编号	性能需求
1	平台支持用户并发数≥2 000
2	平台支持用户数量≥16 000
3	页面平均响应时间≤1 秒
4	检索等大数据量页面响应时间≤3 秒
5	软件版本升级或改进应在不影响业务的情况下进行，保证平台稳定、平滑过渡

5.4.4　部署要求

1. 硬件部署

服务器部署：根据生态环保类案件智能审判辅助系统与态势预警集成平台的性能和业务需求，至少配置一台装配有 4 张 NVIDIA RTX 4090 的显卡作为主应用服务器，并另外配置一台高性能服务器作为备份服务器。服务器采用虚拟化技术，可考虑 VMware 或 Hyper-V，以提高资源利用率和系统的灵活性。在内存和存储空间上，根据实际运行的资源消耗和数据量，确保系统能够顺畅运行并存储大量数据。

存储设备部署：部署 1 台 SAN（storage area network，存储区域网络）存储设备，用于集中存储 ERP（enterprise resource planning，企业资源计划）系统的数据库文件和业务数据。配置 RAID 5 或 RAID 10 磁盘阵列，以提高数据的安全性和可靠性。配置磁带库或磁盘备份系统，用于定期备份数据以防止数据丢失。

网络设备部署：部署两台核心交换机，采用双链路冗余设计，确保网络的高可用性。部署防火墙和入侵检测系统，保障系统网络安全。部署 VPN（virtual private network，虚拟专用网络）设备，支持远程用户的安全访问。

2. 软件安装配置

操作系统配置：在服务器上安装操作系统并进行必要的配置和优化，安装虚拟化软件并创建虚拟机以运行集成平台的各个组件。

数据库安装配置：根据选定的数据库类型进行数据库表结构设计和索引优化，根据业务需求进行数据库的备份和恢复策略配置。

软件安装配置：在集成平台安装配置上，根据法院的业务流程进行参数设置和功能配置，配置系统的用户权限和角色管理，确保系统的安全性和合规性。

3. 安全策略制定

网络安全策略：配置防火墙规则，限制对集成平台的访问权限；启用 VPN 功能，允许远程用户通过安全的隧道访问系统；部署入侵检测系统（intrusion detection system，IDS）和入侵防御系统（intrusion prevention system，IPS）实时监测和防御网络攻击。

数据安全策略：随着司法信息化的推进，大数据、人工智能等新型技术在司法中的运用使得其所使用的数据呈现海量增长，这些数据不但与公民的隐私息息相关，甚至与国家安全、公共利益密切相关，一旦遭到篡改、破坏、泄露或者非法获取、非法利用，可能会对国家安全、公共利益或者个人、组织的合法权益造成严重危害，因此司法领域的数据安全需要引起高度重视。在集成平台部署时，应对敏感数据进行加密存储和传输，定期备份数据并存储在安全的位置，设置访问控制策略，确保只有授权的用户才能访问系统数据。

4. 测试与验证

功能测试：对集成平台的各个功能模块进行详细的测试，确保各组件的功能实现符合业务需求，测试系统的数据同步和交换功能，确保数据的准确性和一致性。

性能测试：模拟法院的实际业务场景，测试集成平台的业务处理能力和响应时间；测试集成平台的并发处理能力，确保系统能够满足企业的业务需求。

安全测试：使用专业的安全测试工具对集成平台进行漏洞扫描和渗透测试，验证系统的安全策略和防护措施是否有效。

兼容性测试：测试集成平台与法院现有技术基础设施的兼容性，包括操作系统、数据库、网络设备等；验证系统在不同设备和浏览器上的显示效果和功能表现。

5. 用户培训与系统运维

用户培训：组织相关使用人员参加系统的培训，让使用人员能熟悉系统的操作流程和功能特点；开发人员应提供在线帮助文档和视频教程，以便相关使用人员随时查阅和学习；随时提供解答用户在使用过程中遇到的问题和困惑的服务。

系统运维：在系统监控上，实时监控系统的运行状态、性能指标和错误日志，设置预警机制，及时发现并处理潜在问题；在故障处理上快速响应，定期对故障进行复盘，总结经验教训；在性能优化上，分析系统性能瓶颈并不定期实施优化方案，对数据库、缓存的关键组件进行持续优化。

第6章 生态环保类案件智能审判与态势预警技术示范应用

6.1 司法大数据视角反映党的十八大以来我国生态环境建设成效

6.1.1 研究背景与统计说明

1. 研究背景

党的十八大以来，以习近平同志为核心的党中央坚持以人民为中心，把生态文明建设摆在全局工作的突出位置，开创了一系列根本性、开创性、长远性工作，生态文明建设从认识到实践都发生了历史性、转折性、全局性变化，不断满足人民群众日益增长的对优美生态环境的需要。党的十八大报告第一次将生态文明建设纳入中国特色社会主义事业总体布局之中①，建设中国特色社会主义事业总体布局由经济建设、政治建设、文化建设、社会建设"四位一体"拓展为包括生态文明建设的"五位一体"，这是总揽国内外大局、贯彻落实科学发展观的一个新部署。党的十九大报告进一步指出，建设生态文明是中华民族永续发展的千年大计，必须树立和践行绿水青山就是金山银山的理念，坚持节约资源和保护环境的基本国策②。"十四五"时期，我国生态文明建设进入了以降碳为重点战略方向、推动减污降碳协同增效、促进经济社会发展全面绿色转型、实现生态环境质量改善由量变到质变的关键阶段。

习近平总书记深刻指出，要"统筹污染治理、生态保护、应对气候变化，促进生态环境持续改善，努力建设人与自然和谐共生的现代化"③。为深入贯彻落

---

① 参见 2012 年 11 月 18 日《人民日报》第 1 版的文章：《坚定不移沿着中国特色社会主义道路前进 为全面建成小康社会而奋斗》。

② 引自 2017 年 10 月 28 日《人民日报》第 1 版的文章：《决胜全面建成小康社会 夺取新时代中国特色社会主义伟大胜利》。

③《习近平：努力建设人与自然和谐共生的现代化》，https://www.gov.cn/xinwen/2022-05/31/content_5693223. htm，2022 年 5 月 31 日。

实习近平生态文明思想和习近平法治思想,最高人民法院充分发挥法治的保障作用,推进环境资源审判迈上新台阶。通过对 2013 年 1 月 1 日至 2021 年 12 月 31 日生态环境资源一审的审判数据进行全面深入的分析研究,借助司法大数据的统计分析与解读,归纳近几年环境资源审判案件的总体态势和发展方向,探寻审判工作规律,筑牢习近平生态文明思想导向基石,形成本节。

2. 统计说明

(1)本节统计的时间口径为:2013 年 1 月 1 日至 2021 年 12 月 31 日(下文简称为 2013 年至 2021 年)。

(2)本节界定的"生态环境资源案件类型"是指《环境资源案件类型与统计规范(试行)》中的五大类型,包括环境污染防治类、生态保护类、资源开发利用类、气候变化应对类、生态环境治理与服务类。此外,本节界定的"生态环境资源审判案件"是指符合表 6-1 所列的检索口径的刑事、民事、行政一审案件。

表 6-1　生态环境资源审判案件检索口径列表

生态环境资源类型	案件类型	序号	判断标准	检索口径
环境污染防治类	刑事	1	罪名	污染环境罪;投放危险物质罪;过失投放危险物质罪
		2	罪名	非法处置进口的固体废物罪;擅自进口固体废物罪;走私废物罪;非法携带危险物品危及公共安全罪;非法制造、买卖、运输、储存危险物质罪;非法制造危险物质罪;买卖危险物质罪;运输危险物质罪;储存危险物质罪;盗窃、抢夺危险物质罪;抢夺危险物质罪;过失损坏易燃易爆设备罪;破坏易燃易爆设备罪;危险物品肇事罪;抢劫危险物质罪
			关键词	全文出现"损害环境""环境损害""环境侵权"关键词之一的
		3	关键词	全文出现"噪声""噪音""振动""光""热""电磁""电离""能量""辐射""电磁辐射""电离辐射"关键词之一,且同时出现"污染""损害环境""环境损害""环境侵权"关键词之一的
	民事	1	案由	环境污染责任纠纷;大气污染责任纠纷;土壤污染责任纠纷;水污染责任纠纷;船舶污染损害责任纠纷;海上、通海水域污染损害责任纠纷;电子废物污染责任纠纷;固体废物污染责任纠纷;噪声污染责任纠纷;光污染责任纠纷;放射性污染责任纠纷
		2	案由	占有、使用高度危险物损害责任纠纷;高度危险责任纠纷;高度危险活动损害责任纠纷;非法占有高度危险物损害责任纠纷;遗失、抛弃高度危险物损害责任纠纷;民用核设施损害责任纠纷
			关键词	全文出现"污染""损害""破坏"关键词之一与"环境"的
	行政	1	关键词	全文出现"大气""空气""土壤""土地""水""海洋""固体废物""电子废物""放射性物质""有毒有害物质""噪声""噪音""振动""光""热""电磁""电离""能量""辐射"关键词之一,同时出现"污染""损害环境""环境损害"关键词之一的

续表

环境资源类型	案件类型	序号	判断标准	检索口径
生态保护类	刑事	1	罪名	非法捕捞水产品罪；非法猎捕、杀害珍贵、濒危野生动物罪；非法收购、运输、出售珍贵、濒危野生动物及其制品罪；非法狩猎罪；非法采伐、毁坏国家重点保护植物罪；非法收购、运输、加工、出售国家重点保护植物、国家重点保护植物制品罪；走私珍贵动物、珍贵动物制品罪；危害珍贵、濒危野生动物罪；危害国家重点保护植物罪；非法猎捕、收购、运输、出售陆生野生动物罪；动植物检疫徇私舞弊罪；动植物检疫失职罪；妨害动植物防疫、检疫罪；非法引进、释放、丢弃外来入侵物种罪；盗掘古人类化石、古脊椎动物化石罪；盗掘古文化遗址、古墓葬罪；过失损毁文物罪；故意损毁名胜古迹罪；故意损毁文物罪；失职造成珍贵文物损毁、流失罪；破坏自然保护地罪；破坏性采矿罪；非法采矿罪
		2	罪名	失火罪
			关键词	全文出现"森林""草原""林地""草地"关键词之一的
		3	关键词	全文出现"湖泊线""河道线""海洋线""海岸线""外来物种""物种入侵""物种引入""引入物种""物种引进""引进物种"关键词之一的
		4	关键词	全文出现"生态系统""溶洞""化石""冰川""火山""温泉"关键词之一，同时出现"地质"和"破坏"的
	民事	1	案由	生态破坏责任纠纷；涉草原、荒地、滩涂纠纷
		2	案由	占有、使用高度危险物损害责任纠纷；高度危险责任纠纷；高度危险活动损害责任纠纷；非法占有高度危险物损害责任纠纷；遗失、抛弃高度危险物损害责任纠纷；民用核设施损害责任纠纷
			关键词	全文出现"污染""损害""破坏"关键词之一与"生态"，同时不包含"环境"的
		3	关键词	全文出现"栖息地""自然遗迹""自然遗址""人文古迹""古建筑群""人文遗迹""人文遗址""文物""名胜古迹""国家公园""森林公园""野生动物园""自然公园""自然保护区""自然保护地""湖泊线""河道线""海洋线""海岸线""外来物种""物种入侵""物种引入""引入物种""物种引进""引进物种"关键词之一且不包含"物业"的
		4	关键词	全文出现"生态系统""溶洞""化石""冰川""火山""地质""温泉""外来物种引入""地下水""乱捕滥杀""捕猎""矿产开采""工程建设""工程施工""采矿"关键词之一，同时出现"生态"与"破坏""损害"关键词之一的
	行政	1	关键词	全文出现"生物遗传""转基因""微生物""栖息地""自然遗迹""自然遗址""古迹""建筑群""遗址""人文遗迹""人文遗址""国家公园""自然公园""自然保护区""自然保护地""湖泊线""河道线""海洋线""海岸线""外来物种""物种入侵""物种引入""引入物种""物种引进""引进物种"关键词之一的

续表

环境资源类型	案件类型	序号	判断标准	检索口径
生态保护类	行政	2	关键词	全文出现"生态系统""溶洞""化石""冰川""火山""地质""温泉""地下水""乱捕滥杀""捕猎""矿产开采""工程建设""工程施工""采矿"之一，同时出现"生态"与"破坏"或损害"的
资源开发利用类	刑事	1	罪名	非法占用农用地罪
		2	关键词	全文出现"通风权""采光权""眺望权""景观权""光照权"关键词之一，同时全文出现"侵害""损害"关键词之一的
	民事	1	案由	海域使用权纠纷；矿业权纠纷；林权纠纷；海域使用权纠纷；采矿权纠纷；探矿权纠纷；取水权纠纷；养殖权纠纷；捕捞权纠纷；牧业承包合同纠纷；渔业承包合同纠纷；采矿权转让合同纠纷；探矿权转让合同纠纷；勘探开发自然资源合同纠纷；中外合作勘探开发自然资源合同纠纷；能源开发利用合同纠纷；海洋开发利用纠纷；相邻关系纠纷；相邻用水、排水纠纷；相邻通行纠纷；相邻土地、建筑物利用关系纠纷；相邻通风纠纷；相邻采光、日照纠纷；相邻污染侵害纠纷；相邻损害防免关系纠纷；相邻污染侵害纠纷
		2	案由	异议登记不当损害责任纠纷；虚假登记损害责任纠纷；留置权纠纷；所有权确认纠纷；侵害集体经济组织成员权益纠纷；共有权确认纠纷；共有物分割纠纷；共有人优先购买权纠纷；债权人代位析产纠纷；建筑物和其他土地附着物抵押权纠纷；在建建筑物抵押权纠纷；建设用地使用权抵押权纠纷；探矿权抵押权纠纷；采矿权抵押权纠纷；海域使用权抵押权纠纷；动产抵押权纠纷；在建船舶、航空器抵押权纠纷；动产浮动抵押权纠纷；最高额抵押权纠纷；债券质权纠纷；仓单质权纠纷；提单质权纠纷；基金份额质权纠纷；用益物权确认纠纷；物权确认纠纷；担保物权确认纠纷；消除危险纠纷；排除妨害纠纷；恢复原状纠纷；共有权确认纠纷；返还原物纠纷；漂流物返还纠纷；埋藏物返还纠纷；隐藏物返还纠纷；占有物返还纠纷；占有排除妨害纠纷；占有消除危险纠纷；占有物损害赔偿纠纷；财产损害赔偿纠纷
			关键词	全文出现"石油""煤""金属""天然气""森林""土地""水资源""可燃冰""动物""植物""矿""荒地""滩涂""山岭""海洋""林木""草原""草地""自然资源"关键词之一的
		3	案由	林业承包合同纠纷
			关键词	全文不包含"生态""环境"关键词之一，同时出现"保护""修复""破坏"关键词之一的
	行政	1	关键词	全文出现"森林""林木""矿业""土地承包经营权""建设用地使用权""水利工程""土地""矿藏""水流""荒地""滩涂""林地""山岭""海域""荒地或者滩涂权属确权""山岭权属确权""海域使用权属确权""水利工程权属确权""企业资产性质确认"之一，同时出现"资源开发利用"的
		2	关键词	全文出现"通风""采光""眺望""景观"之一，同时出现"侵害"或"损害"的

续表

环境资源类型	案件类型	序号	判断标准	检索口径
气候变化应对类	刑事	1	罪名	盗伐林木罪；滥伐林木罪；非法收购、运输盗伐、滥伐的林木罪；违法发放林木采伐许可证罪
		2	关键词	全文出现"碳排放""碳汇交易""臭氧层"关键词之一的
		3	关键词	全文出现"环境影响评价""环评"关键词之一同时出现"气候"的
		4	关键词	全文出现"气象灾害"与"防御工程"的，和全文出现"气象变化"与"应对""措施"关键词之一的
	民事	1	案由	碳汇交易纠纷；温室气体排放配额交易纠纷
		2	案由	林业承包合同纠纷
			关键词	全文出现"生态""环境"关键词之一，同时出现"保护""修复""破坏"关键词之一的
		3	关键词	全文出现"环境影响评价""环评"关键词之一，同时出现"气候"的
		4	关键词	全文出现"气象灾害"与"防御工程"关键词之一，同时出现"气象变化"与"应对"或"措施"关键词之一的
	行政	1	关键词	全文出现"碳排放""碳汇交易""臭氧层"关键词之一的
		2	关键词	全文出现"气候"关键词，同时出现"环境影响评价""环评"关键词之一的
		3	关键词	全文出现"气象灾害""防御工程"关键词之一，同时出现"气象变化"与"措施"或"应对"的
生态环境治理与服务类	刑事	1	案由	环境监管失职罪
	民事	1	案由	环境治理合同纠纷；环境技术咨询、开发、服务合同纠纷；环境影响评价、监测委托合同纠纷；生态补偿纠纷；用能权交易纠纷；用水权交易纠纷；排污权交易纠纷；碳排放权交易纠纷；绿色债券纠纷；绿色信贷纠纷；绿色发展基金纠纷
		2	关键词	全文出现"环境影响评价""环境监测""环境损害评估"关键词之一的
		3	关键词	全文出现"生态环境监测设备""污染处理设施"关键词之一，同时出现"维护运营"的
	行政	1	关键词	全文出现"环境影响评价""环境监测""环境损害评估""生态环境治理""环境污染治理""生态环境修复""环境税""环境资源税""绿色信贷""绿色债券""绿色发展基金""绿色保险""绿色金融"关键词之一的
		2	关键词	全文出现"生态环境监测设备""污染处理设施"关键词之一，同时出现"维护运营"的
		3	关键词	全文出现"排放量""排放额度"关键词之一，同时出现"用能权交易""用水权交易""排污权交易""碳排放交易"关键词之一的

3. 本节统计的重点地域及流域范围

（1）本节界定的"长江流域"，依据《中华人民共和国长江保护法》第一章第二条，是指由长江干流、支流和湖泊形成的集水区域所涉及的青海省、四川省、西藏自治区、云南省、重庆市、湖北省、湖南省、江西省、安徽省、江苏省、上海市，以及甘肃省、陕西省、河南省、贵州省、广西壮族自治区、广东省、浙江省、福建省的相关县级行政区域。其中，青海、四川、西藏、云南、重庆、湖北、湖南、江西、安徽、江苏和上海以全省（区、市）为范围，甘肃、陕西、河南、贵州、广西、广东、浙江和福建以本章附表 1 中相关县级行政区为范围。

（2）本节界定的"黄河流域"，依据《中华人民共和国黄河保护法》第一章第三条，是指黄河干流、支流和湖泊的集水区域所涉及的青海省、四川省、甘肃省、宁夏回族自治区、内蒙古自治区、山西省、陕西省、河南省、山东省的相关县级行政区域，相关县级行政区域详见本章附表 2。

6.1.2　全国生态环境资源案件整体情况分析

1. 生态环境资源案件量于 2019 年达到顶峰

如图 6-1 所示，2013 年至 2021 年，全国各级人民法院审结的生态环境资源一审案件共计 42.22 万件，其中，2014 年结案量同比增长 60.04%，2015 年同比增长 48.25%，2016 年同比增长 26.27%，2017 年同比增长 1.61%，2018 年同比增长 16.59%，2019 年同比增长 5.68%，2020 年同比降低 11.45%，2021 年同比降低 4.60%。全国生态环境资源一审案件量整体呈现先增后降的趋势，案件量于 2019 年达到顶峰，年均增长率为 15.51%。

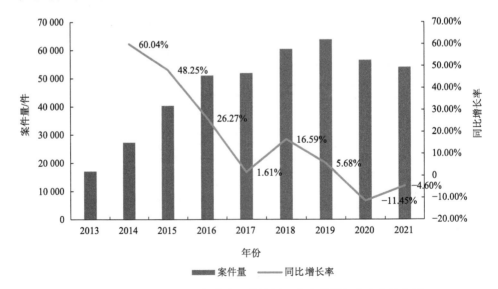

图 6-1　2013 年至 2021 年生态环境资源一审案件量年度变化趋势图

2013 年至 2019 年，案件量快速增长有以下几点原因。

其一，党的十八大以来，我国生态环境保护法律制度体系已进入高质量完善阶段，党的十八大以来新增八部相关法律，见本章附表 3，修正与修订十余部法律；最高人民法院也及时总结环境资源司法实践经验，制定审理规则，提炼案件类型，重视案例指导，及时发布司法解释，见本章附表 4，细化环境资源案件裁判规则；此外，在生态环境资源审判中，案例指导性也进一步增强，见本章附表 5。

其二，在审判机构建设方面，党的十八大以来，各级人民法院按照最高人民法院的统一要求和部署，持续推进环境资源审判专门机构建设，推动环境资源案件集中管辖和归口审理，构建多元共治机制，不断提升环境资源审判专门化水平。截至 2021 年底，全国共设立环境资源专门审判机构和审判组织 2149 个，目前已经基本形成专门化的环境资源审判组织体系。

其三，党的十八大以来，以习近平同志为核心的党中央开展了一系列根本性、开创性、长远性工作——推动划定和严守生态保护红线、环境质量底线、资源利用上线，形成生态环境保护的刚性约束。截至 2021 年底，全国共划分 4 万多个生态环境管控单元，基本建立起一套全地域覆盖、跨部门协同、多要素综合的生态环境分区管控体系。在协同治理中，多种具有损害社会公共利益重大风险的行为得到集中管控治理，促使生态环境资源案件量猛增。

但随着我国生态环境保护法律制度体系、审判机构建设以及生态环境保护措施的发展从高速发展阶段进入到高质量完善阶段，生态环境水平得到改善，生态环境资源案件量也从 2013 年至 2019 年阶段的快速增长进入到逐渐下降、渐趋平缓的阶段。

2. 民事案件占比最大，超 70%

如图 6-2 所示，2013 年至 2021 年，在全国各级人民法院审结的生态环境资源一审案件中，从案件类型来看，民事案件占比 72.96%，刑事案件占比 20.79%，行政案件占比 6.25%。民事案件占据主流类型的趋势也将在未来进一步持续。

如图 6-3 所示，2013 年至 2021 年，在全国各级人民法院审结的生态环境资源一审案件中，公益诉讼（包含民事公益诉讼、刑事附带民事公益诉讼、行政公益诉讼案件）案件占比 1.32%。

3. 资源开发利用类案件量占比最大

如图 6-4 所示，2013 年至 2021 年，在全国各级人民法院审结的生态环境资源一审案件中，从环境资源类型来看：资源开发利用类案件占比 83.68%，生态保护类案件占比 9.54%，生态环境治理与服务类案件占比 4.83%，环境污染防治类案件占比 1.80%，气候变化应对类案件占比 0.15%。

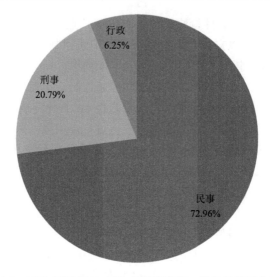

图 6-2　2013 年至 2021 年生态环境资源一审案件类型分布图

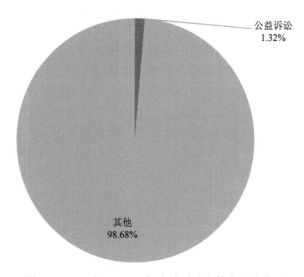

图 6-3　2013 年至 2021 年公益诉讼案件占比分布图

4. 地域及重点区域分布

1）河南、广东、山东等地区案件量较大

如图 6-5 所示，2013 年至 2021 年，在全国各级人民法院审结的生态环境资源一审案件中，案件量排名前十的地区为：河南省、广东省、山东省、辽宁省、广西壮族自治区、北京市、云南省、湖南省、江苏省和陕西省。

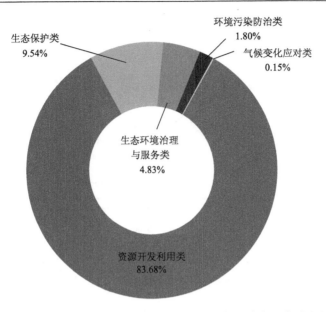

图 6-4 2013 年至 2021 年生态环境资源一审案件环境资源类型分布图

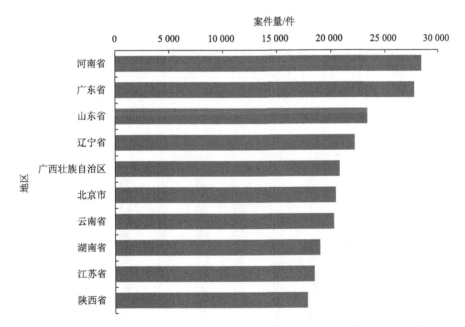

图 6-5 2013 年至 2021 年生态环境资源一审案件量排名前十地区分布图

如图 6-6 所示，2013 年至 2021 年，在全国各级人民法院审结的生态环境资源一审案件中，年均增长率排名前三的地区为：黑龙江省（年均增长率 72.41%）、广西壮族自治区（年均增长率 51.52%）、新疆维吾尔自治区（年均增长率 39.24%）。

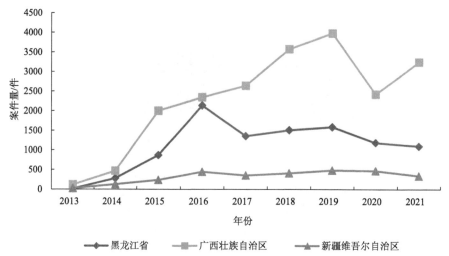

图 6-6　2013 年至 2021 年生态环境资源一审案件年均增长率排名前三地区年度趋势图

2）长江流域案件量整体呈现先增后降趋势

如图 6-7 所示，2013 年至 2021 年，长江流域各级人民法院审结的生态环境资源一审案件共计 9.82 万件，其中，2014 年同比增长 74.45%，2015 年同比增长 32.09%，2016 年同比增长 24.17%，2017 年同比增长 6.08%，2018 年同比增长 24.90%，2019 年同比增长 3.36%，2020 年同比下降 8.02%，2021 年同比下降 12.17%。长江流域生态环境资源一审案件量整体呈现先增后降的趋势，案件量于 2019 年达到顶峰，年均增长率为 15.49%。

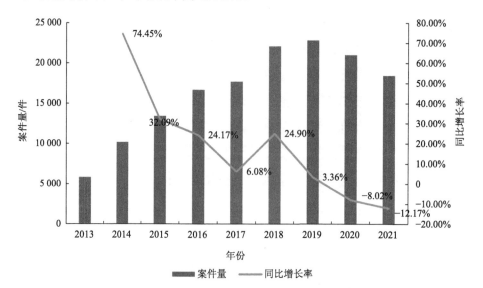

图 6-7　2013 年至 2021 年长江流域生态环境资源一审案件量年度变化趋势图

3）黄河流域案件量整体呈现先增后降趋势

如图 6-8 所示，2013 年至 2021 年，黄河流域各级人民法院审结的生态环境资源一审案件共计 2.28 万件，其中，2014 年同比增长 27.41%，2015 年同比增长 67.47%，2016 年同比增长 12.58%，2017 年同比增长 19.94%，2018 年同比增长 1.62%，2019 年同比增长 18.55%，2020 年同比下降 25.37%，2021 年同比增长 2.60%。黄河流域生态环境资源一审案件量整体呈现先增后降的趋势，案件量于 2019 年达到顶峰，年均增长率为 13.00%。

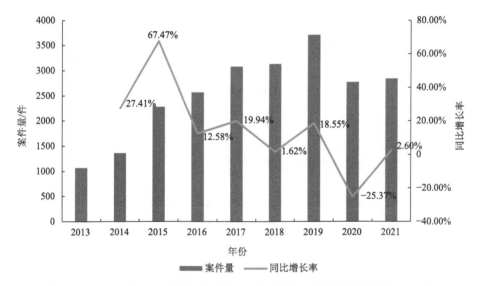

图 6-8　2013 年至 2021 年黄河流域生态环境资源一审案件量年度变化趋势图

4）京津冀地区案件量整体呈现波动式先增后降而后回升趋势

如图 6-9 所示，2013 年至 2021 年，京津冀地区各级人民法院审结的生态环境资源一审案件共计 4.48 万件，其中，2014 年同比增长 148.04%，2015 年同比增长 55.82%，2016 年同比增长 45.46%，2017 年同比下降 12.83%，2018 年同比增长 8.79%，2019 年同比下降 19.98%，2020 年同比下降 24.65%，2021 年同比增长 37.22%。京津冀地区生态环境资源一审案件量整体呈现波动式先增后降而后回升的趋势，案件量于 2016 年达到顶峰，年均增长率为 20.38%。

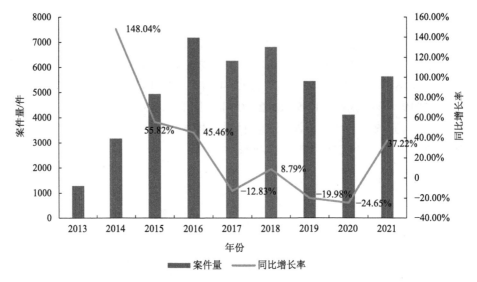

图 6-9   2013 年至 2021 年京津冀地区生态环境资源一审案件量年度变化趋势图

6.1.3   全国生态环境资源民事案件情况分析

1. 民事一审案件量整体呈现先增后降趋势，案件量于 2019 年达到顶峰，年均增长率为 15.28%

如图 6-10 所示，2013 年至 2021 年，全国各级人民法院审结的生态环境资源民事一审案件共计 30.8 万件，其中，2014 年同比增长 62.15%，2015 年同比增长 52.50%，2016 年同比增长 29.16%，2017 年同比下降 1.51%，2018 年同比增长 13.39%，2019 年同比增长 0.49%，2020 年同比下降 11.12%，2021 年同比下降 2.08%。全国生态环境资源民事一审案件量整体呈现先增后降趋势，案件量于 2019 年达到顶峰，年均增长率为 15.28%。

2. 重点案由及争议焦点分析

生态环境资源民事案件中，较为重要的十大典型案由包括生态环境侵权和合同两大类：一类是环境污染责任纠纷，噪声污染责任纠纷，海上、通海水域污染损害责任纠纷，养殖权纠纷，海上、通海水域养殖损害责任纠纷；另一类是采矿权转让合同纠纷、探矿权转让合同纠纷、林业承包合同纠纷、渔业承包合同纠纷、海洋开发利用纠纷。下文将对前三案由案件量趋势及争议焦点进行描述分析。

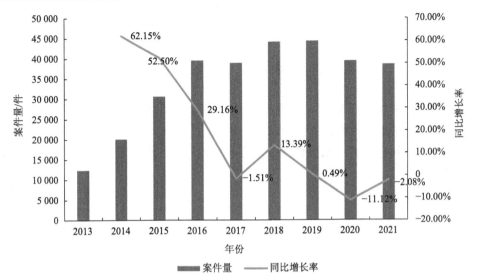

图 6-10 2013 年至 2021 年生态环境资源民事一审案件量年度变化趋势图

1）前三案由年度趋势

第一，海上、通海水域污染损害责任纠纷主要集中在 2017 年及 2018 年。

如图 6-11 所示，2013 年至 2021 年，全国各级人民法院审结的海上、通海水域污染损害责任纠纷一审案件共计 2418 件，其中，2017 年共计审结 1033 件，同比增长 34 333.33%；2018 年共计审结 1328 件，同比增长 28.56%。海上、通海水域污染损害责任纠纷主要集中在 2017 年及 2018 年。

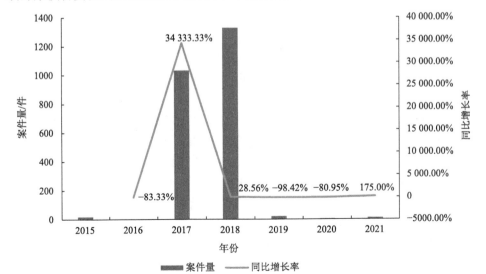

图 6-11 2013 年至 2021 年海上、通海水域污染损害责任纠纷一审案件量年度变化趋势图

2013 年和 2014 年数据为 0，未在图中显示

第二，环境污染责任纠纷案件量总体呈现先增长后波动趋势，2019 年案件量达到峰值。

如图 6-12 所示，2013 年至 2021 年，全国各级人民法院审结的环境污染责任纠纷一审案件共计 378 件，其中，2014 年同比增长 85.19%，2015 年同比下降 62.00%，2016 年同比增长 547.37%，2017 年同比下降 26.83%，2018 年同比增长 13.33%，2019 年同比增长 64.71%，2020 年同比下降 48.81%，2021 年同比增长 4.65%。环境污染责任纠纷案件量总体呈现先增长后波动的趋势，2019 年案件量达到峰值。

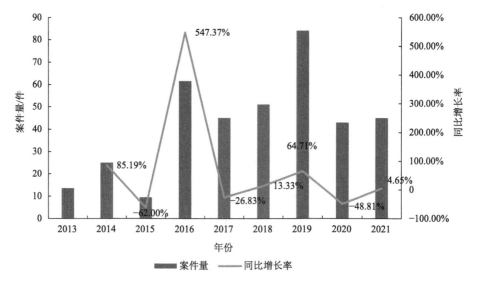

图 6-12　2013 年至 2021 年环境污染责任纠纷一审案件量年度变化趋势图

第三，渔业承包合同纠纷案件量总体呈现先增长后下降趋势，2018 年案件量达到峰值。

如图 6-13 所示，2013 年至 2021 年，全国各级人民法院审结的渔业承包合同纠纷一审案件共计 327 件，其中，2014 年同比增长 180.00%，2015 年同比下降 42.86%，2016 年同比增长 100.00%，2017 年同比增长 56.25%，2018 年同比增长 98.67%，2019 年同比下降 24.16%，2020 年同比下降 15.93%，2021 年同比下降 3.16%。渔业承包合同纠纷案件量总体呈现先增长后下降的趋势，2018 年案件量达到峰值。

2）各案由争议焦点

第一，海上、通海水域污染损害责任纠纷案件争议焦点主要为因果关系及诉讼时效。

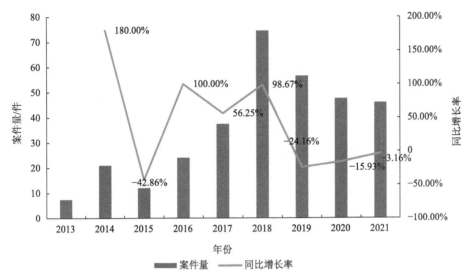

图 6-13　2013 年至 2021 年渔业承包合同纠纷一审案件量年度变化趋势图

如图 6-14 所示，2013 年至 2021 年，在全国各级人民法院审结的海上、通海水域污染损害责任纠纷一审案件中，按争议焦点来看：争议焦点为因果关系的案件占比 25.79%，为诉讼时效的案件占比 25.77%，为责任承担的案件占比 21.14%，为主体资格的案件占比 13.82%，为事实问题的案件占比 12.47%，为损害结果的案件占比 0.97%，为合同效力的案件占比 0.02%，为案由确定的案件占比 0.02%。

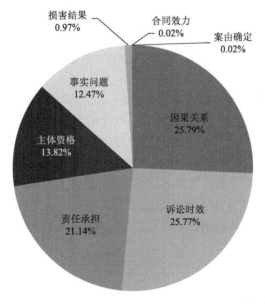

图 6-14　2013 年至 2021 年海上、通海水域污染损害责任纠纷一审案件争议焦点分布图

第二，环境污染责任纠纷案件争议焦点主要为责任承担及损害结果。

如图 6-15 所示，2013 年至 2021 年，在全国各级人民法院审结的环境污染责任纠纷一审案件中，按争议焦点来看：争议焦点为责任承担的案件占比 24.64%，为损害结果的案件占比 23.71%，为因果关系的案件占比 19.07%，为事实问题的案件占比 18.28%，为侵权行为的案件占比 3.84%，为诉讼时效的案件占比 3.84%，为案由确定的案件占比 1.99%，为合同效力的案件占比 1.85%，为存在过错的案件占比 1.59%，为主体资格的案件占比 1.19%。

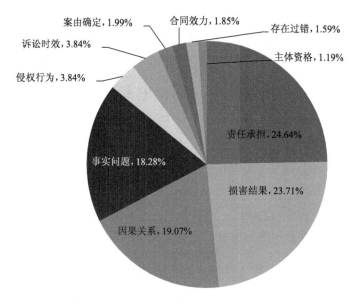

图 6-15　2013 年至 2021 年环境污染责任纠纷一审案件争议焦点分布图

第三，渔业承包合同纠纷案件争议焦点主要为事实问题及合同效力。

如图 6-16 所示，2013 年至 2021 年，在全国各级人民法院审结的渔业承包合同纠纷一审案件中，从争议焦点来看：争议焦点为事实问题的案件占比 34.30%，为合同效力的案件占比 31.55%，为返还原物的案件占比 9.95%，为责任承担的案件占比 9.49%，为违约行为的案件占比 5.21%，为主体资格的案件占比 3.83%，为诉讼时效的案件占比 2.45%，为因果关系的案件占比 1.23%，为损害结果的案件占比 1.07%，为存在过错的案件占比 0.61%，为侵权行为的案件占比 0.15%，为案由确定的案件占比 0.15%。

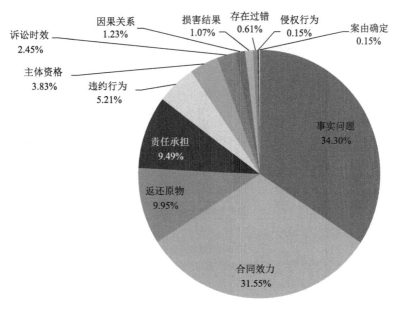

图 6-16　2013 年至 2021 年渔业承包合同纠纷一审案件争议焦点分布图

本图的数据经过四舍五入处理，可能导致比例合计不等于 100%

6.1.4　全国生态环境资源刑事案件情况分析

1. 刑事一审案件量整体呈现先增后降趋势，案件量于 2019 年达到顶峰，年均增长率为 12.17%

如图 6-17 所示，2013 年至 2021 年，全国各级人民法院审结的生态环境资源刑事一审案件共计 8.78 万件，其中，2014 年同比增长 47.05%，2015 年同比增长 28.71%，2016 年同比增长 11.15%，2017 年同比增长 11.99%，2018 年同比增长 22.50%，2019 年同比增长 13.71%，2020 年同比下降 12.30%，2021 年同比下降 12.91%。全国生态环境资源刑事一审案件量整体呈现先增后降的趋势，案件量于 2019 年达到顶峰，年均增长率为 12.17%。

2. 滥伐林木罪案件量最高，占比 26.36%

如图 6-18 所示，2013 年至 2021 年，全国各级人民法院审结的生态环境资源刑事一审案件中，按罪名来看，排名前十的为：滥伐林木罪，非法占用农用地罪，非法捕捞水产品罪，失火罪，盗伐林木罪，非法采矿罪，非法狩猎罪，非法采伐、毁坏国家重点保护植物罪，盗掘古文化遗址、古墓葬罪，以及污染环境罪。

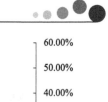

图 6-17   2013 年至 2021 年生态环境资源刑事一审案件量年度变化趋势图

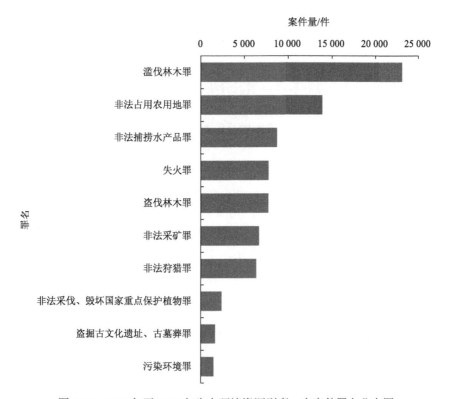

图 6-18   2013 年至 2021 年生态环境资源刑事一审案件罪名分布图

3. 被告人主观方面中故意犯罪的案件占比 52.01%

如图 6-19 所示，2013 年至 2021 年，全国各级人民法院审结的生态环境资源刑事一审案件中，按被告人主观方面来看：故意犯罪的案件占比 52.01%，过失犯罪的案件占比 47.99%。

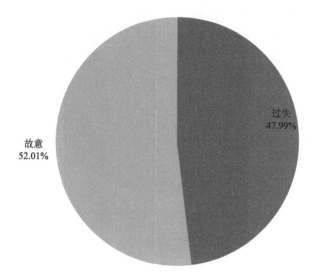

图 6-19　2013 年至 2021 年生态环境资源刑事一审案件被告人主观方面分布图

4. 生态环境资源刑事一审案件量刑幅度趋轻

如图 6-20 所示，2013 年至 2021 年，全国各级人民法院审结的生态环境资源刑事一审案件中，被告人按判处刑罚来看：判处有期徒刑的案件占比 66.50%，判处拘役的案件占比 18.63%，判处罚金的案件占比 12.01%，判处管制的案件占比 1.52%，免予刑事处罚的案件占比 1.13%，判处死刑的案件占比 0.13%，判处无期徒刑的案件占比 0.08%。

如图 6-21 所示，2013 年至 2021 年，全国各级人民法院审结的生态环境资源刑事一审案件中，有期徒刑按刑期长度分布来看：6 个月至一年（不含）的案件占比 35%，一年至三年（不含）的案件占比 44%，三年至五年（不含）的案件占比 17%，五年至十年（不含）的案件占比 2%，十年及以上的案件占比 2%。

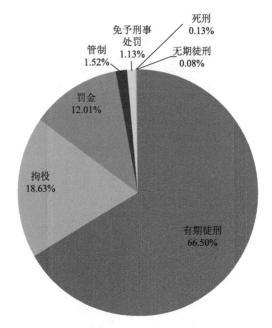

图 6-20 2013 年至 2021 年生态环境资源刑事一审案件刑罚分布图

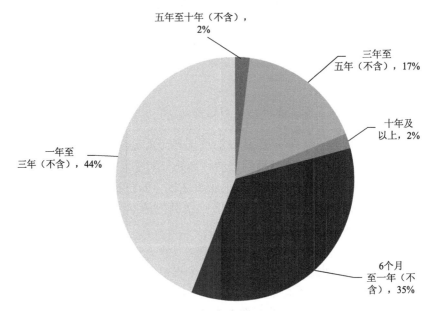

图 6-21 2013 年至 2021 年生态环境资源刑事一审案件刑期长度分布图

如图 6-22 所示，2013 年至 2021 年，全国各级人民法院审结的生态环境资源刑事一审案件中，从是否适用缓刑来看：适用缓刑的案件占比 49.35%。

　　如图 6-23 所示，2013 年至 2021 年，全国各级人民法院审结的生态环境资源刑事一审案件中，从罚金数额分布来看：1 万元及以下的案件占比 66.66%，1 万~3 万元（含）的案件占比 13.32%，3 万~10 万元（含）的案件占比 12.68%，10 万~30 万元（含）的案件占比 5.04%，30 万元以上的案件占比 2.31%。

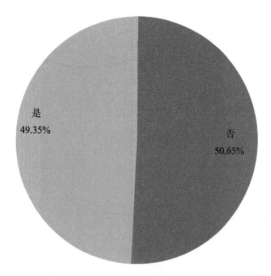

图 6-22　2013 年至 2021 年生态环境资源刑事一审案件缓刑适用分布图

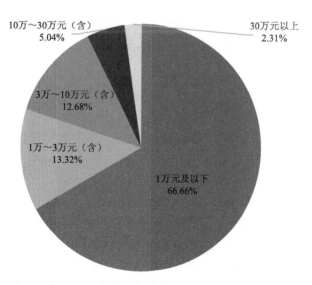

图 6-23　2013 年至 2021 年生态环境资源刑事一审案件罚金数额分布图
本图的数据经过四舍五入处理，可能导致比例合计不等于 100%

如图 6-24 所示，2013 年至 2021 年，全国各级人民法院审结的生态环境资源刑事一审案件中，从适用刑罚占比的变化趋势来看，变动较为明显的有：有期徒刑适用率明显降低，拘役适用率逐渐上升，罚金适用率上升后趋于平缓。生态环境资源刑事一审案件量刑幅度趋轻。

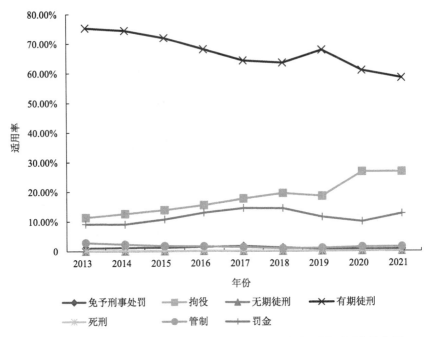

图 6-24   2013 年至 2021 年生态环境资源刑事一审案件刑罚适用率趋势图

6.1.5 全国生态环境资源行政案件情况分析

1. 行政一审案件量整体呈现先增后降趋势，案件量于 2019 年达到顶峰，年均增长率为 38.4%

如图 6-25 所示，2013 年至 2021 年，全国各级人民法院审结的生态环境资源行政一审案件共计 2.63 万件，其中，2014 年同比增长 149.55%，2015 年同比增长 93.16%，2016 年同比增长 40.90%，2017 年同比增长 19.66%，2018 年同比增长 40.09%，2019 年同比增长 39.50%，2020 年同比下降 11.93%，2021 年同比下降 3.78%。全国生态环境资源行政一审案件量整体呈现先增后降的趋势，案件量于 2019 年达到顶峰，年均增长率为 38.4%。

图 6-25　2013 年至 2021 年生态环境资源行政一审案件量年度变化趋势图

2. 生态环境治理与服务类的案件量最多，占比 43.42%

如图 6-26 所示，2013 年至 2021 年，全国各级人民法院审结的生态环境资源行政一审案件中，从环境资源类型分布来看：生态环境治理与服务类案件占比 43.42%，生态保护类案件占比 34.69%，资源开发利用类案件占比 20.24%，环境污染防治类案件占比 1.51%，气候变化应对类案件占比 0.14%。

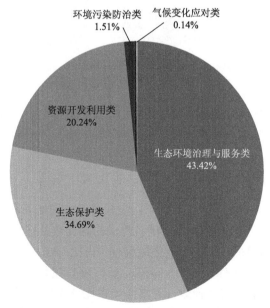

图 6-26　2013 年至 2021 年生态环境资源行政一审案件环境资源类型分布图

3. 行政主体中消防部门最多，占比 77.20%

如图 6-27 所示，2013 年至 2021 年，全国各级人民法院审结的生态环境资源行政一审案件中，从行政主体分布来看：消防部门占比 77.20%，住房和城乡规划部门占比 5.43%，国土资源和房屋管理部门占比 4.46%，市场监督管理部门占比 3.00%，林业部门占比 1.86%，农业农村部门占比 1.72%，交通运输部门占比 1.33%，知识产权部门占比 1.23%，海洋与渔业部门占比 1.03%，其他部门占比 2.73%。

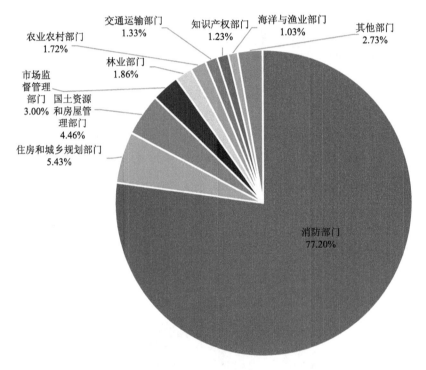

图 6-27　2013 年至 2021 年生态环境资源行政一审案件行政主体分布图

本图的数据经过四舍五入处理，可能导致比例合计不等于 100%

4. 涉诉行政行为最多的为行政处罚，占比 32.13%

如图 6-28 所示，2013 年至 2021 年，全国各级人民法院审结的生态环境资源行政一审案件中，按行政行为来看，排名前十的为行政处罚案件（占比 32.13%）、行政复议案件（占比 16.81%）、行政强制案件（占比 13.61%）、行政许可案件（占比 11.03%）、行政赔偿案件（占比 5.96%）、行政补偿案件（占比 3.60%）、行政征收案件（占比 1.38%）、其他行政行为案件（占比 1.35%）、行政登记案件（占比 1.16%）、行政确认案件（占比 1.10%）。

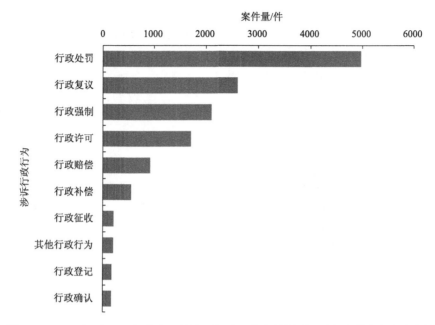

图 6-28　2013 年至 2021 年生态环境资源行政一审案件涉诉行政行为排名前十分布图

5. 争议焦点主要为行政行为合法性，占比 44.05%

如图 6-29 所示，2013 年至 2021 年，全国各级人民法院审结的生态环境资源行政一审案件中，按争议焦点主要为行政行为合法性（占比 44.05%），主体资格（占比 13.69%），是否违反法定程序（占比 10.77%），适用法律、法规是否正确（占比 5.58%），事实是否清楚（占比 4.90%），案件受理范围（占比 4.42%），诉请是否应予支持（占比 4.37%），是否不履行/怠于履行职责（占比 3.55%），诉讼时效（占比 2.79%），行政行为合理性（占比 2.43%），是否应当补偿（占比 1.27%），起诉条件（占比 0.76%），超越职权（占比 0.41%），重复起诉（占比 0.29%），明显不当（占比 0.29%），是否应该赔偿（占比 0.23%），以及滥用职权（占比 0.20%）。

根据行政案件的特点，一般情况下，行政纠纷的争议焦点都会包含行政行为的合法性，因此生态环境资源行政案件也显示出同样的特性，故行政行为合法性这一争议焦点频次较高。生态环境资源行政案件往往涉及两方面：一是对行政机关行政行为的合法性的考查，包括其合法性和裁量的合理性；二是对行政机关不作为/怠于作为的监督，起诉的主要目的是督促环境保护行政主管部门依法履行职责，加强信息公开。这两方面的问题实质是在讨论行政行为合法性的问题。同时，是否违反法定程序、超越职权、滥用职权、明显不当、事实是否清楚以及适用法律、法规是否正确等争议焦点实为对行政行为合法性这一争议焦点的细化，这几

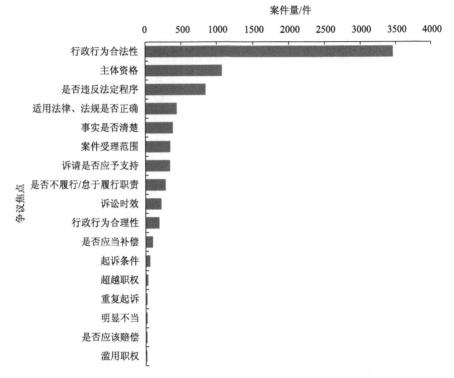

图 6-29　2013 年至 2021 年生态环境资源行政一审案件争议焦点分布图

个争议焦点较为同频地出现在争议焦点的内容中；是否具有主体资格、是否属于受理范围与诉请是否应予支持等属于法院审理案件普遍会产生的争议焦点，在生态环境资源行政案件的争议焦点中同样存在。

6. 行政机关败诉率总体呈现先下降后渐趋平稳的趋势，平均败诉率为 38.82%

如图 6-30 所示，2013 年至 2021 年，全国各级人民法院审结的生态环境资源行政一审案件中，从判决结果来看：被告即行政机关败诉率总体呈现先下降后渐趋平稳的趋势，平均败诉率为 38.82%。

如图 6-31 所示，2013 年至 2021 年，全国各级人民法院审结的生态环境资源行政一审案件中，从行政机关败诉原因来看：主要证据不足占比 46.48%；违反法定程序占比 37.59%；不作为占比 8.62%；程序轻微违法占比 6.71%；超越职权占比 0.27%；明显不当占比 0.19%；滥用职权占比 0.13%。

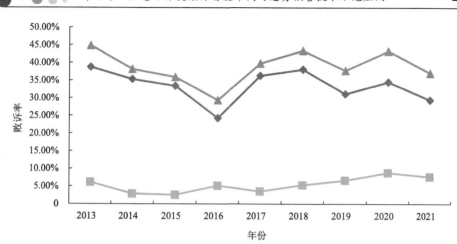

图 6-30　2013 年至 2021 年生态环境资源行政一审案件被告败诉率趋势图

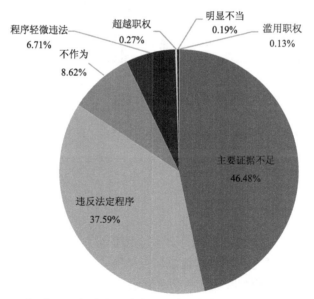

图 6-31　2013 年至 2021 年生态环境资源行政一审案件行政机关败诉原因分布图

6.1.6　全国生态环境资源公益诉讼案件情况分析

1. 环境资源公益诉讼一审案件量呈持续上升趋势，年均增长率较高为 127.26%

如图 6-32 所示，2013 年至 2021 年，全国各级人民法院审结的生态环境资源公益诉讼一审案件共计 1.12 万件。其中，2014 年同比增长 60.00%；2015 年同比增长 212.50%；2016 年同比增长 148.00%；2017 年同比增长 866.13%；2018 年同比增长 121.20%；2019 年同比增长 69.58%；2020 年同比增长 48.46%；2021 年同比增长 6.65%。全国各级人民法院审结的生态环境资源公益诉讼一审案件量呈持续上升趋势，年均增长率较高为 127.26%。

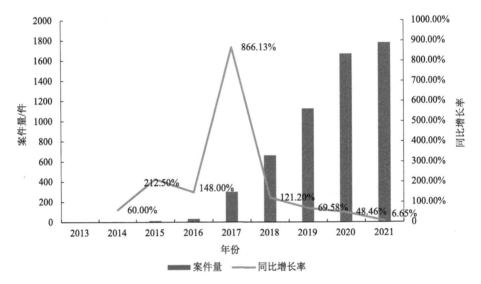

图 6-32　2013 年至 2021 年生态环境资源公益诉讼一审案件量年度变化趋势图

2. 检察院提起的案件占比总体上呈上升趋势，于 2017 年开始占比超半数，年均增幅达 213.54%

如图 6-33 所示，2013 年至 2021 年，全国各级人民法院审结的生态环境资源公益诉讼中，检察院提起的案件占比总体上呈上升趋势，于 2017 年开始占比超半数，自 2018 年开始，检察院提起的公益诉讼占比均超 80%。2013 年至 2021 年，检察院提起的生态环境资源公益诉讼年均增幅达 213.54%。

3. 责任承担方式中，适用生态损害赔偿金的案件量最多，占比 40.41%

如图 6-34 所示，2013 年至 2021 年，全国各级人民法院审结的生态环境资源公益诉讼中，从责任承担来看：赔礼道歉占比 33.33%；生态损害赔偿金占比 40.41%；恢复原状-增殖放流占比 12.41%；恢复原状-增植补绿占比 10.68%；认购碳汇占比 0.01%；恢复原状-其他占比 3.16%。

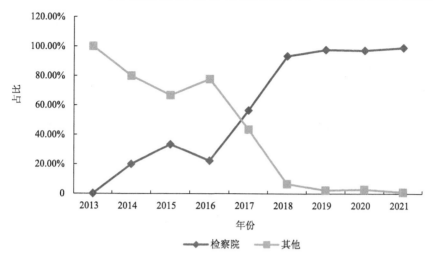

图 6-33 2013 年至 2021 年生态环境资源公益诉讼一审案件原告检察院占比趋势图

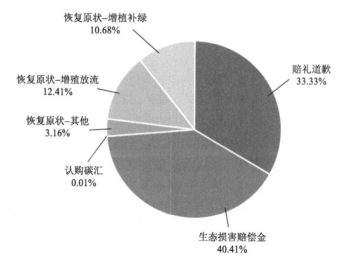

图 6-34 2013 年至 2021 年生态环境资源公益诉讼责任承担分布图

6.1.7 结论与建议

（1）党的十八大以来生态环境资源案件呈现先升后降的走势，案件量在 2019 年达到顶峰后持续回落，与部分地区"蓝天白云"天数增多趋势一致，凸显生态环境治理成效显著。

2013 年至 2021 年，全国生态环境资源一审案件量于 2019 年达到顶峰后出现拐点，其后案件量不断下降。党的十八大以来，以习近平同志为核心的党中央开展了一系列根本性、开创性、长远性工作——推动划定和严守生态保护红线、环境质量底线、资源利用上线，形成生态环境保护的刚性约束。在协同治理中，多种具有损害社会公共利益重大风险的行为得到集中管控治理，促使生态环境资源相关案件量快速增长。随着生态环境深入、系统推进，我国生态环境保护法律制度体系、审判机构建设以及生态环境保护措施的发展从高速发展阶段逐步进入到高质量完善阶段，生态环境资源案件量也从 2013 年至 2019 年阶段的快速增长进入到逐渐下降、渐趋平缓的阶段，污染物排放持续下降，生态环境质量明显改善。

（2）重点流域及地区环境资源保护及治理工作逐步推进，各区域案件量均达到顶峰后不断回落，治理成效逐步显现。

党的十八大以来，长江流域、黄河流域、京津冀地区等重点流域及地区均颁布了一系列治理措施，如党的十九届五中全会提出，强化河湖长制，加强大江大河和重要湖泊湿地生态保护治理，实施好长江十年禁渔[①]。随着治理举措的纵深推进，各重点流域及地区案件量经不断攀升后出现回落，并逐步下降，生态环境质量明显改善。长江流域、黄河流域环境资源案件量于 2019 年达到顶峰后逐步下降；京津冀地区环境资源案件于 2016 年达到顶峰后逐步下降。

（3）生态环境保护贯穿生态系统各个环节，生态环境质量显著提升，绿色越发成为高质量发展的底色。

党的十八大以来，环境资源案件类型涵盖涉土地、矿产、林木等资源开发利用类案件，侵害珍贵濒危植物及其栖息地的破坏生态案件，涉大气、水、土壤、海洋等环境污染防治类案件，生态环境治理与服务类案件及气候变化应对类案件。环境要素涵盖大气、水、土壤、野生动物和人文遗迹等环境资源要素，以及海洋、森林、湿地、国家公园、自然保护区等生态系统要素。

从生态环境质量来看，中共中央、国务院颁布《关于深入打好污染防治攻坚战的意见》，坚持良好生态环境是最普惠的民生福祉，充分运用司法手段切实维护人民群众环境权益，污染环境罪及环境污染责任纠纷的案件增量在 2016 年达到顶峰，自 2017 年后增量呈现波动趋势。大气污染纠纷案件年均降幅 7.35%，2013年至 2020 年间减少了约 40%空气污染物浓度，2021 年全国地级及以上城市 $PM_{2.5}$平均浓度比 2015 年下降 34.8%，空气优良天数的比例达 87.5%。水污染责任纠纷案件自 2017 年开始下降，平均同比下降 14 个百分点，2021 年我国地表水 I ~III类水的断面比例达 84.9%，劣 V 类水体的比例下降到了 1.2%。土壤污染责任纠纷案件量占比不高（1.72%），土壤污染风险得到有效管控。此外，中共中央办公厅、国务院办公厅印发《关于进一步加强生物多样性保护的意见》，系统性保护珍贵、濒危野生动植物及其生存环境，维护生物多样性和生物安全，非法猎捕、杀害珍

---

① 《中共中央关于制定国民经济和社会发展第十四个五年规划和二〇三五年远景目标的建议》，https://www.gov.cn/zhengce/2020-11/03/content_5556991.htm，2020 年 11 月 3 日。

贵、濒危野生动物罪及非法采伐、毁坏国家重点保护植物罪的案件量在 2016 年达到顶峰，自 2017 年后不断下降，平均同比下降 16 个百分点，300 多种珍稀濒危野生动植物野外种群得到很好恢复。一幅"人与自然和谐共生"的美丽画卷渐渐展开。

（4）司法助力生态环境建设更加主动有为，环境公益诉讼健康发展，预防性功能逐渐强化，越发重视生态环境修复。

党的十八大以来，环境资源类刑事、民事及行政案件均在 2020 年开始下降，而公益诉讼案件量持续走高，预防性环境民事公益诉讼制度功能逐渐强化。此外，更加注重预防性和恢复性司法理念，修复方式不断创新；除基础的赔礼道歉责任方式外，从 2014 年起开始适用生态损害赔偿金（占比 33.62%），此后司法机关立足不同环境要素的修复需求，积极探索适用更多的修复方式，如公开赔礼道歉（2016 年在文书中开始出现，占比 27.73%）、补种复绿（2011 年在文书中开始出现，占比 8.88%）、增殖放流（2018 年在文书中开始出现，占比 10.33%）等，在"双碳"目标提出后，更是增加了认购碳汇（2021 年在文书中开始出现，占比 0.01%）的方式开展替代性修复，此类案件量不断增加，同比平均增速高达 279.12%。

6.2　环境资源法庭生态环保类案件智能辅助审理应用

6.2.1　背景

党的十八大以来，我国坚持"用最严格制度最严密法治保护生态环境"，取得一系列显著成就。党的二十大报告中又进一步提出，要"站在人与自然和谐共生的高度谋划发展"[①]。推进生态文明建设事关中华民族的永续发展，而生态文明建设的实际成效需要立法、司法、执法三个维度的协同发力。发挥生态环保立法与执法功能的关键点和落脚点在于生态环保类案件的司法效果，换言之，生态环保类案件的审理是生态文明建设的重要影响因子。随着我国质量并举、务求实效的生态环保法律体系的逐步形成，生态文明建设目标的现实化进程得以稳步发展。但囿于生态环保类案件的特殊性、专业性以及环境领域司法专门化的缓慢进程，这类案件的司法成效并未达到预期效果，特别是在数智时代技术蓬勃发展的影响下带来了相当大的智力及技术需要。综上所述，环境资源法庭生态环保类案件需要智慧技术加持，其智能辅助审理存在如下几个方面的应然需要。

---

① 引自 2022 年 10 月 26 日《人民日报》第 1 版的文章：《高举中国特色社会主义伟大旗帜　为全面建设社会主义现代化国家而团结奋斗》。

1. 生态文明建设目标需要数智供给

生态文明建设是关系中华民族永续发展的根本大计，是新时代中国特色社会主义事业蓬勃发展的"助推器"。自党的十八大以来，生态文明建设就被纳入"五位一体"的总体布局，其地位与战略意义不断凸显。当前，生态文明建设在立法、执法、司法等多个维度实现了创新，创造性地提出了一系列富有中国特色、中国理念、中国思维、时代精神的方针政策与制度架构，为我国实现绿色发展、永续发展提供了根本遵循与行动指南，同时为全人类生态文明发展进步贡献了新理念、新思想、新战略。习近平生态文明思想作为习近平新时代中国特色社会主义思想体系的重要组成部分，把我们党对生态文明的认识提升到一个新高度，开创了生态文明建设新境界，走向了社会主义生态文明新时代。在充分汲取中华优秀传统生态文明哲学、历任领导人优秀思想以及马克思经典作品的基础上，习近平生态文明思想洞察了人类社会发展的历史经验与基本规律，形成一个系统完整、逻辑严密、内容丰富的科学体系。其不仅系统阐述了人类与自然、保护与发展、环境与民生、国内与国际等多种关系，还从理论与实践两个维度给出了我国在新时代生态文明建设中关于基本原则、核心理念、宗旨要求、制度保障以及全球倡议等问题的标准答案。生态文明建设以习近平生态文明思想为总方针、总依据、总要求，对新形势与新情况下的发展、建设需求的战略定位、目标任务以及总体思路等方面作出了系统说明和科学决策。

以习近平生态文明思想作为行动指南的环境治理工作已经全方位、多层级地有序展开，但在具体的落实过程中仍然存在着关键技术的困扰，不可否认科学理论与生活实践还存在着不小的差距。生态文明建设目标不仅仅要在理论层面攻坚克难，还要更加强调在实际生活中让每个人切身感受到生态环境的向善向好，满足人民日益增长的美丽环境需要。习近平生态文明思想与生态文明建设目标是关乎人类生存、环境治理的科学且客观的静态指引；而科技领域不断攻克"卡脖子"的关键技术，实现对生态环境领域的立法、执法、司法三个维度的一体联动，是生态环境治理的动态保障。因此，生态文明建设目标在新时代科学技术蓬勃发展的情况下也需要相当程度的数智支持。

2. 生态环保法治成果需要落实巩固

"用最严格制度最严密法治保护生态环境，让制度成为刚性的约束和不可触碰的高压线。"得益于我国生态文明法治建设的发展和完善，生态保护的实际成效显著地体现在理念、规范、实践等各个层面。在习近平法治思想与习近平生态文明思想的共同指引下，我国生态环保以《中华人民共和国宪法》为根本指引，以《中华人民共和国生物安全法》《中华人民共和国环境保护法》等法律规范具体落实，即基本形成了严密严格的生态环保法律体系，生态环保法治成果进一步完善。

一方面，《中华人民共和国宪法》作出了明确要求。2018 年 3 月通过的宪法修正案，将"生态文明"写入《中华人民共和国宪法》，其中将"推动物质文明、政治文明和精神文明协调发展，把我国建设成为富强、民主、文明的社会主义国家"完善为"推动物质文明、政治文明、精神文明、社会文明、生态文明协调发展，把我国建设成为富强民主文明和谐美丽的社会主义现代化强国，实现中华民族伟大复兴"。此外，党的十九大通过了关于《中国共产党章程（修正案）》的决议，"绿水青山就是金山银山"的绿色发展理念再一次被强调。另一方面，法律法规等规范性文件做了确切规定。党的十八大以来，我国不断推进和完善生态文明领域的有关制度规范建设，其中既包括了制定《中华人民共和国生物安全法》，也包括了修订《中华人民共和国环境保护法》《中华人民共和国野生动物保护法》《中华人民共和国固体废物污染环境防治法》等一系列法律。同时，我国还制定和印发了《中共中央　国务院关于加快推进生态文明建设的意见》《生态文明体制改革总体方案》等多项有关生态文明建设的改革方案，使得生态文明建设目标在法治轨道上行稳致远，实现生态环保发展的法治化、规范化、系统化、常态化、长效化。

法律的生命在于实施，良法和善治共同构筑了法治的生命线。我们在基本形成了严密的生态环保法律体系基础之上，须将目光从法律制度转换至法律适用。然而，由于生态环保类案件天然的特殊性与专业性，环境资源法庭在审理生态环保类案件时仍然受制于认定难、裁判难、执行难等现实困境。而智能辅助技术的发展与关键科技的突破能够帮助环境资源法庭应对法律适用中的现实难题，进一步落实和巩固生态环保法治成果。

3. 生态环境司法专门化的刚性需要

环境资源法庭是生态环境司法专门化的重要标志之一。从 2007 年贵州省清镇市人民法院成立环保法庭，到 2014 年最高人民法院设立环境资源审判庭并印发《关于全面加强环境资源审判工作为推进生态文明建设提供有力司法保障的意见》，标志着生态环境司法进入一个崭新的阶段。2021 年《世界环境司法大会昆明宣言》的发布，使得生态环境司法的中国思路、中国方案逐步获得共识，专门化的环境资源法庭成为贯彻环境司法、实现环境正义的实践载体。

但不可否认的是，当前生态环境司法专门化程度并不高，未建立覆盖省市县三级法院环境资源审判组织体系。而生态环境跨区域、难修复的特殊性与生态环保类案件裁判标准的不统一性和专业性决定着生态环境司法问题吁求专门化程度更高的环境司法体系。生态环保类案件不仅类型繁多、责任认定复杂、因果关系难以认定，而且全方位涵盖各类诉讼活动形成了环境案件审理的"三合一"或"四合一"。此外，审判结果还涉及对人的侵权损害赔偿、生态环境损害赔偿、行政处罚、刑事处罚等，这都要求审判人员须具备丰富的生态环境领域知识。但相关审理法官基于抽选机制，相应学科背景和审判经验并未高度适应匹配，无法完全应对生态环保类案件的复合性，导致此类案件审理难度大、审判效率低。值得一提的是，由于司法资源的稀缺，一些环境资源法庭的专门性、独立性不够，在审理生态环保类案件的同时还兼具审理其他普通性质的民事、刑事等案件，分散了环境资源法庭审理的集中性。

在一体化发展的逻辑与语境下，环境司法专门化不仅包括环境审判机构、机制、程序的专门化，还包括环境资源案件类型化与审判的精细化。而环境司法的运行逻辑还未得到彻底厘清，导致了实践不协调现象；还存在着如何将其一体化内部之间的区隔性、离散性现状调适为既相互联系又具备一定独立性的难题。当前技术性、智慧性的新兴技术，如司法大数据、司法人工智能等的开发、运用、发展、完善能够缓解前述难题。虽然对环境司法的认识不能仅仅局限在法治中的具体环节，更不能聚焦在某类甚至是某一技术性措施之上，但辅助性技术的加持能使环境司法在更为广袤的场域中更有效地实现环境正义。换言之，数智时代中，智慧技术逐步成为环境资源法庭审理生态环保类案件实现实质正义的重要一环。

4. 数智时代环境司法治理的应有之义

2023 年 7 月，全国生态环境保护大会上，习近平总书记强调："深化人工智能等数字技术应用，构建美丽中国数字化治理体系，建设绿色智慧的数字生态文明。"[①]因此，数智时代环境司法治理有着丰富的思想理据，这也是推进数字生态文明的重要着力点。将智慧数字技术应用在生态环保领域，充分发挥智慧数字技术促进生态环境保护的积极作用，提高数智时代生态环境司法治理的科学性、精准性、高效性，不仅可以有效提升生态环境治理体系和治理能力现代化水平，还能为生态文明建设提供强化路径与智识支持。

针对生态环保类案件中法院数据集中管理平台无法快速畅通司法信息共享机制，无法满足对生态环保类案件多要素、多层次的信息搜索需求，程序上存在"如何启动""何时启动"的边界模糊等问题，可以通过大数据、云计算、人工智能、数字孪生等技术从信息、数字、智慧的角度进行破解。

法律的适用从来都不是一个简单的机械化过程，裁判者要在规范与事实之间重复往返、多次涵射才能找准规制事实的行为规范，合理与合目的性地调整社会关系。由此，智慧技术和手段的有效利用可以将裁判者从烦冗复杂的机械性、事

---

① 《习近平在全国生态环境保护大会上强调：全面推进美丽中国建设 加快推进人与自然和谐共生的现代化》，https://www.gov.cn/yaowen/liebiao/202307/content_6892793.htm?type=6，2023 年 7 月 18 日。

务性的工作中释放出来，使其将更多的精力、脑力、心智潜能专注于应对司法过程中最为核心、实质的工作，即案件的审理与裁判。以司法大数据为例，司法大数据不仅能够直观地呈现该类司法实践的真实样态，还可以为司法机关适用法律、定分止争带来前所未有的高效性、准确性。虽然法官的重心在于释法说理，但是对于相关专业性且复杂的事实认定是可以借助于技术手段的，这并不会侵蚀审判权的公信力与公正性。这与以审判为中心的诉讼制度改革强调的庭审实质化要求并不冲突，从某种意义上来说，智慧技术的加持能使环境司法更具专业化、精细化，环境资源法庭司法专门化的发展也能够在技术维度得到补足。就此视角而言，相关智能审判辅助技术的设计、研发与应用恰逢其时，不仅能够有效纾解环境资源法庭生态环保类案件的审理压力，还能够提高法官审理的效率与准度，最大限度地契合生态环境刑事司法的价值追求。

6.2.2　应用方案

开展生态环保类案件智能审判辅助系统的应用，能够提升各级法院对生态环保类案件审判的时效性和精准性。选取司法实践中生态环保类案件中常见的 7 个案由的民事案件和常见的 10 个罪名的刑事案件，在各级人民法院进行软件应用，能够助推实现"数字法治"和"智慧司法"的实现。这一目标的实现，要求构建全方位的应用方案。此举既可以更加高效、准确和及时地了解生态环保类案件办案需求，还能为生态环保类案件审判提供重要的决策支持。全方位的应用方案主要从以下几个方面构建。

（1）明确目标和范围。构建生态环保类案件智能审判辅助系统目标和范围，明确系统平台的应用领域和功能。

（2）需求分析和调研。对计划使用生态环保类案件智能辅助审判系统的单位进行需求分析和调研，了解其需求、痛点和优先事项，为系统使用提供指导。

（3）制订实施计划。制订生态环保类案件智能辅助审判系统应用实施计划，包括时间安排、资源分配和任务分工等，确保按计划有序推进系统构建与实施。

（4）建设平台基础设施。建设生态环保类案件智能辅助审判系统的基础设施，包括服务器、网络、数据库等硬件设施，以及数据采集、存储和处理的软件系统。

（5）开发整合功能模块。基于设计的模块和功能需求进行功能模块的开发与整合，确保不同模块之间的协调和数据流畅。

（6）测试和优化。对生态环保类案件智能辅助审判系统进行测试和优化，确保平台的稳定性、准确性和效率，通过测试和用户反馈，不断改进平台的性能和用户体验。

（7）检测和评估。对生态环保类案件智能辅助审判系统进行监测和评估，收集用户反馈和数据，评估系统的效果和影响，根据评估结果进行调整和改进，确保其持续优化。

（8）安全和风险管理。在生态环保类案件智能辅助审判系统中加强安全管理，确保用户数据和系统的安全性，识别并管理平台可能面临的风险和挑战，采取相应的应对措施。

（9）知识分享和培训。在构建生态环保类案件智能辅助审判系统过程中，进行知识分享和培训，提高相关人员对系统的理解和应用能力，通过培训和技术支持，促进系统的有效使用。

（10）持续维护和更新。建立生态环保类案件智能辅助审判系统的持续维护和更新机制，及时修复漏洞和改进功能，定期更新算法模型和数据源，确保其持续可用性和性能优化。

6.2.3　应用过程

本项目面向我国生态文明与智慧法治建设的重大战略，围绕生态环保类案件智能辅助审判与态势预警的重大技术需求，针对生态环保类案件专业涉及面广、知识体系庞杂、案件证据类型多样、案情要素复杂、社会治理效能不足，以及现有数字法院系统对生态环保类案件的针对性不强、智能化程度不高等问题，开展了生态环保类案件知识体系、基于智能语义分析的案件知识图谱、智能推理规则生成及智能研判方法、态势预警及案件特征挖掘技术、生态环保类案件智能审判辅助系统与态势预警平台等理论、方法、技术和软件平台研究。项目组经过三年的协同攻关、合作研发，已完成既定的研究任务和考核指标，在生态环保类案件知识库与知识图谱构建、证据标准化指引与案件智能研判等审判辅助关键技术、案件大数据分析与态势预警方面，取得了理论方法创新、关键技术突破、软件工具开发等一系列突出成果。

项目组于 2022 年 6 月初根据前期对北京市第一中级人民法院、湘江环境资源法庭、长沙市开福区人民法院、青海省高级人民法院、宜宾市中级人民法院的调研情况编写实施方案，2022 年 6 月 18 日组织召开专家评审会，此后根据专家意见补充调研，于 2022 年 9 月确定实施方案，2022 年 10 月正式部署应用，2023 年 10 月完成阶段性应用。

成果部署在湖南省长沙市中级人民法院、湖南省株洲市中级人民法院、湖南省湘潭市中级人民法院、湖南省郴州市中级人民法院、湖南省常德市中级人民法院、湖南省岳阳市中级人民法院、北京市第一中级人民法院、河北省廊坊市中级人民法院、辽宁省沈阳市中级人民法院、辽宁省朝阳市中级人民法院、辽宁省锦州市中级人民法院、沈阳高新技术产业开发区人民法院、江苏省无锡市中级人民法院、江苏省南通市中级人民法院、四川省绵阳市中级人民法院、四川省甘孜藏族自治州中级人民法院、浙江省嘉兴市中级人民法院、云南省玉溪市中级人民法院、内蒙古自治区包头市中级人民法院、甘肃省白银市中级人民法院等 20 家法院应用。

1. 湖南省长沙市中级人民法院

2022 年 10 月，长沙市中级人民法院开始应用生态环保类案件智能辅助审判系统。项目组成员曹文治、陈姣龙、刘晓亮等于 2022 年 7 月 22 日、7 月 23 日、9 月 23 日、11 月 13 日，2023 年 3 月 12 日、5 月 18 日进入法院驻场，开展前期沟通、培训、技术调试、系统维护等工作。

长沙市中级人民法院指定隶属于开福区人民法院的湘江环境资源法庭作为全市法院试点单位。逐步将系统应用于环资类刑事、民事案件审判中。应用情况表明：生态环保类案件智能辅助审判系统通过项目及项目组研发的机器学习、深度学习、预训练语言大模型等技术，实现了类案智能检索、法条智能推送、证据智能指引功能。类案智能检索功能可以通过分析大量的生态环保类司法案例，识别其中的相似性和相关性。法官可以使用系统进行类案检索，以找到与当前案件相似的既有案例，这有助于法官更好地理解案情、法理和判例，提高判决的一致性和合理性。法条智能推送可以自动分析案件事实和法律问题，并智能地推送相关的法条和法规，帮助法官更迅速地获取与案件相关的法律依据，确保判决符合法律规定，同时减轻了法官查找和解释法律的负担。证据智能指引功能对于有效解决证据自动链接、证据链自动汇总等问题提供了重要技术支持，有助于法院依法要求当事人提供更有效的案件证据，并降低了法院对案件证据整理的工作量。

2023 年 10 月，第一阶段应用如期结束，长沙市中级人民法院来函表示肯定：“从开福区法院的实际应用情况来看，上述系统软件较好地展示了重点研发专项项目及其项目组研发的生态环保类案件智能审判辅助技术在一线案件审理，以及法院智慧化建设中的应用价值和前景，希望以后能持续改进相关技术、优化软件系统，并在更多的法院推广应用。”

2. 湖南省株洲市中级人民法院

2022 年 10 月，株洲市中级人民法院开始应用生态环保类案件智能审判辅助系统与态势预警集成平台。项目组成员张和贵、刘朝明、龚思远等于 2023 年 3 月 25 日、4 月 8 日、4 月 15 日、5 月 10 日、6 月 29 日进入法院驻场，在前期通过其他方式已经进行沟通的基础上，进一步结合系统实际应用情况开展培训、技术调试、系统维护等工作。

株洲市中级人民法院生态环保类案件专业法官主要使用生态环保类案件智能辅助审判中的法条智能推送功能与裁判文书智能检索功能。这两项功能较好地解决了该院在生态环保类案件审判中法律适用把握不准以及类案不同判等问题。此外，证据智能指引、生态环保类案件态势预警等功能在该院均有一定程度的运用。

2023 年 10 月，第一阶段应用如期结束，株洲市中级人民法院来函表示肯定："上述平台与技术为我院高效、合理地审判生态环保类案件作出了重大贡献。"

3. 湖南省湘潭市中级人民法院

2022 年 10 月，湘潭市中级人民法院开始应用生态环保类案件智能审判辅助系统与态势预警集成平台。项目组成员曹文治、陈姣龙、周翱杰等于 2022 年 10 月 11 日、11 月 19 日，2023 年 3 月 23 日、4 月 15 日进入法院驻场，在前期通过其他方式已经进行沟通的基础上，进一步结合系统实际应用情况开展培训、技术调试、系统维护等工作。

湘潭市中级人民法院以生态环保类案件智能辅助审判系统的应用为主，以生态环保类案件态势预警系统的应用为辅。生态环保类案件一线法官重点通过证据智能指引功能协助法官认定案件事实，运用法条智能推送功能寻找与案件直接相关的法条，再以类案智能检索功能为依托分析类案，最终形成判决。

2023 年 10 月，第一阶段应用如期结束，湘潭市中级人民法院来函表示肯定："希望该系统能持续更新，继续为我院生态环保类案件审判赋能！"

4. 湖南省郴州市中级人民法院

2022 年 10 月，郴州市中级人民法院开始应用生态环保类案件智能审判辅助系统与态势预警集成平台。项目组成员梁伟、刘晓亮、刘朝明等于 2023 年 4 月 6 日、4 月 7 日、5 月 26 日、7 月 13 日、9 月 21 日进入法院驻场，在前期通过其他方式已经进行沟通的基础上，进一步结合系统实际应用情况开展培训、技术调试、系统维护等工作。

郴州市中级人民法院探索以生态环保类案件智能辅助审判系统提高审判效率，大多数环境资源审判法官已能较为熟练地运用类案智能检索功能，快速找到与其审理案件类似的案例，尽量做到类案同判，在提升效率的同时促进了审判公正。由于东江湖国家湿地公园属郴州市中级人民法院辖区，环境资源类案件较多，每年案件审判压力也较其他同级法院更大。生态环保类案件智能审判辅助系统与态势预警集成平台中的案件态势预警功能为郴州市中级人民法院展开预防性环境司法提供了较大便利。环境资源法庭通过案件态势预警功能，实现了本辖区范围内生态环保类案件的特征挖掘，已能在一定程度上梳理出该院辖区范围内生态环保类案件的变化趋势，为郴州市中级人民法院提高组织和安排生态环境案件审判力量提供了重要参考。

2023 年 10 月，第一阶段应用如期结束，郴州市中级人民法院来函表示肯定："整体来看，'生态环保类案件智能审判辅助系统与态势预警集成平台'中的'生态环保类案件智能辅助审判'与'案件态势预警'是我院环境资源审判常用功能，为提高我院该类案件的审判效率、裁判可接受性作出了贡献。"

5. 湖南省常德市中级人民法院

2022 年 10 月，常德市中级人民法院开始应用生态环保类案件智能审判辅助系统与态势预警集成平台。项目组成员梁伟、鲁潇、周翔杰等于 2023 年 3 月 26 日、4 月 21 日、6 月 17 日、7 月 15 日进入法院驻场，在前期通过其他方式已经进行沟通的基础上，进一步结合系统实际应用情况开展培训、技术调试、系统维护等工作。

常德市中级人民法院在应用过程中认为生态环保类案件智能审判辅助系统与态势预警集成平台中的法条智能推送、证据智能指引、类案智能检索等功能为该院环境资源法庭法官审理过程中的事实认定、法律适用、判决形成等方法提供了便利，提高了审判效率，确保了裁判的可接受性。该平台集成的生态环保类案件态势预警，能够基于现有审判数据提供审判趋势报告分析，为该院进一步部署环境资源案件审判工作提供了指引。生态环保类案件智能审判辅助系统与态势预警集成平台嵌入的生态环保类案件知识库与知识图谱、技术调查管理等功能为该院生态环保类案件一线审判法官学习、掌握环境资源类知识，创造了便利条件，也为生态环保类案件管理实现了技术赋能。

2023 年 10 月，第一阶段应用如期结束，常德市中级人民法院来函表示肯定："'生态环保类案件智能审判辅助系统与态势预警集成平台'所集成和嵌入的多元功能推动了我院生态环保类案件审判工作科学、有序、高效地运行。在我国大力推广智慧法院建设的背景下，具有较大的应用价值。"

6. 湖南省岳阳市中级人民法院

2022 年 10 月，岳阳市中级人民法院开始应用生态环保类案件智能审判辅助系统与态势预警集成平台。项目组成员张和贵、鲁潇、龚思远等于 2022 年 12 月 8 日、12 月 9 日，2023 年 3 月 16 日、3 月 24 日、6 月 10 日进入法院驻场，在前期通过其他方式已经进行沟通的基础上，进一步结合系统实际应用情况开展培训、技术调试、系统维护等工作。

岳阳市中级人民法院分别使用生态环保类案件智能辅助审判与生态环保类案件态势预警平台，产生了不同的效果。生态环保类案件智能辅助审判系统作为审判辅助平台，受到环境资源类案件一线审判员与法官助理的青睐。其中的证据智能指引、法条智能推送、类案智能检索等功能辅助判决形成与裁判文书写作，提高了生态环保类案件的审判效率，也提升了裁判的合理性与可接受性。生态环保类案件态势预警平台多用于案件宏观分析与掌握。该院部分工作人员运用该系统提取生态环保类案件的裁判要素，并在分析案件特征的基础上研究岳阳地区环境资源类案件立案、裁判、类型等多方面的变化趋势。在生态环保类案件态势预警平台提供相关信息后，相关人员已高效地出具了环境资源类案件审理年度报告，提升了报告的科学性与准确性。

2023年10月，第一阶段应用如期结束，岳阳市中级人民法院来函表示肯定："'生态环保类案件智能审判辅助系统与态势预警集成平台'中的'生态环保类案件智能辅助审判'与'生态环保类案件态势预警平台'减轻了法院对案件证据整理的工作负担，提高了生态环保案件审判效率和准确性，突显了法院决策的准确性。其项目相关成果服务范围覆盖我院的相关试点机构，应用示范效果良好。"

7. 北京市第一中级人民法院

自2022年10月起，北京市第一中级人民法院对国家重点研发计划项目"生态环保类案件智能审判与态势预警技术研究"研发的生态环保类案件智能审判辅助系统与态势预警集成平台功能"生态环保类案件知识库"进行了一段时间运行使用。北京市第一中级人民法院在审判生态环保刑事、民事、行政案件方面经验较为丰富，基于该知识库所构建的生态环保类案件知识体系能帮助生态环保类案件审判法官进一步提升业务能力。该知识库内容丰富全面，法官可以利用其查询同类判决，查阅相关法律条文以及学术论文等，提高法官审判生态环保类案件的质效。

8. 河北省廊坊市中级人民法院

自2022年10月起，廊坊市中级人民法院对依托于国家重点研发计划项目"生态环保类案件智能审判与态势预警技术研究"研发的生态环保类案件智能审判辅助系统与态势预警集成平台功能"生态环保类案件知识库"进行了一段时间运行使用。

基于该知识库所构建的生态环保类案件知识体系在一定程度上强化了廊坊市中级人民法院生态环保类案件审判法官的业务能力。该知识库内容丰富全面，可以便利法官查询同类判决，以及查阅相关法律条文和学术论文等大量参考资料，助力生态环保案件的审判，极大地提高法官审判生态环保类案件的效率。

9. 辽宁省沈阳市中级人民法院

国家重点研发计划项目"生态环保类案件智能审判与态势预警技术研究"及下属课题的"技术调查管理"和"裁判文书智能检索"系统，从2022年10月开始在沈阳市中级人民法院陆续应用。沈阳市中级人民法院负责刑事、民事案件审判的法官进行了试用，得到以下结论。

技术调查管理系统通过建立环境资源及知识产权领域专家库，结合个案涉环境资源领域特征实现专家自动推荐。该系统与审判流程管理深度集成，实现了个案发起技术调查申请和审批，技术专家可在线预览调查申请并实现在线办理，办理结果主动提醒法官并可在审判流程管理系统中预览。技术调查管理系统，通过对技术专家参与环境资源审判辅助活动提供独立通道，加强环境资源审判辅助工作规范管理，为技术专家参与环境资源案件辅助工作提供了重要技术支持。裁判文书智能检索系统通过建立本地化的裁判文书库，对环境资源案件进行专题采集管理，根据环境资源案件审理特点和裁判文书检索应用场景，为法官提供更加精确的裁判文书检索服务。该系统通过智能化方式对裁判文书进行分段要素提取，并自动标识涉环境资源案件特征，法官可输入检索条件，该系统根据检索条件自动拆解关键词进行精确检索和命中。该系统与审判流程管理系统深度集成，辅助法官快速检索对照，配套深化落实类案检索和同案同判制度。

2023 年 10 月，第一阶段应用如期结束，沈阳市中级人民法院来函表示肯定："希望以后能持续改进相关技术、优化软件系统，并在更多的法院推广应用，并逐步探索审判辅助新模式。"

10. 辽宁省朝阳市中级人民法院

朝阳市中级人民法院坚持以习近平新时代中国特色社会主义思想为指导，全面贯彻习近平生态文明思想和习近平法治思想，秉持"绿水青山就是金山银山"的理念，站位国家治理全局，全面推动环境审判案件科学化办理。自 2022 年 9 月起，陆续采用了国家重点研发计划项目"生态环保类案件智能审判与态势预警技术研究"研发的生态环保类案件智能审判辅助系统与态势预警集成平台。体验到"生态环保类案件知识库与知识图谱"、"技术调查管理"、"生态环保类案件态势预警"和"裁判文书智能检索"系统对其工作的帮助。在现有审判流程管理系统中集成生态环保类案件知识库与知识图谱系统，提供环境资源相关知识内容推送和检索能力。通过集成裁判文书智能检索系统，采集汇集两级法院环境资源案件裁判文书，提供环境资源专题裁判文书检索服务。通过集成"技术调查管理系统"，提供环境资源专家管理及技术调查事项发起和反馈渠道，为环境资源专家深度参与审判活动提供重要辅助支撑。通过集成生态环保类案件态势预警，提供涉环境资源案件态势预警和分析服务，辅助院庭长对环境资源审判案件审判态势进行研判。

2023 年 9 月，第一阶段应用如期结束，朝阳市中级人民法院来函表示肯定："期望项目组能够持续改进相关技术和应用，为司法辅助工作做出更多贡献，更好地服务审判实践工作。"

11. 辽宁省锦州市中级人民法院

锦州市中级人民法院从 2022 年 10 月起结合国家重点研发计划项目"生态环保类案件智能审判与态势预警技术研究"及下属课题"生态环保类案件智能审判辅助系统与态势预警集成平台"的成果，重点对"技术调查管理""裁判文书智能检索""生态环保类案件知识库与知识图谱""生态环保类案件态势预警"系统进行试用，得到以下结论。

"生态环保类案件知识库与知识图谱"提供了环境资源类专业知识库，环境资源特有的各领域标准指引文件检索，以及环境资源特征领域知识图谱供审判法官预览。

"生态环保类案件态势预警"自动对环境资源案件进行标记采集，将环境资源案件纳入主题库进行统计分析，辅助环境资源审判工作进行研判决策，对高态势环境资源案件增加进行预警。

锦州市中级人民法院以生态环保类案件智能辅助审判系统的应用为主，以生态环保类案件态势预警系统的应用为辅。生态环保类案件一线法官重点通过证据智能指引功能协助法官认定案件事实，运用法条智能推送功能寻找与案件直接相关的法条，再以裁判文书智能检索功能为依托分析类案，最终形成判决。

2023 年 10 月，第一阶段应用如期结束，锦州市中级人民法院来函表示肯定："希望该系统能持续更新，继续为我院生态环保类案件审判赋能！"

12. 沈阳高新技术产业开发区人民法院

国家重点研发计划项目"生态环保类案件智能审判与态势预警技术研究"及其下属课题中的"技术调查管理"和"裁判文书智能检索"系统，自 2022 年 10 月起在该院陆续投入使用。技术调查管理系统通过建立环境资源及知识产权领域的专家库，并结合案件的具体情况，自动匹配相关领域的专家，并与审判流程管理系统紧密对接后，能够支持法官在审理过程中直接启动技术调查请求并进行审批。技术专家可以在线实时查看调查请求，并通过平台进行处理，处理完成后，系统会自动提醒法官，并将结果展示在审判流程管理平台上。技术调查管理系统为专家提供了独立的工作通道，确保环境资源案件的辅助审判工作更加规范和高效，同时为专家在案件中的参与提供了坚实的技术支持，提升了审判工作的专业性和准确性。

裁判文书智能检索系统通过创建本地裁判文书库，专门收集并管理与环境资源相关的案件数据。根据环境资源案件的审理特点和裁判文书的检索需求，系统为法官提供了更为精准的文书查询工具。通过先进的智能技术，系统能够对裁判文书进行细化解析，提取文书中的关键信息，并自动标记涉及环境资源案件的相关特征。法官只需输入特定的检索条件，系统便会自动识别并分解关键词，精确地找到相关文书。该系统与审判流程管理平台无缝对接，帮助法官高效地进行案件比对，同时推动类案检索及统一判决制度的落地与实施。

2023 年 10 月，第一阶段应用如期结束，沈阳高新技术产业开发区人民法院来函表示肯定："期待系统在未来能够不断优化，增强更多智能化功能，并在全国范围内推广应用，推动司法审判的智能化和现代化进程。"

13. 江苏省无锡市中级人民法院

无锡市中级人民法院为深入贯彻习近平法治思想、习近平生态文明思想。2021年 10 月，最高人民法院发布《关于新时代加强和创新环境资源审判工作为建设人与自然和谐共生的现代化提供司法服务和保障的意见》，强调"健全环境资源审判制度体系"，强化跨部门联动治理，完善司法协作机制。自 2022 年 10 月起，无锡市中级人民法院陆续采用了国家重点研发计划项目"生态环保类案件智能审判与态势预警技术研究"研发的生态环保类案件智能审判辅助系统与态势预警集成平台。该平台与审判流程系统深度融合，集成的生态环保类案件知识库与知识图谱功能能够智能匹配与特定法律领域相关的适用条款，并展示同类案件的审判规则和结果；集成生态环保类案件智能辅助审判功能构建了一系列生态环保类案件智能辅助审判功能，包括"技术调查管理""裁判文书智能检索""证据智能指引"等系统，为法官及技术调查人员提供了便捷的工具，提高了环境资源案件审判和研判效率，为生态环保领域的司法审判提供了有力支持。

2023 年 10 月，第一阶段应用如期结束，无锡市中级人民法院来函表示肯定："该平台为法官及技术调查人员提供了便捷的工具，提升了环境资源案件审判和研判效率，为生态环保领域的司法审判提供了有力支持。我们期望项目组能够持续改进相关技术和系统，继续钻研环境资源审判领域辅助能力，为人民法院提供更多的便捷服务。"

14. 江苏省南通市中级人民法院

南通市中级人民法院在应用过程中以《中华人民共和国国民经济和社会发展第十四个五年规划和 2035 年远景目标纲要》为指引。自 2022 年 8 月起，南通市中级人民法院陆续采用了国家重点研发计划项目"生态环保类案件智能审判与态势预警技术研究"研发的生态环保类案件智能审判辅助系统与态势预警集成平台。在现有审判流程管理系统中集成"生态环保类案件知识库与知识图谱系统"，提供环境资源相关知识内容推送和检索能力。通过集成"裁判文书智能检索系统"，采集汇集两级法院环境资源案件裁判文书，提供环境资源专题裁判文书检索服务。通过集成"技术调查管理系统"，提供环境资源专家管理及技术调查事项发起和反馈渠道，为环境资源专家深度参与审判活动提供重要辅助支撑。通过集成"生态环保类案件态势预警"，提供涉环境资源案件态势预警和分析服务，辅助院庭长对环境资源审判案件审判态势进行研判。

2023 年 10 月，第一阶段应用如期结束，南通市中级人民法院来函表示肯定："通过对以上系统的试用，有效提供了法院环境资源案件审理辅助支撑能力，提高了环境资源审判效率，同时，我们期望项目组能够持续改进相关技术和系统，进一步深化环境资源审判辅助研究，为司法辅助工作做出更多贡献。"

15. 四川省绵阳市中级人民法院

绵阳市中级人民法院将国家重点研发计划项目"生态环保类案件智能审判与态势预警技术研究"及下属课题"生态环保类案件智能审判辅助系统与态势预警集成平台"作为试用系统，该项研究自 2022 年 9 月开始在绵阳市中级人民法院陆续应用。绵阳市中级人民法院负责环境资源案件审判的法官对"生态环保类案件知识库与知识图谱"、"技术调查管理"、"生态环保类案件态势预警"和"裁判文书智能检索"进行了试用。这些系统为法官和技术专家提供了更为便捷和全面的辅助支撑支持，主要表现在以下几个方面。

（1）技术调查管理系统为专业人员提供高效便捷的服务，提高专家推荐的及时性。通过建立专家库，系统能够自动匹配最适合个案的技术专家。这使得在案件调查阶段，专业知识能够及时投入，提高了调查的深度和广度。该系统与审判流程管理深度集成，技术专家可以方便地在线预览和办理调查申请，而办理结果的及时通知则有助于法官更好地掌握审判进程。

（2）裁判文书智能检索系统提供了全面的案情参考，提高本地化裁判文书库的易用性，通过建立本地化的裁判文书库，法官能够轻松地访问与环境资源案件相关的裁判文书。这为案件审理提供了更为丰富和深入的案情参考，提高了法官的决策水平。系统智能提取裁判文书的要素，并标识出环境资源案件的特征，自动拆解关键词进行精确检索，提高了检索结果的准确性，节省了法官的时间。

（3）生态环保类案件态势预警为用户提供了环境资源态势预警支持。环境资源案件态势统计分析具有及时性：通过标识环境资源案件标识，将相关案件纳入环境资源案件中心，对案件特征、领域及区域进行研判分析，辅助院庭长决策。

（4）系统集成与协同工作为用户提供了全面支持，审判流程管理系统的无缝衔接，系统与审判流程管理系统深度集成，为用户提供了统一而高效的工作平台。用户无须在不同系统之间频繁切换，提高了工作效率。

2023 年 9 月，第一阶段应用如期结束，绵阳市中级人民法院来函表示肯定："系统减轻了法院对案件证据整理的工作负担、提升了生态环保类案件审判效率和准确性、突显了法院决策的准确性。生态环保类案件智能审判辅助系统与态势预警集成平台中的'生态环保类案件智能辅助审判'与'生态环保类案件态势预警平台'相关成果服务范围覆盖我院的相关试点机构，应用示范效果良好。"

16. 四川省甘孜藏族自治州中级人民法院

甘孜藏族自治州中级人民法院遵循"必须树立和践行绿水青山就是金山银山的理念，坚持节约资源和保护环境的基本国策"的方针，总结环境资源案件审判实务经验，秉持以解决突出问题为导向，以保障法律统一正确实施、生态环境系统保护和整体保护为目标，积极响应智慧法院的建设。自2022年8月起，该院陆续采用了国家重点研发计划项目"生态环保类案件智能审判与态势预警技术研究"研发的生态环保类案件智能审判辅助系统与态势预警集成平台。在现有审判流程管理系统中集成"生态环保类案件知识库与知识图谱系统"，提供环境资源相关知识内容推送和检索能力。通过集成裁判文书智能检索系统，采集汇集两级法院环境资源案件裁判文书，提供环境资源专题裁判文书检索服务。通过集成技术调查管理系统，提供环境资源专家管理及技术调查事项发起和反馈渠道，为环境资源专家深度参与审判活动提供重要辅助支撑。通过集成生态环保类案件态势预警，提供涉环境资源案件态势预警和分析服务，辅助院庭长对环境资源案件审判态势进行研判。

2023年8月，第一阶段应用如期结束，甘孜藏族自治州中级人民法院来函表示肯定："通过对'生态环保类案件智能审判辅助系统与态势预警集成平台'中的'生态环保类案件智能辅助审判'与'生态环保类案件态势预警平台'系统的试用，成功加强了对环境资源案件审理的支持力度，提高了法院的审判效率。同时，我们希望项目组能持续完善相关技术和系统，进一步推动环境资源审判辅助研究，为司法支持工作贡献更多力量。"

17. 浙江省嘉兴市中级人民法院

近年来，浙江省嘉兴市中级人民法院认真贯彻落实最高人民法院的工作部署，充分应用司法大数据服务嘉兴市委、市政府决策，创新社会治理体系和治理能力现代化服务模式，联合中国司法大数据研究院，依托人民法院大数据管理和服务平台，构建了"反应灵敏、研判精准、专常兼备"的司法大数据分析机制。

为推进京杭大运河流域生态环境保护提供有力司法服务和保障，提升京杭大运河流域环境资源治理法治化水平和能力，中国司法大数据研究院联合嘉兴市中级人民法院依托人民法院大数据管理和服务平台已汇聚的裁判文书数据，搭建生态环境态势预警平台，解析相关文书数据，进行了京杭大运河流域生态环保类案件的案件趋势、地区分布、公益诉讼情况、案由分布、结案方式、当事人年龄、当事人学历、被告人刑罚等特征多维度、多角度分析，提出相关问题及建议，形成《京杭大运河司法大数据分析报告（2018—2021.6）》并报送地方政府，获得相关领导的重要批示与肯定，为辅助社会治理做出贡献。

18. 云南省玉溪市中级人民法院

作为长江上游最重要的生态安全屏障，云南自古多湖泊，玉溪市水域面积达30 平方公里以上的有 3 个，合称"三湖"。近年来，玉溪市委牢固树立"绿水青山就是金山银山"的理念，全面打响湖泊革命攻坚战，坚持"一湖一策"分类施策，开展全市"三湖"的"两线"划定，彻底转变环湖造城、贴线开发格局。因此，为高质量推进玉溪市生态环境保护提供有力司法服务和保障，提升玉溪市环境资源治理法治化水平，中国司法大数据研究院联合玉溪市中级人民法院依托人民法院大数据管理和服务平台汇聚的全国案件和文书数据，搭建生态环境态势预警平台，解析相关文书数据，对玉溪涉"三湖"生态环保类案件在案件趋势、地区分布、案由分布、环境资源类型、涉诉主体分布、行政机关败诉原因、结案方式等特征进行了多维度、多角度的对比分析，提出相关问题及建议，形成《玉溪"三湖"环境资源保护案件司法大数据分析报告（2019—2021）》并报送地方政府，辅助决策。

19. 内蒙古自治区包头市中级人民法院

内蒙古自治区生态环境厅认真贯彻落实中央、自治区的决策部署，根据生态环境部印发的《"十四五"生态环境监测规划》，努力构建政府主导、部门协同、企业履责、社会参与、公众监督的生态环境监测格局，系统提升环境监测现代化建设水平。近年来，包头法院环境资源审判工作取得明显成效。始终坚持能动司法的理念、绿色发展的理念、系统保护的理念，用最严的法治理念和协同治理的理念，把人与自然和谐共生落到实处，把预防为主的原则落到实处，把高质量发展和高水平保护辩证统一的裁判理念落到每一个案件的具体裁判中。

为了研究司法审判在黄河流域社会治理中的服务保障作用，深入了解行政手段和法治手段在生态环境治理中的各自作用，中国司法大数据研究院联合包头市中级人民法院依托人民法院大数据管理和服务平台汇聚的全国案件和文书数据，搭建生态环境态势预警平台，解析相关文书数据，对黄河流域生态环保类案件在案件趋势、地区分布、案由分布、涉诉机关类型、行政相对人行业分布、涉诉机关层级分布、审理程序分布等特征进行了多维度、多角度的对比分析，提出相关问题及建议，形成《司法审判服务保障黄河流域社会治理的实践与探索——以黄河流域司法审判大数据为切入点（2018.1—2021.6）》并报送地方政府，辅助决策。

20. 甘肃省白银市中级人民法院

甘肃省位于我国的西北部地区，其东部与陕西接壤，南部与四川为邻，西部连接新疆和青海，北部直通宁夏和内蒙古。近年来，甘肃省牢固树立"绿水青山就是金山银山"的理念，坚决扛起筑牢国家西部生态安全屏障的政治责任，坚持生态优先、绿色发展不动摇，全省生态环境质量持续改善。甘肃地处青藏高原、黄土高原和内蒙古高原的交界处，在全省境内，山地、高原、平原、河谷、沙漠戈壁等地形皆有。从祁连山矿业权退出分类处置到黄河上游水源涵养区山水林田湖草沙一体化保护，甘肃生态环境各项指标持续向好。

为进一步高质量推进甘肃省生态环境保护提供有力司法服务和保障，提升甘肃省环境资源治理法治化水平，中国司法大数据研究院联合甘肃省白银市中级人民法院依托人民法院大数据管理和服务平台汇聚的全国案件和文书数据，搭建生态环境态势预警平台，解析相关文书数据，对甘肃省及白银市生态环保类案件在案件趋势、地区分布、公益诉讼情况、案由分布、审理周期、当事人年龄分布、当事人学历分布、被告人刑罚分布等特征进行了多维度、多角度的对比分析，提出相关问题及建议，形成《甘肃省生态环境资源保护司法大数据分析报告（2018—2022）》并报送市委、市政府，为辅助白银市社会治理贡献了司法力量。

6.2.4 应用效果

在现代司法审判体系中，科技的力量正在日益凸显，特别是在环境资源审判领域。科技的应用不仅极大地提升了审判工作的效率，也进一步确保了审判的公正性和准确性。

第一，强大的知识库为环境资源法官提供专业知识支撑。法官可以在融合了法律规范、学术资源与实践案例的知识库中查询同类案件判决，查阅相关法律条文以及学术论文等大量参考资料，对生态环保类案件的审判工作具有较大帮助。该知识库内容丰富全面，涉及覆盖全面的生态环境资源案件裁判案例、学术论文、法律法规，以及具体的标准界定、证据指引等内容，可以助力生态环保类案件的司法审判，能够较大地提高法官审判生态环保类案件的效率。

第二，智能化辅助技术助力解决司法审判疑难问题优势明显。针对生态环保类案件审理中的难点问题，利用法律条款和案件要素，提出异构案件知识图谱融合、法律要件潜在关系挖掘与补全、案件知识图谱网络特征挖掘与表征、法律要件实体重要性评估和案件文书框架及内容的智能化生成等技术，实现司法文书的智能分析、法律要件智能化识别与知识抽取、案件体系知识图谱的构建和向量化特征表达。成果"生态环保类案件知识图谱系统"通过集成到"生态环保类案件智能审判辅助与态势预警集成平台"，为生态环保类案件的智能辅助审判提供了技术支持。具体来说，智能化辅助技术已经帮助法官快速梳理案件事实、提取关键信息，并自动生成初步的审判意见。同时，该技术还可以对法律条文进行智能化检索和解释，为法官提供更为精准的法律指引。此外，智能化辅助技术通过对同类案件的智能比对和分析，为法官提供更为全面的参考意见，从而确保审判工作的公正性和准确性。

第三，证据可信度评估及标准化指引技术可帮助司法证据的有效提供与合法认定。法院实际应用表明，针对基于数据挖掘技术的证据可信度评估及标准化指引，实现了基于机器学习的环保类案件特征集关系链挖掘、基于文本挖掘方法实现证据的标准化建设、基于智能语义的证据清单式指引设计。针对采用人工智能技术进行案件事实认定及案例智能研判推送，实现了基于关联挖掘的案件审判规则的智能提炼、基于推理逻辑的案件事实认定智能研判方法、基于文本挖掘的案件信息智能检索与推送。针对形成基于深度学习的案件规则智能研判及辅助审判技术和软件，实现了案件特征信息要素的智能提取与分析、案例文书智能纠错与查找及案件智能研判技术。

6.2.5　应用前景

本项目下分为五个课题：课题一提供生态环保类案件知识体系理论与数据，课题二提供案件知识处理方法，课题三、四提供案件智能辅助审判和态势预警核心技术与软件工具，课题五提供一体化集成应用平台并开展示范应用。经过不懈努力，项目组在基础理论创新、关键技术突破、软件工具开发、应用示范推广、高端智库建设方面取得了一系列突出成果。从应用示范情况来看，项目成果的进一步推广能有效提升生态环保类案件审判的效率、准确性和社会治理能力与水平，具有广阔的应用前景。

第一，在法院系统全面推广生态环保类智能审判辅助系统，可以优化各方主体参与方式，显著提高审判质量。具体包括：①智能案由分类和自动立案程序。该系统通过先进的自然语言处理技术和机器学习算法，能够自动对案件进行案由分类和立案程序确定。这极大地减轻了法官和书记员的工作负担，提高了立案的准确性和效率。②类案检索、法条推送和证据指引。该系统集成了丰富的法律法规和案例数据库，能够根据案件情况自动推送相关的法律法规和类似案例，为法官提供决策支持。同时，该系统还能对案件证据进行智能分析，为法官提供证据指引，帮助法官更好地认定案件事实。③提高审判效率和决策科学性。通过智能审判辅助系统的应用，法官能够更加快速、准确地完成案件审理工作。这不仅提高了审判效率，还增强了审判决策的科学性和公正性。同时，该系统的应用还有助于降低主观因素对案件处理的影响，有助于推进同案同判，提高司法公信力。④减轻事务性工作负担。智能审判辅助系统还能帮助法院工作人员减轻事务性工作负担，使他们能更加专注于专业审判工作。这不仅提高了法院整体信息化管理水平，还有助于提升法院工作人员的职业素养和工作效率。⑤提升当事人满意度。该系统为当事人提供了更加直观、透明、高效的审判流程跟踪服务。当事人可以通过系统实时了解案件进展情况，接受相关证据法知识普及，从而更好地参与案件审理过程。这不仅能提高当事人的满意度和信任度，而且有助于促进"案结事了人和"的审判目标实现。

第二，生态环境资源治理相关部门全面推广生态环保类案件态势预警平台，增强动态信息支持，显著提高决策质量。除了法院系统外，将生态环保类案件态势预警平台推广至生态环境资源治理相关部门，可以提供及时、准确的案件态势信息和预警服务，具体而言：①多维度分析解读。从案件类型、流域类型、省份分布、生态环保领域类别、环境资源案件类型等方面进行了多维度、多角度的分析解读，如从案件类型来看，解析民事、刑事、行政案件的年度变化趋势，从环境资源案件类型来看，针对环境污染防治类、生态保护类、资源开发利用类、气候变化应对类、生态环境治理与服务类分别做了交叉分析。针对不同案件类型，从民事案件来看，针对案由分布、省市分布、环境资源案件类型分布展开分析；从刑事案件来看，针对罪名分布、省市分布、当事人类型、当事人年龄、当事人学历、当事人刑罚、当事人有期徒刑刑期长度等进行分析；从行政案件来看，针对案由分布、省市分布、行政主体分布、行政行为、行政机关败诉原因等方面进行深入分析。这有助于相关部门全面了解生态环保类案件的整体情况和特点，为制定政策和措施提供有力支持。②定制化服务输出。该平台可以模块组建的形式向其他业务系统输出数据分析成果，为相关部门提供定制化服务。例如，针对特定地区或特定类型的案件，该平台可以充分利用项目原创先进技术，释放案件特征挖掘能力，形成各类型生态环保案件态势分析结果，为高质量的部门决策提供更多信息支持，生成详细的分析报告和建议方案。③跨部门协同合作。该平台还可以促进跨部门的协同合作和信息共享。通过平台的建设和应用示范推广，不同部门之间可以更加便捷地交换信息和数据资源，共同推进生态环保工作的开展。

第三，法律文书系统全面接入智慧司法大模型，实现生成式人工智能化改造，显著提升法律文书写作效率。①自动化生成法律文书。智慧司法大模型基于先进的自然语言处理技术和大数据分析技术，能够深入挖掘法律文本中的信息，理解其中的法律条文、法理思辨以及相关案例等内容，更好地理解和分析法律案件的复杂性，从而使标准化的法律文书的自动生成成为可能。②提升文书的格式规范水平。算法的统一性能够自动检测文书中的法律用语、格式和逻辑结构，为自动生成法律文书提供较高的格式规范性，有助于降低因文书格式问题引起的不必要争议和误解。在此意义上将极大推进法治化建设的规范水平。

本 章 附 录

附表 1 长江流域相关县级行政区域列表

省级行政区名称	地级行政区名称	县级行政区名称
浙江省	衢州市	常山县
		开化县
		江山市
	杭州市	上城区
		下城区（于 2021 年 3 月撤销）
		江干区（于 2021 年 3 月撤销）
		拱墅区
		西湖区
		余杭区
		临安区
	嘉兴市	南湖区
		秀洲区
		嘉善县
		海盐县
		海宁市
		平湖市
		桐乡市
	湖州市	吴兴区
		南浔区
		德清县
		长兴县
		安吉县
陕西省	西安市	长安区
		周至县
	宝鸡市	凤县
		太白县
	汉中市	汉台区
		南郑区
		城固县

续表

省级行政区名称	地级行政区名称	县级行政区名称
陕西省	汉中市	洋县
		西乡县
		勉县
		宁强县
		略阳县
		镇巴县
		留坝县
		佛坪县
	安康市	汉滨区
		汉阴县
		石泉县
		宁陕县
		紫阳县
		岚皋县
		平利县
		镇坪县
		旬阳县（2021年更名为旬阳市）
		白河县
	商洛市	商州区
		洛南县
		丹凤县
		商南县
		山阳县
		镇安县
		柞水县
河南省	洛阳市	栾川县
		嵩县
	三门峡市	卢氏县
	南阳市	宛城区
		卧龙区
		南召县
		方城县
		西峡县
		镇平县
		内乡县

续表

省级行政区名称	地级行政区名称	县级行政区名称
河南省	南阳市	淅川县
		社旗县
		唐河县
		新野县
		桐柏县
		邓州市
	信阳市	浉河区
		新县
	驻马店市	泌阳县
贵州省	贵阳市	南明区
		云岩区
		花溪区
		乌当区
		白云区
		观山湖区
		开阳县
		息烽县
		修文县
		清镇市
	六盘水市	钟山区
		六枝特区
		水城县（2020 年更名为水城区）
	遵义市	红花岗区
		汇川区
		播州区
		桐梓县
		绥阳县
		正安县
		道真仡佬族苗族自治县
		务川仡佬族苗族自治县
		凤冈县
		湄潭县
		余庆县
		习水县
		赤水市

续表

省级行政区名称	地级行政区名称	县级行政区名称
贵州省	遵义市	仁怀市
	安顺市	西秀区
		平坝区
		普定县
		镇宁布依族苗族自治县
	毕节市	七星关区
		大方县
		黔西县（2021年更名为黔西市）
		金沙县
		织金县
		纳雍县
		威宁彝族回族苗族自治县
		赫章县
	铜仁市	碧江区
		万山区
		江口县
		玉屏侗族自治县
		石阡县
		思南县
		印江土家族苗族自治县
		德江县
		沿河土家族自治县
		松桃苗族自治县
	黔东南苗族侗族自治州	凯里市
		黄平县
		施秉县
		三穗县
		镇远县
		岑巩县
		天柱县
		锦屏县
		剑河县
		台江县
		黎平县
		榕江县

续表

省级行政区名称	地级行政区名称	县级行政区名称
贵州省	黔东南苗族侗族自治州	雷山县
		麻江县
		丹寨县
	黔南布依族苗族自治州	都匀市
		福泉市
		贵定县
		瓮安县
		长顺县
		龙里县
广西壮族自治区	桂林市	灵川县
		全州县
		兴安县
		灌阳县
		资源县
		恭城瑶族自治县
广东省	韶关市	始兴县
		南雄市
	清远市	连山壮族瑶族自治县
甘肃省	天水市	秦州区
		麦积区
	定西市	岷县
	陇南市	武都区
		成县
		文县
		宕昌县
		康县
		西和县
		礼县
		徽县
		两当县
	甘南藏族自治州	舟曲县
		迭部县
		碌曲县

续表

省级行政区名称	地级行政区名称	县级行政区名称
福建省	三明市	宁化县
	南平市	浦城县
		光泽县
	龙岩市	长汀县
		武平县

附表2 黄河流域相关县级行政区域列表

省级行政区	地级行政区	县级行政区
青海省	西宁市	大通回族土族自治县
		湟中区
		湟源县
	海东市	平安县（2015年更名为平安区）
		乐都区
		民和回族土族自治县
		互助土族自治县
		化隆回族自治县
		循化撒拉族自治县
	海北藏族自治州	门源回族自治县
		海晏县
		刚察县
		祁连县
	黄南藏族自治州	同仁县（2020年更名为同仁市）
		尖扎县
		泽库县
		河南蒙古族自治县
	海南藏族自治州	贵德县
		贵南县
		同德县
		共和县
		兴海县
	果洛藏族自治州	久治县
		达日县
		玛多县
		玛沁县
		甘德县

续表

省级行政区	地级行政区	县级行政区
青海省	海西蒙古族藏族自治州	都兰县
		天峻县
四川省	阿坝藏族羌族自治州	红原县
		阿坝县
		若尔盖县
		松潘县
甘肃省	兰州市	永登县
		榆中县
		皋兰县
	白银市	靖远县
		会宁县
		景泰县
	天水市	秦安县
		武山县
		甘谷县
		清水县
		张家川回族自治县
	定西市	安定区
		陇西县
		临洮县
		通渭县
		渭源县
		漳县
		岷县
	平凉市	崆峒区
		灵台县
		华亭市
		静宁县
		泾川县
		崇信县
		庄浪县
	庆阳市	西峰区
		庆阳市
		华池县
		正宁县

续表

省级行政区	地级行政区	县级行政区
甘肃省	庆阳市	镇原县
		环县
		合水县
		宁县
	陇南市	礼县
	武威市	古浪县
		天祝藏族自治县
	甘南藏族自治州	夏河县
		临潭县
		玛曲县
		卓尼县
		迭部县
		碌曲县
	临夏回族自治州	临夏市
		临夏县
		永靖县
		和政县
		康乐县
		广河县
		东乡族自治县
		积石山保安族东乡族撒拉族自治县
宁夏回族自治区	银川市	永宁县
		贺兰县
		灵武市
	石嘴山市	平罗县
	吴忠市	青铜峡市
		同心县
		盐池县
	中卫市	中宁县
		沙坡头区
		海原县
	固原市	原州区
		西吉县
		泾源县

续表

省级行政区	地级行政区	县级行政区
宁夏回族自治区	固原市	隆德县
		彭阳县
内蒙古自治区	呼和浩特市	土默特左旗
		托克托县
		清水河县
		和林格尔县
		武川县
	包头市	土默特右旗
		固阳县
		达尔罕茂明安联合旗
	乌海市	海勃湾区
		乌达区
		海南区
	乌兰察布市	卓资县
		凉城县
		察哈尔右翼中旗
	鄂尔多斯市	准格尔旗
		达拉特旗
		东胜区
		乌审旗
		伊金霍洛旗
		鄂托克旗
		鄂托克前旗
		杭锦旗
	巴彦淖尔市	临河区
		五原县
		杭锦后旗
		乌拉特前旗
		磴口县
		乌拉特中旗
		乌拉特后旗
	阿拉善盟	阿拉善左旗
陕西省	西安市	长安区
		蓝田县
		临潼区

续表

省级行政区	地级行政区	县级行政区
陕西省	西安市	高陵区
		鄠邑区
		周至县
	铜川市	耀州区
		宜君县
	宝鸡市	陈仓区
		凤翔区
		千阳县
		陇县
		麟游县
		岐山县
		扶风县
		眉县
		太白县
	咸阳市	礼泉县
		永寿县
		彬州市
		长武县
		旬邑县
		淳化县
		泾阳县
		三原县
		兴平市
		乾县
		武功县
	榆林市	府谷县
		佳县
		米脂县
		吴堡县
		绥德县
		清涧县
		子洲县
		横山区
		靖边县
		榆阳区

续表

省级行政区	地级行政区	县级行政区
陕西省	榆林市	神木市
		定边县
	延安市	安塞区
		子长市
		延川县
		延长县
		宜川县
		黄龙县
		洛川县
		黄陵县
		富县
		甘泉县
		志丹县
		吴起县
	渭南市	韩城市
		蒲城县
		白水县
		澄城县
		合阳县
		大荔县
		潼关县
		华阴市
		华州区
		富平县
	商洛市	商州区
		洛南县
		丹凤县
山西省	太原市	清徐县
		娄烦县
		阳曲县
	阳泉市	盂县
	长治市	沁源县
	晋城市	沁水县
		阳城县
		高平市
		陵川县

续表

省级行政区	地级行政区	县级行政区
山西省	朔州市	右玉县
	忻州市	静乐县
		保德县
		河曲县
		岢岚县
		五寨县
		偏关县
		神池县
		宁武县
	晋中市	榆次区
		太谷区
		平遥县
		灵石县
		祁县
		介休市
		昔阳县
		寿阳县
		和顺县
		榆社县
	吕梁市	离石区
		兴县
		方山县
		岚县
		交城县
		文水县
		汾阳市
		孝义市
		交口县
		石楼县
		中阳县
		临县
		柳林县
	临汾市	侯马市
		汾西县
		安泽县

续表

省级行政区	地级行政区	县级行政区
山西省	临汾市	古县
		翼城县
		曲沃县
		吉县
		大宁县
		隰县
		永和县
		洪洞县
		霍州市
		浮山县
		襄汾县
		乡宁县
		蒲县
	运城市	闻喜县
		垣曲县
		芮城县
		临猗县
		新绛县
		河津市
		夏县
		绛县
		平陆县
		永济市
		万荣县
		稷山县
河南省	郑州市	荥阳市
		登封市
		中牟县
		新密市
		巩义市
	开封市	祥符区
		兰考县
	洛阳市	孟津区
		偃师区
		新安县

省级行政区	地级行政区	县级行政区
河南省	洛阳市	伊川县
		宜阳县
		洛宁县
		汝阳县
		嵩县
		栾川县
	焦作市	温县
		孟州市
		沁阳市
		博爱县
		武陟县
	新乡市	封丘县
		延津县
		原阳县
		长垣市
		新乡县
		获嘉县
	安阳市	滑县
	鹤壁市	浚县
	濮阳市	台前县
		范县
	三门峡市	义马市
		灵宝市
		渑池县
		陕州区
		卢氏县
山东省	济南市	长清区
		平阴县
		莱芜区
		章丘区
		济阳区
	淄博市	高青县
	东营市	垦利区
		利津县

续表

省级行政区	地级行政区	县级行政区
山东省	泰安市	肥城市
		新泰市
		宁阳县
		东平县
	济宁市	汶上县
		梁山县
	德州市	齐河县
	滨州市	滨城区
		博兴县
		邹平市
		惠民县
	临沂市	沂南县
	菏泽市	鄄城县
		郓城县
		东明县
	聊城市	东阿县
		阳谷县
		莘县

附表 3　党的十八大以来新增生态环境保护法律

编号	法律名称	发布或修正时间	施行时间
1	《中华人民共和国黑土地保护法》	2022 年 6 月 24 日	2022 年 8 月 1 日
2	《中华人民共和国噪声污染防治法》	2021 年 12 月 24 日	2022 年 6 月 5 日
3	《中华人民共和国湿地保护法》	2021 年 12 月 24 日	2022 年 6 月 1 日
4	《中华人民共和国长江保护法》	2020 年 12 月 26 日	2021 年 3 月 1 日
5	《中华人民共和国土壤污染防治法》	2018 年 8 月 31 日	2019 年 1 月 1 日
6	《中华人民共和国核安全法》	2017 年 9 月 1 日	2018 年 1 月 1 日
7	《中华人民共和国环境保护税法》	2016 年 12 月 25 日 2018 年 10 月 26 日	2018 年 1 月 1 日
8	《中华人民共和国深海海底区域资源勘探开发法》	2016 年 2 月 26 日	2016 年 5 月 1 日

附表 4 党的十八大以来新增生态环境保护司法解释

编号	文件名称	文号	发布或修正时间	施行时间
1	最高人民法院 最高人民检察院关于办理走私刑事案件适用法律若干问题的解释	法释〔2014〕10 号	2014 年 8 月 12 日	2014 年 9 月 10 日
2	最高人民法院 最高人民检察院关于办理非法采矿、破坏性采矿刑事案件适用法律若干问题的解释	法释〔2016〕25 号	2016 年 11 月 28 日	2016 年 12 月 1 日
3	最高人民法院 最高人民检察院关于办理环境污染刑事案件适用法律若干问题的解释	法释〔2016〕29 号	2016 年 12 月 23 日	2017 年 1 月 1 日
4	最高人民法院关于审理海洋自然资源与生态环境损害赔偿纠纷案件若干问题的规定	法释〔2017〕23 号	2017 年 12 月 29 日	2018 年 1 月 15 日
5	最高人民法院 最高人民检察院 公安部 司法部 生态环境部关于办理环境污染刑事案件有关问题座谈会纪要	高检会〔2019〕3 号	2019 年 2 月 20 日	2019 年 2 月 20 日
6	最高人民法院关于审理生态环境损害赔偿案件的若干规定（试行）	法释〔2019〕8 号	2019 年 6 月 5 日	2019 年 6 月 5 日
7	最高人民法院 最高人民检察院关于人民检察院提起刑事附带民事公益诉讼应否履行诉前公告程序问题的批复	法释〔2019〕18 号	2019 年 11 月 25 日	2019 年 12 月 6 日
8	最高人民法院关于审理环境民事公益诉讼案件适用法律若干问题的解释（2020 年修正）	法释〔2020〕20 号	2020 年 12 月 29 日	2021 年 1 月 1 日
9	最高人民法院关于审理环境侵权责任纠纷案件适用法律若干问题的解释（2020 年修正）	法释〔2020〕17 号	2020 年 12 月 29 日	2021 年 1 月 1 日
10	最高人民法院关于审理矿业权纠纷案件适用法律若干问题的解释（2020 年修正）	法释〔2020〕17 号	2020 年 12 月 29 日	2021 年 1 月 1 日
11	最高人民法院、最高人民检察院关于检察公益诉讼案件适用法律若干问题的解释（2020 年修正）	法释〔2020〕20 号	2020 年 12 月 29 日	2021 年 1 月 1 日
12	最高人民法院关于审理生态环境损害赔偿案件的若干规定（试行）（2020 年修正）	法释〔2020〕17 号	2020 年 12 月 29 日	2021 年 1 月 1 日

续表

编号	文件名称	文号	发布或修正时间	施行时间
13	最高人民法院关于生态环境侵权案件适用禁止令保全措施的若干规定	法释〔2021〕22号	2021年12月27日	2022年1月1日
14	最高人民法院关于审理生态环境侵权纠纷案件适用惩罚性赔偿的解释	法释〔2022〕1号	2021年1月12日	2022年1月20日

附表5　党的十八大以来生态环境保护指导性案例

编号	案例
1	（指导案例127号）吕金奎等79人诉山海关船舶重工有限责任公司海上污染损害责任纠纷案
2	（指导案例128号）李劲诉华润置地（重庆）有限公司环境污染责任纠纷案
3	（指导案例129号）江苏省人民政府诉安徽海德化工科技有限公司生态环境损害赔偿案
4	（指导案例130号）重庆市人民政府、重庆两江志愿服务发展中心诉重庆藏金阁物业管理有限公司、重庆首旭环保科技有限公司生态环境损害赔偿、环境民事公益诉讼案
5	（指导案例131号）中华环保联合会诉德州晶华集团振华有限公司大气污染责任民事公益诉讼案
6	（指导案例132号）中国生物多样性保护与绿色发展基金会诉秦皇岛方圆包装玻璃有限公司大气污染责任民事公益诉讼案
7	（指导案例133号）山东省烟台市人民检察院诉王振殿、马群凯环境民事公益诉讼案
8	（指导案例134号）重庆市绿色志愿者联合会诉恩施自治州建始磺厂坪矿业有限责任公司水污染责任民事公益诉讼案
9	（指导案例135号）江苏省徐州市人民检察院诉苏州其安工艺品有限公司等环境民事公益诉讼案
10	（指导案例136号）吉林省白山市人民检察院诉白山市江源区卫生和计划生育局、白山市江源区中医院环境公益诉讼案
11	（指导案例137号）云南省剑川县人民检察院诉剑川县森林公安局怠于履行法定职责环境行政公益诉讼案
12	（指导案例138号）陈德龙诉成都市成华区环境保护局环境行政处罚案
13	（指导案例139号）上海鑫晶山建材开发有限公司诉上海市金山区环境保护局环境行政处罚案
14	（指导案例172号）秦家学滥伐林木刑事附带民事公益诉讼案
15	（指导案例173号）北京市朝阳区自然之友环境研究所诉中国水电顾问集团新平开发有限公司、中国电建集团昆明勘测设计研究院有限公司生态环境保护民事公益诉讼案
16	（指导案例174号）中国生物多样性保护与绿色发展基金会诉雅砻江流域水电开发有限公司生态环境保护民事公益诉讼案
17	（指导案例175号）江苏省泰州市人民检察院诉王小朋等59人生态破坏民事公益诉讼案
18	（指导案例176号）湖南省益阳市人民检察院诉夏顺安等15人生态破坏民事公益诉讼案
19	（指导案例177号）海南临高盈海船务有限公司诉三沙市渔政支队行政处罚案
20	（指导案例178号）北海市乃志海洋科技有限公司诉北海市海洋与渔业局行政处罚案

参 考 文 献

陈伟. 2023. 生态环境损害责任因果关系及其证明[J]. 南京工业大学学报(社会科学版), 22(4): 17-28, 109.

陈晓红, 陈姣龙, 胡东滨, 等. 2024. 面向环境司法智能审判场景的人工智能大模型应用探讨[J]. 中国工程科学, 26(1): 190-201.

陈钊, 徐睿峰, 桂林, 等. 2015. 结合卷积神经网络和词语情感序列特征的中文情感分析[J]. 中文信息学报, 29(6): 172-178.

邓矜婷, 张建悦. 2019. 计算法学: 作为一种新的法学研究方法[J]. 法学, (4): 104-122.

杜少尉. 2020. 我国环境刑法行政从属性问题研究[J]. 郑州大学学报(哲学社会科学版), 53(6): 17-21, 122.

杜文静. 2022. 法律人工智能概率推理的困境与破解[J]. 学术研究, (4): 29-34.

范毓林. 2019. 无线局域网研究综述[J]. 现代信息科技, 3(9): 60-61, 64.

冯洁. 2018. 人工智能对司法裁判理论的挑战: 回应及其限度[J]. 华东政法大学学报, 21(2): 21-31.

冯亚东. 2007. 犯罪构成本体论[J]. 中国法学, (4): 85-93.

傅依娴, 芦天亮, 马泽良. 2020. 基于One-Hot的CNN恶意代码检测技术[J]. 计算机应用与软件, 37(1): 304-308, 333.

高静, 段会川. 2011. JSON数据传输效率研究[J]. 计算机工程与设计, 32(7): 2267-2270.

高翔. 2018. 人工智能民事司法应用的法律知识图谱构建: 以要件事实型民事裁判论为基础[J]. 法制与社会发展, 24(6): 66-80.

巩固. 2016. 2015年中国环境民事公益诉讼的实证分析[J]. 法学, (9): 16-33.

郭武. 2017. 论环境行政与环境司法联动的中国模式[J]. 法学评论, 35(2): 183-196.

洪潇潇. 2021. 形式正义视域下司法人工智能的提升路径: 以法定犯裁判事实证成智能化为样例[C]//刘贵祥. 审判体系和审判能力现代化与行政法律适用问题研究: 全国法院第32届学术讨论会获奖论文集(上). 北京: 人民法院出版社: 240-253.

胡铭, 宋灵珊. 2021. "人工+智能": 司法智能化改革的基本逻辑[J]. 浙江学刊, (2): 12-23.

雷磊, 王品. 2022. 法律人工智能背景下的法律推理: 性质与特征[J]. 武汉科技大学学报(社会科学版), 24(5): 550-559.

李春楠, 王雷, 孙媛媛, 等. 2021. 基于BERT的盗窃罪法律文书命名实体识别方法[J]. 中文信息学报, 35(8): 73-81.

李昊泉, 史梦凡, 陈舒楠, 等. 2019. 卷积神经网络在案件分类上的应用[J]. 软件, 40(4): 222-225.

李杰, 李欢. 2018. 基于深度学习的短文本评论产品特征提取及情感分类研究[J]. 情报理论与实践, 41(2): 143-148.

李琳. 2021. 智能化要素式审判: 类型化案件审判方式新路径[J]. 法制与社会, (18): 68-69.

李清, 文国云. 2019. 检视与破局: 生态环境损害司法鉴定评估制度研究: 基于全国19个环境民
　　事公益诉讼典型案件的实证分析[J]. 中国司法鉴定, (6): 1-9.

李现艳, 赵书俊, 初元萍. 2011. 基于 MySQL 的数据库服务器性能测试[J]. 核电子学与探测技
　　术, 31(1): 48-52.

李泽栩. 2024. "绿水青山"与"金山银山"何以兼得: "两山"理念的哲学意蕴与现实意义[J].
　　理论界, (3): 9-15.

栗雨晴, 礼欣, 韩煦, 等. 2016. 基于双语词典的微博多类情感分析方法[J]. 电子学报, 44(9):
　　2068-2073.

栗峥. 2020. 人工智能与事实认定[J]. 法学研究, 42(1): 117-133.

凌仕勇, 龚锦红. 2022. 基于 SVM 和 Word2Vec 的 Web 应用入侵检测系统[J]. 网络安全与数据
　　治理, 41(8): 13-19.

刘鲁吉. 2019. 类比推理在法律人工智能中的应用: 以指导性案例智能推送系统的构建为例[J].
　　法律方法, (2): 118-134.

刘牧晗. 2021. 环境资源刑事、民事、行政案件"三合一"审判机制探析[J]. 人民司法, (34):
　　68-72.

刘树德. 2015. 最高人民法院司法规则的供给模式: 兼论案例指导制度的完善[J]. 清华法学,
　　9(4): 81-93.

刘晓宇. 2022. 基于机器学习的租房软件评论情感分析研究[D]. 济南: 山东师范大学.

罗方园. 2019. 环境侵权案件"审理难"问题分析与对策: 以某省 H 市环境污染责任纠纷案为
　　例[J]. 四川文理学院学报, 29(6): 30-36.

毛星亮, 陈晓红, 宁肯, 等. 2023. 全局和局部信息融合的案情关键要素识别[J]. 软件学报,
　　34(12): 5724-5736.

彭成辉. 2022. 基于 HBase 分布式数据库集群系统构建方法[J]. 信息技术与信息化, (7): 95-98.

彭中礼. 2021. 论案件事实的智能认定[J]. 内蒙古社会科学, 42(5): 86-95, 2.

邱全磊, 崔宗敏, 喻静. 2020. 基于表情和语气的情感词典用于弹幕情感分析[J]. 计算机技术与
　　发展, 30(8): 178-182.

邱昭继. 2005. 法律中的可辩驳推理[J]. 法律科学(西北政法学院学报), (4): 29-37.

帅奕男. 2020. 人工智能辅助司法裁判的现实可能与必要限度[J]. 山东大学学报(哲学社会科学
　　版), (4): 101-110.

宋泽宇, 李旸, 李德玉, 等. 2022. 融合标签关系的法律文本多标签分类方法[J]. 模式识别与人
　　工智能, 35(2): 185-192.

孙晓军. 2019. 恢复性司法理念在生态环境司法保护中的运用[J]. 人民检察, (1): 76-77.

唐汉明, 翟振兴, 关宝军, 等. 2014. 深入浅出 MySQL: 数据库开发、优化与管理维护[M]. 2 版.
　　北京: 人民邮电出版社.

唐晓波, 严承希. 2013. 基于旋进原则和支持向量机的文本情感分析研究[J]. 情报理论与实践,

36(1): 98-103, 93.

滕飞, 郑超美, 李文. 2016. 基于长短期记忆多维主题情感倾向性分析模型[J]. 计算机应用, 36(8): 2252-2256.

万岩, 杜振中. 2020. 融合情感词典和语义规则的微博评论细粒度情感分析[J]. 情报探索, (11): 34-41.

王红, 王雅琴, 黄建国. 2021. 基于文本分词朴素贝叶斯分类的图书采访机制探索[J]. 现代情报, 41(9): 74-83.

王君泽, 马洪晶, 张毅, 等. 2019. 裁判文书类案推送中的案情相似度计算模型研究[J]. 计算机工程与科学, 41(12): 2193-2201.

王利明. 2012. 我国《侵权责任法》采纳了违法性要件吗?[J]. 中外法学, 24(1): 5-23.

王青. 2021. 新时代人与自然和谐共生观的哲学意蕴[J]. 山东社会科学, (1): 103-110.

王雨辰, 彭无瑕. 2023. 美丽中国建设目标的生态哲学阐释及其价值[J]. 吉首大学学报(社会科学版), 44(5): 1-9.

王振华, 肖宇涵. 2022. 污染环境罪的入罪标准研究: 围绕 2016 年《解释》展开[J]. 河南警察学院学报, 31(6): 88-98.

魏斌, 郑志峰. 2018. 刑事案件事实认定的人工智能方法[J]. 刑事技术, 43(6): 471-476.

吴习彧. 2017. 司法裁判人工智能化的可能性及问题[J]. 浙江社会科学, (4): 51-57, 157-158.

吴宇琴. 2022. 人工智能司法裁判的逻辑检视与学理反思[J]. 湖湘论坛, 35(3): 67-75.

席宁丽, 朱丽佳, 王录通, 等. 2023. 一种 Word2Vec 构建词向量模型的实现方法[J]. 电脑与信息技术, 31(1): 43-46.

熊明辉. 2020. 法律人工智能的推理建模路径[J]. 求是学刊, 47(6): 89-100.

杨爽, 陈芬. 2017. 基于 SVM 多特征融合的微博情感多级分类研究[J]. 数据分析与知识发现, 1(2): 73-79.

叶锋. 2019. 人工智能在法官裁判领域的运行机理、实践障碍和前景展望[Z]. 《上海法学研究》集刊（2019 年第 5 卷 总第 5 卷）: 373-392.

尤文杰. 2022. "冷热交替"地再思考: 人工智能裁判的困局与进路[R]. 上海: 2022 世界人工智能大会法治青年论坛.

袁德华. 2022. 人工智能在要素式审判中的应用现状与改进思考[R]. 上海: 2022 世界人工智能大会法治论坛.

袁学红. 2016. 构建我国环境公益诉讼生态修复机制实证研究: 以昆明中院的实践为视角[J]. 法律适用, (2): 7-11.

曾小芹. 2019. 基于 Python 的中文结巴分词技术实现[J]. 信息与电脑(理论版), 31(18): 38-39, 42.

张红伟, 杜清运, 陈张建, 等, 2022. 一种使用 RoBERTa-BiLSTM-CRF 的中文地址解析方法[J]. 武汉大学学报(信息科学版), 47(5): 665-672.

赵妍妍, 秦兵, 石秋慧, 等. 2017. 大规模情感词典的构建及其在情感分类中的应用[J]. 中文信息学报, 31(2): 187-193.

钟昕妤, 李燕. 2023. 中文分词技术研究进展综述[J]. 软件导刊, 22(2): 225-230.

周德, 杨成慧, 罗佃斌. 2023. 基于 Hadoop 的分布式日志分析系统设计与实现[J]. 现代信息科技, 7(23): 57-60.

周尚君, 伍茜. 2019. 人工智能司法决策的可能与限度[J]. 华东政法大学学报, 22(1): 53-66.

周世中, 吕桐弢. 2021. 人工智能法律系统推理的方法论审思[J]. 湖南社会科学, (3): 131-139.

周翔. 2020. 法律智能应用中的两种推理逻辑[J]. 人工智能, (4): 101-108.

Ahmed M, Seraj R, Islam S M S. 2020. The k-means algorithm: a comprehensive survey and performance evaluation[J]. Electronics, 9(8): 1295.

Alaparthi S, Mishra M. 2020. Bidirectional encoder representations from transformers (BERT): a sentiment analysis odyssey[EB/OL]. https://arxiv.org/pdf/2007.01127[2024-11-13].

Alaya M Z, Bussy S, Gaiffas S, et al. 2019. Binarsity: a penalization for one-hot encoded features in linear supervised learning[J]. Journal of Machine Learning Research, 20(118): 1-34.

Alruily M, Ayesh A, Zedan H. 2010. Automated dictionary construction from Arabic corpus for meaningful crime information extraction and document classification[R]. Krakow: 2010 International Conference on Computer Information Systems and Industrial Management Applications (CISIM).

Asghar M Z, Khan A, Ahmad S, et al. 2017. Lexicon-enhanced sentiment analysis framework using rule-based classification scheme[J]. PLoS One, 12(2): e0171649.

Baccianella S, Esuli A, Sebastiani F. 2010. SentiWordNet 3.0: an enhanced lexical resource for sentiment analysis and opinion mining[EB/OL]. https://pdfs.semanticscholar. org/58e0/0cde75cf11589ca53e7d2e62179a80cad19a.pdf[2024-11-13].

Balazević I, Allen C, Hospedales T. 2019. Multi-relational poincaré graph embeddings[R]. Vancouver: 33rd International Conference on Neural Information Processing Systems (NeurIPS 2019).

Breiman L. 2001. Random forests[J]. Machine Learning, 45: 5-32.

Cai Y, Yang K, Huang D P, et al. 2019. A hybrid model for opinion mining based on domain sentiment dictionary[J]. International Journal of Machine Learning and Cybernetics, 10(8): 2131-2142.

Chen Q P, Huang G M. 2021. A novel dual attention-based BLSTM with hybrid features in speech emotion recognition[J]. Engineering Applications of Artificial Intelligence, 102: 104277.

Chou S, Hsing T P. 2010. Text mining technique for Chinese written judgment of criminal case[C]//Chen H, Chau M, Li S H, et al. Intelligence and Security Informatics. Berlin: Springer: 113-125.

Christopoulou F, Miwa M, Ananiadou S. 2019. A walk-based model on entity graphs for relation extraction[EB/OL]. https://aclanthology.org/P18-2014.pdf[2024-11-13].

Cohen L J. 1977. The Probable and the Provable[M]. Oxford: Clarendon Press: 58-67.

Contractor D, Patra B, Mausam, et al. 2021. Constrained BERT BiLSTM CRF for understanding multi-sentence entity-seeking questions[J]. Natural Language Engineering, 27(1): 65-87.

Dey R, Salem F M. 2017. Gate-variants of gated recurrent unit (GRU) neural networks[R]. Boston:

2017 IEEE 60th International Midwest Symposium on Circuits and Systems (MWSCAS).

Dong Q, Gong S G, Zhu X T. 2019. Imbalanced deep learning by minority class incremental rectification[J]. IEEE Transactions on Pattern Analysis and Machine Intelligence, 41(6): 1367-1381.

Du J Z, Lu W G, Wu X H, et al. 2018. L-SVM: a radius-margin-based SVM algorithm with LogDet regularization[J]. Expert Systems with Applications, 102: 113-125.

Guthrie D, Allison B, Liu W, et al. 2006. A closer look at skip-gram modelling[EB/OL]. http://www.lrec-conf.org/proceedings/lrec2006/pdf/357_pdf[2024-11-12].

Hasan A, Moin S, Karim A, et al. 2018. Machine learning-based sentiment analysis for twitter accounts[J]. Mathematical and Computational Applications, 23(1): 11.

Hssina B, Merbouha A, Ezzikouri H, et al. 2014. A comparative study of decision tree ID3 and C4.5[J]. International Journal of Advanced Computer Science and Applications, 4(2): 13-19.

Jelodar H, Wang Y L, Orji R, et al. 2020. Deep sentiment classification and topic discovery on novel coronavirus or COVID-19 online discussions: NLP using LSTM recurrent neural network approach[J]. IEEE Journal of Biomedical and Health Informatics, 24(10): 2733-2742.

Kido G S, Igawa R A, Barbon S,Jr. 2016. Topic modeling based on Louvain method in online social networks[R]. Porto Alegre: Brazilian Symposium on Information Systems Florianopolis Santa Catarina Brazil.

Kim Y, Kim J H, Lee J M, et al. 2022. A pre-trained BERT for Korean medical natural language processing[J]. Scientific Reports, 12(1): 13847.

Li H Y, Chen T Y, Bai S T, et al. 2020. MRC examples answerable by BERT without a question are less effective in MRC model training[EB/OL]. https://aclanthology.org/2020.aacl-srw.21.pdf [2024-11-13].

Li J, Rao Y H, Jin F M, et al. 2016. Multi-label maximum entropy model for social emotion classification over short text[J]. Neurocomputing, 210: 247-256.

Li J Y, Fei H, Liu J, et al. 2022. Unified named entity recognition as word-word relation classification[J]. Proceedings of the AAAI Conference on Artificial Intelligence, 36(10): 10965-10973.

Li Q D, Jin Z P, Wang C, et al. 2016. Mining opinion summarizations using convolutional neural networks in Chinese microblogging systems[J]. Knowledge-Based Systems, 107: 289-300.

Lin Y K, Shen S Q, Liu Z Y, et al. 2016. Neural relation extraction with selective attention over instances[EB/OL]. https://lzy.thunlp.org/publications/acl2016_nre.pdf[2024-11-13].

Luo L, Yang Z H, Yang P, et al. 2018. An attention-based BiLSTM-CRF approach to document-level chemical named entity recognition[J]. Bioinformatics, 34(8): 1381-1388.

Mikolov T, Chen K, Corrado G, et al. 2013. Efficient estimation of word representations in vector space[EB/OL]. https://liyao880.github.io/stor566/Presentation/Word2Vec.pdf[2024-11-13].

Miwa M, Bansal M. 2016. End-to-end relation extraction using LSTMs on sequences and tree structures[C]//Proceedings of the 54th Annual Meeting of the Association for Computational Linguistics (Volume 1: Long Papers). Berlin: Association for Computational Linguistics: 1105-1116.

Nguyen D Q, Verspoor K. 2019. End-to-end neural relation extraction using deep biaffine attention[C]//Azzopardi L, Stein B, Fuhr N, et al. Advances in Information Retrieval. Cham: Springer: 729-738.

Rao Y H, Lei J S, Liu W Y, et al. 2014. Building emotional dictionary for sentiment analysis of online news[J]. World Wide Web, 17(4): 723-742.

Samet H. 2008. K-nearest neighbor finding using MaxNearestDist[J]. IEEE Transactions on Pattern Analysis and Machine Intelligence, 30(2): 243-252.

Saranya S, Usha G. 2023. A machine learning-based technique with intelligent WordNet lemmatize for twitter sentiment analysis[J]. Intelligent Automation & Soft Computing, 36(1): 339-352.

Schlichtkrull M, Kipf T N, Bloem P, et al. 2018. Modeling relational data with graph convolutional networks[C]//Gangemi A, Navigli R, Vidal M E, et al. The Semantic Web. Cham: Springer: 593-607.

Schroff F, Kalenichenko D, Philbin J. 2015. FaceNet: a unified embedding for face recognition and clustering[R]. Boston: 2015 IEEE Conference on Computer Vision and Pattern Recognition.

Sharma A, Dey S. 2013. A boosted SVM based ensemble classifier for sentiment analysis of online reviews[J]. ACM SIGAPP Applied Computing Review, 13(4): 43-52.

Srivastava N, Hinton G, Krizhevsky A, et al. 2014. Dropout: a simple way to prevent neural networks from overfitting[J]. Journal of Machine Learning Research, 15(1): 1929-1958.

Sweety H A, Al Mahmud D, Hossain A, et al. 2024. An efficient approach to analysis sentiment on social media data using bi-long short time memory network[C]//Uddin M S, Bansal J C. Proceedings of International Joint Conference on Advances in Computational Intelligence. Singapore: Springer: 583-592.

Tang D Y, Qin B, Liu T. 2016. Aspect level sentiment classification with deep memory network[C]//Proceedings of the 2016 Conference on Empirical Methods in Natural Language Processing. Austin: ACL: 214-224.

Whissell C. 1998. Objective analysis of text: II. Using an emotional compass to describe the emotional tone of situation comedies[J]. Psychological Reports, 82(2): 643-646.

Wu W, Li H, Xu J. 2013. Learning query and document similarities from click-through bipartite graph with metadata[C]//Proceedings of the Sixth ACM International Conference on Web Search and Data Mining. New York: Association for Computing Machinery: 687-696.

Yang H, Liu J F. 2021. Knowledge graph representation learning as groupoid: unifying TransE, RotatE, QuatE, ComplEx[C]//Proceedings of the 30th ACM International Conference on Information & Knowledge Management, November 1-5, 2021, Queensland. New York: Association for Computing Machinery: 2311-2320.

Yang W M, Jia W J, Zhou X J, et al. 2019. Legal judgment prediction via multi-perspective bi-feedback network[R]. 28th International Joint Conference on Artificial Intelligence.

Yu J T, Bohnet B, Poesio M. 2020. Named entity recognition as dependency parsing[EB/OL]. https://aclanthology.org/2020.acl-main.577.pdf[2024-11-13].

Zhou Y, Xu R F, Gui L. 2016. A sequence level latent topic modeling method for sentiment analysis via CNN based Diversified Restrict Boltzmann Machine[R]. Jeju: 2016 International Conference on Machine Learning and Cybernetics(ICMLC).